WHISKY

MICHAEL JACKSON

WHISKY

Mit Beiträgen von
Dave Broom • Jefferson Chase • Dale DeGroff
Jürgen Deibel • Richard Jones • Martine Nouet • Stuart Ramsay
Willie Simpson • Ian Wisniewski

Lektorat Simon Tuite
Bildredaktion Joanne Doran
Gestaltung Jo Grey, Cath Mackenzie,
Sue Metcalfe-Megginson, Rachel Smith
Redaktion Claire Folkard, Frank Ritter
DTP-Design Louise Waller
Herstellung Mandy Inness
Cheflektorat Deirdre Headon
Chefbildlektorat Marianne Markham

Fotos Ian O'Leary und Steve Gorton
Illustrationen und Karten Martin Sanders, Patrick Mulrey
und Simon Roulstone
Bildrecherche Sarah Hopper
Sonstige Recherchen Owen D.L. Barstow, David Croll

Für die deutsche Ausgabe:
Programmleitung Monika Schlitzer
Projektbetreuung Silke Körber, Kerstin Uhl
Herstellungsleitung Dorothee Whittaker
Herstellung Verena Salm

Titel der englischen Originalausgabe:
Whisky

© Dorling Kindersley Limited, London, 2005
Ein Unternehmen der Penguin Random House Group
Alle Rechte vorbehalten
© Text: Michael Jackson

© der deutschsprachigen Ausgabe by
Dorling Kindersley Verlag GmbH, München, 2005, 2008
Alle deutschsprachigen Rechte vorbehalten

Jegliche – auch auszugsweise – Verwertung, Wiedergabe,
Vervielfältigung oder Speicherung, ob elektronisch, mechanisch,
durch Fotokopie oder Aufzeichnung, bedarf der vorherigen
schriftlichen Genehmigung durch den Verlag.

Übersetzung Dr. Britta Nord
Fachredaktion Jürgen Deibel

ISBN 978-3-8310-0764-6

Repro Colourscan, Singapur
Druck und Bindung RR Donnelley Asia
Printing Solutions Limited, China

Besuchen Sie uns im Internet
www.dorlingkindersley.de

Hinweis
Die Informationen und Ratschläge in diesem Buch sind von den Autoren
und vom Verlag sorgfältig erwogen und geprüft, dennoch kann
eine Garantie nicht übernommen werden.
Eine Haftung der Autoren bzw. des Verlags und seiner Beauftragten
für Personen-, Sach- und Vermögensschäden ist ausgeschlossen.

INHALT

Einführung 6
Wahre Experten 10

ALLES ÜBER WHISKY 12

Die Familie der Whiskys 14
Die Familie der Branntweine 16
Whisky genießen 18
Whisky in der Literatur 20

GERUCH & GESCHMACK 22

Klima 24
Gestein 26
Wasser 30
Heide 32
Seeluft und Algen 34
Gerste 36
Torf 40
Mälzen 44
Kommerzielle Mälzereien 50
Die Wahl des Getreides 52
Maischen und Kochen 54

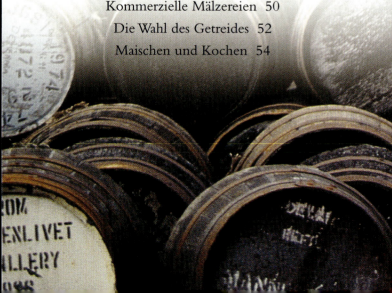

Hefe und Gärung 56
Pot Stills 58
Säulenbrennverfahren 64
Fässer aus europäischer Eiche 68
Fässer aus amerikanischer Eiche 72
Reifung im Lagerhaus 76
Traditionelle Brennerei 78
Blending und Vatting 80
Die Verkostung 84

DIE WHISKYLÄNDER 86

SCHOTTLAND 88
Die Lowlands 98
Die Western Highlands 106
Islay und die Inseln 114
Die Northern Highlands und Inverness 132
Speyside 144
Die Eastern Highlands 170
Vatted Malts 176
Große Blends 178

IRLAND 182
Midleton 186
Tullamore und Kilbeggan 190
Dublin 192
Cooley 194
Bushmills 196

KANADA 202
Nova Scotia 206
Quebec 208
Ontario 210
Der Westen 212

USA 214
Virginia 218
Pennsylvania und Maryland 220
Kentucky 222
Tennessee 236
Minibrennereien 242

JAPAN 246
Yamazaki 252
Hakushu 254
Yoichi 256
Sendai 258
Gotemba, Karuizawa und Toa Shuzo 260

DIE ÜBRIGE WELT 262
Europa 264
Asien, Australien & Neuseeland 266

WHISKY GENIESSEN 268

Whiskycocktails 270
Whisky zum Essen 274
Whisky in der Küche 276

Weiterführende Literatur 278
Adressen der Brennereien 279
Dank und Bildnachweis 282
Register 283

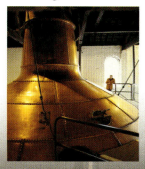

EINFÜHRUNG

Keine andere Spirituose hat in jüngster Zeit so viel Interesse geweckt und so viele Kenner auf den Plan gerufen wie der Whisk(e)y. Alles begann damit, dass man sich auf die Ursprünge des schottischen Whiskys in den Glens, den Tälern des Gley Spey und seiner Nebenflüsse, zurückbesann. Doch der Single Malt war nur der Anfang. Auf den Etiketten erschienen neue Bezeichnungen, die schnell zur Legende wurden: Cask Strength, Single Barrel, Wood Finish, Vintage.

Der Boom beschränkte sich jedoch nicht auf Schottland; auch in Irland erlebt Whiskey, vor allem Pure Pot Still, eine Renaissance. Die Regel, dass man auf einen bestimmten Whisky oder den Whisky aus einem bestimmten Land abonniert ist, gilt schon längst nicht mehr. Brennereien, die früher zwei oder drei Varianten ihres Whiskys abfüllten, bieten jetzt 20 oder 30 an. Die renommierte Destillerie Macallan hatte zeitweise sogar mehr als 100 Varianten im Programm. Früher konnte man die Whiskyfachgeschäfte in Schottland und England gewissermaßen an den Fingern einer Hand abzählen – heute gibt es allein auf den Flughäfen Londons sechs oder sieben solcher Geschäfte.

AROMA UND GESCHMACK

Ob wie in Schottland und Kanada »Whisky« oder wie in Irland und den USA »Whiskey« geschrieben: Da die Bezeichnung keltischen Ursprungs ist, war es auch für die Waliser gewissermaßen Ehrensache, sich an einem eigenen Whisky zu versuchen. Nach mehreren Fehlschlägen kam 2004 der erste

YAMAZAKI: EIN KLASSIKER AUS JAPAN

MACALLAN: SPANISCHE EICHENFÄSSER FÜR DEN GESCHMACK

Whisky aus den Black Mountains in Wales auf den Markt. Auch in der französischen Bretagne und auf Cape Breton Island im kanadischen Nova Scotia entstanden neue Whiskyhochburgen.

In den USA zeichnen kleine Brennereien für neue Qualität beim Bourbon verantwortlich. Und in Japan werden heute Single Malts produziert, die es mit den besten der Welt aufnehmen können: Hakushu, Yoichi und Karuizawa. In Verschnitten wie Hibiki lässt sich deutlich die japanische Eiche herausschmecken.

Trotz ihrer Verwandtschaft haben die für Großbritannien und Nordamerika typischen Whiskys jeweils einen ganz eigenen Charakter und werden mit verschiedenen Techniken aus verschiedenen Grundstoffen hergestellt. Ein amerikanischer Whiskey ist kein missglückter Versuch, Scotch herzustellen – oder umgekehrt!

KULINARISCHE WEIHEN

Wie sehr Whisky an Ansehen gewonnen hat, zeigt sich darin, dass in Amerika wie in Europa Minibrennereien (so genannte *microdistilleries*) entstehen, dass Verkostungen unter Anleitung von Fachleuten immer beliebter werden und dass weltweit Festivals – etwa Whisky Live und Interwhisky – und Fachpublika-

DER EINFLUSS DES SHERRY
Michael Jackson bei der Sherry-Degustation auf dem Weingut El Agostado (Jerez, Spanien).

tionen – zum Beispiel *Malt Advocate*, *Whisky Magazine* und *Whisky Botschafter* – wie Pilze aus dem Boden schießen.

In den Feinschmeckermetropolen der Welt war Whisky auch zu einer Zeit beliebt, als man ihn in nicht ganz so fortschrittlichen Städten (zum Teil sogar in den Ursprungsgebieten) für altmodisch hielt. Das herausragendste Beispiel ist San Francisco, wo der Pro-Kopf-Verbrauch an Whisk(e)y seit Jahrzehnten höher ist als in jeder anderen US-amerikanischen Stadt und das sich zudem rühmen kann, in den 1950er-Jahren den Irish Coffee hoffähig gemacht zu haben.

JAMESON: EIN WHISKEY AUS IRLAND

NEUE BOTSCHAFTER

In den 1990er-Jahren gründete der Winzer und Bierbrauer Fritz Maytag in San Francisco Amerikas erste Minibrennerei. Er war es auch, der dem Rye Whiskey zu einem Revival verhalf. In der gleichen Zeit hob Rhiannon Walsh ein Whiskyfestival in San Francisco aus der Taufe. Auch in den Usprungsgebieten – in Bardstown, Kentucky sowie in Islay und Speyside in Schottland - finden Festivals mit Brennereibesichtigungen, Whisky-Diners, Konzerten und anderen Veranstaltungen statt.

Einen Whisky zu genießen und dann zu hören, wie er entsteht, ist sehr aufschlussreich und macht viel Freude. Sich im Anschluss mit dem Brenner oder dem Blender zu unterhalten, ist sogar noch interessanter. Und mit den Arbeitern aus der Brennerei in ihrer Stammkneipe einen Whisky zu trinken, ist ein Vergnügen, das wie der Nachklang eines kräftigen Bourbon oder eines feinen Malt lange anhält.

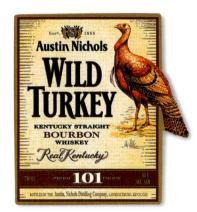
WILD TURKEY: »BIG AND BEAUTIFUL«

KITTLING RIDGE: NEU AUS KANADA

WAHRE EXPERTEN

Manchmal ist die Dämmerung nicht nur die richtige Zeit für einen Drink, sondern vollkommen, so vollkommen wie der Ort, die Gäste, der Gastgeber und der Drink selbst. Die Frau, die ich liebe, feierte im Rainbow Room in New York einen runden Geburtstag. Am Abendhimmel erschienen goldene Streifen, als in den Wolkenkratzern die Lichter angingen. Dale DeGroff mixte Manhattans. »Fitzgerald?«, fragte er. Doch nicht etwa ein Bourbon im Manhattan? Nein, er legte eine CD ein: Ella Fitzgeralds Liebeserklärung an New York. »Du hast mal über irgendeinen Whisky geschrieben, er sei so süß und sanft wie ein Solo von Ella Fitzgerald«, erinnerte er mich. Dale kennt sich in der Literatur zu Getränken jeder Art bestens aus. Sein Essay über Cocktails mit Whiskys ist ein wertvoller Beitrag dazu. Wer Whisky lieber zu Rockmusik trinkt, sollte sich hingegen an Dave Broom halten. Er ist mein Verkostungspartner beim *Whisky Magazine*. Unsere Begeisterung für japanischen Whisky führt dazu, dass wir oft in Gesellschaft eines gewissen Herrn Yoshida in unserer Lieblingsbar in Kyoto ein Glas trinken. Daves kerniger Schreibstil verrät, wie sehr ihm seine Heimat Schottland am Herzen liegt. Auch Stuart Ramsay ist, obwohl er in Oregon lebt, ein echter Schotte geblieben. Als man ihn einmal mit einem Restaurant beeindrucken wollte, in dem

MITAUTOREN
Eine neue Generation von Autoren hat sich in den letzten zehn Jahren dem Whisky zugewandt. Jeder von ihnen hat seinen eigenen Blickwinkel. Und eine eigene, ganz besondere Leidenschaft …

DAVE BROOM
Dave Broom stammt aus Glasgow, ist Redakteur beim Whisky Magazine, schreibt regelmäßig für internationale Zeitschriften, hat mehrere Bücher verfasst und drei Glenfiddich Awards für seine Veröffentlichungen erhalten. Er ist ein angesehener Verkoster und auch als Dozent und Vortragender gefragt.

JEFFERSON CHASE
Jefferson Chase war früher Dozent für deutsche Literatur und arbeitet heute als Autor, Journalist und Übersetzer in Berlin. Er schreibt für viele wichtige Zeitungen in Deutschland und den USA.

JÜRGEN DEIBEL
Jürgen Deibel, heute als internationaler Berater für Branntweine und Spirituosen tätig, ist studierter Chemiker. Von Hannover aus veranstaltet er eigene Verkostungen und Seminare. Er schreibt in dem Magazin Mixology über Wodka und in verschiedenen Zeitschriften über andere Spirituosen.

DALE DEGROFF
Amerikas erster »Mixologe« erlernte sein Metier während seiner 20-jährigen Tätigkeit als Barkeeper, z. B. im Rainbow Room in New York. Er schreibt Kolumnen für Zeitschriften in den USA und in Großbritannien und veröffentlichte das Buch The Craft Of The Cocktail.

man sich seinen Hummer selbst auswählen kann, sagte Stuart, dass es in Schottland etwas Ähnliches gebe: Man guckt aus dem Fenster und sucht sich ein Schaf aus. Die Schafe, die an der Küste von Islay weiden, sind an Martine Nouets Morgenspaziergänge gewöhnt; in Ardbeg zeigte sie mir, dass die Algen nach Safran riechen. Ich habe eigene Vorstellungen davon, wie ein Verkostungsglas aussehen soll. Jürgen Deibel hilft mir bei der Umsetzung. Auch Ian Wisniewski ist ein Autor mit einem Riecher für die Wissenschaft (und die Kunst) der Whiskyproduktion. Wir treffen uns oft in einem polnischen Restaurant in London. Der Borschtsch dort erinnert mich daran, wie mich als kleiner Junge zum ersten Mal ein Geruch und ein Geschmack schockierten, als ich die süßlich-scharfe violette Suppe meiner litauischen Großmutter kostete. Als ich mein erstes Buch über Whisky schrieb, galt dieser als aussterbende Spezies. Ich weigerte mich, das zu akzeptieren, so stur, wie nur jemand aus Yorkshire sein kann. Richard Jones, der aus Lancashire kommt, aber in Yorkshire lebt, ist genauso stur. Und Willie Simpson, ein in Australien lebender Neuseeländer, ebenfalls. Bei so unbeugsamen Autoren ist die Whiskyliteratur in guten Händen. Wer schreibt, trinkt bekanntlich gern, besonders Whisky.

Michael Jackson

RICHARD JONES
Richard Jones entdeckte seine Leidenschaft für Whisky als Verkäufer einer bekannten Handelskette. Inzwischen schreibt er regelmäßig für verschiedene Wein- und Spirituosenzeitschriften und verfasst Verkostungsnotizen, Kurzbeschreibungen auf Etiketten und Texte für Internetseiten.

MARTINE NOUET
Martine Nouet ist die einzige Journalistin in Frankreich, die ausschließlich über Essen und Trinken schreibt. Sie verfasst regelmäßig Beiträge für das Whisky Magazine und ist redaktionelle Beraterin für die französische Ausgabe. Außerdem hat sie ein Buch über Malt Whisky verfasst.

STUART RAMSAY
Stuart Ramsay ist in den schottischen Highlands geboren. Als Autor, Redakteur und Vortragender ist er ein führender Experte für Spirituosen, Cocktails und Bier. Er ist Redakteur der Zeitschrift Santé und schreibt für viele andere Zeitschriften, u.a. Cigar Aficionado.

WILLIE SIMPSON
Der gebürtige Neuseeländer lebt in Tasmanien und schreibt über Bier und Spirituosen. Er verfasst regelmäßig Beiträge für den Sydney Morning Herald, The Age und die Zeitschrift The Bulletin. Er ist Autor des Buches Amber & Black: Premium Beers In Australia.

IAN WISNIEWSKI
Ian Wisniewski ist freiberuflich als Autor im Bereich Essen, Trinken und Reisen sowie im Rundfunk und als Berater für Spirituosen tätig. Zu seinen Büchern zählen Classic Malt Whisky und Classic Vodka. Er schreibt für verschiedene einschlägige Zeitschriften, u.a. Decanter.

ALLES ÜBER WHISKY

DIE FAMILIE DER WHISKYS

Michael Jackson

KÖRNIGES BIER
Dieser bemalte Kalkstein zeigt, dass schon sehr früh Getränke aus Getreide hergestellt wurden. Der Mann rechts trinkt Bier mit einem Strohhalm. Solche Strohhalme sind auf sumerischen Tontafeln abgebildet; im Original kann man sie im Museum of Anthropology and Archaelogy der University of Pennsylvania (USA) bewundern. Man benutzte Strohhalme, weil an der Oberfläche ein nicht besonders appetitlicher »Hut« aus Getreide und wilder Hefe schwamm.

Das Wort »Whisk(e)y« ist keltischen Ursprungs und bezeichnet ein in Schottland und Irland heimisches alkoholisches Getränk und seine Varianten in anderen Teilen der Erde. Whisky wird aus verschiedenem Getreide, darunter fast immer Gerstenmalz, hergestellt und so destilliert, dass etwas von dem Geruch und Geschmack des Getreides erhalten bleibt. Beim Reifen im Eichenfass entfaltet er sich weiter.

Nur wenn der Whisky in Schottland destilliert wird und mindestens drei Jahre dort reift, darf er Scots, Scotch oder Scottish Whisky genannt werden. Malt Whisky wird aus gemälztem Getreide, in Schottland stets Gerste, in einer Pot Still genannten Brennvorrichtung erzeugt. Ein Single Malt ist ein Whisky, der aus einer einzigen Brennerei stammt. Wenn er aus einem einzigen Fass abgefüllt wird, steht »Single Cask« auf dem Etikett.

Aus Weizen, Mais und ungemälzter Gerste entsteht mit Hilfe des Säulenbrennverfahrens Grain Whisky, der schottischen Blended Whiskys Volumen und Leichtheit in Körper und Geschmack verleiht.

> MALT WHISKY BESTEHT AUSSCHLIESSLICH AUS MALZ

Pure Pot-Still ist der markanteste irische Whiskey; er enthält einen erheblichen Anteil ungemälzter Gerste. Kennzeichnend für irischen Whiskey ist außerdem, dass ungetorftes Malz verwendet wird, dass das Getreide oft bereits beim Maischen vermischt wird und dass dreifach destilliert wird.

DIE FAMILIE DER WHISKYS 15

WHISKY ODER WEIN?
Als man in der Brennerei Glenmorangie etwas Whisky aus den üblichen Bourbon-Fässern entnahm und ihn einige weitere Monate in Portweinfässern reifen ließ, entstand eine neue Art von Scotch – das »Wood Finish«. Für diesen letzten Schliff werden alle möglichen Fässer, von Bordeaux bis Sauternes, verwendet. Während Puristen sich fragen, ob das noch Whisky oder schon Wein ist, sind andere Whiskykenner von den zusätzlichen Geschmacksnoten begeistert.

In Kanada wird wie in Schottland vorwiegend fertiger Whisky verschnitten. In Schottland ist Malt Whisky der Geschmacksgeber, in Kanada erfüllt Rye Whisky (in sehr viel geringerem Maße) diese Funktion. Zusätze, z. B. Obst»weine«, sind erlaubt.

Für amerikanischen Whiskey wird eher Getreide als fertiger Whiskey gemischt. Heißt ein Whiskey »Straight«, muss der Anteil eines Getreides mindestens 51 Prozent betragen. Ursprünglich war amerikanischer Whiskey Straight Rye (also mit mindestens 51 Prozent Roggen) aus Maryland und Pennsylvania. Heute versteht man darunter meist Bourbon aus Kentucky, der aus Mais mit kleineren Anteilen Roggen oder Weizen und Gerstenmalz hergestellt wird. Whiskey aus Tennessee besteht mehr oder weniger aus den gleichen Zutaten, wird jedoch vor dem Reifen durch Holzkohle aus Zuckerahorn gefiltert. Beim Verfahren der Sauermaische wird ungefilterte vergorene Maische destilliert und ein Teil des Rückstands wieder in den Gärbehälter gegeben. Nicht nur in Tennessee, sondern überall in Amerika wird klassischer Whiskey so erzeugt. Er schmeckt nicht sauer; sein Hauptmerkmal ist eine gewisse Vanillesüße, die durch die Verwendung neuer Eichenfässer entsteht.

GERSTENERNTE
Ob die Gerste beim Moray Firth in Schottland, im irischen Cork, im kanadischen Alberta oder in North Dakota, USA, gemäht wird – es ist ein Erlebnis für Auge und Nase.

FEATURE

TREND ZUM BLEND

Als Sohn eines Blenders wurde Richard Paterson die Kunst des Verschneidens gewissermaßen in die Wiege gelegt. Er widmete sich ihr sein gesamtes Arbeitsleben lang, hauptsächlich für Whyte & Mackay. Unter den Leuten vom Fach ist er vielleicht der eifrigste Fürsprecher der Vorzüge von Blended Scotch Whisky.

DIE FAMILIE DER BRANNTWEINE

Michael Jackson

JAGDHÜTTE
Die heutigen Jäger erbeuten eher Reh-Carpaccio und Malt Whisky. Doch die Highlands waren schon in den 1820er-Jahren in Mode, als Edwin Henry Landseer diese Szene malte.

Durch Gärung hergestellte Getränke gab es schon in grauer Vorzeit, doch wann die Destillation »erfunden« wurde, ist nicht bekannt. In der Natur findet die Gärung von selbst statt; sie wird durch wilde Hefen in der Luft ausgelöst. Manche Tiere essen regelmäßig faulendes Obst und scheinen die daraus resultierende Betrunkenheit zu genießen. Menschen machten die gleiche Erfahrung und lernten von der Natur, wie man Wein erzeugt.

Getränke aus Getreide haben eine andere Geschichte. Getreide in Form wilder Gräser ist zu hart, trocken und stachelig zum Essen, wird aber, wenn es mit Wasser eingeweicht und dann in der Sonne trocknet, knusprig und genießbar. Für die Bier- und Whiskyherstellung muss das Getreide dagegen zunächst gemälzt werden. Sumerische Tontafeln zeigen, dass aus

WODKA HEISST AUF RUSSISCH WÄSSERCHEN

Getreide eine Art Bier hergestellt wurde, das vermutlich den heute noch in Afrika gebrauten Getränken ähnlich war. Die Sumerer tranken ihr Bier – wie heute die Afrikaner – mit Strohhalmen. Das milchig-trübe traditionelle afrikanische Bier ähnelt mit seinen fruchtigen Ester- und Milchsäurenoten dem Inhalt des Gärbottichs in einer Whiskybrennerei.

Deutsche Mönche, die während der Fastenzeit nur dickes, schweres Bier zu sich nahmen, nannten es »flüssiges Brot«, und diese Umschreibung ist nicht ohne Grund auch heute noch üblich; die Wörter »Brot« und »brauen« sind verwandt. Die Zugabe von Hefe beim Brauen und Brennen heißt auf Englisch *pitching*, was mit *pizza* und *pita* für »flaches Brot« zusammenhängt. Ein Brauer oder Brenner, der dafür sorgen muss, dass seine Würze genug Luft bekommt, wäre froh über die Möglichkeiten des Pizzabäckers, der seinen Teig um die Hand kreisen lässt und in die Luft wirft.

URSPRÜNGE DER DESTILLATION

In der heißen Sonne hinterlässt das Wasser bei Einsetzen der Ebbe Salz am Ufer. War das ein weiterer Tipp der Natur? Aristoteles berichtet, dass phönizische Seeleute Meerwasser destillierten, um es zu entsalzen. Das Wort »Destillation« kommt genauso wie »Alkohol« aus dem Arabischen: Da Branntweine im 14. Jahrhundert in Europa bekannt

POTEEN
Das Wort ist nicht von potato *(Kartoffel) abgeleitet, sondern von* pot still. *Poteen wird meist aus Getreide und Zucker hergestellt.*

zu werden begannen, kann es sein, dass die Mauren das Verfahren einführten.

Möglicherweise wurde durch die Verwendung der Destillation in der Alchemie und in der mittelalterlichen Medizin der Ausdruck *aqua vitae* (»Lebenswasser«) geprägt, von dem das Wort »Aquavit« abstammt. Wodka ist die Verkleinerungsform des russischen *voda* für »(Lebens-)Wasser«; *eau de vie* ist die französische Entsprechung.

WARUM »BRANNTWEIN«?

Bei der Destillation wird eine Flüssigkeit erhitzt, bis sie in Dampf übergeht. Das deutsche Wort »Branntwein« verweist genauso wie das englische *brandy* und das spanische *aguardiente* auf die Verwendung von Feuer, während »Geist« daher rührt, dass der Dampf wie ein Gespenst aussieht.

Diese Namen verraten aber nicht, woraus der Branntwein besteht. Spanischer Brandy, Cognac und Armagnac sind Weinbrände, werden also aus Trauben hergestellt; Calvados aus Äpfeln.

IMMER AM FIDDICH ENTLANG
Im Tal (glen) des Fiddich steht die Burg Balvenie mit der Brennerei, die diesen edlen Whisky herstellt.

Wenn anstelle von Obst Getreide verwendet wurde, setzte man in den Niederlanden Geschmacksstoffe zu, u.a. Wacholder (auf Französisch *genièvre*, daher die Namen Genever und Gin).

In Deutschland gibt es neben einer Variante von Genever auch reinen Kornbranntwein, kurz Korn; in Skandinavien verwendet man zum Aromatisieren auch gerne Dill und Kümmel.

BRANNTWEINE DER WELT

Welcher europäische Branntwein hat am meisten zu bieten? Whiskyliebhaber geben Scotch und Irish Whiskey den Vorzug vor Cognac und Armagnac. In England wird kein Whisky hergestellt, sondern Gin.

WODKA
Wodka wird meist aus Roggen oder Weizen und nur selten der Legende zuliebe aus Kartoffeln hergestellt.

WEINBRAND
Englischer Brandy (aus Trauben). Spezielle Rebsorten, Böden und Methoden bei Cognac, Armagnac.

GIN
Aus Getreide gebrannt, mit Wacholder aromatisiert. Weitere Zutaten: Zitronenschale, Wurzeln, Gewürze.

RUM
Zuckerrohr, Melasse oder andere Raffinationsrückstände. Scharf oder aromatisch. Karibik, Lateinamerika, Nepal.

SCOTTISH SPIRIT *Kentucky verdankt seine Whiskeytradition schottischen Siedlern und ihren Pot Stills.*

WHISKY GENIESSEN

Michael Jackson

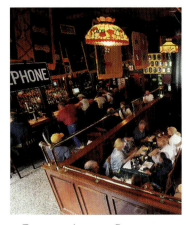

»CHEERS!« IN BOSTON
Den Bars in Boston mangelt es nicht an Gästen; nicht umsonst spielt die Fernsehserie Cheers, in der gern und viel getrunken wird, dort – und das obwohl die Stadt von Puritanern gegründet wurde. Die Freude am Genuss und das Erbe der Pilgerväter sorgen für ein zwiespältiges Verhältnis zum Alkohol.

Beim Whisky zeigt sich ganz deutlich, welches Problem viele Leute mit Alkohol haben: Keiner weiß, warum er gerne trinkt und ob er es nicht besser sein ließe. Und keiner gibt gern zu, dass er nicht nur den Geschmack, sondern auch das Trinken an sich schätzt.

Whisky kann erfrischend sein, aber mit seinem vielschichtigen Geruch und Geschmack ist er sicher nicht der beste Durstlöscher. Er macht auch betrunken, aber er wird nicht konsumiert wie mancher Wodka. Man muss erst auf den Geschmack kommen – das gilt nicht nur für Whisky, aber der ist da wohl besonders schwierig.

VIELE FACETTEN

Deshalb heißt es manchmal, Whisky sei nichts für junge Leute und nichts für Frauen. Wenn

WHISKY IST EINE HERAUSFORDERUNG

es nur einen Whisky gäbe, wäre der dann irgendwie männlich und mittleren Alters? Vielleicht schon, aber es gibt jede Menge Whiskys, von Islay bis Tennessee. Single Malt und in kleinen Mengen produzierter Bourbon finden wachsenden Anklang bei jungen Männern und Frauen in Großbritannien, den USA und Japan, wo der Trend dahin geht, weniger zu trinken und mehr zu schmecken. Sie interessiert genau das, was Whisky angeblich so schwierig macht: seine Komplexität und seine Individualität.

Einem Malt-Liebhaber mag Cardhu mit Cola spanisch vorkommen (in Spanien ist diese Mischung sehr beliebt), doch ein nicht allzu rauchiger Blended Whisky wie Teacher's oder The Famous Grouse wird mit Gingerale zu einem erfrischenden Longdrink.

Manche alkoholischen Getränke fördern die Geselligkeit mehr als andere. Die milden kanadischen Whiskys trinken sich gut weg; es bleibt gerade so viel trockene Würze, dass man Lust auf ein weiteres Glas hat. Brauchen Iren milden Whisky, um ihre Zunge zu lockern? Nein, aber sie trinken trotzdem immer gern einen.

Der Maker's Mark hat eine cremige Weizennote und wird beim Kentucky Derby mit Eis und frischer Minze getrunken.

HIGH SOCIETY
Die Jury der Scotch Malt Whisky Society wählt Köstlichkeiten für ihre Mitglieder aus. Ein Credo der Gesellschaft ist die Ablehnung der Kühlfiltration.

Im pferdenärrischen Irland heißt ein Whisky wie ein Pferd: Tyrconnell. Beide Whiskys eignen sich gut für den Flachmann.

Der Geschmack von Whisky kann an Salz, Pfeffer, Senf, Vanille, Ingwer und Zimt erinnern. Wie Whisky zum Essen serviert und in der Küche verwendet wird, zeigt Martine Nouet auf den Seiten 274–277.

Menschen mit empfindlichem Magen trinken meist keine Spirituosen, weil sie zu stark sind. Viele Spirituosen werden jedoch in kleinen Mengen mit Eis und/oder Wasser serviert und sind daher kaum stärker als andere alkoholische Getränke.

Nur eingefleischte Liebhaber wagen sich an Whisky mit Cask Strength (~ 60 Vol.-%) (Fassstärke). In einem schön abgerundeten Whisky brennt der Alkohol nicht, sondern wärmt. Vor allem nach dem Essen ist es ein sehr angenehmes Gefühl, wenn sich die Wärme langsam im Magen ausbreitet.

Kentucky Straight Bourbon Whiskey hat eine cremige Süße in Duft und Geschmack. Solche Bourbons passen hervorragend zu süßen Leckereien.

In manch älterem Bourbon beginnt die Cremigkeit schon fast zu karamellisieren. Er macht sich sehr gut im Café Brûlot, dem für New Orleans typischen flambierten Kaffee. In Schottland sorgen Sherryfässer für Rosinen-, Pflaumen- und Aprikosennoten, die ebenfalls zu Kaffee passen.

Die schon fast vergessenen und nun wieder in Mode gekommenen Islay Malts können sehr rauchig sein. Man genießt sie am besten beim Lesen vor dem Schlafengehen oder zu einer guten Zigarre.

MURPHY'S LAW
Im irischen County Cork gibt es ein Starkbier und einen Whiskey namens Murphy's.

FEATURE

SUKHINDERS SCHATZ

Es fing ganz klein mit Miniaturflaschen an, doch mittlerweile hat der in London lebende Sukhinder Singh 2500 Sammlerstücke angehäuft und ist als Whiskyhändler tätig. Gläubige Sikhs trinken nicht, aber Alkohol ist für sie nicht grundsätzlich verboten. Sukhinder, ein erfahrener Verkoster, kennt sich gut mit Whisky aus, vor allem mit Single Malt.

WHISKY IN DER LITERATUR

JEFFERSON CHASE

ROBERT BURNS
Burns wurde 1759 als ältester Sohn eines armen Bauern im schottischen Alloway geboren. Er verdiente seinen Lebensunterhalt als Steuereinnehmer und schrieb Gedichte über alle Aspekte der schottischen Kultur – unter anderem auch über Whisky. Rund 400 seiner Gedichte, darunter »Auld Lang Syne«, sind heute noch bekannt. Über 10 000 Menschen nahmen an seiner Beerdigung teil, als er im Alter von nur 37 Jahren starb.

Es gibt verschiedene Berufe, die mit Trinkfreudigkeit in Verbindung gebracht werden. Manch Betroffener behandelt diese Tatsache lieber diskret, aber Schriftsteller betreiben das Geschichtenerzählen schließlich hauptamtlich: Sie trinken – und sie erzählen davon. Der schottische Dichter Robert Burns besang das schottische Nationalgetränk Whisky und stellte ihn als das Blut eines gewissen John Barleycorn dar. Sowohl die Qualität als auch die Anzahl von Burns' Werken widerspricht im Übrigen der allgemeinen Auffassung, dass Alkohol der Kreativität schadet.

> »OH, WHISKY! ESSENZ VON SPASS UND SPIEL! DER BARDE HIER VERDANKT DIR VIEL!«
> *Robert Burns*

Und zwei Werke von Sir Walter Scott standen für einen Blended Scotch (*The Antiquary*) und einen Cocktail mit Whisky (*Rob Roy*) Pate.

Im 19. Jahrhundert wurden die schottische Tradition des Whiskybrennens und des Schreibens über die Nachwirkungen in die Welt hinausgetragen – zunächst nach England und Irland, dann in die USA und nach Kanada. Ein Nachkomme von schottisch-irischen Einwanderern in Amerikas Süden, der Romancier Walker Percy (1916–1990), berichtete von der einzigartigen Fähigkeit des Whiskys, vergangene Zeiten und Orte heraufzubeschwören, als er ein Glas Bourbon als »kleine Explosion der Sonne Kentuckys im Nasenrachenraum und heißen, beschwipsten Biss des Sommers in Tennessee« beschrieb.

BESINNLICHE STIMMUNG

Schreiben ist eine einsame Tätigkeit – und Whisky ist ein Getränk, das man langsam genießen muss. Die Liste der Schriftsteller, in deren Leben und Werk Whisky eine wichtige Rolle spielt, liest sich wie ein Who's who der modernen Literatur: Wilde, Fitzgerald, Faulkner, Eliot, Shaw, Hemingway, Bellow. Joyces *Finnegans Wake* basiert auf einem irischen Volkslied über einen Arbeiter, der von einer Leiter fällt, stirbt und kurz vor seiner Beerdigung wieder zum Leben erweckt wird, als man seine Leiche mit Whiskey besprengt.

WILLIAM FAULKNER
Mit seinem im Jahr 1929 erschienenen Roman Schall und Wahn *behauptete sich Faulkner als einer der innovativsten amerikanischen Schriftsteller. Im Jahr 1949, kurz nach dem Erscheinen von* Griff in den Staub, *erhielt er den Nobelpreis für Literatur. Faulkner starb 1961 im Alter von 67 Jahren nach jahrelanger Alkoholabhängigkeit.*

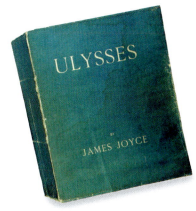

SIR WALTER SCOTT
Der im Jahr 1771 geborene Scott interessierte sich vor allem für die Geschichte seiner Heimat Schottland. Romane wie Rob Roy machten ihn berühmt. Scott starb 1832 als einer der meistgelesenen Schriftsteller seiner Zeit.

JAMES JOYCE
Joyce wurde 1882 als Sohn eines erfolglosen Brenners in Dublin geboren. Er ging früh auf das europäische Festland, wo er 1922 einen der größten Romane des 20. Jahrhunderts schrieb. Ulysses ist zugleich eine moderne Nacherzählung des griechischen Mythos und die Schilderung eines Tages in dem der Trunksucht verfallenen Dublin, eine lose Aneinanderreihung von Bewusstseinsinhalten. Joyce starb 1941 in Zürich.

DER RUIN DES SCHRIFTSTELLERS?

Doch Whisky belebt nicht nur den Geist – er schaufelte auch vielen Schriftstellern ein frühes Grab. Sein berühmtestes Opfer war der walisische Dichter Dylan Thomas, der sein Leben nach 18 Whiskys in der New Yorker White Horse Tavern aushauchte. William Faulkner wiederum wurde nach der Feier zum Abschluss seines Romans *Absalom, Absalom!* mit einer Alkoholvergiftung ins Krankenhaus eingeliefert.

Andererseits ist Trunkenheit ein anerkanntes Mittel, um die Welt in einem anderen Licht zu sehen. Ernest Hemingway schrieb: »Wenn man den ganzen Tag angestrengt geistig arbeitet und weiß, dass man am nächsten Tag wieder arbeiten muss, was kann einen dann besser auf andere Gedanken bringen als Whisky?«. Und Gore Vidal argumentierte: »Das Unterrichten trieb mehr amerikanische Romanschriftsteller in den Ruin als das Trinken.«

EIN HAUPTMOTIV

Die literarische Verwertung von Whisky deckt das gesamte Spektrum von der Komödie bis zur Tragödie ab. In den Kriminalromanen von Raymond Chandler und Dashiell Hammett ist Whisky so allgegenwärtig wie der rauchende Colt. Whisky ist aber auch immer für einen Lacher gut; er ist aus den geistreichen Beschreibungen von Dorothy Parker ebenso wenig wegzudenken wie aus den Charakterstudien der Amerikaner John Cheever und John Updike, des Kanadiers Mordecai Richler, der Briten Evelyn Waugh und Kingsley Amis sowie des irischen Schriftstellers William Trevor.

DYLAN THOMAS
Obwohl er durchaus angesehen war, verdiente Thomas mit seinen Werken nicht viel Geld. Anfangs war er eher als starker Trinker denn als Dichter bekannt. Er starb 1953 in New York.

GERUCH & GESCHMACK

KLIMA

Ian Wisniewski

DAS WETTER JEDER REGION SPIEGELT SICH
IM DORT PRODUZIERTEN WHISKY WIDER.

Allgemein mild
Das milde Meeresklima Schottlands unterliegt Schwankungen, die sich auf die Qualität der Gerste auswirken, und Temperatur und Luftfeuchtigkeit haben auch Einfluss darauf, wie der Whisky in den Lagerhäusern reift.

Um zu verstehen, warum ein Whisky schmeckt, wie er schmeckt, hält man sich meist an greifbare Fakten wie Zutaten und Herstellungsverfahren und Begriffe wie Fassreifung. Doch jeder Whisky ist auch ein Ausdruck der Landschaft, in der er entstanden ist, und spiegelt das Klima wider, dank dessen dort ein bestimmtes Getreide gedeiht. Das Wetter hat auch während des Brennens und Reifens Einfluss.

EIN WICHTIGER FAKTOR

Die meisten alkoholischen Getränke werden entweder aus verschiedenen Getreide- oder aus verschiedenen Rebsorten hergestellt – und diese unterliegen dem Einfluss des Klimas. Und auch die Entstehung dieser Getränke verdanken wir dem Klima: Eine zuckerhaltige Flüssigkeit vergärt bei warmem Wetter mit natürlicher Hefe aus der Luft zu einer alkoholischen Flüssigkeit.

Whisky wird aus verschiedenen Getreidesorten gebrannt; welches Getreide angebaut und wann es geerntet wird, hängt vom örtlichen Klima ab. Roggen z.B. ist in Ländern weit verbreitet, in denen Wodka produziert wird; als Grundstoff für Whisky wächst er in Gegenden mit niedrigen Temperaturen und mäßigen Niederschlägen wie den amerikanischen Bundesstaaten Dakota, Wisconsin und Minnesota sowie der kanadischen Prärie.

Mais gedeiht gut in Iowa (wo er allerdings eher als Nahrungsmittel denn zur Herstellung von Getränken dient) sowie in Kentucky, Indiana, Illinois und Ohio, wo er dank der hohen Niederschläge schon früher als (wie andernorts üblich) im August geerntet werden kann. Dies ist von Vorteil, da Mais geerntet werden muss, ehe es zu heiß wird.

Das milde Meeresklima in Schottland mit den typischen langen Tagen im Sommer ist ideal für den Anbau von Gerste – vor allem an der Ostküste. Bei zu viel Sonne und zu wenig Regen kann der Boden jedoch austrocknen und das Getreide reift zu früh. Auch starke Niederschläge in der Zeit unmittelbar vor der Ernte sind nicht wünschenswert, weil sie die Felder zerstören können. Aufgrund der globalen Erderwärmung konnte die Gerste in den letzten Jahren statt im September schon im August, manchmal sogar schon im Juli geerntet werden. In den Borders, der südlichsten Region Schottlands, findet die Ernte manchmal mehrere Wochen früher statt als in nördlichen Gebieten wie der Black Isle. Das jeweilige Mikroklima wirkt sich auch in anderen Gegenden Schottlands auf die Erntezeit aus.

> DIE GLOBALE ERDERWÄRMUNG BEWIRKT, DASS DIE SCHOTTISCHE GERSTE FRÜHER REIFT

UNTERSCHIEDE

Durch unterschiedliche Klimabedingungen fällt die Ernte in jedem Jahr anders aus. Je mehr Sonne, desto mehr Photosynthese, d.h. der Stärkegehalt in den Gerstenkörnern ist höher – und damit auch der spätere Alkoholgehalt.

Die Qualität der Gerste spiegelt das Wetter des jeweiligen Jahres jedoch nicht in gleichen Maße wider wie die Qualität von Weintrauben. Der Jahrgangscharakter eines Malt hängt nicht so sehr von der Gerste ab, sondern eher von der Verarbeitung des Malzes, dem verwendeten Fass und der Beschaffenheit des Lagerhauses.

WASSER JE NACH JAHRESZEIT

Qualität und Charakter des Wassers werden ebenfalls durch das Klima bestimmt, und das wirkt sich in verschiedenen Phasen des Herstellungsprozesses

Heiss und kalt
Dieses amerikanische Lagerhaus mit Metallwänden reagiert unmittelbarer auf die jeweilige Wetterlage als es ein Steingebäude tun würde; dadurch kann sich der Reifeprozess beschleunigen.

aus *(siehe Seite 30)*. Die Wassertemperatur ist je nach Jahreszeit verschieden: Je kälter das Wasser ist, desto länger dauert es, bis die Gerstenkörner es aufnehmen. Daher muss der Mälzer sie länger einweichen.

Das Wetter spielt auch am Ende des Brennvorgangs eine Rolle, wenn die Brennerei Kühlschlangen verwendet. Das Rohr, durch das die Alkoholdämpfe strömen, wird mit Wasser gekühlt, sodass die Dämpfe kondensieren. Die meiste Zeit im Jahr ist das Wasser mit etwa 1 °C so kalt und die Temperatur so konstant, dass der Brennvorgang gleichmäßig abläuft. Im Sommer kann die Temperatur jedoch auf 20 °C steigen, vor allem wenn das Wasser aus einem flachen Bach stammt. Damit sich der Charakter des Whiskys nicht ändert, muss der Brenner dem Wasser mehr Zeit zum Abkühlen und Kondensieren der Dämpfe geben, d.h. die Brenngeschwindigkeit sinkt.

VERDUNSTUNG

Eine weitere unmittelbarere Auswirkung der Temperatur zeigt sich bei der Verdunstungsrate während der Lagerung im Fass. Die Verdunstung geschieht auf vielerlei Weise und hat verschiedene Auswirkungen, die sich nicht immer in Zahlen ausdrücken lassen, doch sicher ist, dass viele unerwünschte Bestandteile des unreifen Whiskys schon in einem frühen Stadium des Reifens durch Verdunstung beseitigt werden.

Beim schottischen Whisky verdunsten jährlich durchschnittlich rund 2 Prozent des Fassinhalts (Wasser und Alkohol). Dadurch verringert sich der Alkoholgehalt im Fass entsprechend. Im kontinentalen Klima Kentuckys liegt die jährliche Verdunstungsrate bei 3–5 Prozent; Fässer in den mittleren und oberen Lagen der Lagerhäuser büßen mehr Wasser als Alkohol ein, so dass der Alkoholgehalt während des Reifens ansteigt.

Diese Veränderungen des Alkoholgehalts haben wiederum zur Folge, dass unterschiedlich viele alkohollösliche und wasserlösliche Stoffe aus dem Fassholz extrahiert werden: Je stärker, d.h. je höher der Alkoholgehalt des Whiskys, desto mehr alkohollösliche Stoffe werden extrahiert.

Schließlich wird durch einen höheren Alkoholgehalt auch die Oxidation verlangsamt, d.h. die Reaktion des Whiskys mit dem Sauerstoff der Luft, durch die u.a. vermehrt blumige und fruchtige Noten entstehen. Eine hohe Luftfeuchtigkeit fördert dagegen die Oxidation.

JE KÄLTER, DESTO BESSER
Manche Brennereien in Schottland nutzen die Wetterbedingungen für externe Kühlschlangen – gewundene Rohre in einem Außenbecken mit kaltem Wasser –, in denen die aus der Brennblase kommenden Dämpfe verflüssigt werden.

LAND DER GEGENSÄTZE
Die Ebene um Alberta bietet ideale Bedingungen für den Gerstenanbau. Dieses Bild zeigt den Medicine Lake im Jasper National Park.

GESTEIN

RICHARD JONES

DIE GEOLOGISCHEN VERHÄLTNISSE VOR ORT HABEN ENTSCHEIDENDEN EINFLUSS AUF DAS ZUR DESTILLATION VERWENDETE WASSER.

UNNACHGIEBIGES GESTEIN
Die Granitfelsen auf Islay sorgen dafür, dass das in der Brennerei Laphroaig verwendete Wasser weich und mineralarm ist.

Dass schottische Whiskys geschmacklich so verschieden sind, ist auf die geologische Vielfalt Schottlands zurückzuführen: Granit in den Grampians, Sandstein in Sutherland, Vulkangestein auf der Insel Skye. In Irland prägt der Basalt in Bushmills den Geschmack des dort hergestellten Whiskys, in Louisville und Lexington in den USA übernimmt der Kalkstein diese Rolle.

WASSER: UNENTBEHRLICHE ZUTAT

Je weicher das Gestein ist, desto mehr Mineralien löst das hindurchfließende Wasser aus ihm heraus. Weil jede Gesteinsart andere Mineralien enthält, schmeckt das Wasser zudem jeweils anders. Der Geschmack des beim Mälzen und Brennen verwendeten Quellwassers überträgt sich auf den Whisky.

Die Brenner im mittleren Speyside sind stolz auf den Granit der Gegend: Da das harte Eruptivgestein nur wenige Mineralien an das Wasser abgibt, ist dieses weich und rein. In Glenfiddich wird das weiche Wasser der Robbie-Dhu-Quelle beim Maischen und Abfüllen verwendet; Ben Rinnes und Aberlour sind ebenfalls hervorragende Whiskys aus weichem Wasser. Durch Sedimentgestein fließendes Wasser ist bei Brauern von hellem Bier beliebt, weil es diesem eine feste, spritzige Trockenheit verleiht. Das harte Wasser aus dem Sandstein in Tain in den nördlichen Highlands enthält zehnmal so viel Mineralien wie weiches Wasser und verleiht dem Glenmorangie-Whisky einen ganz eigenen Charakter.

Brennereien können nur an solchen Stellen entstehen, wo ausreichend natürlich reines, klares Wasser zur Verfügung steht. Das Wasser muss überdies das ganze Jahr über fließen; wenn der Wasserlauf austrocknet, ist die Brennerei gezwungen die Produktion zu stoppen, bis er wieder sprudelt.

GESTEIN

SCHOTTLAND

Einer der vielen Gründe dafür, dass schottische Whiskys vom Charakter her so verschieden sind, ist die geologische Vielfalt der Region. Die heutige Landschaft entstand durch mehrere große seismische Erschütterungen. Vor 500 Millionen Jahren bildete Schottland mit Grönland und Nordamerika ein riesiges zusammenhängendes Festland namens Laurentia. Vor ungefähr 410 Millionen Jahren wuchsen Laurentia und Baltica, eine weitere Landmasse, mit einem dritten Festlandblock, Avalonia, zusammen, wodurch Gebiete mit sehr verschiedenen Gesteinsarten aufeinander trafen. Die Narben dieser Bewegungen sind im Gesicht des heutigen Schottland noch deutlich sichtbar; die südlichste Verwerfung, Iapetus Suture, verläuft grob entlang der Grenze zu England. Durch die Verwerfungen wird die Landschaft in unterschiedliche geologische Gebiete unterteilt. Fast 350 Millionen Jahre später entstanden auf der Westseite Schottlands ein großer Riss und entlang der Verwerfung zahlreiche Vulkane. Durch weitere seismische Bewegungen verschob sich Nordamerika nach Westen und machte dem Atlantik Platz. An die Vulkane entlang der Verwerfung erinnert heute das schwarze Gabbro-Gestein der Cuillin-Berge auf Skye und des Ben More auf Mull. Die Lava der Vulkane bildete das Basaltplateau, aus dem diese beiden Inseln (und viele andere) zum größten Teil bestehen. Danach kam die geologische Feinabstimmung Schottlands: Lange Phasen mit feuchtwarmem Klima, auf die Kalt- und Eiszeiten folgten, schufen die heutigen geologischen Verhältnisse. Es entstanden größere und kleinere Seen (Lochs), Flüsse fraßen sich in das uralte Gestein und nahmen große Mengen an Lockergestein mit auf ihren Weg nach Osten zur Nordsee, und Kare gruben sich in den nackten Fels.

> GEOLOGISCHE VIELFALT SORGT FÜR VERSCHIEDENARTIGKEIT DER WHISKYS

DIE ISLE OF SKYE
Die beeindruckenden Cuillin-Berge auf Skye sind Überreste von Vulkanen. Das Wasser, das durch das Gestein aufsteigt, ist mit für den feinen Geschmack des Talisker verantwortlich.

WASSER FÜR GLENGOYNE
Weiches Quellwasser fließt aus den größtenteils aus Sandstein bestehenden Bergen hinunter zur Glengoyne Distillery und von dort in den Loch Lomond.

MINERALWASSER

Regenwasser ist (wegen des Kohlendioxids in der Atmosphäre) leicht sauer und enthält keine Mineralien. Sein Charakter wird durch das Gestein geprägt, das es auf seinem Weg zur Brennerei passiert.

GRANIT
Hartes Eruptivgestein, das bei hohen Temperaturen entsteht, gibt wenig Mineralien an das Wasser ab.

SANDSTEIN
Aus kleinen Quartzkörnchen bestehendes Sedimentgestein ist mitverantwortlich für hartes Wasser.

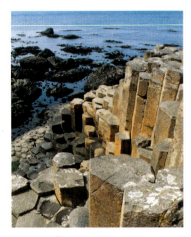

GIANT'S CAUSEWAY
Die eng stehenden senkrechten Basaltsäulen sind vulkanischer Herkunft, aber aufgrund ihrer erstaunlichen geometrischen Formen sehen sie fast aus wie von Menschenhand geschaffen.

SPEYSIDE

In Speyside überwiegt Granit, es gibt jedoch auch andere Gesteinsarten. Viele Brennereien in den Randgebieten rund um Dufftown, Rothes und Craigellachie beziehen ihr Wasser aus Gebieten mit Quarzit (z. B. Cardhu und Knockando) oder rotem Sandstein (z. B. der frische, duftige Inchgower).

IRLAND

Im nordirischen County Antrim, nur wenige Kilometer vom beeindruckenden Giant's Causeway entfernt, liegt ein wenig landeinwärts von der Küste die Bushmills Distillery. Ihr leicht hartes Wasser steigt durch Basalt auf und fließt dann über Lehmböden bis zum Damm in St. Columb's Rill.

Die Midleton Distillery, Heimat von Whiskeys wie Jameson, Powers und Paddy, bezieht ihr Wasser aus einer einzigen Quelle: dem Dungourney River. Dieser kleine Fluss entspringt aus altem rotem Sandstein und sein Wasser bleibt, obwohl es über kohlehaltigen Kalkstein fließt, weich.

NORDAMERIKA

In Kentucky sind die geologischen Verhältnisse nicht minder wichtig. In dieser Gegend überwiegt Kalkstein, entstanden aus den Resten von Organismen, die in dem sich dort vor etwa 450 Millionen Jahren erstreckenden flachen tropischen Meer lebten. Über Millionen von Jahren hinweg wurde der Kalkstein nach und nach durch das Regenwasser ausgelaugt, und es bildete sich ein Karst, ein vielfältiges Gelände mit Höhlen, Vertiefungen, Rissen und Wasserläufen.

Für die Bourbonhersteller ist diese Landschaft in zweierlei Hinsicht von Nutzen: Erstens dienen die Höhlen als Wasserspeicher, weil sich dort große Mengen von Wasser ansammeln, die bei jedem Wetter zur Verfügung stehen, und zweitens wird das Wasser durch die Risse und das poröse Gestein gefiltert und kann unverzüglich zum Maischen verwendet werden. Darüber hinaus ist das Wasser in Kentucky außerordentlich reich an Kalzium, was nicht nur die Knochen seiner berühmten Rennpferde härter macht, sondern auch das Wachstum der Hefen während der Gärung und damit die Umwandlung von Zucker in Alkohol fördert.

KARST – EIN ELDORADO FÜR BOURBON

JAPAN

Die Yamazaki-Brennerei bezieht ihr Quellwasser vom Hügel Tennouzan. Das Wasser steigt durch Kies und Lehm – die Überreste eines urzeitlichen Sees – auf und ist daher relativ hart. Das Wasser in der Hakushu-Brennerei ist dagegen – wie in Speyside – recht weich, da es durch den Granit des Bergs Kaikomagatake fließt.

HAKUSHU, JAPAN
Weiches, fast süßlich schmeckendes Quellwasser fließt vom Granitberg Kaikomagatake hinab zur Hakushu-Brennerei.

COOLEY, IRLAND
Die Cooley Distillery bezieht ihr Quellwasser vom Sliabh nag Cloc (»Berg der Steine«) in den Cooley Mountains nahe Dundalk.

CAPE BRETON, KANADA
Die Mary Ann Falls bei Cape Breton (Kanada) liefern Glenora, der einzigen Single-Malt-Brennerei des Landes, reines Quellwasser.

KENTUCKY
Eine Luftaufnahme von den sanften Hügeln der »Bluegrass Region«, ein fruchtbarer Boden für Rennpferde – und Bourbon.

FEATURE
KALKSTEIN-HÖHLEN

In Kentuckys Karstlandschaft kann das Wasser direkt durch das poröse Gestein sickern oder durch Risse und Löcher fließen. Sobald das Wasser auf eine undurchlässige Gesteinsschicht trifft, fließt es als unterirdischer Fluss darauf entlang und sammelt sich schließlich in einer Höhle. Wenn die Höhle nicht offen ist wie hier im Bild und das Wasser nicht durch eine Spalte im Fels hinausgedrückt wird, muss man ein Loch bohren, um es abzuzapfen.

WASSER

Ian Wisniewski

OHNE EINEN BESTÄNDIGEN UND AUSREICHEND GROSSEN WASSERVORRAT KANN EINE BRENNEREI KEINEN WHISKY HERSTELLEN.

Wasser ist bei der Whiskyherstellung unentbehrlich: Es prägt abhängig von seiner Herkunft den Geschmack des Whiskys und dient in verschiedenen Produktionsphasen als Katalysator für die Entwicklung von Geschmacksstoffen.

Bei der Whiskyherstellung werden so große Mengen Wasser verwendet, dass Brennereien nur dort errichtet werden können, wo ständig welches verfügbar ist. Das meiste Wasser wird in den Kühlern verbraucht. Wenn kaltes Wasser durch den Kühler geleitet wird, kondensieren die Dämpfe und die Wassertemperatur steigt. Deshalb ist z.B. in Schottland genau vorgeschrieben, bei welcher Temperatur und in welcher Geschwindigkeit das Wasser abgeleitet wird.

Die entscheidende Frage für eine Brennerei ist, ob das Wasser hart oder weich ist: je härter das Wasser, desto höher der Gehalt an ungelösten Mineralstoffen (Kalzium, Magnesium, Eisen und Zink). In Schottland ist das Wasser meist weich; in Kentucky sickert es durch Kalkstein und enthält daher viel Kalzium, Magnesium und Phosphat, aber kein Eisen. Diese Mineralienkombination fördert die Aktivität und damit die Wirksamkeit der Enzyme während des Maischens.

Seine erste Chance, den Charakter des Whiskys zu formen, bekommt das Wasser, wenn das Getreide eingeweicht wird, um es zum Keimen zu bringen. Die nächste Phase ist das Maischen des zum Keimen gebrachten Getreides. In Schottland kann das in diesen beiden Phasen verwendete Wasser eine Torfnote haben, weil es auf seinem Weg zur Brennerei durch Torfmoore fließt. Wenn sich dies, wie gemeinhin angenommen, auf den Geschmack auswirken sollte, dann aber nur in geringem Maße. Noch schwerer ist diese Torfnote auszumachen, wenn das Malz über einem Torffeuer gedarrt wird *(siehe S. 40)*.

Der Kalziumgehalt des Wassers wirkt sich auf die Gärgeschwindigkeit und die während der Gärung entstehenden Geschmacksstoffe aus. Weiches

> ### HARTES ODER WEICHES WASSER – DAS IST HIER DIE FRAGE

FEATURE
ON THE ROCKS

Ob man Whisky pur, mit Wasser oder mit Eis trinkt, ist eine Frage des persönlichen Geschmacks. Die Zugabe von Wasser verändert den Alkoholgehalt. Da dieser sich auf das Spektrum der Geschmacksnoten auswirkt, kann Whisky je nach Zugabemenge an Wasser, geringfügig oder merklich anders schmecken.

EINWEICHEN
Das Wasser kann bei diesem Arbeitsvorgang zum ersten Mal seinen Einfluss geltend machen. Man glaubt, dass Torfwasser Phenole an die Gerste abgibt.

MAISCHEN
Während des Maischens – hier in der Ardbeg Distillery in Schottland, die das benötigte Wasser aus einem nahe gelegenen See bezieht – ist in erster Linie die Temperatur des Wassers maßgeblich: Sie bewirkt, dass die in der Gerste enthaltene Stärke sich in gärfähigen Zucker verwandelt.

KÜHLEN
Auch bei der Kondensation spielt die Wassertemperatur eine Rolle; wenn das Wasser im Sommer stärker erwärmt ist, sinkt die Destillationsrate.

Wasser enthält nur wenig Kalzium – das bietet für die Hefe, die die Gärung einleitet, gute Bedingungen: Die Hefe kann sich so gegen die Bakterien, die ihr den Zucker streitig machen, behaupten.

Hartes Wasser ist ein wesentliches Element der Bourbonherstellung in Kentucky. Es wird zusammen mit einer bestimmten Hefeart verwendet, die ebenfalls die Bildung von Geschmacksstoffen beeinflusst.

DESTILLATION UND REIFUNG

Auch bei der Destillation spielt Wasser eine wichtige Rolle. Im Destillierkolben stehen Wasser und Alkohol in einer engen Wechselbeziehung. Während des Destillierens steigt der Alkoholgehalt an, erreicht den Höchstpunkt und sinkt dann wieder ab, d.h. das Verhältnis von Alkohol zu Wasser verändert sich innerhalb des Kolbens. Dies wirkt sich wiederum auf die Geschmacksstoffe im Destillat aus.

Wasser ist außerdem ein wesentlicher Bestandteil von Whisky. Der Alkoholgehalt des Destillats beträgt in Schottland meist rund 70, in Kentucky 60 bis 65 % Vol – der fertige Whisky besteht somit zu 30 bis 40 Prozent aus Wasser.

Bevor er zum Reifen ins Fass kommt, wird der Whisky gewöhnlich mit Wasser verdünnt: in Schottland auf 63,5, in Kentucky auf 55 bis 60 % Vol. Diese Werte ermöglichen eine optimale Reifegeschwindigkeit. Manche Brenner sind der Auffassung, dass sich bei einem höheren Alkoholgehalt die Reifezeit verlängert.

Vom Wassergehalt hängt es ab, welche Geschmacksstoffe aus der Eiche des Fasses extrahiert werden: Je höher er ist, desto mehr wasserlösliche Stoffe gehen in den Whisky über, je niedriger, desto mehr alkohollösliche Stoffe.

ABFÜLLEN

Im Allgemeinen verwendet man destilliertes Wasser, um den Alkoholgehalt des ausgereiften Whiskys vor dem Abfüllen zu verringern, da dieses den während des Brennens und Reifens entwickelten Charakter nicht verändert. Bei der Verwendung von nicht destilliertem Wasser bestünde überdies die Gefahr, dass das Kalzium weiße Kristalle ausfällt, die als hässlicher Schleier in der Flasche sichtbar wären.

GEBIRGSWASSER IN HAKUSHU
In welchem Maß sich das Wasser auf den Geschmack des Whiskys auswirkt, ist nur schwer festzustellen, aber keine Brennerei will das Risiko eingehen, dass sich der Whisky durch die Verwendung eines anderen Wassers verändert.

HEIDE

Heide wächst überall in Großbritannien. Von den vielen in Schottland vertretenen Arten sind nur drei heimisch. Die Pflanze wurde früher zum Dachdecken verwendet und zu Seilen, Körben und Besen geflochten.

ERICA CINEREA
Im Juni und Juli sind die Heidemoore mit den rosa und roten Blüten der Grauheide gesprenkelt.

CALLUNA VULGARIS
Die Besenheide blüht erst im Spätsommer in außerordentlich kräftigen Farben.

ERICA TETRALIX
Die Glockenheide trägt im Juli rosa Blüten und das restliche Jahr ein buntes Blattwerk.

HEIDE

IAN WISNIEWSKI

DIE BLUMIGEN NOTEN IM BUKETT SCHOTTISCHER MALT WHISKYS SIND EINE DUFTENDE ERINNERUNG AN DEREN URSPRUNGSGEBIET.

Die für Schottland typische Heide erfüllt die Luft rund um viele Brennereien und Lagerhäuser mit ihrem Duft. Daher verwundert es auch nicht im Geringsten, dass manche Malt Whiskys ein deutliches Heidearoma aufweisen.

Heide und verschiedene andere blumige Noten, darunter Farn, Rosen, Passionsfrucht, Narzissen, Tulpen, Geranien, Jasmin und Eukalyptus, kennzeichnen die Malts aus Speyside und den Highlands. Der 12-jährige Glenlivet vereint in beispielhafter Weise das frische, grüne Aroma der Heide im Frühsommer und die stärkeren, würzigeren Noten blühender Heide.

Heide wächst in Europa, Nordafrika und Nordamerika. Die drei in Schottland heimischen Arten blühen in vielen leuchtenden Farben; im Frühling und Herbst sorgen die Blätter für eine bunte Vielfalt.

Die Besenheide (*Calluna vulgaris*) blüht in Schottland zwischen Mitte August und Mitte September in vielen purpur-violetten Schattierungen, manchmal auch in weiß. Die Grauheide (*Erica cinerea*) hat rosa und hell- bis dunkelrote, die Glockenheide (*Erica tetralix*) eher blassrosa Blüten; beide Arten blühen im Juni und Juli.

> HEIDENOTEN SIND TYPISCH FÜR MALTS AUS SPEYSIDE UND DEN HIGHLANDS

HEIDEAROMA

Wie bilden sich Heidearomen im Malt Whisky? Man nimmt an, dass auf seinem Weg zur Brennerei über Heidemoore fließendes Wasser die blumigen Noten annimmt und während des Einweichens oder Maischens abgibt. Doch auch die Verwendung von Torf, der Heide enthält, oder einer besonderen Hefeart, ein bestimmtes Destillationsverfahren und die Reifung in Eichenfässern können zu einem Heidearoma im Whisky führen.

TORF

Torf entsteht durch die Zersetzung verschiedener pflanzlicher Substanzen, darunter auch Heide. Beim Darren über dem Torffeuer kommt die Gerste je nach Art des Torfs mit einer Reihe von Phenolen in Kontakt. Der Highland Park hat ein ausgeprägtes Heidearoma, und in dem Torf, der in der Brennerei verwendet wird, ist eine außerordentlich große Menge an Heide enthalten. Bis in die 1960er-Jahre hinein war es gang und gäbe, frische Heidesträuße ins Torffeuer zu werfen, um den Heidegeruch noch zu verstärken. Ob sich das wirklich auf den Geschmack auswirkt, ist offen. Auch Malts aus Speyside haben ein deutliches Heidearoma, obwohl dort nicht oder nur leicht getorftes Malz verwendet wird.

GÄRUNG

Das Heidearoma im Whisky kann auch ein Ergebnis des Gärvorgangs sein. Bei der Gärung wird nicht nur Zucker in Alkohol umgewandelt, sondern es entstehen auch neue Geschmacks- und Geruchsnoten, darunter auch blumige Aromen. Das Ergebnis ist je nach Gärdauer verschieden. Die Heidenoten können z. B. auf die Kombination einer bestimmten Hefeart mit einer bestimmten Gärdauer zurückzuführen sein. Es gibt verschiedene Destillier- und Brauhefen, die sich in unterschiedlicher Weise auf den Charakter des Whiskys auswirken.

DESTILLATION

Manche der blumigen Noten im Whisky entstehen während des Destillierens. In Glenlivet z.B. erhält der Whisky durch den verstärkten Rückfluss im oberen Teil der Brennblase zusätzliche blumige Noten, und die während der Gärung gebildeten Geschmacksstoffe werden auf diese Weise konzentriert.

Bei hohen, schlanken Destillierblasen ist der Rückfluss stärker, weil die Temperatur oben in der Blase relativ stark abfällt. Vollere, schwerere Geschmacksstoffe mit höherem Siedepunkt kondensieren in diesem relativ kühlen Bereich und kehren auf den Grund der Blase zurück, während leichtere, fruchtigere Geschmacksstoffe ihren Weg in den Kühler fortsetzen.

REIFUNG IN EICHENFÄSSERN

Da die Fässer, in denen der Whisky reift, luftdurchlässig sind, kann er mit der Luft reagieren. Durch diese Oxidation entwickeln sich bereits bestehende blumige Noten weiter und es entstehen zusätzliche, darunter auch fruchtige Aromen. Auch das Fass selbst kann blumige Noten verursachen. In Malts, die in Bourbonfässern reifen, kommen die blumigen Noten deutlicher zum Ausdruck, weil der vollere, süßere Einfluss von Sherryfässern den blumigen Charakter eher überdeckt. Ein zum dritten Mal befülltes Bourbonfass gibt aber nur noch wenige Aromen ab. So werden die durch Oxidation entstandenen blumigen Heidenoten nicht beeinträchtigt.

MALTS AUS DEN HIGHLANDS
Angenehm blumige Aromen – darunter Heide, Geranie, Jasmin und Rose – sind typisch für Malts aus den Highlands, etwa den Glen Grant aus Speyside. Man kann aber nicht genau sagen, wie diese Aromen entstehen, weil viele Faktoren eine Rolle spielen.

NATÜRLICHER LEBENSRAUM
Blühende Heide verwandelt die schottische Landschaft in ein regelrechtes Farbenmeer, vor allem in den Highlands. Viele verschiedene Heidekrautgewächse lassen sich auch in den Botanischen Gärten Schottlands bewundern.

Seeluft und Algen

Ian Wisniewski

EINIGE SCHOTTISCHE MALT WHISKYS RIECHEN UND SCHMECKEN DEUTLICH NACH MEER.

> ## FEATURE
> ### EIN EXTREMES BEISPIEL
> Laphroaig, der als einer der am stärksten getorften Malts gilt, hat eine Fülle pikanter Aromen, darunter das von Lagerfeuer und Glut sowie Meeres- und medizinischen Noten, wie z. B. von Desinfektionsmittel und Seeluft. Diese Aromen werden dadurch hervorgerufen, dass der verwendete Torf aus Islay Algen enthält und dass die Fässer nahe am Meer gelagert werden.

In einigen Malts von der Küste und den Inseln sind Algen, Jod und Salzwasser mehr als nur zu erahnen. Dieser Hauch von Meer liefert einen eindeutigen Hinweis auf ihr Herkunftsgebiet: eine von Wind und Wellen umtoste Brennerei.

Meergeruch und -geschmack sind in den meisten Fällen bei getorftem Malt anzutreffen. Dieser hat sich, da er als anspruchsvollster Whisky überhaupt gilt, in den letzten Jahren bei Genießern jeden Alters und beiderlei Geschlechts zum absoluten Kult-Whisky entwickelt. Whiskys mit torfigen Meeresaromen schmecken allerdings überaus streng und sind aus diesem Grund auch nicht jedermanns Sache.

SEELUFT

Auf welche Weise genau die Meeresaromen im Malt entstehen und sich weiterentwickeln, ist eine Frage, die Brenner und Genießer gleichermaßen beschäftigt. Da sie noch nicht systematisch erforscht ist, kann man eigentlich nur nach dem gehen, was die Erfahrung gezeigt hat. Die herkömmliche Erklärung ist, dass die Fässer im Lagerhaus Seeluft aufnehmen: In den zehn Jahren, die sie mindestens dort lagern, können sich viele verschiedene Substanzen im Holz anreichern und in den reifenden Whisky übergehen.

Natürlich gibt es an Schottlands Küste reichlich Seeluft. Aber die Gischt und das im Meerwasser enthaltene Jod können nur in Form von Wassertröpfchen durch starken Wind verweht werden; in welchem Maß diese Stoffe vom Fass aufgenommen werden und welchen Einfluss sie haben, ist ungewiss. Genauso ungewiss ist der Einfluss der Algenaromen, die als flüchtige, gasförmige Stoffe mit der Luft ins Lagerhaus eindringen.

ALGENARTEN

Im Meer vor Schottland sind mehrere Hundert verschiedene Algenarten heimisch; alle den Grün-, Braun- und Rotalgen zugeordneten Arten kommen u.a. auch vor der norwegischen und isländischen Küste vor. Rotalgen wachsen meist in tieferem, Grünalgen in ganz flachem Wasser und in Gezeitentümpeln. Braunalgen wiederum finden sich im Allgemeinen im oberen Küstenbereich und auch außerhalb des Wassers. Diese Einteilung nach Farben wäre an und für sich außerordentlich hilfreich, wenn es nicht auch Ausnahmen gäbe: Rotalgen sind auch in Gezeitentümpeln anzutreffen, Braunalgen auch in bis zu 40 m Tiefe.

Eine regionale Besonderheit sind im Übrigen die frei treibenden Algen in den Buchten an der schottischen Westküste. An diesen Küstenabschnitten sind die Gezeiten derart schwach ausgeprägt, dass die Algen nicht weggeschwemmt werden können und daher nicht am Fels angeheftet sind.

> ### MALT MIT MEERESAROMA GILT ALS DER ANSPRUCHSVOLLSTE WHISKYSTIL

Ebenfalls regional unterschiedlich ist die Klarheit des Wassers, von der abhängt, wie weit das Sonnenlicht ins Wasser eindringt. An der Westküste Schottlands ist das Wasser so klar, dass Seetang bis zu 35 m unter der Oberfläche wächst; an der Ostküste ist es nur bis in 10 m Tiefe hell genug.

Seetang, eine häufig auftretende Form von Braunalgen, wächst überall dort, wo er sich unter Wasser am Fels festsetzen kann. Jede Art von Seetang braucht unterschiedliche Bedingungen zum Überleben. Aus Seetang wird Jod gewonnen, eines der klassischen Aromen des an der Küste und auf den Inseln hergestellten Malt.

ALGEN IM TORF

Manche Whiskyliebhaber sind der Überzeugung, dass das Meeresaroma einiger Malts vom Torfen kommt. Die Zusammensetzung des Torfs ist überall in Schottland unterschiedlich. Nahe der Küste und auf den Inseln sind im Torf verrottete Algen enthalten. Es ist durchaus denkbar, dass Jod-, Salz- und andere Meeresaromen auf diese Weise in den Whisky gelangen.

Das konnte allerdings noch nicht zweifelsfrei nachgewiesen werden. Und letztendlich scheiden sich die Geister ja auch schon daran, was das Meeresaroma im Malt überhaupt angeht: Wer es mag, preist es als eine Art Aromatherapie; auf andere wirkt es dagegen eher abschreckend.

REIFEN AN DER KÜSTE
Alle Brennereien auf Islay, auch Lagavulin, befinden sich in der Nähe des Meeres, sodass die Seeluft es nicht weit bis in die Lagerhäuser hat.

ALGEN

Die lange Küste Schottlands mit ihren unzähligen Buchten bietet jede Menge natürlichen Lebensraum für Algen. In Schottland kommen drei Klassen von Algen vor.

ROTALGEN
Diese Algen wachsen meist in tiefem Wasser, kommen aber auch in Gezeitentümpeln vor.

GRÜNALGEN
Grünalgen findet man in wärmerem, flachem Wasser und in Gezeitentümpeln.

BRAUNALGEN
Da Braunalgen im oberen Küstenbereich und auch außerhalb des Wassers wachsen, sieht man sie am häufigsten.

KÜSTENLAGE
Welche Auswirkungen es hat, wenn ein Whisky in der Nähe der Küste reift, wird derzeit noch erforscht und ist bei Brennern und Liebhabern umstritten.

GERSTE

IAN WISNIEWSKI

GERSTE WAR EINES DER ERSTEN GETREIDE, DIE DER MENSCH ANBAUTE. SIE WIRD ZUR ERZEUGUNG VIELER GETRÄNKE VERWENDET.

ERNTE IN ÄGYPTEN
Die alten Ägypter bauten als eine der ersten Kulturen Gerste an. Saat und Ernte des Getreides wurden der Nachwelt in Hieroglyphen überliefert.

Gerste ist der wichtigste Grundstoff für schottischen Whisky. Ursprünglich aus Äthiopien stammend, war sie nicht nur eines der ersten Getreide, das von frühgeschichtlichen Völkern wie den Sumerern in Mesopotamien angebaut wurde, sondern auch ein Hauptbestandteil des Speiseplans der alten Ägypter und wurde als solcher bereits 5000 v. Chr. in Hieroglyphen festgehalten. Im alten Griechenland versprachen sich Sportler von zusätzlichen Gerstenrationen einen Energieschub und damit größere Chancen auf einen Sieg in Olympia.

DER SCHOTTEN LIEBSTES GETREIDE

Gerste war lange Zeit das in Schottland meistangebaute Getreide, bis ihr im 16. Jahrhundert Hafer den Rang ablief. Als Zutat in der schottischen Küche kommt Gerste noch heute in verschiedenen Formen auf den Tisch. Gerstenmehl wird mit Buttermilch zu *bannocks* verarbeitet, einer Art Brot, das in gusseisernen Pfannen auf dem Herd oder dem offenen Feuer gebacken wird. Sehr beliebt sind Gerstengraupen, d.h. enthülste und gerundete Gerstenkörner, die mit Hammelfleisch und Gemüse eine Suppe namens *Scotch broth* ergeben. *Cock-a-leekie* ist eine Suppe aus Gerste, Huhn und Lauch; eine weitere Spezialität ist der *black pudding*, eine Art Blutwurst aus Gerste und anderen Zutaten.

GETRÄNKE AUS GERSTE

Gerstensaft ist ein Klassiker: Der griechische Arzt Hippokrates schrieb schon im 4. Jahrhundert v. Chr. darüber. Vergorene Gerste war der Grundstoff für

eines der ersten alkoholischen Getränke, aus dem sich im Frühmittelalter das Bier entwickelte. Heute sorgt Gerstenmalz für süße, malzige Gebäckaromen in Bier, aber auch in schottischem und irischem Malt Whisky sowie in Blended Whiskys. Andere Whiskysorten, etwa Bourbon, enthalten ebenfalls einen gewissen Anteil Gerstenmalz.

GERSTENMALZ

Ursprünglich war Gerste ein Nahrungsmittel, heute dient nur noch ein kleiner Teil der weltweiten Gerstenernte diesem Zweck. Die meiste Gerste wird als Futtermittel und für die Bier- und Whiskyherstellung verwendet. Die bei der Herstellung von Malt Whisky als Abfallprodukt anfallende Gerstenmaische wird häufig an Vieh verfüttert.

Gerste wird in gemäßigten Zonen überall auf der Welt angebaut, hauptsächlich in den USA, Kanada und Europa. Dass Gerste bei der Whisky-herstellung (und beim Bierbrauen) eine so große Rolle spielt, liegt an ihrem hohen Gehalt an Kohlehydraten, aus denen Alkohol entsteht. Gerstenmalz ist außerdem eine natürliche Quelle für die Enzyme, die während des Maischens Stärke zu gärfähigen Zuckern abbauen.

Aus den Kohlehydraten in der Gerste entsteht der Alkohol

Zwei Varianten der Gerste sind für das Mälzen am besten geeignet: zweizeilige und sechszeilige Gerste. (Die Bezeichnung verweist auf die Zahl der Körnerzeilen an den Ähren: Zweizeilige Gerste hat auf jeder Seite der Ähre eine, sechszeilige auf jeder Seite drei Körnerzeilen.)

Für schottischen Malt Whisky und irischen Whiskey wird hauptsächlich zweizeilige Gerste *(Hordeum vulgare)* verwendet. In den USA wird dagegen überwiegend sechszeilige Gerste angebaut.

FORMEN DER GERSTE

In Schottland wurden seit jeher verschiedene Formen von Gerste angebaut, weil in jeder Region andere Bedingungen herrschen. In Nordschottland und auf den Inseln wird Bere kultiviert, eine Wildform, aus der von Anfang an Malt Whisky gebrannt wurde. Mit ihren kräftigen Halmen kann sie dem Wind auf den Inseln besser standhalten und das Beste aus den kurzen Sommern herausholen. Der Nachteil ist, dass Bere weniger Alkohol als in jüngerer Zeit gezüchtete Varianten erbringt.

Zum Ende des 19. und am Anfang des 20. Jahrhunderts wurden aus einem zweifachen Bedürfnis heraus erstmals neue Gerstensorten gezüchtet: Die Bauern wollten ihren Ertrag, die Brenner den Alkoholgehalt ihres Whiskys steigern.

Bis in die 1960er-Jahre hinein wurde allerdings nur ein außerordentlich geringer Teil der zum Mälzen bestimmten Gerste in Schottland angebaut, unter anderem wegen des rauen Klimas. Bis dahin bezogen schottische Brennereien das meiste Gerstenmalz aus East Anglia in England. Heute ist der Hauptabnehmer für Gerstenmalz aus East Anglia das Braugewerbe.

WOGENDES GETREIDEFELD

Gerstenmalz ist eine der Zutaten für verschiedene amerikanische Whiskysorten, u.a. Bourbon. In den USA wird Gerste vorwiegend in Washington (wie hier), North Dakota, Idaho und Minnesota angebaut.

WILLKOMMEN BEI BLAIR ATHOL

Die Gerstenmotive auf dem Eingangstor der Brennerei sind nicht nur sehr dekorativ, sondern auch ein Hinweis auf das Getreide, aus dem Malt Whisky hergestellt wird.

FEATURE

BRUICHLADDICH

Bruichladdich auf der schottischen Insel Islay ist eine der kreativsten und fortschrittlichsten Malt-Brennereien weltweit. Weil dort im Rahmen der Whiskyproduktion z. B. verschieden stark getorfte Gerste verwendet wird, haben manche Malts ein sehr zartes, andere ein mildes und wieder andere ein starkes Torfraucharoma. Außerdem ist Bruichladdich eine der wenigen Brennereien, die Whisky aus organisch angebauter Gerste herstellen.

BESTE GERSTE
An der schottischen Ostküste, zu der auch die Black Isle gehört, sind Klima und Boden ideal für den Gerstenanbau. Daher wird in dieser Gegend Getreide von großer Qualität geerntet.

ERNTEZEIT
Wann die Gerste geerntet wird, hängt vom Klima ab und davon, ob es sich um eine früh- oder eine spätreifende Sorte handelt. Heutzutage spielt dabei auch die globale Erderwärmung eine Rolle.

NEUE GERSTENSORTEN

Alles änderte sich mit der Züchtung der Gerstensorte Golden Promise, die 1968 auf den Markt kam. Dank ihres kräftigen Halms und ihrer frühen Reife gedieh sie auch im rauen schottischen Klima. Daher konnte sie überall in Schottland angepflanzt werden. In den 1970er-Jahren betrug ihr Anteil an der zum Mälzen bestimmten Gerste in Schottland bereits mehr als 90 Prozent.

Golden Promise behielt ihre Vormachtstellung, bis Mitte der 1980er-Jahre verschiedene Neuzüchtungen eingeführt wurden, die ihr sowohl auf dem Feld wie auch in der Brennerei überlegen waren. Heute werden immer noch Gerstensorten speziell für den Anbau in Schottland gezüchtet, die, sobald sie auf den Markt kommen, dafür sorgen, dass die vorherige Generation ausgedient hat.

HERAUSRAGENDE ROLLE

Mit die beste Gerste der Welt wird in Irland, in der Gegend um Cork und Athy, angebaut. Der Hauptlieferant in den USA ist North Dakota, gefolgt von Idaho, Minnesota und Washington. Doch Schottland genießt insofern eine herausragende Stellung, als dort die ertragreichste Gerste der Welt produziert wird. Sie wird hauptsächlich an der Ostküste angebaut, wo die Bedingungen aufgrund leichterer, sandigerer Böden sowie weniger Wind und Regen am besten sind: in den Borders, Lothian, Fife, Ross-shire, Perthshire, Angus, Morayshire, dem östlichen Aberdeenshire und auf der Black Isle.

Um die Nachfrage der Brennereien zu befriedigen, importiert man überdies Gerste aus England, vor allem aus Norfolk und Northumberland. Ihre Überschüsse exportieren britische Gerstenanbauer auch nach Japan.

GERSTENANBAU

Angebaut wird meist Sommergerste, die im März und Anfang April gesät wird und nach der Blüte Ende Juni Samen auszubilden beginnt. Durch Photosynthese wird Zucker im Gewebe der Pflanze gebildet; dieser wird in die Samen transportiert und in Stärke umgewandelt.

Wann genau in der Zeit zwischen Juli und September geerntet wird, hängt vom örtlichen Klima ab und davon, ob es sich um eine früh oder spät reifende Sorte handelt. Früh reifende Sorten sind die sicherere Wahl, weil die Gefahr geringer ist, dass das Wetter die Ernte beeinträchtigt. Golden Promise kann schon im Juli, andere Sorten, wie z. B. Optic, können erst im August geerntet werden.

GOLDEN PROMISE
Unter den mittlerweile so zahlreichen Gerstensorten ist Golden Promise gewissermaßen ein Oldie. Bei Macallan wird sie nach wie vor verwendet.

VERSUCHSANBAU

Die in den 1990er-Jahren gezüchtete Gerstensorte Optic ist mit einem Marktanteil von 50 bis 60 Prozent derzeit die führende Gerstensorte in Schottland. Wie lange sie diese Position halten kann, wird sich zeigen, denn es werden ständig neue Sorten gezüchtet, die qualitativ noch besser sein sollen.

Neuzüchtungen werden auf Versuchsfeldern neben bewährten Sorten angepflanzt und müssen sich als deutlich besser erweisen, um von dem in London ansässigen (auch für die Branntweinindustrie zuständigen) Institute of Brewing empfohlen zu werden.

Zu den angestrebten Verbesserungen zählen eine größere Resistenz gegen Krankheiten, eine generell bessere Widerstandsfähigkeit und ein kürzerer, kräftigerer Halm, damit die Gerste auch ungünstigen Wetterbedingungen standhält. Jede Sorte hat jedoch ihre Schwächen, vor allem weil Pilzkrankheiten sich immer weiterentwickeln und früher oder später ein Stadium erreichen, in dem sie auch einst resistente Sorten befallen.

Wenn eine Brennerei sich für eine neue Sorte entscheidet, werden unter Umständen Änderungen erforderlich, weil jede Sorte anders verarbeitet werden muss. Da z. B. die Korngröße sehr unterschiedlich ist, müssen eventuell die Walzen der Mühle neu eingestellt werden.

EWIGE TREUE

Manche Brennereien bleiben daher lieber bei ihren gewohnten Sorten. Besonders »treu« sind Macallan und Glengoyne, die neben nur einer weiteren Sorte immer noch Golden Promise verwenden (die mit 35 Jahren nun wirklich schon zum »alten Eisen« gehört).

Macallan und Benromach stellen auch Whisky her, der ausschließlich aus Golden Promise besteht, weil es dem Whisky ihrer Meinung nach mehr Körper und Komplexität verleiht, wenn nur eine Gerstensorte verwendet wird.

EINZELLAGENWHISKY

Abgesehen von diesem »sortenreinen« Whisky haben manche Brennereien auch Whiskys im Programm, deren Gerste aus einer bestimmten Lage stammt. Balvenie und Glenmorangie beziehen ihre Gerste von jeweils einem Gut: Balvenie von Balvenie Mains, Glenmorangie von Cadboll.

Abfüllungen dieser Art sind immer limitiert, was sie umso begehrter macht. Sobald sie auf dem Markt sind, ist es sehr interessant, sie mit den normalen Versionen zu vergleichen.

BIO-MALTS

Einige Brennereien, darunter Bruichladdich und Benromach, haben auch beim Whisky die Bio-Ära eingeläutet, indem sie ausschließlich Gerste aus organischem Anbau verwenden. Dies ist einerseits eine Neuheit, andererseits aber eine Rückbesinnung auf die Tradition, weil ursprünglich alle Malts aus organischer Gerste hergestellt wurden.

Organischer Anbau erhöht die Produktionskosten und damit den Verkaufspreis des Getreides. Auch für die Brennerei steigen die Kosten. Wenn auf organisches Getreide umgestellt wird, müssen sämtliche Anlagen und Apparate gründlich gereinigt werden, damit die organische Produktion nicht durch Rückstände der nichtorganischen beeinträchtigt wird.

Zunächst muss die Brennerei aber natürlich herausfinden, wie sich organisches Getreide im Herstellungsprozess verhält. Benromach produzierte im Jahr 2000 mit der Sorte Chalice einen ersten Bio-Whisky, Bruichladdich drei Jahre später den ersten organischen Islay Malt, ebenfalls aus Chalice. Reift organischer Whisky anders als nichtorganischer? Auf die Antwort müssen wir noch ein wenig warten. Mit etwas Glück werden wir bald den ersten Zwischenbericht bekommen.

> BIO-WHISKY WIRD MIT ORGANISCHER GERSTE HERGESTELLT

FORMEN DER GERSTE

Vor allem zwei Formen der Gerste sind zum Mälzen am besten geeignet: zweizeilige und sechszeilige Gerste. Die Bezeichnung verweist auf die Zahl der Körnerzeilen an den Ähren.

ZWEIZEILIGE GERSTE
Sie ist in Europa am weitesten verbreitet, wird aber auch von amerikanischen Brennereien verwendet.

SECHSZEILIGE GERSTE
Sechszeilige Gerste wird vorwiegend in den USA angebaut; Chicago und Milwaukee sind die Mälzzentren.

BERE
Bere, eine Urform der Gerste, wurde traditionell in Nordschottland angebaut.

Torf

Richard Jones

TORF WIRD ALS BRENNSTOFF ZUM ERHITZEN DER BRENNBLASEN VERWENDET UND TRÄGT ZUM INTENSIVEN GESCHMACK VON WHISKY BEI.

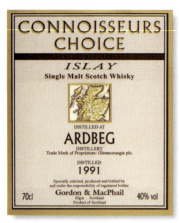

Torf im Whisky
Die Whiskys von Ardbeg und der benachbarten Brennerei Lagavulin zählen zu den am stärksten getorften Malt Whiskys.

Eine der markantesten Geruchs- und Geschmacksnoten in Scotch ist Torf. Insgesamt büßte Scotch in den letzten Jahrzehnten des 20. Jahrhunderts viel von seinem Torfaroma ein, weil andere Brennstoffe entwickelt wurden, doch im neuen Jahrtausend besinnen sich manche Brennereien auf ihre Tradition oder übertreffen gar ihren Ruhm von einst.

Geschmack an Torf

Dass Torf ein Revival erlebt, zeigt, wie beliebt er bei Kennern ist. Seine erdigen, rußigen, teerartigen, rauchigen, oft ausgesprochen trockenen Noten sind für Kenner so anziehend wie sie für Einsteiger und Gelegenheitstrinker abschreckend sein mögen. Wenn man Whisky mit Torfaroma trinkt, kann man Schottland förmlich riechen und schmecken; es ist, als habe man Erde in den Mund genommen.

> GETORFTER WHISKY RIECHT UND SCHMECKT NACH SCHOTTLAND

In den Lowlands mit ihren Hochmooren gibt es die geringsten Torfvorkommen. Die Highlands sind mit torfigen Heidemooren und mit weitflächigen Deckenmooren bedeckt. Die größten Torfvorkommen finden sich auf den Inseln, vor allem auf Orkney und Islay.

Eine wichtige Ingredienz

Wasser fließt über torfhaltige Böden in die Brennereien und gibt einige der typischen Geschmacksnoten beim Einweichen an die Gerste ab. Viel wichtiger ist jedoch die Verwendung von Torffeuern zum Darren der Gerste; die Auswirkungen auf den Geschmack sind je nach Dauer und Intensität des Vorgangs unterschiedlich. Viele der Geschmacksstoffe im Whisky sind nicht im Torf selbst enthalten, sondern entstehen beim Verbrennen des Torfs. Wenn zusätzlich über einen torfhaltigen

TORF STECHEN
Torf von Hand zu stechen ist – im Gegensatz zum kommerziellen maschinellen Torfabbau noch echte Knochenarbeit.

TORF TROCKNEN
Vor der Verwendung muss dem Torf die überschüssige Feuchtigkeit entzogen werden. Diese Torfballen müssen mindestens zwei Wochen an der Luft trocknen.

TORF IM TROCKENOFEN
Torf wird in den Trockenofen geschaufelt. Der Rauch wird nach oben geleitet, trocknet dort die gemälzte Gerste und verleiht ihr etwas von seinem Geschmack.

Boden geflossenes Wasser in der Brennerei verwendet wird, kann dies die Torfnote noch verstärken. Sogar ein Torfboden im Lagerhaus kann ein winziges Scherflein dazu beitragen. Damit Whisky nach Torf schmeckt, muss aber kein direkter Kontakt mit dem Torfrauch gegeben sein: Auf Islay hat völlig ungetorfter Whisky einen ganz geringen Phenolgehalt. Dies ist zum Teil auf die in der Gerstenspelze enthaltenen Phenole zurückzuführen, aber auch das torfige Wasser auf der Insel und die rauchige Luft in den Mälzereien spielen eine wichtige Rolle.

WAS IST TORF?

Torf ist ein vor allem in Mooren gebildetes, teilweise karbonisiertes Zersetzungsprodukt pflanzlicher Substanzen; unter Druck und Wärmeeinwirkung entsteht aus Torf in Millionen von Jahren Kohle. 5 bis 8 Prozent der Erdoberfläche sind mit Torf und Mooren bedeckt; 90 Prozent davon liegen in den gemäßigten und kalten Zonen der nördlichen Hemisphäre. In Schottland erstrecken sich die Torfmoore über mehr als eine Million Hektar, d.h. über 12 Prozent der Gesamtfläche.

Die Deckenmoore rund um Caithness und Sutherland im äußersten Norden Schottlands, wo das größte Deckenmoor Europas liegt, sowie auf den Inseln Islay, Orkney und Lewis liefern einen Großteil des Torfs für die Whiskyherstellung und decken überhaupt fast den gesamten schottischen Bedarf an Torf.

ERDE UND WASSER
Ein typisches Deckenmoor in Altnaharra, Sutherland, im äußersten Norden Schottlands. Torfmoos gedeiht in diesen Feuchtgebieten besonders gut.

FEATURE
GERÄTE

Jede Gegend hat ihre eigenen traditionellen Geräte zum Torfstechen. In Schottland gehören »Flaughter«, »Rutter« und »Tusker« dazu. Mit dem Flaughter, einer Art Spaten, wird die Grasnarbe abgehoben. Der Torf wird mit dem Rutter geschnitten und mit dem Tusker durch leichtes Drehen herausgehoben.

TORFPFLANZEN

Die Art der im Torf lebenden Pflanzen gibt Aufschluss darüber, welche Aromen er an den Whisky abgibt. Neben den häufigsten Vertretern Moos und Heide tragen auch viele andere Pflanzen zum Charakter des Whiskys bei.

PFEIFENGRAS
Das aufrecht stehende Gras mit violetten Blüten wurde früher zum Dachdecken verwendet.

GAGELSTRAUCH
Die überall in den westlichen Highlands wachsende Pflanze hat aromatisch duftende Blätter.

BÄRENTRAUBE
Die immergrünen Blätter dieses Halbstrauchs helfen bei Infektionen der Harnwege.

KIEFER
Der vor 6000 Jahren in Schottland weit verbreitete Baum wächst fast nur noch in den Highlands.

DIE ENTSTEHUNG VON DECKENMOOREN

Deckenmoore entstanden vor 5000 bis 7000 Jahren. Starke Regenfälle wuschen Eisen und andere Mineralien aus dem Boden und diese reicherten sich unter dem Boden zu einer wasserundurchlässigen Schicht an. Durch weitere Regenfälle wurde das Land überschwemmt und es siedelten sich bestimmte Pflanzenarten an. Da die für die Zersetzung pflanzlicher Substanzen zuständigen Organismen unter diesen unwirtlichen Bedingungen nicht überleben konnten, blieben die Moorpflanzen nach ihrem Absterben intakt und lagerten sich in Schichten ab.

TORF STECHEN

Torf kann maschinell oder mit einem Spaten gestochen werden. Maschinen werden von Traktoren gezogen und schneiden den Torf in der erforderlichen Tiefe mit einer Kreis- oder Kettensäge ein. Je nach Art der Maschine wird der Torf dann in einer Kammer komprimiert, wie Zahnpasta ausgedrückt oder zu einem trockenen Pulver gemahlen. Das Stechen mit der Hand ist die traditionelle Art der Torfgewinnung. Zuerst wird die faserige Moosnarbe abgehoben und auf die Seite gelegt. Dann wird der Torf mit einem Torfschneider oder Spaten in 60 x 15 cm große Stücke geschnitten und mit einem speziellen Gerät herausgehoben. Vor der Verwendung muss Torf trocknen: maschinell gestochener Torf rund einen Monat, von Hand gestochener Torf einige Wochen länger. Von April bis September leisten Torfstecher täglich viele Stunden Knochenarbeit, um in der »Erntezeit« möglichst viel Torf einzufahren.

Der Torf, mit dem die Darre befeuert wird, ist, egal, ob von Hand oder maschinell gestochen, ein getreues Abbild der Gegend, in der er entstanden ist. Es hängt von den geographischen Gegebenheiten ab, welche Pflanzen, Bäume und lebenden Organismen in diesem Gebiet über Tausende von Jahren hinweg gelebt haben und abgestorben sind. Wenn diese Substanzen zu Torf werden, haben die örtlichen Bedingungen weiterhin einen entscheidenden Einfluss: wie feucht und wie warm es ist, wie sauer der Boden ist – all das hat Auswirkungen auf Beschaffenheit und Zusammensetzung des Torfs.

WORAUS BESTEHT TORF?

In Schottland wie in vielen anderen Teilen der Erde besteht Torf hauptsächlich aus Torfmoos. Diese bemerkenswerte Pflanze ist perfekt an die permanent feuchten Bedingungen angepasst und erhält zusammen mit anderen Pflanzen die schwammige Konsistenz des Moores. Im Westen Schottlands wachsen aufgrund der größeren Niederschlagsmengen neben Torfmoos auch der Gagelstrauch mit seinem süßen zitrusartigen Geruch und Pfeifengras. Weiter landeinwärts findet man eher Kiefern, Heide und Bärentraube.

Torf von der Küste enthält mehr salzige Meeresaromen und auch mehr Sandanteile, weshalb er insgesamt lockerer ist. Die Annahme, dass Torf aus Islay Algen enthält, ist jedoch ziemlich strittig. So ist zum Beispiel der in der Port-Ellen-Brennerei verwendete Torf aus Castelhill – und damit viel zu weit von der Küste entfernt, als dass sich dort nennenswerte Mengen von Wasserpflanzen hätten anreichern können. Der Torf auf Orkney ist viel jünger als der auf Islay (rund 1800 Jahre). Daher sind die tiefsten Torfmoore der Insel nur 3-4 m tief. Highland Park bezieht den Torf aus ausgewählten Gebieten am Hobbister Hill und mischt Torf aus drei verschiedenen Schichten, um den erwünschten Charakter zu erzielen. Die oberste Schicht liegt direkt unter der Oberfläche und ist

TORFMOOS
Die rund 300 Arten des Torfmooses, Hauptbestandteil von Torf, sind perfekt an die unwirtlichen Bedingungen eines Moors angepasst.

besonders reich an Heide und ihren Wurzeln. Die nächste dunklere und kompaktere Schicht erzeugt weniger Rauch und mehr Hitze. Die unterste Schicht ist kohleähnlich und kann die Reste urzeitlicher Bäume enthalten.

TORF IM REST DER WELT

Torf gibt es auch außerhalb von Schottland; er wird dort allerdings nur selten bei der Whiskyherstellung verwendet. In Irland, wo es im Grunde verhältnismäßig viele Torfmoore gibt, kommt Torf, mit Ausnahme bei einigen Whiskeys der Cooley Brennerei, nicht mehr zum Einsatz, seitdem die Brennereien vom Land in die Stadt gezogen sind, weil Torf kein sehr ergiebiger Brennstoff ist. In Japan wird gelegentlich getorftes Malz verwendet, wobei der Großteil aus Mälzereien in Schottland importiert wird.

DIE TORFMOORE AUF ISLAY

IN KEINEM ANDEREN WHISKYPRODUKTIONSGEBIET ist Torf so bedeutend wie auf Islay. Die Insel kann aus einem reichen Vorrat schöpfen. Die Whiskys mancher Brennereien auf der Insel sind kaum torfig, dafür sind andere nachgerade zu Synonymen für Torfcharakter geworden.

BUNNAHABHAIN
Die Menge des in der Brennerei verwendeten Torfs hat sich mit der Zeit geändert, aber der dort hergestellte Whisky gilt allgemein als einer der leichteren der Insel.

BRUICHLADDICH
Bis vor kurzem spielte Torf für die Brennerei keine Rolle. Nun stellt sie Octomore her, einen der torfigsten Whiskys überhaupt.

LAPHROAIG
Laphroaig verwendet eigenen Torf in der eigenen Mälzerei und darüber hianus auch Torf aus dem Castlehill-Moor, mit dem Port Ellens Mälzereien arbeiten.

TORF AUF BESTELLUNG
In Glen Machrie im Süden der Insel wird noch auf traditionelle Weise Torf für die Brennerei in Laphroaig gestochen, die einen eigenen Mälzboden hat.

ARDBEG
Das auffällige Pagodendach von Ardbegs früherer Mälzerei. Der hier hergestellte Whisky ist einer der drei am stärksten getorften Whiskys der Insel.

Legende
◆ in Betrieb befindliche Brennereien

Mälzen

Ian Wisniewski

DIE KUNST BESTEHT DARIN, DEN KEIMVORGANG RECHTZEITIG ZU STOPPEN.

Es ist sehr wichtig, dass das Mälzen einwandfrei abläuft, denn wenn in dieser ersten Phase der Whiskyherstellung etwas schief läuft, ist das hinterher nicht mehr wieder gutzumachen. Da zwei Drittel der Herstellungskosten auf das Malz entfallen, kommt jeder Fehler den Hersteller teuer zu stehen.

Die in der Gerste enthaltene Stärke ist in eine Eiweißschicht, eingebettet von der Samenschale, eingeschlossen. Durch das Mälzen wird die Schale gesprengt. Das Mälzen umfasst das Einweichen, die Keimung und das Darren.

EINWEICHEN

In der ersten Phase des Mälzens werden die Gerstenkörner in großen Kübeln in Wasser eingeweicht und auf diese Weise zum Keimen gebracht. Das Wasser wird zwei bis drei Mal ausgetauscht. Dazwischen wird jeweils einige Stunden lang Sauerstoff in die Kübel gepumpt. Durch den Sauerstoff wird dem Korn Energie zugeführt und es kann das Wasser schneller aufnehmen.

Ob das Wasser, wenn es vorher z.B. über Torfmoore geflossen ist, Geschmacksstoffe an die Gerste abgibt, ist schwer festzustellen. Es ist zwar ein weit verbreiteter Glaube, aber da Brennereien immer Wasser aus der gleichen Quelle verwenden, weiß man nicht, ob der Whisky mit anderem Wasser anders schmecken würde.

KEIMUNG

Das Korn beginnt zu keimen, sobald es nach 24 bis 36 Stunden aus dem Kübel genommen wird. Vom Korn freigesetzte Wachstumshormone fördern die Produktion und Freisetzung von Enzymen, die Samenschale und Eiweißschichten zerstören, um an die Stärke zu gelangen. Diese sorgt dafür, dass das Korn Wurzel- und Blattkeime ausbildet.

Die Enzyme, alpha- und beta-Amylasen (die bereits in der Gerste enthalten sind), sind notwendig, um später während des Maischens die Stärke zu gärfähigen Zuckern abzubauen.

Nach dem Einweichen werden die Körner auf der Tenne ausgebreitet. Mälzböden sind traditionell aus Stein, neuerdings auch aus Beton, und in länglichen Gebäuden untergebracht.

> DURCH DAS MÄLZEN WIRD STÄRKE FREIGESETZT

WENDEN

Damit die Körner gleichmäßig keimen, werden sie mit Malzschaufeln, -rechen und -gabeln gewendet, d.h. belüftet. Auf diese Weise wird die beim Keimen entstandene Wärme verteilt.

Mit einem breiten Rechen werden flache Furchen gezogen, die für eine sanfte Belüftung sorgen. Um die Belüftung noch zu verstärken und die unten liegenden Körner an die Oberfläche zu befördern, nimmt der Mälzer eine Schaufel voll Gerste und wirft sie über seine Schulter. Ähnlich funktioniert ein Gerät mit rotierenden Schaufeln.

GERSTE
Gerste wird überall auf der Welt angebaut. Schottland ist der weltweit größte Lieferant. An der schottischen Ostküste sind Boden und Klima am besten für den Anbau geeignet.

FEATURE
SPEZIELLE GERÄTE

Das Mälzen der Gerste auf einer Tenne ist die traditionelle Weise der Mälzung. Dabei wird die Gerste mit ganz speziellen Geräten von Hand gemälzt, z.B. mit einer Malzschaufel. Mit dieser Schaufel wird das Malz während des Keimens auf der Tenne gewendet, damit die dabei entstehende Wärme sich verteilt und alle Körner gleich schnell keimen.

GERSTENFELD IN BALBLAIR
Malt Whisky wird aus Sommergerste hergestellt, die von Anfang März bis Anfang April gesät und von Juli bis September geerntet wird.

DARREN

Das Keimen dauert je nach Temperatur fünf bis neun Tage – je wärmer es ist, desto schneller geht es. Wenn die Samenschale gesprengt ist und der Keimling die Länge von drei Vierteln des Gerstenkorns erreicht hat, wird das Wachstum durch Darren gestoppt. Jedes weitere Wachstum wäre kontraproduktiv, weil der Embryo dann die Stärke aufzubrauchen beginnt und ein geringerer Stärkegehalt weniger Alkohol ergibt.

Die Körner, die man in diesem Stadium als Grünmalz bezeichnet, werden gleichmäßig auf einem Gitter ausgebreitet und durch die aus dem darunter befindlichen Trockenofen aufsteigende Hitze getrocknet.

TORFEN

Wenn die Gerste über einem Torffeuer gedarrt wird, ist es wichtig, dass der Rauch vom Korn, d.h. im Wesentlichen von der Spelze, aufgenommen wird, die Oberfläche jedoch feucht bleibt. Deshalb muss die vom Trockenofen erzeugte Hitze gerade eben so stark sein, dass die erforderliche Menge von Torfrauch absorbiert wird, bevor die Oberfläche trocknet. Die Torfmenge wird in *parts per million* (ppm) Phenol berechnet. Leicht getorftes Malz enthält 2–10 ppm, stark getorftes 50–60 ppm Phenol.

Durch das Darren wandelt sich der Getreide- und Stärkegeschmack der Gerste zu verschiedenen Gebäck- und Malznoten mit einer gewissen Süße (durch die Wärme entsteht Zucker im Korn). Wenn die Darre mit Torf befeuert wird, bildet sich neben den Torf- und Rauchnoten eine Reihe interessanter Geschmacksstoffe, darunter Noten von Teer, Glut, Lagerfeuer, Algen, Karbolseife sowie medizinische und Meeresaromen.

DER MÄLZBODEN
Während des Keimens muss die Temperatur der Gerste ständig überprüft werden. Diese hängt nicht nur vom Wetter, sondern auch von der sich täglich ändernden Raumtemperatur ab. Ein Thermometer ermöglicht eine genaue Messung.

RECHEN
Mit dem Rechen werden flache Furchen gezogen, die eine sanfte Belüftung der Gerste ermöglichen.

MÄLZVOLUMEN

Einige Brennereien verfügen noch über Mälzböden, doch die meisten sind nicht mehr in Betrieb. Von den 90 Brennereien in Schottland betreiben nur noch fünf eine Mälzanlage auf ihrem Gelände: Balvenie und Highland Park in den Highlands, Bowmore und Laphroaig auf Islay sowie Springbank in Campbeltown. Die Besichtigung der Mälzböden ist ein einmaliges Erlebnis, vor allem weil sich dort im Lauf der Zeit nichts verändert hat – nur die Mälzer haben gewechselt.

Bei Bowmore, Highland Park und Laphroaig wird ein Teil des Malzes auf dem Gelände selbst hergestellt, der Rest wird angeliefert. Bei Springbank wird nur so viel Whisky gebrannt, wie Malz auf der Tenne bereitet werden kann. Damit ist dies die einzige Brennerei, die die gesamte Gerste für ihren Whisky selbst mälzt. Die Torfnoten der Whiskys sind unterschiedlich ausgeprägt: Springbank ist leicht, Longrow (unter Verwendung örtlichen Torfs) stark getorft. Der Mälzboden von Springbank beliefert auch die benachbarte Glengyle-Brennerei, die 2004 von der Familie Mitchell, den Eigentümern von Springbank, neu eröffnet wurde.

TRADITION VS. MODERNITÄT

Gerste auf traditionelle Weise auf dem eigenen Gelände zu mälzen ist teurer als es aus einer Mälzerei anzukaufen. Das manuelle Mälzen auf einer Tenne erfordert Erfahrung und Fachwissen, dauert bis zu zwölf Tage (während eine kommerzielle Mälzerei nur sieben Tage braucht) und erbringt unter Umständen eine geringere Menge Whisky.

Für das Mälzen auf der Tenne ist überdies mehr Platz erforderlich, nicht nur für die Tenne und die Kübel, sondern auch für das Lagern der Gerste und des Torfs, und natürlich auch entsprechendes Fachpersonal: Balvenie beschäftigt vier, Springbank sogar sechs Mälzer.

> BEIM MÄLZEN AUF DER TENNE SPIELT DIE RAUMTEMPERATUR EINE GROSSE ROLLE

Da beim Mälzen auf der Tenne die Raumtemperatur eine wichtige Rolle spielt und das schottische Wetter sehr wechselhaft ist, müssen die Mälzer die Temperatur ständig genau überwachen und ihre Vorgehensweise danach ausrichten. Schon geringste Temperaturschwankungen können, wenn man nicht angemessen darauf reagiert, katastrophale Folgen für das Malz haben.

Der Zeitplan für das Einweichen hängt seinerseits von der Wassertemperatur ab, die im Jahresverlauf erheblich schwankt. Etwa 14–16 °C gelten als ideal. Da kälteres Wasser im Winter den Vorgang verlangsamen würde, wird es auf die erforderliche Temperatur erwärmt. Wärmeres Wasser im Sommer kann dagegen nicht gekühlt werden, und so muss das Wasser entsprechend schneller und öfter ausgetauscht und mehr oder länger Sauerstoff zugepumpt werden.

EINWEICHEN
Der Mälzvorgang beginnt damit, dass die Gerste in großen Kübeln mit Wasser eingeweicht wird (wie hier in Highland Park). Durch die Quellung des Korns wird das Wachstum angeregt. Die eigentliche Keimung findet auf dem Mälzboden statt.

DER MÄLZBODEN IN BOWMORE
Wenn die Gerste eine ausreichende Menge Wasser aufgenommen hat, wird das Wasser aus den Kübeln abgelassen. Die Gerste wird mit Schubkarren auf den Mälzboden gebracht und dort gleichmäßig ausgebreitet, damit sie keimen kann. Hier breiten zwei Mälzer in der Bowmore-Brennerei die Gerste aus.

KONTROLLIERTE BEDINGUNGEN

Erfahrene Mälzer bedienen sich verschiedener Methoden, um den Keimvorgang zu überwachen: Sie kontrollieren die Temperatur auf dem Thermometer, das in der Gerste steckt, greifen eine Hand voll Körner heraus, um sie sich genauer anzusehen, und laufen über die Gerste, um zu prüfen, wie weich sie ist.

Wie oft die Gerste gewendet werden muss, damit sich die durch die Keimung entstehende Wärme verteilt und die Körner nicht aneinander kleben, hängt von der Raumtemperatur ab. Im Sommer muss manchmal in jeder Schicht mehrmals gewendet werden, im Winter vergeht unter Umständen eine ganze Schicht, ohne dass jemand zur Schaufel greift. Diese Unterschiede können sich auch innerhalb eines Zeitraums von 24 Stunden ergeben, wenn die Differenz zwischen Tag- und Nachttemperatur sehr groß ist.

Ob die Gerste eher vorsichtig oder aber mit Schwung gewendet werden muss, hängt ebenfalls von der Raumtemperatur ab und ist entscheidend dafür, welches Gerät zum Wenden der Gerste verwendet wird: Vorsichtiges Rechen sorgt nur für eine mäßige Belüftung; eine Schaufel dringt dagegen viel tiefer ein und befördert unten liegende Körner an die Oberfläche. Auch durch das Öffnen von Türen und Fenstern kann die Temperatur reguliert und für Belüftung gesorgt werden, doch auch das muss in Abhängigkeit von der jeweiligen Situation entschieden werden. Selbst im Sommer kann plötzlich ein unerwünschter kalter Wind aufkommen und Staub stellt ebenfalls ein Problem dar.

GLEICHMÄSSIGES DARREN

Auch der Betrieb der Darre muss genauestens überwacht werden, denn je nach Hitze und Rauchbildung werden verschiedene Phenole an die Gerste abgegeben. Das Darren erfordert einiges Geschick, denn es muss Rauch erzeugt werden, ohne dass Flammen entstehen. Auch hier können klimatische Einflüsse Probleme verursachen, z. B. wenn starker Wind im Ofen Flammen entfacht. Flammen können Phenolverbindungen zerstören und sind deshalb zu vermeiden.

Da Torf unterschiedlich feucht ist, muss immer wieder neu entschieden werden, welcher Torf zum Befeuern des Ofens verwendet wird: Feuchter Torf entwickelt mehr Rauch, trockener Torf sorgt für größere Hitze. Eine weitere Möglichkeit ist, trockenen Torf mit Wasser zu besprengen, bevor er in den Ofen kommt.

EIN TEURES VERGNÜGEN

Während kommerzielle Mälzereien das ganze Jahr über in Betrieb sind, werden Mälzböden normalerweise im Sommer stillgelegt, weil die Gerste bei großer Wärme leicht schimmelt und dadurch unbrauchbar wird. Wenngleich diese Ruhepause natürlich sinnvoll ist, beeinträchtigt sie doch die Rentabilität der Brennerei.

FEATURE

VON DER GERSTE ZUM MALZ

Gerste muss gemälzt werden, bevor sie zur Herstellung von Malt Whisky verwendet werden kann, d.h. sie muss zum Keimen gebracht werden, damit Enzyme entstehen. Diese Enzyme werden benötigt, um während der Maischung die in der Gerste enthaltene Stärke zu gärfähigen Zuckern abzubauen. Wenn die Keimung ihren Höhepunkt erreicht hat, wird die Gerste mit Hilfe von Heißluft getrocknet, um jedes weitere Wachstum zu unterbinden.

DAS WENDEN DER GERSTE
Die Gerste während der Keimung zu wenden erfordert viel Geschick. Die Tenne muss ständig überwacht werden, und die Entscheidung, ob, wann und wie die Gerste gewendet werden muss, ist nicht so einfach.

TORF VOR EINEM TROCKENOFEN
Dieser Trockenofen bei Bowmore wird unter anderem mit Koks befeuert. Wenn das Malz ein Torfaroma bekommen soll, wird Torf zugegeben. Der aufsteigende Rauch wird von der Gerste aufgenommen.

TROCKENOFEN
Die Temperatur so zu regeln, dass die Gerste gleichmäßig gedarrt wird, erfordert einiges Geschick im Umgang mit dem Trockenofen. Eine der Möglichkeiten besteht darin, die Ofentür zu öffnen bzw. zu schließen.

FEATURE

PAGODENDÄCHER

Ein typisches und auffälliges Erkennungszeichen für Brennereien in Schottland und Japan ist das traditionelle Pagodendach auf der Darre. Es sticht nicht nur von weitem ins Auge, sondern sorgt auch für eine optimale Luftzufuhr zum Brennofen.

PAGODENDÄCHER

Viele Brennereien zeichnen sich durch einen sehr ästhetischen Baustil aus. Strathisla ist ein gutes Beispiel; eines der auffälligsten Merkmale ist das Pagodendach, das der Darre ein asiatisches Aussehen verleiht, aber nicht nur schmückendes Beiwerk ist, sondern auch eine Funktion hat.

Der Pagodenstil wurde 1889 von Charles Chree Doig entwickelt, einem Architekten und Bauingenieur aus Elgin, der den Auftrag erhalten hatte, die Luftzufuhr in den Darren der Dailuaine-Brennerei zu optimieren, damit das Malz schneller und effizienter getrocknet werden konnte. Die ästhetischen Vorzüge des Pagodendachs bedürfen wohl weniger einer Erklärung als die technischen: Die verbesserte Luftzufuhr des so genannten Doig-Ventilators verdankt sich dem Verhältnis zwischen Höhe und Breite des Pagodendachs. Indem das Dach außerdem höher über den Lüftungsklappen angebracht und deren Anzahl verringert wurde, konnte die Luftzufuhr noch weiter verbessert werden. Als das Pagodendach bei Dailuaine für gut befunden wurde, wollten auch andere Brennereien die Luftzufuhr ihrer Darren verbessern. Doig erhielt Aufträge von fast jeder Brennerei in Speyside und außerhalb – nahezu überall in Schottland wurden Pagodendächer auf die Darren montiert. Doig war gewissermaßen der erste Brennereiarchitekt der Geschichte und zählte fast 100 Brennereien zu seinen Kunden.

Das Pagodendach hat eine wichtige Funktion beim Darren

DESIGNERBRENNEREIEN

Doig entwarf auch ganze Brennereien, unter anderem Benromach im Jahr 1898. Seine Umgestaltung der Innenräume führte in vielen Brennereien zu einer Rationalisierung der Produktion. Daneben betätigte sich Doig als Designer von Pot Stills (wobei nicht ganz klar ist, ob sie seine Erfindung oder das Ergebnis einer Zusammenarbeit mit Kupferschmieden war) und entwickelte ein System für die Verarbeitung von Abfallprodukten aus der Brennerei. Die Pagodendächer von Dailuaine wurden 1917 bei einem Brand zerstört; die Brennerei wurde erst 1920 wieder eröffnet. Auch andere Exemplare von

DIE HAKUSHU-BRENNEREI
Auch japanische Brennereien sind nach schottischem Vorbild mit dem von Charles Chree Doig entworfenen Pagodendach ausgestattet. Der tempelähnliche Baustil passt hervorragend in die fernöstliche Landschaft.

LAPHROAIG
Die Laphroaig-Brennerei ist für ihren rauchigen Malt mit ausgeprägtem Torfaroma bekannt und sehr traditionsbewusst: Einen Teil der benötigten Gerste mälzt man noch selbst.

Doigs Pagodendächern sind inzwischen ganz von der Bildfläche verschwunden, sei es weil die Brennereien schlossen, sei es weil sie modernisiert wurden. Im Originalzustand sind sie in den Brennereien Knockando, Cardhu, Laphroaig und Lagavulin erhalten.

CHARLES CHREE DOIG

Doig wurde 1855 als Bauernsohn in Lindrathen im Osten Schottlands geboren. Er wurde Architekt und Inspektor bei einem Architekturbüro in Meigle, wo er 1881 Margaret Isabella Dick heiratete. Im darauf folgenden Jahr wurde Doig Assistent des Landvermessers H. M. S. Mackay, der sein Büro im Gebäude der Union Bank in der High Street in Elgin hatte. Der talentierte Mr. Doig machte schnell Karriere und war nur wenige Jahre später Partner im Gemeinschaftsbüro Mackay and Doig.

Auch wenn Doig viele Aufträge von Malt-Whisky-Brennereien erhielt und mehrere Brenner zu seinen Freunden zählte, war der Entwurf von Brennereien nur eines seiner Betätigungsfelder. Er übernahm über 1000 andere Aufträge, für den Bau von Läden, Hotels, Banken, Stadthallen, Schulen, Bauernhöfen und Landhäusern. Heute noch zu bewundern sind u.a. das 1901 fertig gestellte Auktionshaus in Elgin und die Mälzerei *The Meal Mill*, ebenfalls in Elgin, mit ihren Pagodendächern.

Doig starb 1918 im Alter von 63 Jahren, nachdem er am Tag zuvor an einer Jagd im Moor von Dallas, einige Kilometer von Elgin entfernt, teilgenommen hatte. Er wurde auf dem Friedhof in Elgin begraben. Einer seiner drei Söhne, der ebenfalls Charles Doig hieß und Architektur studiert hatte, führte das Familienunternehmen fort.

ORIGINALENTWÜRFE

Der Bibliothek in Elgin gelang es eine beachtliche Sammlung von über 2000 Entwürfen Doigs samt drei seiner Notizbücher zusammenzutragen. Bei den Entwürfen handelt es sich um äußerst detaillierte, zum Teil mit Anmerkungen versehene Federzeichnungen; darunter ist auch der Originalentwurf für das Pagodendach von Dailuaine. Viele Entwürfe sind, wie im 19. Jahrhundert üblich, in doppelter Ausführung vorhanden: als »Arbeitsskizze« auf dickem Papier und als »Original« auf Leinen.

GESCHMACKS-NOTEN

Durch das Darren über dem Torffeuer erhält die Gerste zusätzliche Aromen. Getorfte Malts von der Küste und den Inseln weisen klassische Torf- und Meeresaromen auf.

GLUT
Einige Malts von den schottischen Inseln duften stark nach Glut und Lagerfeuer.

MEER
Malts von der Küste können über Jahre hinweg Seeluft atmen und haben deutlich salzige Noten.

KARBOLSEIFE
Zu den etwas strengeren Aromen in getorften Malts zählen das von Karbolseife.

ALGEN
Algen durchdringen die Seeluft mit ihrem Geruch und sind in Küstengegenden im Torf enthalten.

Kommerzielle Mälzereien

Ian Wisniewski

Ein Grossteil des Malzes wird in Mälzereien hergestellt und nicht in der Brennerei selbst.

FEATURE
KEIMUNG

Die erste Phase des Mälzens ist das Einweichen in Wasser, um das Korn zum Keimen zu bringen. Ein computergesteuertes Verfahren mit geregelter Temperatur kann sicherstellen, dass die Zeitvorgaben für die Keimung genau eingehalten werden.

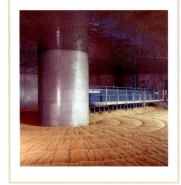

Kommerzielle Mälzereien entstanden Anfang des 20. Jahrhunderts als wichtiger Teil des Brau- und Brenngewerbes in den USA, Kanada und vielen Ländern Europas. In Amerika findet man sie vor allem in Milwaukee und Chicago, in Irland in Cork und Athy. In Schottland kommt den Mälzereien hingegen erst seit den 1970er-Jahren eine größere Bedeutung zu.

Durch die hohen Niederschlagsmengen wurde schottische Gerste üblicherweise mit einem Feuchtigkeitsgehalt von rund 20 Prozent geerntet. Weil sie nicht in Möglichkeiten zur Trocknung investierten, konnten schottische Bauern den Feuchtigkeitsgehalt nicht oder nur unwesentlich verringern. So konnte schottische Gerste erst dann zum Mälzen verwendet werden, als kommerzielle Mälzereien begannen, in Trockenanlagen zu investieren.

GOLDEN PROMISE, EIN VERSPRECHEN

Ein wichtiger Durchbruch war die Entwicklung der Gerstensorte Golden Promise, die 1969 auf den Markt kam. Bis dahin wurde ein Großteil der Gerste aus England importiert. Da die meisten Brennereien über Mälzböden verfügten, bestand in Schottland kein Bedarf an kommerziellen Mälzereien. Nachdem aber überall in Schottland Golden Promise angebaut wurde, erschien es sinnvoll, kommerzielle Mälzereien zu errichten, die die heimische Gerste verarbeiteten.

> **KOMMERZIELLE MÄLZEREIEN VERARBEITEN HEIMISCHE GERSTE**

Viele Brennereien erhöhten in den 1970er-Jahren die Produktion, indem sie zusätzliche Maischebottiche und Destillierapparate anschafften und neue Lagerhäuser bauten. Die Mälzböden blieben jedoch unangetastet, da sich ein Ausbau mit den entsprechenden zusätzlichen Lagerräumen für das Getreide finanziell nicht lohnte. So verbesserte sich die Auftragslage für kommerzielle Mälzereien. Da sie mit mehr Maschinen, aber weniger Personal arbeiteten, konnten sie große Mengen Malz mit hoher Qualität zu einem niedrigeren Preis produzieren.

LIEFERUNG NACH AUFTRAG

Viele Brennereien werden von unabhängigen Mälzereien beliefert. In den Kaufverträgen mit Getreidehändlern oder Bauern werden Korngröße sowie Stickstoff- und Feuchtigkeitsgehalt spezifi-

MODERNES MÄLZEN IN GLENORD
Dies ist eine der vier von Diageo zusammen mit Port Ellen, Roseisle und Burghead betriebenen Mälzereien, die alle 27 Brennereien des Unternehmens mit Malz beliefern.

SALADIN BOX
In den heute üblicherweise zum Mälzen verwendeten Saladin Boxes können größere Mengen verarbeitet werden. Durch Löcher im Boden geblasene Luft erzeugt die Temperatur, bei der die Körner zu keimen beginnen. Die Gerste wird durch große computergesteuerte Schrauben gewendet.

ziert, um einen maximalen Ertrag an Whisky zu garantieren. Indem die Mälzereien verschiedene Gerstensorten ankaufen, sichern sie sich gegen Ernteausfälle ab und können den Brennereien eine Auswahl bieten. Bei Stichproben wird u.a. die Keimfähigkeit der Gerste untersucht sowie Schimmel- und Schädlingsbefall ausgeschlossen.

Je nach Auftrag der Brennerei übernehmen die Mälzereien Einweichen, Keimung, Darren und Torfen. Die Mälzerei errechnet einen Ertragswert, der mit dem tatsächlichen Ertrag abgeglichen wird, um die Leistungsfähigkeit des Malzes zu überprüfen.

Jede Gerstensorte wird einzeln eingeweicht, da das Wasser unterschiedlich schnell aufgenommen wird. Kegelförmige Kübel haben die traditionellen Behälter mit flachem Boden abgelöst, weil die erforderliche Wassermenge geringer ist.

KEIMUNG DER GERSTE

Die Keimung findet in so genannten Saladin Boxes oder Malting Drums statt. Saladin Boxes sind aus Beton und waren ursprünglich rechteckig; in den seit den 1970er-Jahren üblichen runden Behältern mit einem Loch in der Mitte können größere Mengen verarbeitet werden. Durch Löcher im Boden wird zur Regulierung der Keimgeschwindigkeit Luft geblasen; die bei der Keimung entstehende Wärme wird abgesaugt. Die Körner werden durch eine computergesteuerte Vorrichtung gewendet und durch ein Rohr in die Darre gesaugt.

Malting Drums waren in den 1960er-Jahren weit verbreitet. Durch Löcher im Boden wird Luft mit geregelter Temperatur in die Gerste geblasen; die Wärme wird mit einem Ventilator abgeleitet. Durch das Rotieren der Trommel wird die Gerste automatisch gewendet.

DARREN UND TORFEN

Der Darrvorgang ist computergesteuert, wird aber immer noch von Fachpersonal überwacht. Die direkte Befeuerung mit Koks und Ähnlichem wurde weitgehend durch indirekte Beheizung ersetzt: Durch heißes Wasser erwärmte Rohre erwärmen die durch sie hindurchgeleitete Luft.

DIE PORT-ELLEN-MÄLZEREI
Die 1972 errichtete Port-Ellen-Mälzerei auf Islay beliefert alle sieben Brennereien der Insel mit Malz.

MALTING DRUMS
Die rotierenden Trommeln sind computergesteuert und hoch technisiert. Mit geregelter Temperatur und automatischer Belüftung bieten sie ideale Bedingungen für die Keimung der Gerste.

Die Wahl des Getreides
Ian Wisniewski

JEDER WHISKY BESTEHT AUS EINER ODER MEHREREN GETREIDE-SORTEN IN EINEM BESTIMMTEN MISCHUNGSVERHÄLTNIS.

WEIZENLAND
Weizen wird seit dem 19. Jahrhundert in großem Stil in den USA angebaut und hauptsächlich für Brot verwendet, aber auch für Whiskey ... und Whisky.

Da Weizen, Roggen, Gerste und Mais im Geschmack unterschiedlich sind, drückt jedes Getreide dem Whisky seinen eigenen Stempel auf. Werden sie zusammen verwendet, etwa im Bourbon, entwickeln sie eine gemeinsame Dynamik.

WEIZEN
Weizen wurde als eines der ersten Getreide in Europa angebaut und verbreitete sich im 19. Jahrhundert in den USA. Heute sind Kentucky, Ohio, Indiana, Kansas und Nebraska die Hauptlieferanten.

Die meisten Brennereien verwenden den im Herbst gesäten und im Spätsommer des folgenden Jahres geernteten Winterweizen. Er liefert, wie es der Brenner gerne hat, einen hohen Stärke- und einen niedrigen Eiweißgehalt (im Gegensatz zum Sommerweizen, der im Frühjahr gesät und im Herbst geerntet wird). In Schottland hat der Weizen bei der Herstellung von Grain Whisky den Mais weitgehend verdrängt. Ein geringer Teil des Grain Whiskys wird als solcher abgefüllt, der meiste wird mit Malt Whisky zu Scotch verschnitten.

Weizen macht Whisky geschmeidig, vollmundig und süß und verleiht ihm einen runderen, honigartigen Geschmack, der den vom Mais beigesteuerten eindringlicheren Charakter etwas abmildert. Deshalb schmeckt Bourbon mit Weizen süßer als Bourbon ohne Weizen.

ROGGEN
In Europa wurde Roggen anfangs als Unkraut abgetan; erst später erkannte man seinen Wert und baute ihn in Deutschland, Polen, Russland und Skandinavien an. In Polen und Russland brennt man aus Roggen Wodka.

In den USA wurde Roggen von deutschen Siedlern eingeführt, die Schnaps daraus brannten. Einer der Gründe dafür war, dass Roggen einen entscheidenden Vorteil gegenüber anderem Getreide hat: Er gedeiht auch in kargen Böden.

Roggen sorgt in erster Linie für einen würzigen Geschmack, auch nach Pfeffer, sowie für Frucht, Weichheit, Körper, Trockenheit und nachhaltige Wärme im Nachklang.

GERSTE
Gerste wurde schon sehr früh in Schottland und Irland angebaut und von Siedlern aus diesen Ländern in die USA gebracht. Der Ernteüberschuss wurde zu Whiskey gebrannt – so entstand die amerikanische Whiskeytradition.

Heute gedeihen Gerste und Roggen in Dakota, Wisconsin und Minnesota sowie jenseits

> **MAIS BESTIMMT DEN GESCHMACK VON BOURBON**

WAS IST IM SILO?
Weizen, Roggen und Gerste wurden von schottischen, irischen und deutschen Siedlern in den USA eingeführt. Die Siedler brannten aus überschüssigem Getreide Alkohol und begründeten so die Whiskeyherstellung in den USA. Mais ist die einzige in Amerika heimische Getreidesorte, aus der Whiskey hergestellt wird.

WEIZEN
Obwohl der Weizenanteil im Bourbon gering ist, kann er den Geschmack entscheidend beeinflussen. Weizen sorgt für Süße und Vollmundigkeit.

ROGGEN
Geschmacksnoten dieses Getreides finden sich in den meisten Bourbons und im Straight Rye Whiskey. Es bestimmt den Geschmack von kanadischem Whisky.

MAIS
Mais ist die Hauptzutat in Bourbon und leistet den größten Beitrag, was Alkoholstärke und Geschmack angeht. Corn Whiskey ist ein weniger gängiger Stil.

GERSTE
Für schottischen Malt Whisky wird ausschließlich Gerste verwendet. Fast alle anderen Whisk(e)ys enthalten ebenfalls einen gewissen Gerstenmalzanteil.

GETREIDESILO
In einer Brennerei müssen jederzeit große Mengen an Getreide vorrätig sein, d.h. man braucht ausreichend Platz zur Lagerung – wie hier bei Girvan.

GETREIDEAUFZUG
In der auffälligen Gestaltung dieses Getreideaufzugs von Jack Daniels spiegelt sich die die Besonderheit der Brennerei und des Whiskeys wider.

GESCHMACKS-NOTEN

Zum Geschmack eines Whiskys tragen verschiedene Faktoren bei: die Getreidesorte, der Hefetyp, das Brennverfahren, die Art des Fasses und die Reifedauer.

GEWÜRZE
Mais steuert eine Reihe würziger Noten bei, die sich während des Reifens weiterentwickeln.

HONIG
Weizen als Gegengewicht zu anderen Getreidesorten verleiht Bourbon einen süßen Geschmack.

TROCKENOBST
Roggen sorgt für Noten von Trockenobst, die zur Geschmacksvielfalt eines Bourbon beitragen.

GEBÄCK
Malzige Gebäckaromen stammen – wie könnte es anders sein – vom Gerstenmalz.

der Grenze in der kanadischen Prärie. Gerstenmalz ist die teuerste Zutat für Whisky und Whiskey. Es verleiht ihm Tiefe und Weichheit und äußert sich als Gebäckaroma mit malziger, sahniger Getreidenote – und einem Hauch Kokos. Manche Brenner verwenden Gerstenmalz jedoch hauptsächlich wegen seines Enzymgehalts und in so kleinen Mengen, dass es sich nicht auf den Geschmack auswirkt.

Malz wird geschrotet, grob oder fein gemahlen. Ein Schrotanteil von rund 20 Prozent gilt als optimal beim Maischen. Der Schrot sorgt dafür, dass sich das Wasser im Maischbottich verteilt und dass möglichst viel Stärke in Zucker umgewandelt und auf diese Weise ein möglichst hoher Alkoholgehalt erreicht wird.

MAIS

Die Indianer Nordamerikas zeigten den ersten Siedlern, wie man den heimischen Mais anbaut. Für Bourbon ist heute die Verwendung von Mais vorgeschrieben, der viel Kohlenhydrate und Eiweiß enthält. Er stammt normalerweise aus Kentucky, Illinois und Indiana.

Bourbon wird aus mindestens 51 und in der Praxis höchstens 70 bis 80 Prozent Mais sowie Roggen, Weizen und Gerstenmalz gebrannt. Da jede Getreidesorte sich in die Mischung einbringt, entsteht ein breites Spektrum an Geschmacksnoten. Der Geschmack eines Whiskeys hängt in entscheidendem Maß vom Mischungsverhältnis ab.

Mais ergibt den höchsten Alkoholgehalt pro Tonne. Da er die meiste Stärke liefert, ist er auch hauptverantwortlich für den Geschmack von Bourbon, u.a. eine feine Süße und Würzigkeit sowie erdige und spelzige Aromen. Bei einem höheren Maisanteil kann Bourbon seine Geschmacksvielfalt einbüßen und schlimmstenfalls schwer, körnig und schmierig werden. Je länger Bourbon allerdings im Fass reift, desto mehr verringert sich der Einfluss des Mais zugunsten des Weizencharakters.

Auch andere amerikanische Whiskeys bestehen aus einer Getreidemischung. Straight Rye Whiskey enthält mindestens 51 Prozent Roggen *(rye)*, Straight Corn Whiskey hingegen mindestens 80 Prozent Mais *(corn)* – neben Gerstenmalz und anderen Getreidesorten.

Kanadischer Whisky wird hauptsächlich aus Mais mit Roggen und Gerstenmalz hergestellt. Aus einzelnen Getreidesorten gebrannter Whisky kann vor oder auch nach dem Reifen im Fass verschnitten werden.

Maischen und Kochen

Jürgen Deibel

DAMIT DIE GÄRUNG GELINGT, MÜSSEN DIE NATÜRLICHEN ZUCKER IM KORN VERFÜGBAR GEMACHT WERDEN.

DIE SCHROTMÜHLE
In der Glenturret Distillery wird das Malz vor dem Maischen in einer Mühle mit vier Walzen geschrotet.

Maischen heißt der Vorgang, mit dem lösliche, fermentierbare Zucker aus dem Malz extrahiert werden. Gerstenmalz ist der Grundstoff für den schottischen Malt Whisky; wegen seines hohen Stärke- und Enzymgehalts wird für fast alle Whiskys ein gewisser Anteil davon verwendet. Es enthält Enzyme, die mit Wasser verrührt (»gemaischt«) Stärke in Zucker umwandeln.

ERST SCHROTEN, DANN MAISCHEN

Die gemälzten Gerstenkörner werden in einer Mühle geschrotet, damit sie aufbrechen und der Zucker extrahiert werden kann. Der Schrot wird mit heißem Wasser verrührt und in einen Maischbottich gefüllt – die Umwandlung in Zucker geschieht dann von ganz allein. Herkömmliche Maischbottiche sind runde Metallgefäße; an einem rotierenden Stab in der Mitte befestigte Rührrechen vermengen den Schrot mit dem Wasser. In modernen Läuterbottichen wird die Maische durch rotierende Messer oder Klingen aufgerührt. Der Boden des Maischbottichs ist mit Schlitzen versehen, die geöffnet werden, um die Flüssigkeit, die so genannte Würze (wort), abzulassen; der Schrot verbleibt im Bottich.

DER MAISCHVORGANG

Je nach Art des Malzes und der verwendeten Geräte wird die Maische bei der Herstellung von

KUPFERDECKEL EINES MAISCHBOTTICHS
An der Stange in der Mitte sind Rührrechen befestigt. Durch die Klappe kann man sehen, wie weit die Maische vorangeschritten ist.

MAISCHEN UND KOCHEN 55

RÜHRIGE MAISCHE
Schrot und heißes Wasser werden in den Maischbottich gefüllt und mit Hilfe von rotierenden Rechen verrührt.

BRUCH MIT DER TRADITION
Nicht alle Maischbottiche haben Kupferdeckel. Dieser hier aus glänzendem Edelstahl ist in der nordjapanischen Yamazaki-Brennerei zu finden.

IM MAISCHBOTTICH
Modernere Maischbottiche wie dieser bei Caol Ila auf Islay sind um einiges leistungsfähiger und auch deutlich leichter zu bedienen.

schottischem Whisky drei oder vier Mal mit Wasser aufgefüllt. Der Schrot wird zunächst mit der eineinhalb- bis vierfachen Menge (das Mischungsverhältnis ist bei jeder Brennerei verschieden) in ungefähr 64 °C heißem Wasser verrührt und darf dann kurze Zeit ruhen.

Nach etwa 30 Minuten wird das Wasser abgelassen und aufgefangen. Der Schrot wird dann ein zweites Mal mit (diesmal 70–75 °C heißem) Wasser versetzt. Es wird weniger Wasser als beim ersten Mal verwendet, ohne dass weiter Schrot hinzugegeben wird. Die Würze kann erneut ruhen und weiterer Zucker wird extrahiert. Dann wird diese zweite Würze abgelassen und zusammen mit dem ersten Abstich in einen Auffangbehälter gegeben.

Da der Schrot im Maischbottich immer noch über eine gewisse Menge an wertvollem Restzucker verfügt, wird er nicht weggeschüttet, sondern ein drittes Mal mit diesmal fast kochendem Wasser (der gleichen Menge wie beim ersten Mal) übergossen. Weil der Zuckergehalt jedoch viel niedriger ist als bei den ersten beiden Abstichen, wird dieser dritte Abstich nicht mit den ersten beiden vermischt, sondern auf 64 °C abgekühlt und für den nächsten Maischvorgang verwendet.

Die Würze im Auffangbehälter wird abgekühlt und in die Gärbehälter gefüllt. Das im Maischbottich verbliebene Getreide wird an Bauern oder Viehfutterhersteller verkauft.

KOCHEN

Eine andere Methode wird bei der Herstellung der meisten Grain Whiskys und aller klassischen nordamerikanischen Whiskeys und Whiskys angewandt. Ungemälztes Getreide, vor allem Mais, muss vor dem Maischen gründlich gekocht werden. Dabei werden die Zellwände der Körner aufgelöst, sodass die Stärke Wasser aufnehmen kann. Die gelierte Stärke kann von den im Korn enthaltenen Enzymen in Zucker umgewandelt werden.

In manchen Brennereien wird die Maismaische in einem kontinuierlichen Prozess durch Kochröhren geleitet. Alternativ kann eine Art Dampfkochtopf verwendet werden oder ein offener Bottich, in dem die Höchsttemperatur niedriger ist. Zum Kochen wird entweder der Behälter erhitzt oder es wird Frischdampf zugeführt. Manche Brenner sind der Ansicht, dass das Getreide bei einem raschen Überbrühen mit Dampf nicht so leicht verkocht oder verbrennt. Mit dieser Methode werden zwar nicht so viele gärfähige Zucker extrahiert, dafür findet man aber weniger unerwünschte Geschmacksstoffe.

Für einige klassische amerikanische Whiskeys wird dem gekochten Mais manchmal Roggen beigegeben, der für einen leichten Schwarzbrotgeschmack sorgt. Am Ende wird grundsätzlich ein geringer Anteil Gerstenmalz hinzugegeben, da dieses zusätzliche Enzyme beinhaltet. Bei jeder Zugabe verringert sich die Temperatur der Maische; die ideale Maischtemperatur ist bei jeder Getreidesorte anders.

> **UNGEMÄLZTES GETREIDE MUSS GRÜNDLICH GEKOCHT WERDEN**

FEATURE
UNTER DRUCK

Wenn Gerste zu keimen beginnt, wird die Stärke mit Hilfe von im Korn enthaltenen Enzymen in löslichen und gärfähigen Zucker umgewandelt. Bei manchen Getreidearten, z. B. Mais, ist der Zucker allerdings nicht so leicht zu extrahieren. Aus diesem Grund wird Mais, um den Stärkeabbau zu beschleunigen, vor dem Maischen bei hohen Temperaturen und unter Druck gekocht. Man verwendet dazu große Industriedampfkocher – wie diesen in der amerikanischen Woodford Reserve Distillery.

Hefe und Gärung

Jürgen Deibel

HEUTZUTAGE WÄHLEN WHISKYBRENNER DIE HEFE NACH IHREM EINFLUSS AUF DEN GESCHMACK AUS.

BIERHEFE
Bierhefe, eine der Stämme von Saccharomyces cerevisiae, soll nach Gärung und Destillation für ein schmackhaftes Aroma im Whisky sorgen.

Die Gärung verläuft beim Whisky ähnlich wie bei vielen anderen alkoholischen Getränken: Zucker wird mit Hilfe von Hefe in Alkohol umgewandelt; dadurch ergibt sich ein Alkoholgehalt von 7,5 bis 10 Prozent. Die Rolle der Hefe ist jedoch nicht auf die Erzeugung von Alkohol beschränkt. Inzwischen hat sich die Überzeugung durchgesetzt, dass die Art der verwendeten Hefe, genau wie bei anderen alkoholischen Getränken, großen Einfluss auf Geruch, Geschmack und Komplexität des Whiskys hat.

Bis vor kurzem waren die meisten Whiskyhersteller noch der Ansicht, dass während der Gärung durch die Hefe verursachte Aromen beim Brennen verloren gehen. Dies wäre aber nur der Fall, wenn man reinen Alkohol destillieren würde.

HEFESTÄMME

Emil Christian Hansen (1842–1909), einem im Labor der Carlsberg-Brauerei in Kopenhagen tätigen dänischen Experten für Gärung, gelang die bahnbrechende Entdeckung, dass Hefen aus verschiedenen Pilzen bestehen und dass man bestimmte Kulturen züchten kann.

Obwohl Malz und andere Getreidearten natürliche Wildhefen enthalten, werden leistungsfähige Kulturhefen zugesetzt, um die Gärung in Gang zu bringen. Heutzutage wählt man dazu die Hefen aus, die dem Destillat die gewünschten Merkmale und Geschmacksnoten verleihen. Dabei geht es besonders um den Estergehalt.

> HEFE IST DER EINZIGE ERLAUBTE MIKROORGANISMUS

Kulturhefen können so selektiert werden, dass der von ihnen verursachte Geschmack und Alkoholgehalt berechenbar wird. In den meisten amerikanischen Brennereien werden Hefen in speziellen Behältern gezüchtet und 24 Stunden später in die Gärbehälter gegeben.

GÄRBEHÄLTER

In kleinen Brennereien werden für die Gärung Behälter aus Holz (Kiefer oder Lärche) mit einem

HEFE IN DIE WÜRZE
Geschlossene Gärbehälter wie dieser hier verhindern, dass während der Gärung Mikroorganismen eindringen.

HÖLZERNE GÄRBEHÄLTER IN JAPAN
In kleinen Brennereien werden noch häufig Gärbehälter aus Holz, oft Kiefer oder Lärche, verwendet. Hier überwacht der Brauer bei Yamazaki den Gärungsprozess.

HEFE UND GÄRUNG

VORBEREITUNG DER HEFE
Viele amerikanische Brennereien züchten Hefen. Manche verwenden nur eine Hefe, manche mehrere. Diese frisch zubereitete flüssige Hefelösung wird der Maische zugesetzt.

Fassungsvermögen von 20 000 bis 100 000 Litern verwendet, in großen Betrieben dagegen meist Edelstahltanks. Große Tanks fassen bis zu 250 000 Liter und werden bei der Herstellung von Grain Whisky verwendet.

In Schottland und Irland dauert die Gärung üblicherweise 40 bis 50 Stunden, über das Wochenende auch einmal 100 Stunden. Wenn die Gärdauer zu kurz ist, wird nicht die volle Menge an Aroma und Alkohol gebildet; ist sie zu lang, kann es zu vermehrtem Wachstum von Bakterien (vor allem Milchsäurebakterien) kommen, wodurch der Alkoholgehalt verringert und der Geschmack beeinträchtigt wird. Milchsäurebakterien produzieren Milch- und Essigsäure. Natürlich ist es außerordentlich wichtig, dass alle für Maischung und Gärung verwendeten Behälter sauber und bakterienfrei gehalten werden.

NEBENPRODUKTE

Bei Maischung und Gärung entstehen neben Alkohol noch weitere Substanzen; diese können vier Gruppen zugeordnet werden: Säuren, Aldehyden, Estern und längerkettigen Alkoholen. Obwohl sie nur in geringen Mengen vorkommen, haben diese Nebenprodukte maßgeblichen Einfluss auf Geschmack, Charakter und Qualität des Whiskys. Zu viel Aldehyde rufen einen unangenehmen Geruch hervor und beeinträchtigen den Geschmack. Langkettige Alkohole und Säuren verleihen dem Whisky das, was man »Körper« nennt. Manche Ester sind hingegen aromatisch und tragen z. B. zu blumigen Noten im Whisky bei.

FEATURE
SAUERMAISCHE

Das von Dr. Crow 1823 entwickelte Verfahren der Sauermaische wird in vielen amerikanischen Brennereien für die Herstellung von Straight Whiskey praktiziert. Die ungefilterte vergorene Maische wird destilliert und ein Teil des Destillationsrückstands (die Menge variiert je nach Brennerei) wird zurück in den Gärbehälter gegeben. Der Rückstand sorgt dafür, dass die Maische sauer bleibt und der Whiskey die gewünschte Qualität erhält.

OFFENE BEHÄLTER
In diesen hölzernen Gärbehältern in der Woodford Reserve Distillery in Kentucky ist die Gärung in vollem Gang. Die als Nebenprodukt entstehende Kohlensäure wird an die Luft abgegeben.

Pot Stills

Jürgen Deibel

Aus kleinen Tontöpfen sind funkelnde Gebilde aus Kupfer geworden, die manchmal wie Skulpturen anmuten.

ÄGYPTISCHES BIER
Die ersten Hinweise auf die Herstellung von Alkohol stammen aus dem alten Ägypten. Diese rund 2400 v. Chr. gefertigte Tonfigur zeigt eine ägyptische Dienerin, die einen Sud aus vergorener Gerste zum Brauen von Bier bereitet.

Beim Brennen oder Destillieren wird die vergorene Würze (Gerstenmalz mit Wasser), in Schottland und Irland *wash*, in den USA *distiller's beer* genannt, durch Erhitzen zum Sieden gebracht. Alkohol (78 °C) siedet bei einer niedrigeren Temperatur als Wasser (100 °C) und verdampft; das Wasser bleibt zurück. Die Alkoholdämpfe werden aufgefangen und durch Abkühlung wieder verflüssigt.

Das Brennen ist eine althergebrachte Technik, die von den Ägyptern vermutlich bereits 3000 v. Chr. praktiziert wurde. Der Alkohol, den man in Ägypten herstellte, war jedoch nicht zum Trinken, sondern für Parfüms und Heilmittel gedacht. Die Brennblase war meist aus Lehm und die aufsteigenden Dämpfe wurden in eine luftgekühlte Kammer geleitet.

DIE POT STILL

Bei der Herstellung von Malt Whisky wird die vergorene Würze zwei-, manchmal sogar dreimal destilliert. Von den heute angewandten Verfahren ist das Destillieren in der Pot Still das traditionellste. Die heutige Pot Still wurde wahrscheinlich im 16. Jahrhundert in den Niederlanden entwickelt und hat sich im Laufe der Jahrhunderte kaum verändert. Es handelt sich um einen runden Kupferkessel, der von unten beheizt wird. Kupfer ist das ideale Material, weil es ein guter Wärmeleiter ist und leicht geformt werden kann; durch eine chemische Reaktion des Kupfers mit dem Alkohol werden außerdem unerwünschte Schwefelverbindungen beseitigt. Die Pot Still besteht aus drei Teilen: dem Kessel (in dem die vergorene Würze erhitzt wird), dem Schwanenhals und dem so genannten Lyne Arm (durch die der verdampfte Alkohol strömt) und schließlich dem Kühler (in dem die Alkoholdämpfe abkühlen und sich wieder verflüssigen). Größe und Form der verschiedenen Teile einer Brennblase wirken sich in mehrerlei Weise auf den Geschmack des Whiskys aus. Wenn eine Brennblase ausgedient hat und ersetzt werden muss, achtet man deshalb darauf, dass die neue Brennblase ihr in Form und Größe ganz genau entspricht.

IN POT STILLS WIRD MALT WHISKY AUF TRADITIONELLE WEISE HERGESTELLT

NICHT SEHR EFFIZIENT

Das Pot-Still-Verfahren ist nicht besonders effizient, da mehrere Vorgänge unter den wachsamen Augen des Brennmeisters durchgeführt werden müssen: Zuerst wird die Brennblase mit der vergorenen Würze gefüllt; diese wird dann erhitzt und der genießbare Alkohol wird vom unerwünschten getrennt. Nach der Destillation muss die Brennblase abkühlen und sorgfältig gereinigt werden.

Anfangs wurden in großen Brennereien die Brennblasen durch ein Kohlenfeuer, später mit Gas direkt von unten beheizt. Heute geschieht dies nur noch in wenigen Brennereien in Schottland (z. B. Glenfiddich, Glenfarclas und Glendronach); die

HEIZSPIRALE
Durch die Spirale am Boden der Brennblase wird Dampf geleitet: So verteilt sich die Hitze gleichmäßig.

HEIZKESSEL
Die Brennblase kann auch, wie in dieser Suntory-Brennerei in Japan, mit Dampfkesseln erhitzt werden. Die Kessel sorgen dafür, dass eine größere Oberfläche beheizt wird.

DICKBÄUCHIGE POT STILLS
Diese beeindruckenden Pot Stills stehen bei Glenkinchie, einer der wenigen Brennereien in den schottischen Lowlands. Die Größe der Brennblase und die Breite des Halses sind mit ein Grund für die Qualität des Whiskys.

EINE TYPISCHE POT STILL

DAS HERZ EINER BRENNEREI ist die Pot Still. Die Größe und Form der kupfernen Brennblase ist bei jeder Brennerei anders. Die Dämpfe steigen aus dem (heute meist mit Dampf erhitzten) Kessel durch den Hals auf und werden durch den Lyne Arm in einen Kühler geleitet. In Schottland werden für die zweifache Destillation meist zwei verschiedene Brennblasen verwendet, Wash Still und Spirit Still, Letztere ist normalerweise kleiner. Irischer Whiskey wird in drei Brennblasen dreifach destilliert.

KONTROLLFENSTER
Im oberen Drittel des Halses einer Pot Still der Glen-Grant-Distillery sind ein Kontrollfenster und ein Sicherheitsventil angebracht. Durch das Fenster kann der Brenner den Brennvorgang überwachen.

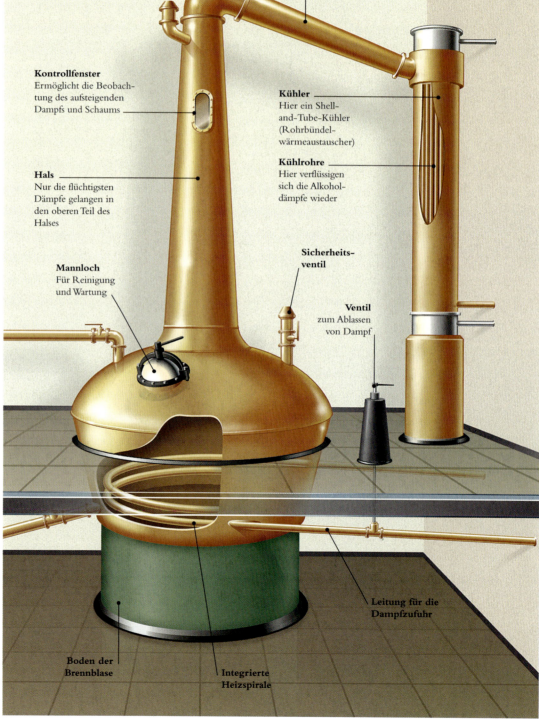

Schwanenhals

Lyne Arm
Leitet die aufsteigenden Dämpfe in den Kühler

Kontrollfenster
Ermöglicht die Beobachtung des aufsteigenden Dampfs und Schaums

Kühler
Hier ein Shell-and-Tube-Kühler (Rohrbündelwärmeaustauscher)

Kühlrohre
Hier verflüssigen sich die Alkoholdämpfe wieder

Hals
Nur die flüchtigsten Dämpfe gelangen in den oberen Teil des Halses

Sicherheitsventil

Mannloch
Für Reinigung und Wartung

Ventil
zum Ablassen von Dampf

Boden der Brennblase

Integrierte Heizspirale

Leitung für die Dampfzufuhr

MANNLOCHDECKEL
Diese Kontroll- und Reinigungsluke findet sich an einer Pot Still in der amerikanischen Woodford Reserve Distillery, wurde aber von erfahrenen Kupferschmieden in Schottland hergestellt.

meisten Brennereien heizen mit Dampf. Die Scapa-Brennerei auf Orkney arbeitete bereits 1885 mit Dampf, aber allgemein verbreitet wurde das Verfahren erst in den 1960er-Jahren: Durch ein geschlossenes Heizsystem im unteren Teil der Brennblase wird Dampf geleitet. Der Vorteil dieses Verfahrens ist, dass die Hitze viel gleichmäßiger verteilt wird.

ZWEIFACHE DESTILLATION

Malt Whisky wird heute in Schottland bis auf wenige Ausnahmen (z.B. Auchentoshan) in zwei Destillationsvorgängen hergestellt, für die zwei Brennblasen erforderlich sind. Bei der ersten Destillation in der Wash Still wird Alkohol von Wasser getrennt; es entsteht ein Rohbrand *(low wines)*. Die zweite Destillation in der Spirit Still (oder Low Wines Still) liefert zuerst einen Vorlauf, dann das Endprodukt, den Feinbrand, und einen Nachlauf. Der gesamte Vorgang dauert mehrere Stunden und ist zeitlich auf die Maisch- und Gärprozesse in der Brennerei abgestimmt. Die Größe der Brennblase hängt von ihrem Zweck ab: Die Wash Still ist fast immer größer als die Spirit Still.

DIE WASH STILL

Die Wash Still wird zu etwa drei Vierteln mit vorerhitzter Würze gefüllt. Durch die weitere Erhitzung steigen alkoholische Dämpfe aus der Flüssigkeit auf und im Hals der Brennblase nach oben. In diesem Stadium schäumt die Würze meist. Sobald der Schaum den oberen Teil des Halses erreicht, wird die Hitze verringert, das Schäumen hört auf und in den Lyne Arm tritt nur der Dampf ein. Er bewegt sich langsam auf den Kühler zu, in dem er wieder verflüssigt wird.

Der in der Wash Still destillierte Rohbrand läuft durch den Spirit Safe in einen Behälter, der als *low wines receiver* bezeichnet wird. Der Spirit Safe ist ein Schrank aus Glas und Messing, der als Kontrollpunkt dient: Hier können von außen Proben des durchlaufenden Destillates entnommen und auf die Alkoholstärke hin analysiert werden.

DIE SPIRIT STILL

Nach der ersten Destillation ist der Alkoholgehalt der Flüssigkeit von 7,5–9 Vol.-% auf 21–28 Vol.-% gestiegen. In der zweiten Destillation wird der trinkbare Alkohol von dem nicht verwendbaren Vor- und Nachlauf getrennt. Der Vorlauf enthält Rückstände aus dem vorherigen Brennvorgang in der Blase sowie das flüchtige giftige Methanol. Heutzutage wird der Vorlauf meist schon innerhalb weniger Minuten abgetrennt (nach fünf bis 45 Minuten). Zur Kontrolle gibt man eine kleine Menge Wasser hinzu. Wenn die Flüssigkeit trüb wird, kommt noch der Vorlauf aus der Blase; ist die Flüssigkeit dagegen klar, ist der Vorlauf durchgelaufen.

Danach wird der Feinbrand langsam durch den Spirit Safe in den dafür vorgesehenen Auffangbehälter geleitet. Diese klare Flüssigkeit mit einem durchschnittlichen Alkoholgehalt von 70 Vol.-% wird schließlich zum Reifen ins Fass gefüllt. Der Feinbrand kann sogar weniger als 20 Prozent des gesamten Destillationsvolumens betragen; normalerweise macht er 20–30 Prozent aus.

DIE HOHE KUNST DES BRENNENS

Jetzt wird die Hitze wieder gesteigert und der Nachlauf wird destilliert. Er enthält Fuselöle, die dem Whisky u.a. unerwünschte Leder- oder Tabakaromen verleihen würden. Der Nachlauf wird zusammen mit dem Vorlauf in einem eigenen Behälter aufgefangen und beim nächsten Brennvorgang erneut destilliert.

Der Brennmeister hat auf keine dieser Flüssigkeiten – Vorlauf, Feinbrand und Nachlauf – einen direkten Zugriff, sondern er muss mit Hilfe seines Wissens und seiner Erfahrung den richtigen Moment abpassen, um sie voneinander zu trennen.

FEATURE
PURIFIER

In manchen Brennereien ist ein wassergekühlter Purifier am Lyne Arm angebracht (hier z.B. bei Glen Grant in Schottland). Die Vorrichtung lässt nur die flüchtigsten Dämpfe passieren und hält die anderen zurück. Diese kondensieren, werden durch ein dünnes Rohr zurück in die Brennblase geleitet und erneut destilliert. Der Einsatz von Purifiern führt dazu, dass der Whisky insgesamt leichter wird.

SHELL-AND-TUBE-KÜHLER
In diesem modernen Wärmeaustauscher werden die aufsteigenden Dämpfe kondensiert. Durch die in dem hohen Behälter befindlichen Rohre wird Wasser geleitet, das die Dämpfe im Behälter abkühlt und verflüssigt.

TRADITIONELLE WORM TUB
Ein spiralförmiges Rohr aus Kupfer (worm) *liegt in einer mit kaltem Wasser gefüllten Holzwanne* (tub). *Der Dampf wird abgekühlt, während er durch das Rohr strömt.*

ROHRKENNZEICHNUNGEN
Das durch die Rohre fließende Destillat wird wie hier bei Lagavulin auf Islay durch einen Aufdruck oder durch einen Farbcode gekennzeichnet.

Obwohl auch in der Whiskyherstellung die Computerisierung immer weiter fortschreitet, liegt es auch heute noch weitgehend in der Hand des Brennmeisters zu entscheiden, welcher Teil des Destillats zu Whisky wird.

DER RÜCKFLUSS

Wenn die vom Kessel zum Hals der Brennblase aufsteigenden Dämpfe sich wieder verflüssigen, bevor sie in den Lyne Arm gelangen, tropft das Kondensat zurück in den Kessel und wird erneut erhitzt. Diesen Vorgang nennt man »Rückfluss«. Beim Zurücklaufen nimmt die Flüssigkeit die weniger flüchtigen der aufsteigenden Dämpfe mit, sodass nur die flüchtigeren, leichteren Geschmacksstoffe durch den Kühler strömen. Je länger oder breiter der Hals ist, desto höher ist die Wahrscheinlichkeit, dass schwere und leichte Stoffe auf diese Weise getrennt werden.

Der Rückfluss erfolgt nur bei geringer Destillationsgeschwindigkeit. Die gleiche Wirkung lässt sich durch einen breiteren Hals, eine ballonförmige Ausbuchtung (Miltonball) oder eine Einschnürung zwischen Kessel und Hals erreichen.

DER PURIFIER

In manchen schottischen Brennereien (z. B. Ardbeg und Glen Grant, siehe Seite 61) befindet sich außerdem ein wassergekühlter Purifier am Lyne Arm. Die durch den Hals in den Purifier aufsteigenden Dämpfe werden durch eine Reihe von Umlenkblechen geleitet und dadurch verlangsamt und abgekühlt, sodass nur die flüchtigsten und reinsten Geschmacksstoffe den Kühler erreichen. Die im Purifier kondensierte Flüssigkeit fließt durch ein dünnes Rohr zurück und wird erneut destilliert.

KÜHLERSYSTEME

Um die aus der Brennblase kommenden Alkoholdämpfe abzukühlen und auf diese Weise wieder zu verflüssigen, werden entweder Worm Tubs (Kühlschlangen) oder ein moderner Shell-and-tube-Kühler (Rohrbündelwärmeaustauscher) verwendet. Beide sind aus Kupfer.

Worm Tubs produzieren angeblich einen schwereren Alkohol, wobei das auch vom Brennverfahren und anderen Faktoren, etwa dem Purifier und den Heizmethoden, abhängt. Mit Shell-and-tube-Kühlern werden die Dämpfe schneller abgekühlt, und die Kupferfläche, mit der sie in Berührung kommen, ist größer. Dadurch wird der Whisky etwas leichter im Aroma.

LOMOND STILL

1955 bekamen der Chemieingenieur Alistair Cunningham und Arthur Warren, Designer bei Hiram Walker, den Auftrag herauszufinden, ob und wie die schottische Brennerei mehrere verschiedene Whiskys produzieren könne. Sie entwickelten einen zylinderförmigen Destillierkolben mit einem senkrecht darüber angebrachten Kühlmantel und drei beweglichen Böden im Hals, mit denen man die

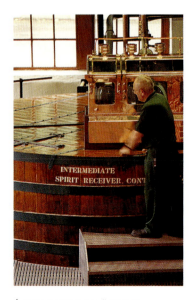

AUFFANGBEHÄLTER
Der klare trinkbare Feinbrand aus der zweiten Destillation wird in diesem Holzbehälter aufgefangen, der von der Zoll- und Finanzbehörde versiegelt wird.

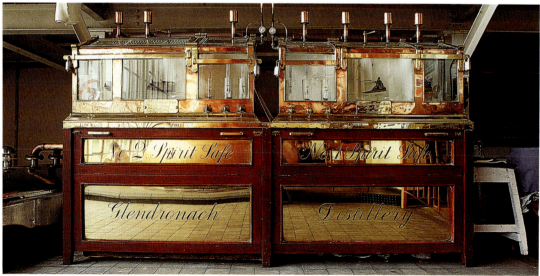

SPIRIT SAFE MIT VORHÄNGESCHLOSS
Der Brenner hat keinen direkten Zugriff auf die Flüssigkeiten in der Brennblase. Die Trennung von Feinbrand, Vor- und Nachlauf bei der zweiten Destillation erfolgt durch den Brennmeister. Einer durch den Spirit Safe laufenden Probe des Feinbrands wird Wasser zugegeben: Wenn sie trüb wird, enthält sie noch Vor- oder Nachlauf. Dieser ist jedoch nicht grundsätzlich unerwünscht; manche Brenner belassen einen Teil des Nachlaufs beim Feinbrand, um das Endprodukt charaktervoller zu gestalten.

HÄLSE IN JEDER FORM

Wie eine Pot Still geformt ist, hängt davon ab, was für ein Whisky damit erzeugt werden soll. Im Allgemeinen lässt sich feststellen, dass Pot Stills mit langem, hohem Hals leichteren, duftenderen, solche mit kurzem, breitem Hals öligere, schwerere Whiskys erzeugen. Um die Brenngeschwindigkeit zu drosseln und auf diese Weise zu verhindern, dass der Schaum in den Kühler aufsteigt, wurden spezielle Formen der Pot Still entwickelt, etwa der breite Hals, der Hals mit Einschnürung und der Miltonball.

BREITER HALS
Der breite Hals dieser Brennblase bei Lochnager setzt direkt am Kessel an. Er verlangsamt die Geschwindigkeit, mit der die Dämpfe aufsteigen, und kühlt die Würze ab, damit sie nicht überschäumt.

HALS MIT EINSCHNÜRUNG
Der Hals der Pot Stills bei Jura ist sehr breit, hat aber eine Einschnürung am Übergang zum Kessel. Hier werden die Dämpfe abgekühlt und verlangsamen sich, sodass nur die flüchtigsten in den Hals aufsteigen.

MILTONBALL
Die kugelförmige Ausbuchtung bei Old Pulteney hat dieselbe Funktion wie eine Einschnürung: Sie verhindert, dass die Würze überschäumt. Nur die flüchtigsten Bestandteile gelangen in den Hals.

Menge des Rückflusses steuern konnte. Auch die Neigung des Lyne Arms konnte zu diesem Zweck verstellt werden. Diese Lomond Still ähnelte der für das Brennen von Grain Whisky entwickelten Coffey Still *(siehe Seite 64)*. Leider bestand bei dieser Methode die große Gefahr, dass die Böden durch Rückstände blockiert wurden, und aus diesem Grund wird die Lomond Still in Schottland heute kaum mehr verwendet.

DREIFACHE DESTILLATION

Durch einen dritten Destillationsvorgang wird der Alkoholgehalt des Endprodukts auf rund 80 Vol.-%. gesteigert. In Schottland praktizieren nur wenige Brennereien dieses Verfahren. In Irland ist die dreifache Destillation hingegen die gängigste Methode der Whiskeyherstellung; in den USA macht Labrot & Graham's Woodford Reserve davon Gebrauch. Durch die dreifache Destillation wird das Spektrum der Geschmacksnoten erweitert und der Whisky erhält einen leichteren, duftenderen fruchtigen, blumigen und würzigen Charakter.

DER BRENNER
Der Brenner bei Bruichladdich schließt das Mannloch einer Pot Still. Durch diese Öffnung kann der Brenner nach der Destillation den Kessel warten und reinigen.

Säulenbrennverfahren

Jürgen Deibel

Säulenbrennapparate sind schneller, flexibler und nicht so empfindlich wie Pot Stills.

FEATURE
AENEAS COFFEY

Aeneas Coffey wurde 1780 in Dublin geboren und arbeitete als Steuereinnehmer in Irland. Seit der Einführung einer Branntweinsteuer 1779 hatten die Inspektoren mit wachsendem Unmut zu kämpfen und stießen nicht selten auf heftigen Widerstand bei den Besitzern illegaler Brennereien, denen schwere Strafen drohten. Coffey wurde schließlich selbst Brenner. In seiner Dubliner Dock Distillery entwickelte er das erste kontinuierliche Destillationsverfahren. Coffeys bahnbrechende Erfindung wurde 1830 patentiert und später auf der ganzen Welt zur Whiskyherstellung genutzt.

Jahrelang suchte man nach einem weniger zeit- und arbeitsaufwändigen Destillationsverfahren als der Pot Still und nach einer Möglichkeit, ungemälztes Getreide zu brennen. 1830 entwickelten Robert Stein und Aeneas Coffey das Säulenbrennverfahren, auch *column still*, *patent still* oder *Coffey still* genannt. Damit konnte eine Brennblase kontinuierlich betrieben werden und man erhielt einen alkoholstarken, aber vom Stil her leichten Whisky.

Der Grundstoff für die kontinuierliche Destillation ist eine Getreidemaische. Lange Zeit wurde importierter Mais verwendet; seit Anfang der 1980er-Jahre kommt in Schottland und Irland meist Weizen zum Einsatz. In den USA besteht Bourbon aus einer Getreidemischung mit Mais als Hauptzutat; bei Rye Whiskey stellt Roggen den größten Anteil.

MEHRERE BRENNSÄULEN

Wie viele der hohen Edelstahlröhren für das Säulenbrennverfahren verwendet werden, hängt davon ab, welcher Reinheitsgrad erreicht werden soll (der technische Begriff hierfür lautet Rektifikation). Bis zu fünf Brennsäulen können miteinander verbunden und kontinuierlich betrieben werden. Wie mit der Pot Still will man die unerwünschten Geschmacksstoffe beseitigen und die Konzentration der erwünschten erhöhen.

In den Brennsäulen sind gelochte Kupferböden angebracht. Die flüchtigeren Bestandteile der von unten aufsteigenden Dämpfe passieren die Böden; die schwereren Stoffe werden zurückgehalten, kondensieren und tropfen zurück, sodass nur die flüchtigsten Stoffe in die zweite Säule gelangen.

Mit Hilfe des neuen Verfahrens wird Grain Whiskey gebrannt

Heißer Dampf wird von unten in die erste Brennsäule eingeleitet und steigt gegen die von oben zugegebene vergorene Maische auf. Es findet ein Stoffaustausch statt und die schwereren Stoffe laufen unten aus der Säule heraus, während die flüchtigen Stoffe den oberen Teil der Säule in Form von Dampf verlassen.

Bei dem in Irland und Schottland praktizierten Brennvorgang werden die Dämpfe durch die zulaufende Maische gekühlt, während sie innerhalb der Säule von Boden zu Boden aufsteigen. Auf einer bestimmten Höhe in der zweiten Säule verflüssigen sich die Dämpfe des trinkbaren Alkohols (Ethanol) und werden zum Reifen abgezogen.

MEHRSTÖCKIGE BRENNSÄULEN

Brennsäulen können mehrere Stockwerke hoch sein wie hier in der für ihren feinen Bourbon bekannten Heaven Hill Distillery in Kentucky.

DOPPELT HÄLT BESSER
Die Cooley Distillery in der Nähe von Riverstown verwendet zur Herstellung ihres Whiskeys sowohl Pot Stills als auch Brennsäulen. Mit Letzteren wird u.a. Neutralalkohol für Wodka erzeugt.

NAHAUFNAHME
Ein Detail der Säulenbrennanlage in der Four Roses Distillery, der wohl schönsten Brennerei in Kentucky, die in Lawrenceburg am Salt River liegt.

THUMPER UND DOUBLER

In amerikanischen Brennereien wird der zweite Brennvorgang meist in einem so genannten Thumper oder Doubler durchgeführt. Der Doubler sieht ähnlich aus wie eine Pot Still und funktioniert auch so: Die aus der ersten Brennsäule, der Beer Still, abgeleiteten Dämpfe werden erneut destilliert und ergeben das Endprodukt. Der Alkoholgehalt steigt im Doubler auf 65–69 Vol.-%; der damit erzeugte Feinbrand wird *doublings* oder *high wine* genannt.

Im Thumper werden die aus der Beer Still kommenden Dämpfe durch Alkohol geleitet und auf diese Weise weiter rektifiziert. Thumper werden heute nur noch in zwei Brennereien in den USA verwendet: Early Times und Bernheim.

EFFIZIENT UND FLEXIBEL

Die kontinuierliche Destillationsanlage ist außerordentlich effizient und kann auch zur Herstellung anderer neutraler Branntweine, z. B. Wodka, verwendet werden. Es kann ein Alkoholgehalt von bis zu 94,8 Vol.-% (bei Grain Whiskey) erreicht werden. Der mit dem Säulenbrennverfahren erzeugte Whisky ist ganz anders als der aus der Pot Still.

Die Prinzipien dieser Destillierungsmethode hören sich im Grunde ganz einfach an, aber die Mengen von Dampf, vergorener Würze und daraus entstandenem Alkohol wollen fein ausbalanciert sein und erfordern das Geschick eines erfahrenen Brennmeisters.

EINE FOLGENREICHE ERFINDUNG

Die kontinuierliche Destillation ermöglichte zwei äußerst wichtige Neuerungen: die Verwendung von Getreiden statt ausschließlich Gerstenmalz für die Herstellung von Whisky und den Verschnitt der milderen Grain Whiskys mit den geschmacklich komplexeren Malt Whiskys.

In Schottland wird Grain Whisky heutzutage hauptsächlich in den Brennereien Cameronbridge, Girvan, Invergordon, North British und Port Dundas erzeugt.

DER DOUBLER
In diesem zweiten Brennapparat der Buffalo Trace Distillery in Kentucky wird der Feinbrand erzeugt. Der Doubler ist nicht so hübsch anzusehen wie eine Pot Still, funktioniert aber ganz ähnlich.

VERSCHIEDENE BRENNAPPARATE
In der Brennerei am Loch Lomond stehen eine traditionelle Pot Still (hinten) und eine der seltenen Lomond Stills direkt nebeneinander. Auch die Scapa-Brennerei auf Orkney betreibt eine Lomond Still.

KONTROLLÖFFNUNGEN
Durch die Luken, hier an der Brennröhre in der irischen Cooley-Brennerei, können die Kupferböden kontrolliert werden. Die flüchtigeren Dämpfe steigen durch die gelochten Platten auf.

EINE TYPISCHE SÄULENBRENNANLAGE

DIE VERGORENE MAISCHE wird in die Rektifikationskolonne (rechts) eingeleitet und erwärmt. Sie gelangt in die Trennsäule. Während sie nach unten fließt, werden Alkohol und Aromastoffe durch Dampf extrahiert. Dieser Dampf wird in die Rektifikationssäule geleitet, wo er von Boden zu Boden weiter abkühlt. Auf einer bestimmten Höhe wird der Alkohol mit der gewünschten Stärke und Qualität abgeleitet.

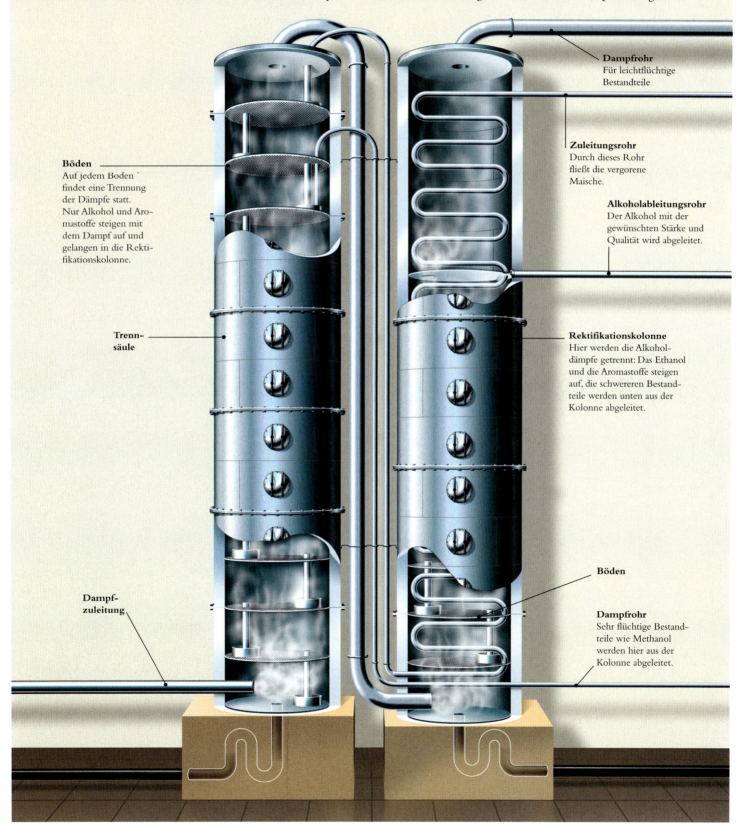

Böden
Auf jedem Boden findet eine Trennung der Dämpfe statt. Nur Alkohol und Aromastoffe steigen mit dem Dampf auf und gelangen in die Rektifikationskolonne.

Trennsäule

Dampfzuleitung

Dampfrohr
Für leichtflüchtige Bestandteile

Zuleitungsrohr
Durch dieses Rohr fließt die vergorene Maische.

Alkoholableitungsrohr
Der Alkohol mit der gewünschten Stärke und Qualität wird abgeleitet.

Rektifikationskolonne
Hier werden die Alkoholdämpfe getrennt: Das Ethanol und die Aromastoffe steigen auf, die schwereren Bestandteile werden unten aus der Kolonne abgeleitet.

Böden

Dampfrohr
Sehr flüchtige Bestandteile wie Methanol werden hier aus der Kolonne abgeleitet.

FÄSSER AUS EUROPÄISCHER EICHE

MICHAEL JACKSON

BEI BERÜHMTEN FRANZÖSISCHEN WINZERN MÜSSEN ES EICHENFÄSSER AUS DEM LIMOUSIN SEIN, WHISKYHERSTELLER BLICKEN NACH SPANIEN

Wie lange dauert es, bis sich die Geruchs- und Geschmacksnoten in einem Whisky entwickeln? Die Altersangabe auf dem Etikett, egal ob acht oder 18 Jahre, sagt nicht alles, denn der Whisky war in einem Eichenfass gelagert.

In dieser Zeit sind Geschmacksstoffe aus dem Holz und Reminiszenzen an den vorherigen Inhalt des Fasses in den Whisky übergegangen; das Vanillin aus dem Eichenholz hat mit dem Kupfer aus den Brennblasen reagiert. Auch die Eichenart hat Spuren hinterlassen, und das Alter des Baums – idealerweise rund 100 Jahre – spielt ebenfalls eine Rolle.

Heutzutage werden schottische Brenner weit entfernt von zu Hause, manchmal in Europa, manchmal in den USA, sozusagen »auf der Jagd gesichtet« – nicht nach Gerste, sondern nach Holz. Eine feine Nase ist in der Lage aus einem Single Malt die Gegend herauszuriechen, in der die Gerste angebaut wurde, ebenso das Tal, aus dem das Wasser kam, und den Hang, auf dem die Eiche gefällt wurde. All das gehört zum *terroir* eines Whiskys.

DER BEGINN EINER TRADITION

Der Sherryhandel zwischen Spanien und Großbritannien ist Hunderte von Jahren alt. Der Sherry wurde in Fässern nach Bristol (England) und Leith (Schottland) verschifft und dort abgefüllt. Die leeren Fässer wurden an schottische Brennereien weitergegeben. Einige der köstlichsten Whiskys schmeckten noch besser, nachdem sie in einem Sherryfass gereift hatten.

Als die Brennerei Macallan Ende der 1960er-Jahre beschloss, ihren Whisky als Single Malt anzubieten, hatte sie in ihren Lagerhäusern Fässer von ganz verschiedenem Sherry, in denen Whisky zum Verschneiden gelagert wurde. Man musste sich entscheiden, welche Art von Sherryfass man für seinen Single

DIE ALTERS-ANGABE SAGT NICHT ALLES

AUF DEM WEG ZUM FASS
Der Stamm wird angesägt, bis er fast von alleine umfällt. Den Rest erledigt die Motorsäge – manchmal reicht auch schon ein Tritt.

VOM BAUM ZUM FASS
Eichen werden erst gefällt, wenn sie reif sind; zu diesem Zeitpunkt sind sie meist 6–7,5 Meter lang und haben einen Durchmesser von einem Meter. Die Baumstämme werden in Stücke geschnitten, auf einen Lastwagen verladen und in ein Sägewerk in Lugo in der nordspanischen Provinz Cantabria transportiert.

WIE AM FLIESSBAND
Die Stämme werden längs in Viertel gespalten und zu Brettern geschnitten, aus denen die Dauben gemacht werden.

FEATURE

HOLZ IM VERGLEICH

Dauben aus dem Holz der knorrigen, rötlichen spanischen Stieleiche sind etwas krumm. Die amerikanische Weißeiche liefert geradere Dauben und ist weniger porös; der Whisky reift in Fässern aus ihrem Holz langsamer. Der höhere Tanningehalt in spanischer Eiche trägt mit Noten von Nüssen, Äpfeln, Aprikosen und Muskatnuss erheblich zum Geschmack und Duft von Macallan bei. Amerikanische Eiche sorgt für cremige, Vanille-, Kokos- und Bananenaromen.

Malt wollte und einen ausreichenden Vorrat anlegen, um eine angemessene Menge Whisky zehn bis zwölf Jahre lang einheitlich lagern zu können. Nach eingehendem Verkosten fiel die Wahl auf Fässer, in denen für etwa zwei Jahre Dry Oloroso gereift hatte. Dieser schien dem Whisky Noten von Sultaninen, Aprikosen und Bitterorangen zu verleihen.

DER FASSENGPASS

In der zweiten Hälfte des 20. Jahrhunderts bereitete der Sherry den Brennern zwei Probleme: In Großbritannien wurde nicht mehr so viel Sherry verkauft, und spanische Gewerkschaften hatten sich erfolgreich dafür eingesetzt, dass spanische Weine im eigenen Land abgefüllt wurden.

Manche Brennereien, namentlich Macallan, fanden eine – allerdings recht teure – Lösung: Sie ließen Fässer in Spanien herstellen und verliehen sie für einige Jahre an Sherry-Bodegas.

Das Problem war für etwa zehn Jahre gelöst, doch dann wandten sich die Sherry-Bodegas von ihrer eigenen Eiche ab. Angesichts der sinkenden Verkaufszahlen beschlossen sie, den Sherry zu modernisieren, indem sie eine leichtere Variante produzierten. Um dies zu erreichen, ersetzten sie ab den 1980er-Jahren die europäische Eiche durch die weniger intensive amerikanische. Kurz darauf machte Macallan eine erstaunliche Entdeckung: Der Sherry war nicht so wichtig wie das Holz.

Macallan setzte daraufhin noch früher im Produktionsprozess an – in den Holzlagern und in den Wäldern. »Vielleicht müssen wir schon bei der Eichel anfangen«, meinte David Robertson, der damalige Geschäftsführer. »Wir müssen einfach verstehen, wie alles zusammenhängt: Whisky, Sherry und Eiche.«

Es gibt sehr viele Eichenarten; die von Macallan verwendete Stieleiche kommt aus der Region Cantabria in Nordwestspanien. Die meisten spanischen Stieleichen wachsen in dieser Region, die neben der Bau- und Möbelindustrie vor allem schottische Brennereien beliefert.

> »WIR MÜSSEN BEI DER EICHEL ANFANGEN«

Landeinwärts von Santander winden sich die Straßen um Felsen. Mit Felsbrocken übersäte Hügel und die Täler dazwischen sind gerade so groß, dass auf den steilen Hängen einige Hundert Hektar Wald Platz finden. Das Land steigt bald zu einer kleinen, im Winter schneebedeckten Gebirgskette an, den Picos de Europa: Hier sieht es fast aus wie im fernen Schottland, dem Ziel der aus den Eichen in den Gebirgsausläufern gefertigten Fässer.

HULA-HOOP
Reifen halten die Dauben zusammen – bei der Montage und beim späteren Fass. Keine Schrauben, keine Nägel, kein Leim: kein metallischer Geschmack im Whisky. Ein Fass ist ein Designobjekt.

DER BÖTTCHER
Der Existenz von Präzisionsgeräten ungeachtet muss der Böttcher auf traditionelle Techniken zurückgreifen, um die moderne Version eines der ältesten Gefäße der Kulturgeschichte herzustellen. Die Dauben müssen gehobelt werden, damit sie exakt aneinander passen.

NATÜRLICHE SCHÖNHEIT
Nur selten wird der Boden eines Fasses bemalt. Nicht bemalte Eiche kann atmen, d.h. ihr Inhalt reagiert mit der Luft und erstrahlt in der Schönheit naturbelassenen Holzes. Wenn man das Holz abschleift, kann man es besser anfassen. Ein ganzes Lagerhaus voller Fässer ist ein beeindruckender Anblick.

Heisse Getränke?
Meterhoch emporlodernde Flammen, fauchender heißer Dampf und gellendes Kreischen: Eine Böttcherei mutet wie Dantes Inferno an. Man braucht Feuer, um die Dauben biegen zu können. In Bourbonbrennereien werden die Fässer sogar bewusst angekohlt, damit der Whisky besser in das Holz eindringt.

Ein Loch im Fass
Nachdem so viel Energie darauf verwandt wurde, dass der Whisky im Fass bleibt, muss auch Vorsorge dafür getroffen werden, dass er irgendwann einmal wieder herauskommt. In diesem Teil der Böttcherei brummt nur der Bohrer.

Fässer aus amerikanischer Eiche

Michael Jackson

OLOROSO MIT EINEM HAUCH OZARK MOUNTAINS ...
MONTÉLIMAR ODER MISSOURI?

Gerade gewachsen
Weißeichen, aus deren Holz Fässer für Bourbon und (später) für Whisky gemacht werden, müssen möglichst gerade gewachsen sein und von einem Hang mit gutem Wasserabzug stammen. Dann ist das Holz so kompakt, dass Whisky lange Zeit darin lagern kann.

Ausdrücke wie »stark sherrytönig« oder »im Bourbonfass gereift« werden sicher noch einige Zeit in Gebrauch sein, doch der Schwerpunkt verlagert sich vom ursprünglichen Inhalt der Fässer immer mehr auf das Holz, aus dem sie gefertigt wurden. Dieses Holz kommt immer häufiger aus den USA. Sherry wird aber weiterhin eine Rolle spielen, und zwar aus zwei Gründen:

1. Sherry-Fans sind, allen Erfahrungen von Macallan zum Trotz, immer noch davon überzeugt, dass der Wein selbst Geschmacksstoffe abgibt.

2. Die heute verwendeten Sherryfässer werden noch jahrzehntelang in Umlauf bleiben. Ein Sherryfass, das in Schottland zum ersten Mal befüllt wird, wird zehn, wenn nicht gar 12, 15 oder 18 Jahre verwendet und dann eventuell ein zweites Mal befüllt.

Nach der Ansicht mancher Blender und Brennereimanager ist bei der ersten Füllung der Einfluss des Sherry zu stark. Zum zweiten Mal befüllte Fässer sind hingegen schön ausgeglichen und verhalten. Bei der dritten Füllung ist das Fass immer noch brauchbar, aber nicht mehr als Sherryfass zu erkennen. Die Kriterien für ein Sherryfass werden unterschiedlich streng definiert.

Eine Neuheit sind ehemalige Sherryfässer aus amerikanischer Eiche. Im Jahr 2004 brachte Macallan eine Reihe namens »Fine Oak« mit in amerikanischer Eiche gereiften Single Malts auf den Markt. Skeptiker hatten sofort den Beinamen »Macallan Light« parat, mussten, als sie die Whiskys probierten, jedoch zugeben, dass Komplexität und Individualität des Macallan-Malt durchschlugen, aber immer noch in erstaunlichem Maß durch die Eiche bereichert wurden. Die der amerikanischen Eiche unterstellten Vanille-, Sahne- und Kokosnoten verschworen sich zu einer nougatartigen Üppigkeit: ein

Bewusste Auswahl
Die Forste in den Ozark Mountains sind klein und in Privatbesitz. Die zu fällenden Bäume werden so ausgewählt, dass an ihrer Stelle neue gepflanzt werden können.

Botaniker und Brenner
Der Forstwissenschaftler und Holzwirt Bob Russell zeigt dem Brenner Bill Lumsden den Stamm einer Weißeiche aus Missouri. Die Stämme werden im Sägewerk in Viertel gespalten und im Anschluss zu Brettern geschnitten.

Rohmaterial
Am Straßenrand aufgeschichtete Stämme sind bei Altenburg, Missouri, ein gewohnter Anblick. Die Stämme werden mit Traktoren aus dem Wald herangeschafft. Diese Traktoren sind mit einer Baggerschaufel und einer leistungsstarken Winde ausgestattet. Später werden die Stämme mit Sattelschleppern abtransportiert.

Geschmack, der eher an Montélimar als an Missouri denken ließ. Auf eine entsprechende Nachfrage gab Macallan an, dass sowohl Sherry- als auch Bourbonfässer verwendet worden waren.

BOURBONFÄSSER

Als es bei den Sherryfässern den ersten Engpass gab, waren Bourbonfässer eine nahe liegende Alternative, da viele Bourbon- und Scotchbrennereien durch den Besitzer oder ein gemeinsames Vertriebsnetz verbunden waren. Klassischer amerikanischer Whiskey muss in neuer Eiche reifen. Diese hält aber kaum mehr als vier Jahre – danach beginnt für die immer noch jungen Fässer ein neues Leben. Die kraftvollen, fruchtigen, nussigen Noten von Sherry kann Bourbon nicht bieten, aber seine Vanillewürze macht sich bei einigen zarten Scotchs besonders gut.

Manche schottischen Brennereien, vor allem die, die hauptsächlich Whisky für Blends liefern, sammeln mit der Zeit eine bunte Mischung von Fässern jeder Art an. Wenn sie geringe Mengen eines Single Malt abfüllen möchten, stellen sie die am besten geeigneten Fässer aus ihrem Bestand so zusammen, dass eine ausgewogene Mischung entsteht, wobei sich das Verhältnis zwischen Sherry- und Bourbonfässern sowie zwischen spanischer und amerikanischer Eiche immer im Rahmen hält.

UNVERHÜLLTER GLENMORANGIE

Brennereien, die ihren Whisky als Single Malt abfüllen, wählen ihre Fässer meist bewusst aus, um ihren Bestand in Szene zu setzen und die Kontinuität zu wahren. Seitdem das Holz so in den Vordergrund gerückt ist, gelten Bourbonfässer nicht mehr als zweite Wahl. Sie werden zwar nie die Extravaganz von Sherryfässern besitzen, sind aber inzwischen anerkannter Standard und werden dafür geschätzt, dass sie einen Malt sanft abrunden, ohne den ihm eigenen Charakter zu verdecken.

> BOURBONFÄSSER SIND LÄNGST NICHT MEHR ZWEITE WAHL

Glenmorangie beschloss vor Jahrzehnten, sein Hauptprodukt zehn Jahre in ehemaligen Bourbonfässern zu lagern und ist damit in jeder Hinsicht Macallans Gegenpol: Macallan erzeugt in den kürzesten und dicksten Brennblasen, die es gibt, einen fülligen, reichhaltigen Whisky, der in

PERFEKTE RUNDUNGEN
Auf den ersten Blick sieht eine Daube aus wie eine ganz normale Holzlatte. Doch wenn man genauer hinsieht, merkt man, dass alle Flächen eine leichte Rundung oder Abschrägung aufweisen. Ein Fass besteht normalerweise aus 32 Dauben; aus weiteren 15 Latten werden Boden und Deckel gefertigt.

SCHWERE LAST
Mit Sattelschleppern wie diesem werden die Stämme ins Sägewerk transportiert. Dort werden sie zu Brettern geschnitten, die in einem Ofen getrocknet werden oder in Bretterstapeln an der Luft trocknen. Das dauert mehrere Monate – manchmal sogar mehrere Jahre:

Glenmorangie verwendet Holz, das zwei bis vier Jahre im Freien getrocknet hat. Beim Trocknen an der Luft verdunstet die natürliche Feuchtigkeit, ohne dass die Poren verstopfen. Dieser Lastwagen ist mit über 12 000 Brettern beladen.

HIGH-TECH-SÄGEWERK
In diesem Sägewerk in Clifton, Tennessee, werden Bretter mit Präzisionsinstrumenten zu Dauben geschnitten. Das Werk ist mit hochleistungsfähigen neuen Sägemaschinen ausgestattet – ein Muss, wenn jeder Millimeter Holz zählt.

MENSCH UND MASCHINE
In den USA sind Böttchereien nur minimal stärker mechanisiert als in Spanien. Und auch in Japan ist die Fassherstellung sehr arbeitsintensiv.

Sherryfässern aus spanischer Eiche reift; Glenmorangie dagegen produziert in den höchsten und schlanksten Brennblasen einen leichten, zarten Whisky, der in Bourbonfässern reift. Diese gegensätzlichen Methoden sind beide erfolgreich und machen Macallan und Glenmorangie zu zwei der weltweit meistverkauften Malts. Um ihrem Ruf gerecht zu werden, müssen sie jederzeit über große Mengen geeigneter Fässer verfügen.

DIE EICHENJÄGER

Während Macallan in den Picos de Europa auf der Suche nach Stieleichen ist, macht Glenmorangie in den Ozark Mountains Jagd auf Weißeichen. Beide Brennereien bewahrten sich eine gewisse Eigenständigkeit, als sie von großen Konzernen aufgekauft wurden, und beide betrauen ihre Whiskyexperten mit der Auswahl des Holzes. Während Macallans Mitarbeiter in Santander oder Lugo das Geschäft besiegelt, reist sein Kollege Bill Lumsden von Glenmorangie nach Louisville, Kentucky, und von dort aus weiter nach Cape Girardeau, rund 160 Kilometer südlich von St. Louis, Missouri; weitere 56 Kilometer auf dem Highway führen ihn ins Hügelland. Sein Begleiter, der Botaniker Bob Russell, zeigt unterwegs auf Kirschbäume, Walnussbäume, Stieleichen – und schließlich Weißeichen.

Die Hänge in diesem Teil der Ozarks haben einen guten Wasserabzug; das ist wichtig, da die Wurzeln sonst unerwünschte Mineralien aufnehmen. »Der Boden ist ideal«, sagt Russell, »Sand und Lehm auf Kalkstein.« Es ist Februar und die dünne Schneeschicht glitzert im sanften Sonnenlicht. »Hier gibt es noch richtige Jahreszeiten«, erklärt Russell, der die bewaldeten Hügel von Arkansas bis Iowa wie seine Westentasche kennt. Wo es zu heiß ist, wachsen die Bäume zu schnell, und das Holz wird zu kompakt. An manchen Stellen richten Spechte Schäden an. Wo es zu kalt ist, schlagen die Bäume spät oder gar nicht aus.

Die hoch gewachsenen Eichen sehen gesund aus; sie stehen in Wäldchen zwischen den Milchviehhöfen rund um Altenburg. Die auf ihrem Schild immer noch als solche ausgewiesene »Stadt« wurde von sächsischen Lutheranern gegründet und bietet das, was Lumsden sucht: Seit zehn Jahren durchkämmt er die Ozarks nach Eichen, die ein wirklich volles Aroma abgeben.

ARTISAN CASK

Die in Missouri für Glenmorangie ausgewählten Bäume werden in ein Sägewerk in Tennessee gebracht, luftgetrocknet und in der Dixie Cooperage in Louisville, Kentucky, zu Fässern verarbeitet. Sie sind stark angeröstet, aber nur leicht angekohlt. Nachdem ein Jahrgang Jack Daniel's darin gelagert wurde, kommen sie in die Brennerei. Eigentlich sollten diese »Designerfässer« nach und nach in Glenmorangies Lagerbestand aufgenommen werden, doch Lumsden war von den ersten Ergebnissen so angetan, dass er im Jahr 2004 einen Whisky unter dem Namen Artisan Cask (»handgefertigtes Fass«) auf den Markt brachte. Der Whisky erweist sich als cremig in Duft, Geschmack und Gefüge, erinnert an Trifle mit Schokoladenstreuseln und besitzt die ausgewogene trockene Würze von Kaffee mit Zimt.

HOLZARBEIT
Die Mitarbeiter der Dixie Cooperage sind stolz darauf, wie geschickt sie das Holz in unzähligen Arbeitsschritten zu Fässern trimmen.

FERTIG IST DAS FASS
In der Endphase der Produktion bekommt der Lärm in der Böttcherei einen metallischen Klang. Es dauert 45–60 Minuten, bis ein Fass fertig ist. Pro Schicht werden mehr als 250 Fässer hergestellt.

FEATURE

DREI ANKOHLUNGSGRADE

Bourbonfässer werden innen angeröstet oder angekohlt, damit der Whiskey in das Holz eindringt und an seine Geschmacksstoffe herankommt. Amerikanische Böttchereien bieten meist drei Ankohlungsgrade an: leicht, mittel und Alligator. Bei der letztgenannten Variante entsteht ein Brandmuster auf dem Holz, das an die Haut eines Alligators erinnert.

WARTEN AUF DIE FÜLLUNG
Nagelneue Fässer aus Weißeiche warten auf ihren Transport in die Bourbonbrennerei, wo sie ihre begehrten Geschmacksstoffe an den Whiskey abgeben werden.

Reifung im Lagerhaus

Ian Wisniewski

Lage und Mikroklima des Lagerhauses haben maßgeblichen Einfluss auf Geschmack und Alkoholgehalt des Whiskys.

Irland, Midleton
Am häufigsten sind Lagerhäuser, in denen die Fässer übereinander in Gestellen lagern (Racked Warehouses). Sie bieten Raum für Tausende von Fässern und finden sich in zahlreichen Brennereien in Irland, Schottland, Kentucky, Kanada und Japan.

Glenmorangie
Dunnage Warehouses sind ein typisches Merkmal von Malt-Whisky-Brennereien in Schottland und die traditionellste Art von Lagerhaus. Oft bietet jedes der nebeneinander auf demselben Gelände liegenden Dunnage Warehouses ein eigenes Mikroklima.

Da bis zu 70 Prozent des Geschmacks und des Charakters eines Whiskys sich während der Lagerung im Fass ausbildet, ist die Zeit, die er im Lagerhaus zubringt, sehr wichtig. Lagerhäuser sind ruhig, relativ dunkel, schmucklos – manchmal gibt es nicht einmal Fenster – und die Luft ist vom Whiskygeruch geschwängert. Das Lagerhaus hat einen direkten Einfluss darauf, wie sich der Whisky entwickelt.

Sobald der Whisky im Fass ist, beginnt eine Reihe komplexer Reaktionen mit dem Eichenholz. Die erste Hürde ist genommen, wenn die Mindestreifezeit, drei Jahre in Schottland, zwei in Kentucky, vorüber ist. Dabei handelt es sich aber im Grunde um eine reine Formsache – die meisten Whiskys verbringen viel mehr Zeit im Lagerhaus.

Der nächste wichtige Zeitpunkt ist erreicht, wenn der Brennmeister beschließt, dass ein Whisky die richtige Reife hat und abgefüllt werden kann. Wann es so weit ist, ist je nach Whisky unterschiedlich: Manche haben relativ früh die richtige Reife, andere brauchen dagegen länger. Außerdem gibt es verschiedene Zustände der »richtigen Reife«: Nicht umsonst füllen manche Brennereien den gleichen Whisky nach verschieden langen Lagerzeiten ab.

Wie und wie schnell ein Whisky reift, hängt von der Art des Lagerhauses ab. Die einzelnen Lagerhäuser einer Brennerei, ja sogar einzelne Bereiche desselben Lagerhauses sind jeweils einem spezifischen Mikroklima ausgesetzt, das den reifenden Whisky auf mehrerlei Weise beeinflusst.

Oft wird Whisky auf dem Gelände der Brennerei gelagert; in Schottland bringen viele Brennereien ihren Whisky in zentrale Lagerhäuser, die alle im so genannten Central Belt angesiedelt sind. Abgesehen davon, dass das Kosten spart, gilt das Klima des Central Belt als ideal für das Reifen von Whisky.

> **Lagerhäuser sind ruhig, relativ dunkel und schmucklos**

ARTEN VON LAGERHÄUSERN

In Schottland gibt es Dunnage Warehouses und Racked Warehouses; Letztere sind am verbreitetsten. Man findet sie auch in den USA, Kanada, Japan und Irland.

Bei einem Dunnage Warehouse handelt es sich um ein niedriges Stein- oder Backsteingebäude. Die dicken Wände und das Schieferdach halten die Temperaturen weitgehend stabil, der Boden aus Erde sorgt für Feuchtigkeit. Zwischen den Fässern bestehen keine Temperaturunterschiede, da sie in höchstens drei Lagen übereinander gestapelt sind. Dunnage Warehouses fassen mehrere Hundert Fässer. Der Whisky reift langsam, was nach allgemeinem Dafürhalten die besten Ergebnisse erbringt.

In den mehrstöckigen Metallgestellen *(racks)* eines Racked Warehouse finden bis zu 20 000 Fässer Platz. Aufgrund des dünnen Daches und der dünnen Wände schwanken die Temperaturen mehr als im Dunnage Warehouse. Weil die Gestelle so hoch sind, bestehen auch Temperaturunterschiede zwischen den einzelnen Fässern.

In Kentucky gibt es neben Backsteingebäuden auch aus den 1870er-Jahren stammende offene Schober mit Eisenwänden, in deren Gestellen bis

zu 24 Fassreihen übereinander lagern. Sie stehen meist auf Hügeln oder auf freiem Feld und sind den unterschiedlichen Wetterbedingungen voll ausgesetzt; durch die Zinndächer werden die Temperaturen (zwischen 2 und 24 °C, im Sommer bis zu 38 °C) so gut wie möglich ausgenutzt.

DER EINFLUSS DER TEMPERATUR

In schottischen Lagerhäusern verdunstet jährlich bis zu 2 Prozent des Fassinhalts (Wasser und Alkohol), d.h. der Alkoholgehalt verringert sich stetig.

In den offenen Schobern in Kentucky schwankt die Temperatur um bis zu 11 °C; der Einfluss auf die Reifung und die Verdunstungsrate ist daher sehr wechselhaft. Die Fässer in den relativ kühlen unteren Lagen büßen in 10–15 Jahren rund 3 Vol.-% ein. In den mittleren Lagen verdunstet mehr Wasser als Alkohol – dadurch kann der Alkoholgehalt um bis zu 5 Vol.-% ansteigen. In den oberen Lagen kann er sich bis auf 75 Vol.-% erhöhen.

Da sich Alkohol bei höheren Temperaturen ausdehnt und bei niedrigeren zusammenzieht, hat die Temperatur im Übrigen auch Einfluss darauf, welche Geschmacksstoffe aus dem Eichenholz extrahiert werden.

DIE TEMPERATUR REGELN

Früher wurden die Fässer im Lagerhaus umgelagert, damit der Whisky gleichmäßig reifte. Heute verschneidet man einfach Whiskys aus verschiedenen Lagen. Backsteingebäude sind besser isoliert als Lagerhäuser mit Eisenwänden und der Temperaturunterschied zwischen der obersten und der untersten Lage beträgt nur 6–8 °C. Dennoch reifen die Whiskys unterschiedlich. Die Reifung kann auch durch künstliche Hitze gesteuert werden. Bei einem 1874 entwickelten System wird die Temperatur mit trockener Hitze (durch mit Dampf gefüllte Rohre) erhöht, sodass der Whisky schneller Geschmacksstoffe aus dem Holz extrahiert.

Das Mikroklima im Lagerhaus hat zweifellos Einfluss auf den Reifeprozess, aber dieser ist so kompliziert, dass man immer noch nicht alles darüber weiß. Sicher ist jedoch, dass das Mikroklima sich auf den Charakter und weniger auf die Qualität des Whiskys auswirkt.

WOODFORD, USA
In Kentucky wird Bourbon meist in Racked Warehouses gelagert, in deren Gestelle bis zu 24 Reihen Fässer übereinander liegen.

Traditionelle Brennerei

Jürgen Deibel

DIE WUNDERSAME WANDLUNG VON GERSTE ZU WHISKY FINDET HINTER DEN MAUERN SCHOTTISCHER BRENNEREIEN STATT.

Jede Brennerei sieht anders aus. Manche sind alt und urig, andere hochmodern. Wie eine Brennerei angelegt ist, hängt vom Gelände, vom verfügbaren Platz und von den Gebäuden ab. Die Abbildung zeigt den Prototyp einer traditionellen schottischen Brennerei mit allen Stufen der Whiskyherstellung: Schrotmühle, Maischbottich, Gärbottich, Pot Stills, Kühler, Spirit Safe, Auffangbehälter und Fässer. Eine Wasserquelle befände sich in der Nähe und die Lagerhäuser stünden sehr wahrscheinlich ebenfalls auf dem Gelände der Brennerei.

SCHROTMÜHLE
Als Erstes wird in jeder schottischen Brennerei das – heute meist von kommerziellen Mälzereien gelieferte – Gerstenmalz in einer solchen Mühle mit vier Walzen geschrotet.

MALZLAGER
Tonnen von Gerstenmalz, die entweder direkt vom Mälzboden kommen oder von kommerziellen Mälzereien angeliefert werden, werden in großen Behältern gelagert. Hier beginnt die Whiskyherstellung.

FÖRDERBAND
In den meisten Brennereien wird der Schrot mit einem Förderband zum Maischbottich transportiert.

Wash Still

MAISCHBOTTICH
Im Maischbottich wird der Schrot mit Wasser vermischt. In kleinen Maischbottichen rühren Rechen die Mischung und extrahieren den Zucker; moderne Maischbottiche sind aus Edelstahl.

GÄRBOTTICH
Das Zuckerwasser aus dem Maischbottich wird in den Gärbottich gepumpt, wo die Zucker mit Hilfe von Hefe in Alkohol umgewandelt werden. Herkömmliche Gärbottiche sind aus Holz.

TRADITIONELLE BRENNEREI

POT STILL
Kupferne Pot Stills sind das Herz der Brennerei. Durch Erhitzen werden Alkohol und Geschmacksstoffe von unerwünschten Stoffen getrennt. Die Abbildung zeigt das Innere einer Pot Still.

FÄSSER
Whisky reift in Holzfässern, meist entweder in spanischen Sherry- oder in amerikanischen Bourbonfässern. Der Feinbrand muss darin mindestens drei Jahre lagern, bevor er als Whisky bezeichnet werden darf. Normalerweise ist die Reifezeit wesentlich länger.

Abfüllbereite Fässer

KÜHLER
Der Whisky verlässt die Pot Still als Dampf. Mit Hilfe von Wasser kühlen diese modernen Shell-and-tub-Kühler den Dampf ab, sodass er sich verflüssigt.

FEATURE
KÜHLSCHLANGEN
Kühlschlangen kühlen die Dämpfe aus den Pot Stills ab. Der Dampf strömt durch ein in kaltes Wasser getauchtes gewundenes Kupferrohr, wird abgekühlt und verflüssigt sich. Zum Kühlen werden Kühlschlangen und moderne Shell-and-tub-Kühler verwendet. Welches der beiden Systeme besser ist, wird immer wieder diskutiert, aber beide sind gleich gebräuchlich.

SPIRIT SAFE
Hier wird die Trennung des Feinbrandes vom Vor- und Nachlauf überwacht. Der Safe ist durch Vorhängeschlösser zoll- und steuerrechtlich gesichert.

AUFFANGBEHÄLTER
Der Feinbrand wird in einem Auffangbehälter aus Holz oder Edelstahl gesammelt, der mehrere Hunderttausend Liter frisches Destillat fasst. Der Feinbrand wird verdünnt und zum Reifen in die Fässer gefüllt.

BLENDING UND VATTING

IAN WISNIEWSKI & JÜRGEN DEIBEL

BRENNEREIEN ERZEUGEN IMMER MEHR UNTERSCHIEDLICHE WHISKYS UND DIE BLENDER HABEN DIE QUAL DER WAHL.

DIE WAHL DES WHISKYS
Vor dem Verschneiden wird überprüft, ob der Whisky die gewünschten Merkmale hat; manchmal macht der Blender einen Probeverschnitt.

NUANCEN VON GOLD
Die Farbe eines Whiskys hängt davon ab, in welcher Art von Fass und wie lange er gelagert wurde.

Das Mischen von Whiskys verschiedener Art und Altersstufe heißt Blending (Verschneiden oder vermählen). In Schottland werden Grain und Malt Whiskys aus verschiedenen Fässern verschnitten, um einen einheitlichen Geschmack zu erzielen. Das Verschneiden von Malt Whiskys nennt man Vatting.

DIE WAHL DES FASSES

Jedes Fass ist anders: Ein Whisky, der zum Reifen für dieselbe Dauer in nebeneinander liegende Fässer derselben Art gefüllt wird, fällt je nach Fass unterschiedlich aus. Die Unterschiede in Duft, Geschmack und Farbe zwischen Whisky aus verschiedenen Fässern sind manchmal minimal, manchmal aber auch ganz gewaltig. Deshalb füllen Brennereien den Inhalt besonders guter Fässer einzeln ab (Single Cask). Die Unterschiede zwischen Fässern sind auf mehrere Faktoren zurückzuführen. So ändert sich z.B. mit dem Fassungsvermögen des Fasses das Verhältnis von Eiche zu Whisky. Ob ein Fass im Lagerhaus weiter oben oder weiter unten liegt, ist ebenfalls von Belang, weil die Temperatur dort im Jahresverlauf verschieden stark schwankt. Die Unterschiede werden durch Verschneiden ausgeglichen, damit ein Whisky immer denselben Geschmack hat.

ZWEI FÄSSER, ZWEI WHISKYS

BLENDING

Für Blended Scotch werden Whiskys aus verschiedenen Brennereien, meist 20 bis 50 unter verschiedenen Bedingungen verschieden lang gereifte

Grain und Malt Whiskys, verwendet. Da nicht immer alle Whiskys eines Verschnittrezepts zur Verfügung stehen, muss ein Blender auch wissen, wie er für Ersatz sorgen kann. Heute kann er computerisierten Listen entnehmen, was verfügbar ist; um einen nicht verfügbaren Malt zu ersetzen, braucht es jedoch möglicherweise mehrere andere.

Ein schottischer Blend kann zwischen 5 und 70 Prozent Malt Whisky enthalten. Die Prädikate »Standard«, »Premium« und »Deluxe« verweisen auf den Malt-Anteil: In einem Premium ist er höher als in einem Standard. Wenn auf einem Blend eine Jahreszahl angegeben ist, müssen alle darin enthaltenen Whiskys mindestens so lange gereift haben. In Whiskys mit dem Prädikat »Superdeluxe« ist nicht unbedingt der Malt-Anteil höher, weil das allein noch keine Garantie für größere Komplexität oder Fülle ist. Ausschlaggebend ist vielmehr die Qualität der verwendeten Malts und die Ausgewogenheit; allerdings ist bei leichteren Blends meist der Anteil an Grain Whiskys höher.

Blends bestehen im Allgemeinen aus verschiedenen Anteilen an leichten und schweren Whiskys. Schottischer und irischer Grain Whisk(e)y, als »light« ausgewiesener amerikanischer Whiskey und viele mit dem Säulenbrennverfahren hergestellte Whiskys gelten als leicht. Schottischer Malt Whisky und irischer Pure Pot Still Whiskey gelten als schwer.

Überaus wichtig ist, dass Blends immer dieselbe Farbe haben. Zwar ist es in Schottland durchaus üblich, Blends und manche Malts mit Karamell zu färben, aber Blender erreichen die richtige Farbe lieber durch Verschneiden von Whiskys aus verschiedenen Fässern.

VATTING

»Blended Malt, Vatted Malt oder Pure Malt« (ein Verschnitt aus Malt Whiskys mehrerer Brennereien) entsteht auf die gleiche Weise wie ein Blend. Im Verschnittrezept können bis zu 30 Malts enthalten sein, von denen manche mit der Zeit ersetzt werden müssen, weil sie nicht mehr verfügbar sind. Selbst Single Malts werden verschnitten, um den Geschmack konstant zu halten, weil sie aus mehreren Bourbon- und Sherryfässern stammen.

QUALITÄTSKONTROLLE

Die Qualitätskontrolle obliegt den so genannten »Nasen«, erfahrenen Blendern. Da sie die Proben meist nicht kosten, sondern nur daran riechen, spricht man von Nosing. Viele führende Nasen können auf eine 30- bis 40-jährige Erfahrung zurückblicken; die meisten sind Männer, es gibt aber mittlerweile auch Frauen, die als Nasen arbeiten. Eine Studie ergab, dass Frauen Geschmacks- und Geruchsnoten besser beschreiben können als Männer.

An einem Tag testet eine Nase im Durchschnitt einige Hundert mit Wasser auf etwa 20–25 Vol.-% verdünnte Proben. Um die unterschiedlichen Geschmacksmerkmale zu erkennen, braucht man ein gutes Gedächtnis, aber man kann auch vorherige Verkostungsnotizen und Proben zu Hilfe nehmen. Manche Merkmale eines Whiskys, etwa der Phenol- und Estergehalt, können zwar mit Gaschromatographie analysiert werden, doch die Fähigkeit des Menschen, Geschmacks- und Geruchsnuancen zu unterscheiden, kann durch keine Technik ersetzt werden.

NEUE NASEN

So genannte Nosing-Jurys stehen den Nasen zur Seite und bieten Kurse für Neulinge an. Nasen, die in der Ausbildung sind, werden dazu angehalten, ihren Geruchssinn zu schärfen, indem sie sich mit Aromarohstoffen wie Kräutern und Gewürzen vertraut machen. Innerhalb von zwei Jahren lässt sich feststellen, ob jemand Talent zum Nosing hat; das Profil einzelner Whiskys erkennen zu lernen dauert rund fünf Jahre. »Profi-Nasen« durchlaufen eine etwa zehnjährige Ausbildung, bevor sie als solche anerkannt werden.

WHISKY-BLENDER
Richard Patterson ist der Blendmeister bei Whyte and Mackay. In seinem Büro stehen Hunderte von Proben aus Brennereien überall in Schottland, aus denen er eine Auswahl trifft. Sein Ziel ist es, die Markenblends seines Unternehmens stets exakt zu reproduzieren.

FEATURE
KOSTPROBE IN DER BRENNEREI

Wer das Glück hat, Whiskys in der Brennerei probieren zu dürfen, hat vielleicht auch Gelegenheit, mit dem Brennmeister und dem Blender persönlich zu sprechen. Man erfährt etwas über die Art des Fasses und die Rezepte für die einzelnen Geschmacksrichtungen und erlebt jedes Stadium des Herstellungsprozesses mit.

FEATURE

EIN KLASSISCHER BLEND

Bell's, einer der ältesten und erfolgreichsten schottischen Verschnitte, stammt aus der ersten Hälfte des 19. Jahrhunderts; der Name wurde allerdings erst 1895 eingetragen. Es gibt einen 5-jährigen Vatted Malt, einen 8-jährigen und einen 12-jährigen. Die Altersangabe bezieht sich jeweils auf den jüngsten Malt oder Grain Whisky im Verschnitt.

DIE EINZELNEN PHASEN

Die meisten Whiskyherstellerländer haben strenge Vorschriften und Traditionen für das Verschneiden von Whiskys. Vor dem Abfüllen des Blends werden verschiedene Phasen durchlaufen.

1. Die vom Blender ausgewählten Whiskys werden vom Lagerhaus in die Blendinganlage gebracht, die Fässer werden geöffnet und der Inhalt wird in einen Edelstahlbehälter umgefüllt.

2. In einem großen Verschnittfass werden die Whiskys gut durchgemischt, meist mit mechanischen Rührvorrichtungen oder Druckluft.

3. Der Blend wird mithilfe von destilliertem Wasser auf die Abfüllstärke verdünnt.

4. Zur Farbkorrektur wird Karamell zugegeben. Karamell schmeckt bitter, aber die Menge ist so gering, dass der Geschmack des Whiskys nicht beeinträchtigt wird.

5. Eventuell wird der Blend – wie z. B. Chivas Royal Salute – nochmals bis zu zwei Jahren im Fass gelagert. Das Fass verändert den Charakter des Blends normalerweise nicht.

> IM VERSCHNITTFASS WERDEN DIE WHISKYS GUT DURCHGEMISCHT

KANADA UND USA

In Kanada kann der Feinbrand auch vor dem Reifen verschnitten werden *(pre-blending)*. In den USA werden die Bestandteile eines Blends meist nur in einigen Brennereien produziert; es ist nicht üblich, Fässer auszutauschen oder Fässer zum Verschneiden anzukaufen. Stattdessen werden verschiedene Getreide und Fässer verwendet sowie die Bedingungen der Gärung, der Destillation und der Lagerung im Lagerhaus variiert. Die schwereren Whiskeys in amerikanischen Verschnitten sind Bourbon, Rye, Wheat, Malt und Rye-Malt, die leichteren sind Grain Whiskeys oder neutraler Getreidebrand. In den USA dürfen Verschnitte bis zu 2,5 Prozent so genannten *blender* enthalten: Wein oder Sherry, der dem Blend mehr Charakter verleiht.

IRLAND

Irische Verschnitte bestehen aus vielen verschiedenen Zutaten, von Pure Pot Still Whiskey bis hin zu Whiskey aus Gerstenmalz und anderem Getreide. Die Qualität hängt von den Getreideanteilen, dem Destillationsverfahren, dem Fass und der Lagerung ab.

JAPAN

Nur eine Hand voll Brennereien liefert Whisky zum Verschneiden und dessen Geschmack wird auch hier durch die Produktionsbedingungen bestimmt. Um das Spektrum der Verschnittbestandteile zu erweitern, wird häufig Malt Whisky aus Schottland importiert.

FASSPROBE
Reifendem Whisky werden mit einem langen Rohr Proben entnommen – hier bei Bruichladdich auf Islay.

AUFFÜLLEN
Jedes Fass muss randvoll mit neuem, klarem Whisky sein – bei Labrot & Graham's Woodford Reserve in Kentucky werden die Fässer gefüllt.

ABFÜLLEN DES BLENDS
Gekostet wird der Blend meist erst kurz vor dem Abfüllen. Frisch gebrannter Whisky, gereifter Whisky und Verschnitte werden nicht gekostet, sondern es wird nur der Geruch getestet.

Wie der Blend entsteht
Der Inhalt einzelner bewusst ausgewählter Fässer aus verschiedenen Brennereien wird in große Behälter geleert und gut durchgemischt. In Schottland produzieren derzeit acht Brennereien Grain Whisky für Verschnitte. Der Malt Whisky kommt aus rund 100 Brennereien, darunter auch einige stillgelegte, die noch Fässer in den Lagerhäusern aufbewahren.

Eine Kostprobe
Wenn alle Verschnittbestandteile vermischt wurden und das Ganze gefiltert wurde, kann der Blender den fertigen Whisky probieren.

Die Verkostung

Michael Jackson

NACH WAS RIECHT UND SCHMECKT DER WHISKY? JE MEHR ÜBUNG MAN IN DER VERKOSTUNG BEKOMMT, DESTO MEHR SPASS MACHT ES.

Die Nase weiss es
Autoren, die über Whisky schreiben, wissen ebenso wie Brenner und Blender: Erst wird geschnuppert, dann gekostet. Die für die Qualitätskontrolle Verantwortlichen heißen »Nasen«.

Auch wenn wir uns dessen vielleicht gar nicht bewusst sind – der Genuss von Whisky bezieht durchaus alle Sinne mit ein: Hören, Fühlen, Sehen, Riechen und Schmecken. Man hört den Whisky, wenn er eingeschenkt wird, und man fühlt ihn, wenn man ihn im Mund hat. Riechen und Schmecken machen aber natürlich den größten Part aus.

Die Kneipe ist nicht unbedingt der richtige Ort, um den Inhalt eines Glases zu sezieren. Aber einen Whisky zu Hause zu verkosten, kann durchaus lohnenswert sein. Es macht Spaß, Geruchs- und Geschmacksnoten erkennen und den Körper, den Gaumen und den Nachklang beurteilen zu lernen. Die Erfahrung, die man dabei sammelt, steigert den Genuss, und warum nicht einmal zusammen mit Freunden eine Verkostung organisieren?

Whiskytumbler aus geschliffenem Glas haben Vor- und Nachteile. Durch das geschliffene Glas leuchtet die Farbe des Whiskys mehr, wird aber auch verzerrt. Vor allem bekommt man bei Tumblern nur ganz wenig vom Aroma mit.

ALLE SINNE TRAGEN ZUM GENUSS BEI

Das ideale Probierglas ist nicht verziert, damit man die Farbe des Whiskys richtig wahrnehmen kann. Das Glas ist nach oben verjüngt, damit das Aroma im Glas bleibt, und weist einen leicht ausgestellten Rand auf, damit der Duft zur Nase des Verkosters geleitet wird. Mit einem Deckel kann man das Glas zwischen Riechen und Schmecken abdecken. Speziell für Whiskyliebhaber wurden tulpenförmige Gläser entwickelt. Profiverkoster verwenden eine Art Sherryglas.

WASSER MIT WHISKY

Die Helden der schottischen Geschichte mögen ihren Whisky ja pur getrunken haben, aber heutzutage bestellt man meist einen »half-and-half« (halb Whisky, halb Wasser). Im amerikanischen Süden trinkt man »bourbon and branch water« (Bourbon mit Quellwasser). In Japan wird der Whisky in einen mit gecrushtem Eis voll gepackten hohen Tumbler gegossen.

Manche Fanatiker lehnen die Verdünnung aus Prinzip ab. Andere wiederum meinen, dass das Gefüge üppigerer, vollerer, sherryartiger Malts durch Wasser verdorben wird. Das Problem ist, dass purer Whisky den Gaumen betäubt. Dem kann man entgegenwirken, indem man nach dem Genuss eines Whiskys ein Glas Wasser trinkt. Wenn man einen kleinen Tropfen Wasser zum Whisky gibt, entfalten sich die Geruchs- und Geschmacksstoffe. Eis macht Whisky zu einem erfrischenden Getränk, aber die Zunge wird so kalt, dass sie nicht mehr viel wahrnimmt.

Cognakschwenker
Ein Deckel hält das Aroma im Glas, bis die »Nase« zum Schnuppern bereit ist. Manche Verkoster verwenden einen aufwändiger gearbeiteten, fest abschließenden Deckel.

EINE VERKOSTUNG ORGANISIEREN

Teilen Sie Ihren Gästen im Vorhinein mit, dass Rauchen verboten ist, und bitten Sie sie, kein starkes Parfüm aufzulegen. Bieten Sie sechs bis zwölf Whiskys an, den leichtesten zuerst.

Erforderlich sind geeignete Gläser, stilles Wasser aus der Flasche, kleine Becher und Wassergläser. Wasser braucht man, damit sich der Geschmack entfaltet und um zwischendurch den Gaumen zu spülen. Man kann dazu auch Cracker oder Brot verwenden; manche Verkoster fürchten jedoch deren mehligen Nachgeschmack.

Es empfiehlt sich, Papier und Stifte bereitzulegen oder im Voraus eine Tabelle für die vier Bereiche (siehe unten) zu erstellen. Wichtig: Es gibt keine falschen Antworten und keine Beschreibung geht zu weit! Jeder nimmt Geschmacks- und Geruchsnoten anders wahr und beschreibt sie auf seine Weise.

1. FARBE
Man hält das Glas gegen ein Blatt Papier oder eine weiße Wand. Eine helle, goldene Farbe kann darauf hindeuten, dass der Whisky in Bourbonfässern gereift hat. Dunklere Farben verweisen auf Sherryfässer und nussigere, aprikosenartige Geschmacksnoten.

2. NASE
Schnuppern Sie. Manche Profis halten ihre Nase ins Glas, andere ein bisschen weiter weg. Man kann die Süße des Malzes riechen, den Rauch des Torffeuers oder das Salz und die Algen eines Lagerhauses am Meer. Profiverkoster verlassen sich manchmal nur auf ihre Nase und kosten den Whisky gar nicht.

3. GAUMEN
Probieren Sie den Whisky pur, um einen Eindruck vom Körper zu bekommen: Ist er ausladend, voll, cremig, fest, geschmeidig, weich, sanft? Geben Sie nach und nach Wasser zu, um zu sehen, wie Geruch und Geschmack sich entwickeln. Zwischen zwei Schlucken spülen Sie Ihren Gaumen mit Wasser. Autoren, die über Whisky schreiben, gehen langsam vor – sie schreiben gedanklich mit; Blender verdünnen den Whisky von Anfang an stark, um die Wirkung des Alkohols zu verringern.

4. NACHKLANG
Beurteilen Sie den Nachgeschmack. Bleiben Malzigkeit und Raucharoma? Ein großer Whisky mit komplexem Nachklang macht nachdenklich: eine kreative Pause, bevor man seine Eindrücke festhält.

GERUCHS- UND GESCHMACKSNOTEN

Manche der Aromen in Whisky stammen von den Rohstoffen, andere entstehen während der Herstellung, aber die Meinungen über ihre Einflüsse gehen auseinander. Alle Whiskys sind komplex, doch in manchen tritt ein bestimmtes Merkmal besonders deutlich zutage.

GESCHMACKSVERURSACHER	GESCHMACKSNOTEN
GETREIDE Getreide gehört zur Familie der Gräser. Jede Sorte hat ihren eigenen Geschmack. Gerste kann nussig schmecken, Roggen würzig oder nach Pfefferminze, Weizen spritzig und Mais cremig.	• harte Körner • Grasigkeit • grasige Süße • Zitronengras • Süßgras
GESTEIN UND WASSER Auch das Gestein, durch das das Wasser fließt, trägt zum Geschmack bei. In Kentucky sorgt Kalkstein für einen festen Körper; die Weichheit der Malts aus Speyside wird dem Granit zugeschrieben.	• weich, rein • Eisen, Passionsfrucht • kalkig • fester Körper • verbrannte Erde
TORF Der Torfgeschmack wird durch das über Moor fließende Wasser oder in feuchten Lagerhäusern aufgenommen, stammt aber in erster Linie vom Torffeuer, über dem das Malz gedarrt wird.	• rauchig • duftend • teerartig • erinnert an verbranntes Gras oder Erde
BLUMEN UND HEIDE Der blumige oder honigartige Charakter mancher Whiskys wird damit erklärt, dass das Wasser über Heide fließt. Eine blumige Note kann auch während der Gärung entstehen.	• Veilchen • Heide • Honig • Farn
GÄRUNG Whisk(e)y darf kein Obst und keine Gewürze enthalten, aber während der Gärung und Reifung können Geschmacksnoten entstehen, die an bestimmte Früchte erinnern.	• Erdbeeren • Orangen/Zitrusfrüchte • Birnen • Äpfel
EICHE Neue Eiche und Bourbonfässer sorgen für Vanille- und Kokosnoten, Sherryfässer für Noten von »dunklen Früchten«. Ein mostiger Geruch bedeutet, dass das Fass oder der Whisky zu alt ist.	• Äpfel • Rosinen • Aprikosen • Vanille • Kokos
WIND UND MEER Der Wind weht verdunstetes Meerwasser an die Torfmoorküste von Islay, Orkney und Teilen des schottischen Festlands. Dieses Wasser oder die Luft im Lagerhaus steuert Geschmack bei.	• Meersalz • salzige Luft • Sand • Algen

DIE WHISKYLÄNDER

SCHOTTLAND

Die erstaunliche Vielfalt von Single Malts
hat einen neuen Kult begründet

DIE GESCHICHTE DES SCOTCH

Dave Broom

IM KLEINFORMAT
Eine Sammlung von Whiskyminiaturflaschen vermittelt eine Vorstellung von der Vielfalt des schottischen Nationalgetränks.

Schottischer Whisky, kurz »Scotch«, entspringt aus einer Landschaft, deren schrundige Felsen erzählen, wie die Erde entstand, einer urwüchsigen, unvorstellbar alten Landschaft. Die Gneise der äußeren Hebriden und der Rhinns of Islay gehören zu den ältesten Gesteinen der Erde; sie entstanden vor rund 3 Milliarden Jahren. Schottland ist das Ergebnis einer langsamen Metamorphose, in deren Verlauf sich Teile der Erdkruste gegeneinander verschoben und Kontinente wanderten, ein Schauplatz von Kollision und Eruption: Granit, alter Sandstein, Lava, Basalt. Seine Landschaft wurde vom Eis zerfurcht; zurückweichende Gletscher hinterließen Täler, Seen, Fjorde und eine zerfledderte Westküste. Es ist ein Ort der Fruchtbarkeit – schwerer, fetter Lehmboden, auf dem Gerste wächst – und der Zersetzung – überall wuchert dunkles, saures Torfmoos. Schottland ist auch die Heimat eines stolzen Volkes.

> DIE FELSEN ERZÄHLEN, WIE DIE ERDE ENTSTAND

ALTE SAGEN

Einer Sage zufolge war die Namensgeberin Scota, die ägyptische Frau des spanischen Keltenkönigs Milesius, der um 1000 v. Chr. eine Insel, das heutige Irland, erobern wollte. Der König starb, doch Scota und ihre Söhne führten den Eroberungsfeldzug dennoch durch; sie nannten die Insel »Scotia«, ihre Einwohner »Skoten«. Um 600 v. Chr. gründeten die Skoten das Königreich

IDEALE BEDINGUNGEN
Eine abgelegene Mühle an einem reißenden Bach mit Feldern hüben und drüben – einen besseren Ort für eine Farm mit Brennerei gibt es kaum.

EINFÜHRUNG 91

BRENNEREIEN IN SCHOTTLAND

Fast überall in Schottland gibt es Brennereien: von den Inseln vor der Westküste bis zu den Lowlands und den Borders und vom südlichsten Zipfel der Halbinsel Kintyre bis zu den nordöstlichen Highlands und den Orkneyinseln.

Karte von Speyside siehe S. 93

Legende
◆ in Betrieb befindliche Brennereien

GLENTURRET
Das Moorhuhn ist das Markenzeichen des schottischen Blends und erinnert auch daran, wie Whisky in der viktorianischen Mittel- und Oberschicht Anerkennung fand.

BLAIR ATHOL
Die Brennerei in Perthshire verdankt ihre Entstehung dem Boom bei den Blends.

ANKOHLUNG VON FÄSSERN
Eine genauere Kenntnis der Beschaffenheit von Holz und der technische Fortschritt haben sich in den letzten Jahren für die Brenner ausgezahlt: Die Qualität ist erheblich gestiegen.

Dalriada (das heutige Argyll) und schließlich hieß das ganze Land im Norden nach ihnen.

Die Pikten, die Ureinwohner Schottlands, wurden nicht nur von den Skoten verdrängt. Wikinger, Waliser, Römer und Normannen sowie in jüngerer Zeit Italiener, Inder, Bangladescher und sogar Engländer trugen alle dazu bei, dass Land und Leute zu dem wurden, was sie heute sind.

Überall auf der Welt ist Schottland gleich Scotch, nur die Schotten selbst nennen ihr Nationalgetränk »Whisky«, denn schließlich bringt kein anderes Land etwas hervor, das diesen Namen ernsthaft verdient. Es stimmt ja: Bei Whisky fällt jedem sofort Schottland und dann erstmal eine ganze Weile gar nichts mehr ein. Nirgendwo sonst ist Whisky eine so feste Größe in Kultur und Wirtschaft. Und in keinem anderen Land gibt es so viele Brennereien und einen so edlen und komplexen Whisky.

DAS BRENNEN

Die Technik des Brennens kam relativ spät nach Schottland: Belegt ist eine Destillation erstmals 1494, aber vielleicht wurde schon lange vorher gebrannt; leider wissen wir nicht, wann genau die erste Destillation stattfand und wer der erste Brenner war. In der Forschung ist man sich hingegen weitgehend einig, dass die Kunst des Brennens aus Irland nach Schottland kam, entweder mit den keltischen Mönchen oder, was wahrscheinlicher ist, mit Mitgliedern der Familie MacVey (Beaton), Ärzte an den Gerichten in Ulster und Schottland. Sie hatten aus dem Arabischen übersetzte Texte über die Destillation ins Gälische übertragen.

Die ersten schottischen Brenner waren Ärzte und in Schottland war destillierter

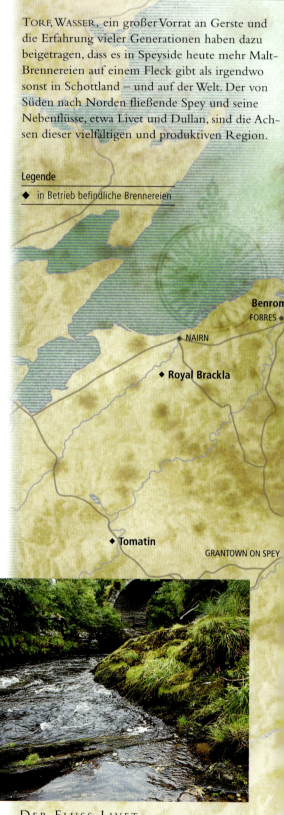

TORF, WASSER, ein großer Vorrat an Gerste und die Erfahrung vieler Generationen haben dazu beigetragen, dass es in Speyside heute mehr Malt-Brennereien auf einem Fleck gibt als irgendwo sonst in Schottland – und auf der Welt. Der von Süden nach Norden fließende Spey und seine Nebenflüsse, etwa Livet und Dullan, sind die Achsen dieser vielfältigen und produktiven Region.

Legende
◆ in Betrieb befindliche Brennereien

DER FLUSS LIVET
An den Ufern des durch starke Regenfälle und Schneeschmelze gespeisten Livet entstand das moderne Brennereigewerbe.

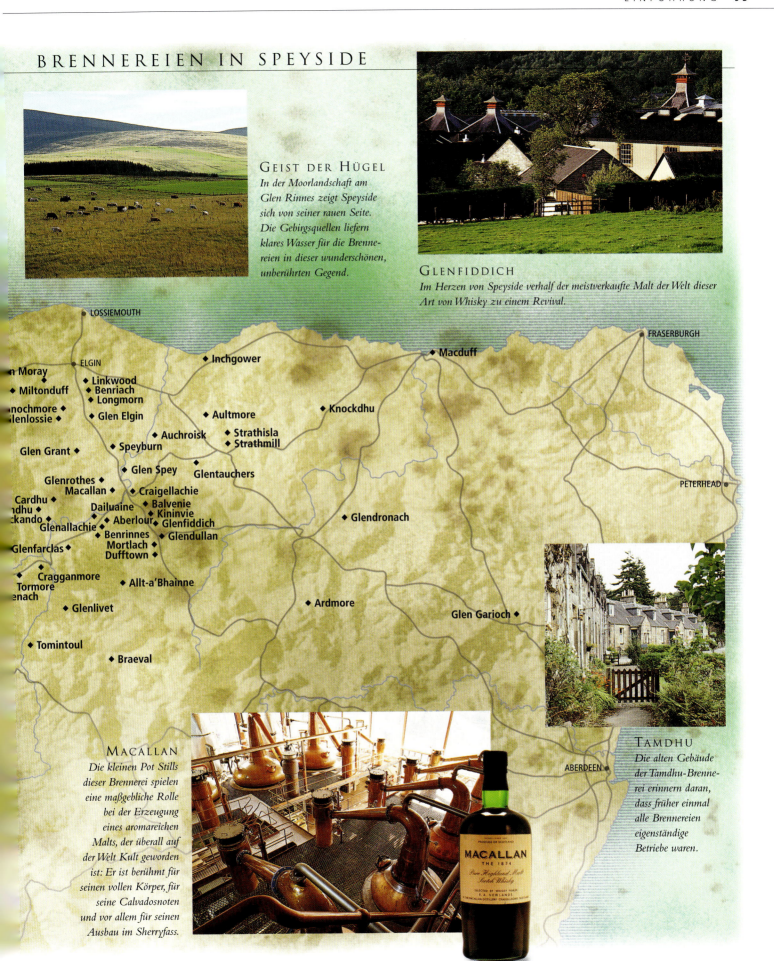

KUPFERZAUBER
Kupfer ist eines der geheimnisvollen Elemente, die zum Geschmack des Whiskys beitragen.

Alkohol wie anderswo auch zunächst für medizinische Zwecke bestimmt. 1505 erhielt die Gilde der Friseure und Chirurgen das Monopol auf ihre Herstellung, doch bald mehrten sich die Anklagen wegen des Missbrauchs dieses Vorrechts. Überall produzierten die ersten Brenner Alkohol, der so unrein war, dass man ihn nicht trinken konnte, und meistens wurden Geschmacksstoffe zugesetzt: Honig zum Süßen, Kräuter und Gewürze, um Geschmack und Wirksamkeit zu verbessern. Die ersten Whiskys waren eher Liköre.

Außerdem wurden sie nicht nur aus Gerste, sondern aus jeder Art von Getreide gebrannt. Es gab auch Hafer und Weizen, doch da Gerste am weitesten verbreitet war, wurde sie am häufigsten verwendet. Die Brenner waren trotz ihres geheimnisvollen Metiers praktische Leute: Sie verwendeten einfach das, was um sie herum wuchs.

WAS IST WHISKY?

Als das schottische Parlament 1644 erstmals Alkohol mit einer Steuer belegte, hieß dieser auf Englisch *strong water*, auf Lateinisch

LECKES FISCHERBOOT AUF ISLAY
Viele Schotten mussten von dem leben, was das Meer – oder das Land – hergab. Die Schwarzbrennerei bescherte somit vielen ein lebenswichtiges Zubrot.

aqua vitae und auf Gälisch *uisge beatha* oder *usquebaugh*; die letzteren Bezeichnungen heißen übersetzt beide »Lebenswasser«. Man nimmt an, dass das Wort »Whisky« von *uisge* abgeleitet ist. 1755 fand es offiziell Eingang in die englische Sprache, durch einen Eintrag im Wörterbuch Samuel Johnsons, eines Mannes, der nicht gerade für seine Schottenliebe bekannt war. Zu dieser Zeit gab es Branntwein mit und ohne Geschmackszusätzen. Obwohl er damals schon in Fässern gelagert wurde, erkannte man den Einfluss des Holzes erst sehr viel später.

Jahrhundertelang blieb Whisky eine regionale Spezialität. In den Highlands wurde in kleinen Destillieranlagen eine Art Malt Whisky für die Einheimischen hergestellt; im 18. Jahrhundert entstanden die ersten größeren Brennereien. In den Lowlands hatte man inzwischen begonnen, größere Mengen von Whisky zu produzieren, vor allem für die Ausfuhr nach England, wo er mit Wacholder zu Gin weiterverarbeitet wurde.

LEGALISIERUNG

Zu Beginn des 19. Jahrhunderts wurden einige Versuche unternommen, das Brennen zu besteuern, doch das förderte nur die Schwarzbrennerei. Bauern sahen die Whiskyherstellung als ihr Recht an; oft konnten sie nur mit ihrer Hilfe die Pacht bezahlen. Zur gleichen Zeit war die Produktion in den Lowlands so gesteigert worden, dass die

HOLZZAUBER
Whisky wird nur in gebrauchten Fässern gelagert, entweder aus amerikanischer Weißeiche (Bourbon) oder aus europäischer Eiche (Sherry).

FRISCH GEBRANNT
Die sorgfältige Überprüfung des farblosen Feinbrandes ist ein wichtiger Bestandteil der Qualitätskontrolle.

MALT AUS DEN BERGEN
Dalwhinnie ist der Kreuzungspunkt alter Viehtreiberrouten und der kälteste Ort in Großbritannien; die gleichnamige Brennerei ist die höchst gelegene in ganz Schottland.

Qualität erheblich sank und immer mehr illegaler Stoff aus den Highlands nachgefragt wurde. Er wurde geschmuggelt, bis 1823 die Verwendung kleinerer Destillieranlagen per Gesetz erlaubt wurde.

Es musste jedoch erst das Säulenbrennverfahren erfunden werden, bevor aus einer regionalen Spezialität ein weltweit gehandeltes Erzeugnis werden konnte. In den 1850er-Jahren begannen Händler, die leichteren Grain Whiskys mit den kräftigeren Malts zu einem Whisky für ein breiteres Publikum zu verschneiden. Dieser Blended Scotch boomte, als in den 1870er-Jahren die Reblaus die französischen Weinberge verwüstete und Weinbrand Mangelware wurde. Whisky schloss diese Lücke – der Rest ist Geschichte.

DIE WHISKYGEBIETE

Schottland wird in vier Whiskygebiete unterteilt: die Lowlands, Campeltown, Islay und die Highlands samt Inseln. Auf die Verschiedenheit ihrer Single Malts sind die Schotten zwar besonders stolz, aber sie gestehen ein, dass die aus den vier Gebieten stammenden Single Malts durchaus eine gewisse Ähnlichkeit aufweisen können; das hat allerdings mehr mit der Geschichte als mit dem *terroir* zu tun.

In Studien über den Single Malt wurde des Öfteren versucht, die Highlands und die Inseln in kleinere Untergebiete aufzuteilen, aber eine offizielle Klassifizierung gibt es nicht. In diesem Buch werden die Brennereien der Übersichtlichkeit halber nach geographischen Gesichtspunkten geordnet: Macht man sich mit dem Auto auf Entdeckungsreise, ist es hilfreich zu wissen, welche Brennereien nah beieinander liegen; besteht die Entdeckungsreise aus Riechen und Schmecken, kann es nicht schaden, wenn man weiß, aus welcher Gegend ein Whisky stammt.

BRENNEREIEN

Meistens heißen Single Malts nach der Brennerei, in der sie erzeugt wurden. In einigen Fällen wird dem Verbraucher dieser Hinweis auf die Herkunft vorenthalten, weil sich die Import- oder Vertriebsfirma irgendeinen Markennamen ausgedacht hat. Von den 120 Malt-Brennereien sind rund ein Dutzend geschlossen und ein weiteres Dutzend produziert seit einigen Jahren nicht

EINFÜHRUNG

EINE GROSSE AUSWAHL
Whiskyhandlungen wie diese in Dufftown gibt es inzwischen überall in Schottland.

EINMALIGE KÜHLUNG
Der Hals dieser kupfernen Pot Still bei Fettercairn wird mit Wasser gekühlt – die traditionelle Technik ist heute noch von großer Bedeutung.

mehr: Als dieses Buch geschrieben wurde, waren 84 Brennereien in Betrieb.

Eine Brennerei hat oft auch lange, nachdem sie die Produktion eingestellt hat, noch im Fass reifenden Whisky auf Lager, der nach und nach abgefüllt wird und auf den Markt gelangt. Viele seit langem stillgelegte Brennereien leben so gewissermaßen in ihren Whiskys fort und geistern immer noch durch Bars und Spirituosenhandlungen am anderen Ende der Welt.

Was wir heute als Scotch bezeichnen, ist das Ergebnis einer Mischung aus Unternehmungsgeist, Kapital und Wissen mit einer guten Dosis Glück. Wenn es die Prohibition nicht gegeben hätte, wäre dann amerikanischer oder irischer Whisky überall auf der Welt bekannt geworden? Die Geschichte des Scotch handelt von Gestein, Klima, Zufall, Kunst, Kapital und dem Geschick des Brenners. Scotch wurde, was er ist, durch Menschen, von dem geheimnisumwitterten ersten Brenner – ob er nun ein irischer Mönch, ein Medizinmann oder ein Hexenmeister war – bis zu den Männern und Frauen, die heute Whisky brennen, verschneiden, abfüllen und verkaufen. Dies ist ihre Geschichte.

GLENKINCHIE

IN DEN SCHOTTISCHEN LOWLANDS UND BORDERS WIRD TRADITIONELL WHISKY MIT ZARTEREM GESCHMACK HERGESTELLT. VON DER HAND VOLL BRENNEREIEN, DIE ES IM 19. JAHRHUNDERT IN DIESEN GEBIETEN GAB, IST NUR NOCH GLENKINCHIE IN BETRIEB.

Der Fluss Tweed trennt Schottland und England. Die Grenze verläuft von der Mitte des Flusses auf die Küste zu und windet sich dort in nördlicher Richtung um die englische Stadt Berwick-upon-Tweed herum. Für die Schotten gehört Berwick zu Schottland; immerhin spielen die Berwick Rangers in der schottischen Fußballliga. In der Stadt, deren Name so viel bedeutet wie »Gerstenhof«, befindet sich eine der größten familieneigenen Mälzereien Großbritanniens, die Gerste von beiden Seiten des Tweed verwendet. Und warum auch nicht? Solange das Gerstenmalz Berwick in Richtung Norden verlässt, kann der daraus hergestellte Whisky als schottisch angesehen werden.

Man muss nicht lange suchen, um in den Borders weitere Verbindungen zum Whisky zu finden. Auf der Reise durch Northumberland ist man vielleicht an Flodden Field vorbeigekommen, wo James IV. starb, ein typischer Renaissancefürst, dessen Auftrag an Bruder John Cor, *aqua vitae* herzustellen, die erste urkundlich belegte Destillation in Schottland zur Folge hatte. Leider half ihm dieser Zaubertrank auf dem Schlachtfeld auch nicht.

Die Borders sind darüber hinaus die Heimat des Dichters Sir Walter Scott, dem man einerseits nicht zu Unrecht vorwirft, Klischees über Schottland und die Schotten verbreitet zu haben, der andererseits jedoch einem als unzivilisiert geltenden Land zu mehr Popularität und damit auch dem Whisky zu höherem Ansehen verhalf.

BRENNEREIEN-STECKBRIEF

GLENKINCHIE GEGRÜNDET: 1837. BESITZER: Diageo. VERFAHREN: Pot Stills. PRODUKTION: 17 000 hl.

DER ERSTE SCHOTTISCHE BRENNER?

Einer von Scotts Vorfahren, Michael Scot, ein Philosoph am Gericht des Heiligen Römischen Reiches, war im 13. Jahrhundert in ganz Europa als Alchemist und Hexenmeister bekannt. Als Übersetzer arabischer Texte war er mit der Technik des Brennens vertraut. Da er in der Melrose Abbey begraben ist, nimmt man an, dass er seine letzten Jahre in Schottland verbrachte. Könnte er der erste schottische Brenner gewesen sein? Die Hügel und Moore der Borders sind Schauplatz vieler Balladen und Erzählungen, von denen manche auf wahren Begebenheiten beruhen.

Die Landschaft zwischen den Lammermuir Hills und der Küste ist eine seltsame Mischung aus einem ehemaligen Kohlenrevier, viktorianischen Seebädern und fruchtbarem Ackerland. Bei so vielen Kohle- und Getreideressourcen ist es kein Wunder, dass die Bauern in den Lowlands Whisky zu brennen

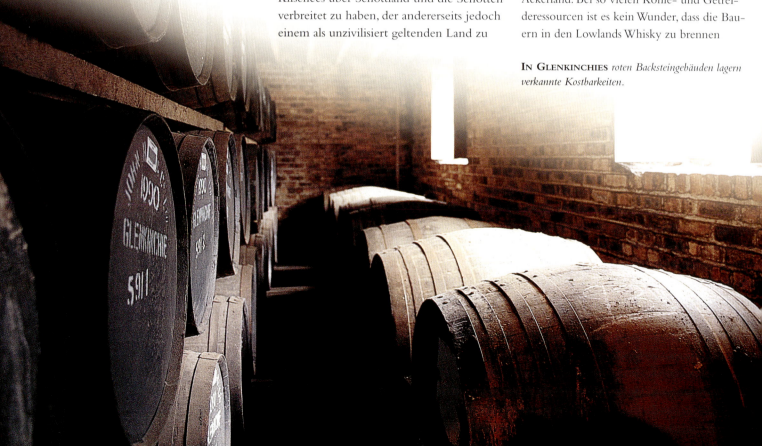

IN GLENKINCHIES roten Backsteingebäuden lagern verkannte Kostbarkeiten.

begannen. Kurz vor Edinburg liegt Ormiston, wo John Cockburn, der Begründer der modernen schottischen Landwirtschaft, herstammt. Dank Cockburns Reformideen (große Bauernhöfe, Mischkultur, Einsatz moderner Technik, verbesserter Transport) entstand hier ein Modelldorf mit Farm, Brauerei und Brennerei.

GLENKINCHIE

1825 nahm zwei Kilometer von Ormiston entfernt die Milton-Brennerei der Rate-Brüder ihren Betrieb auf. Der nahe Fluss hieß Kinchie, nach der Familie de Quincey, der das Land gehörte. 1837 benannten die Rates ihre Brennerei, wie die anderen 115 damals in den Lowlands zugelassenen Brennereien ein kleiner autarker Betrieb, in Glen Kinchie um. Heute ist sie mit Abstand die größte der drei noch bestehenden Brennereien.

Das fruchtbare Land – der Schriftsteller William Cobbett (1763–1835) beschrieb »Getreidefelder, wie man sie noch in keinem anderen Land der Erde sah« – passt nicht in das (durch Walter Scott begründete) Klischee: Whisky wird in den mit Heide bewachsenen felsigen Highlands im Norden, nicht auf dem Ackerland hergestellt.

Doch die Kohlenbergwerke und Bauernhöfe lieferten der Lowland-Brennerei ab Ende des 18. Jahrhunderts stetig wachsende Mengen an Rohstoffen. Es wurden größere

Anlagen mit riesigen Brennapparaten gebaut; immer mehr Whisky wurde gebrannt und in Schottland selbst getrunken oder für die Weiterverarbeitung zu Gin nach England ausgeführt.

EIN EINZIGARTIGER STIL

Whisky aus größeren Brennapparaten (Glenkinchie besitzt die größten überhaupt, von denen jeder 320 Hektoliter fasst) ist meist leichter. Bei Glenkinchie verwendete man

GLENKINCHIE SIEHT EHER AUS *wie eine Mühle als eine Brennerei und ist ein klassischer Lowland-Betrieb.*

neben Gerste auch Weizen und Hafer, was sich auf den Geschmack auswirkte. Da große Kohlenvorräte vorhanden waren, wurde nur wenig Torf verwendet. So entstand mit der Zeit ein eigener Lowland-Whiskystil.

Erstaunlicherweise siedelten sich selbst während des Booms in den 1880er-Jahren nur wenige Malt-Brennereien südlich von Edinburg an. Eine davon war Glenkinchie. Sie wurde in den 1890er-Jahren ausgebaut und produzierte als eine von wenigen auch während des gesamten Zweiten Weltkriegs.

»Edinburgh's Malt« ist ein typisches Beispiel für den Lowland-Stil: leicht, blumig und süß – ein feiner Tropfen. Das Image eines Malt für Einsteiger hat ihm aber keinen Gefallen getan: Heutzutage wird leichter Whisky weniger geschätzt als schwerer, Torf gilt als unerlässlich und Wucht wird der Finesse vorgezogen.

Ein Besuch in dem roten Backsteingebäude lohnt sich aber auf jeden Fall. Man kann die klassischen dickbäuchigen Pot Stills bewundern und die traditionellen Kühlschlangen, durch die der Whisky etwas mehr Gewicht am Gaumen bekommt. Und im Anschluss kann man natürlich den blumigen Lowland-Malt genießen.

VERKOSTUNG

GLENKINCHIE HAT die größten Pot Stills in Schottland, die dem Whisky einen leichten, blumigen Charakter verleihen (wobei leicht nicht ausdrucksarm meint). Frische Obst-, Gras- und Sommernoten verschmelzen mit einem Hauch Torf. Man kann ihn gut vor dem Abendessen trinken.

GLENKINCHIE
6 JAHRE,
40 VOL.-%
Farbe: Hellgoldgelb

10-JÄHRIGER GLENKINCHIE

Nase: sehr frisch und leicht blumig; heideartig; Zitronenschale
Körper: zart und geschmeidig
Gaumen: bemerkenswert würzig; Ingwer und Zimt über seidigem Malz
Nachklang: leichter Eichenton; zart

GLENKINCHIE DISTILLER'S EDITION
1989
43 VOL.-%
Alle Classic Malts von Diageo reifen unter speziellen Bedingungen. Der von Glenkinchie verbringt den zweiten Teil der Lagerzeit in Amontillado-Fässern.

Farbe: Goldgelb
Nase: süß, weich und verlockend; warme Obstküchlein, Honig, Orange, Gerstenzucker, ein Hauch entzündetes Streichholz

Körper: zart und seidig; mittelschwer
Gaumen: Gleichgewicht zwischen süßem Kompott- und trockenem Nussaroma; leichtes Malzaroma
Nachklang: rein und weich

GLENKINCHIE DISTILLER'S EDITION

LOWLANDS: STILLGELEGTE BRENNEREIEN

DIE MEISTEN ALTEN MALT-BRENNEREIEN IN DEN SCHOTTISCHEN LOWLANDS
SIND INZWISCHEN STILLGELEGT. NUR DIE GRAIN-BRENNEREIEN GIBT ES NOCH:
SIE LIEFERN DEN ROHSTOFF FÜR BLENDED SCOTCH.

Man könnte meinen, dass Lokale und Händler in einem Whiskygebiet die örtlichen Spezialitäten besonders anbieten, und in Speyside und Islay ist das auch so, aber in den Lowlands ist Lowland-Whisky äußerst rar. Die meisten Malt-Brennereien fielen dem so genannten »Whiskysee« in den 1980er-Jahren zum Opfer: Sie wurden stillgelegt, weil das Angebot die Nachfrage überstieg. Empfehlenswerte Whiskypubs gibt es in Glasgow (The Lismore und Pot Still) und Edinburg (The Canny Man's und die Scotch Malt Whisky Society Rooms).

ROSEBANK

Dort findet man auch am ehesten einen der raren Lowland-Whiskys. Der feinste überhaupt ist Rosebank. Er stammt aus einer Brennerei in Falkirk, am Ufer des Kanals, der die Bucht Firth of Forth mit dem Fluss Clyde verbindet.

Ein Malt, dessen Reiz man sich nicht entziehen kann: duftend, mit Noten von weißen Früchten und Schnittblumen. Er ist ein Beispiel dafür, wie mit dreifacher Destillation ein leichter, zarter, gleichzeitig subtiler und komplexer Whisky erzeugt wird. Doch selbst

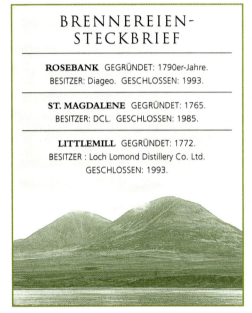

BRENNEREIEN-STECKBRIEF

ROSEBANK GEGRÜNDET: 1790er-Jahre.
BESITZER: Diageo. GESCHLOSSEN: 1993.

ST. MAGDALENE GEGRÜNDET: 1765.
BESITZER: DCL. GESCHLOSSEN: 1985.

LITTLEMILL GEGRÜNDET: 1772.
BESITZER: Loch Lomond Distillery Co. Ltd.
GESCHLOSSEN: 1993.

sein äußerst ansprechender Charakter konnte nicht verhindern, dass die Brennerei 1993 stillgelegt wurde.

Diageo hatte für den Lowland-Vertreter in seiner Classic-Malt-Reihe die Wahl zwischen Glenkinchie und Rosebank. Die meisten waren für Rosebank, aber das Image gab den Ausschlag: Rosebank lag nahe eines nicht mehr befahrenen Kanals an einer verkehrsreichen Straße, Glenkinchie in einer idyllischen ländlichen Gegend.

Aber warum wurde die Brennerei geschlossen? Selbst wenn sie nicht zum Vorzeigebetrieb taugte, so war ihr Whisky doch so gut, dass man ihn ins Angebot hätte aufnehmen müssen. Heute ist der Kanal offen, und das industrielle Erbe wird gefeiert, doch Rosebank bleibt geschlossen.

ST. MAGDALENE

Dasselbe gilt für St. Magdalene im nahen Linlithgow. Die auf einem Klostergelände erbaute Brennerei nahm 1765 den Betrieb auf und wurde 1985 stillgelegt; einige Gebäude wurden zu Wohnhäusern umgebaut. St.-Magdalene-Whisky bekommt man (z.T. unter dem Namen Linlithgow) von unabhängigen Abfüllern und als Teil der Rare-Malt-Reihe von Diageo. Er ist direkt und hat (manchmal leicht angebrannte) Grasnoten.

LITTLEMILL

Littlemill, die dritte stillgelegte Lowland-Brennerei liegt etwas außerhalb von Glasgow am Clyde, nicht weit von dort, wo der Forth-Clyde-Kanal in den Fluss mündet. Sie ist eine der ältesten Brennereien Schottlands (1772 gegründet), aber ihren leicht öligen Whisky wird sie wohl nie wieder produzieren. Mit dem Titel »Glasgow's Malt« schmückt sich der Nachbar Auchentoshan *(siehe S. 104)*.

INDUSTRIELLE DESTILLATION

Im zentralen Tiefland konzentrierte sich die Industrie. Heute sind Bergwerke, Stahlwerke und Werften Callcentern, Wohngebieten und Kulturparks gewichen. Auch die Brennereien waren von diesen Veränderungen betroffen.

Hier waren die industriellen Brennereien angesiedelt, die von Familien wie den Steins oder den Haigs betrieben wurden und auf Grain-Whisky spezialisiert waren; die Haigs produzierten auch eigene Blends. Während Malt-Brennereien in den Lowlands rar geworden sind, liefert das Gebiet weiterhin den größten Teil des schottischen Whiskys, vor allem Grain Whisky für den weltweit gehandelten Blended Scotch.

Doch auch die Grain-Brennereien haben sehr gelitten. Cambus, Caledonian und Moffat gibt es nicht mehr. Dumbarton, die größte, wurde abgerissen; sie produzierte als eine von wenigen Grain-Brennereien auch Malt, nämlich Inverleven und Lomond *(siehe S. 106)*. Moffat stellte Glen Flagler und Killyloch her, Caledonian Kinclaith. Einige Flaschen sind heute noch auf dem Markt.

ST. MAGDALENE wurde 1985 nach über 100 Jahren stillgelegt. Die eine oder andere Flasche kann man noch aufstöbern.

ROSEBANK war nicht attraktiv genug, um in Betrieb bleiben zu dürfen. Jetzt zieht die Gegend mit anderen Attraktionen Besucher an.

Girvan und Bladnoch

IN DER SCHÖNEN LANDSCHAFT DES SÜDLICHSTEN ZIPFELS SCHOTTLANDS LIEGEN ZWEI SEHR UNTERSCHIEDLICHE BRENNEREIEN: EINE PRODUZIERT GRAIN WHISKY, DIE ANDERE MALT WHISKY.

An der Clyde-Küste wimmelt es von Golfplätzen, im Firth of Clyde von Inseln. Die Küste selbst ist ein Tummelplatz urlaubshungriger Städter; landeinwärts erstreckt sich fruchtbares Ackerland. Während in den Highlands viele Bauern im 19. Jahrhundert die Brennerei zu ihrem offiziellen Beruf machten, hatte man hier in den Lowlands keinen Grund dazu, weil die Viehzucht genug Geld einbrachte.

Robert Burns war hier zu Hause. Der schottische Nationaldichter stammte aus einer Bauernfamilie und seine Gedichte bestätigen, dass für ihn und seine Freunde aus Ayrshire Whisky kein Fremdwort war. Sie tranken höchstwahrscheinlich Schmuggelware aus Arran oder das, was auf ihren eigenen Höfen schwarz gebrannt wurde. Es gibt keine Belege dafür, dass Alexander Walker, der Pächter der Todriggs Farm, jemals Whisky brannte, doch sein Sohn John begründete eine der großen Whiskydynastien, als er in ein italienisches Lebensmittelgeschäft im Nachbarort Kilmarnock investierte. 1850 hatte Johns Sohn Alexander

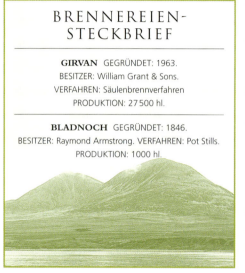

BRENNEREIEN-STECKBRIEF

GIRVAN GEGRÜNDET: 1963.
BESITZER: William Grant & Sons.
VERFAHREN: Säulenbrennverfahren
PRODUKTION: 27 500 hl.

BLADNOCH GEGRÜNDET: 1846.
BESITZER: Raymond Armstrong. VERFAHREN: Pot Stills.
PRODUKTION: 1000 hl.

begonnen, Whisky zu verschneiden und seinen Johnnie Walker's Old Highland Whisky in alle Welt zu verkaufen. »Whisky und Freiheit sind eins«, dichtete Burns. »Whisky und Handel ebenso«, hätte einer der geschäftstüchtigen Walkers vielleicht ergänzen mögen.

GIRVAN

Von Burns Heimatort Alloway ist es nicht weit zur einzigen Brennerei an der Clyde-Küste. William Grants Firma (bekannt für ihren Glenfiddich Single Malt) wählte 1963 die ruhige Küstenstadt Girvan als Standort für ihre Grain-Brennerei. Drei Jahre später wurde auf dem Gelände die Malt-Brennerei Ladyburn errichtet. Obwohl diese 1975 geschlossen wurde, taucht noch hin und wieder eine Flasche auf. Girvan ist immer noch in Betrieb und behauptet von sich, die technisierteste Brennerei Schottlands zu sein. Ihr süßer, weicher Whisky heißt Black Barrel; Whiskyliebhaber, die mehr Geld ausgeben möchten, sollten indes nach dem vor kurzem auf den Markt gekommenen 1963er Single Grain Ausschau halten.

BLADNOCH

Wenn man durch Ayrshire nach Süden in Richtung Solway Firth fährt, kommt man in eine Gegend, wo es nur noch wenige Brennereien gibt. In den 1880er-Jahren, als das übrige Land einen Whiskyboom erlebte, hatten die südlichen Counties nur vier Malt-Brennereien vorzuweisen. Aus Annandale in der Stadt Annan wurde in den 1920er-Jahren wieder ein Bauernhof, könnte aber in naher Zukunft durchaus wieder eröffnen. Von den beiden Brennereien in Langholm, Glen Tarras und Langholm, ist nur die Erinnerung an den »vollen, schmackhaften« Whisky der einen und den »Birch Whisky« der anderen geblieben. Einzig Bladnoch in Galloway ist noch in Betrieb. Galloway ist ein bewaldetes Hügelland mit kleinen Fischerdörfern und erinnert in vielerlei Hinsicht an den Norden Irlands. Bladnoch, Schottlands südlichste Brennerei, liegt etwa zwei Kilometer von Wigtown entfernt.

Wenn eine große Brennerei wie Rosebank *(siehe S. 100)* schon nicht überlebte, wie viel weniger konnte man das dann von einem abgelegenen Betrieb erwarten. Doch Bladnoch schaffte es. Die Brennerei wurde 1817 nach der Liberalisierung der Steuergesetze gegründet und 1878 erweitert; ab 1930 wechselte sie dreimal den Besitzer, bevor sie Mitte der 1980er-Jahre von Bell's übernommen wurde, wo sie neben Inchgower, Blair Athol und Dufftown Teil der Malt-Whisky-Reihe

GIRVAN *ist nicht so schön und romantisch anzusehen wie die älteren Brennereien, kann aber mit einer Ausstattung auf dem neuesten technischen Stand aufwarten.*

DIE BLADNOCH DISTILLERY, *die 1993 beinahe geschlossen worden wäre, produziert nun jedes Jahr eine geringe Menge ausgezeichneten Malt.*

wurde. 1993 wurde sie geschlossen, doch es gab trotzdem ein Happyend: 1994 erwarb Raymond Armstrong aus dem nordirischen Ulster das Gelände, um die Gebäude zu Ferienwohnungen umzubauen. Doch als er den blumigen, schön ausgewogenen Whisky kostete, wurde ihm klar, dass die Wiedereröffnung der Brennerei mindestens genauso lukrativ sein würde.

Obwohl Armstrong aufgrund einer Klausel im Kaufvertrag nur eine begrenzte Menge Whisky herstellen kann, floriert Bladnoch. Neben der Brennanlage befindet sich dort auch ein Museum und Schottlands erste Whiskyschule, in der Malt-Liebhaber die Kunst des Brennens erlernen können.

BLADNOCH stellt einen ausgezeichneten blumigen Malt her. In der Whiskyschule kann jedermann die Kunst des Brennens lernen.

VERKOSTUNG

EINE DER abgeschiedensten Brennereien und die südlichste überhaupt. Zum Glück wurden die außerordentlich leichten und blumigen Malts von Bladnoch vor dem Aussterben bewahrt.

BLADNOCH
23 JAHRE (1977 GEBRANNT), RARE MALTS, 53,6 VOL.-%

Farbe: Goldgelb
Nase: zart und sommerlich; aromatisch: Zitrone, Zuckerguss, Mandelblätter, Vanille, rote Früchte und Basilikum
Körper: leicht bis mittel
Gaumen: blumig, angenehm süß am Anfang, aber gutes Gefüge am mittleren Gaumen
Nachklang: Erdbeeren, dann trocken und malzig; zart, aber komplex

BLADNOCH, 23 JAHRE

BLADNOCH
1989, 13 JAHRE, CADENHEAD, 54,9 VOL.-%

Farbe: Strohgelb
Nase: frisch und zart mit sommerlichen Aromen; Gras, Stroh, zitronenspritzig, Mandeln, Kokoscreme
Körper: leicht und schwebend
Gaumen: süß; am mittleren Gaumen blumig mit Noten von Weißer Johannisbeere, Veilchen, dann frische Zitrone und Gras; Sommerfrüchte
Nachklang: duftend, aber schwungvoll

BLADNOCH
1991, GORDON & MACPHAIL, 54,8 VOL.-%

Farbe: Hellgoldgelb
Nase: anregend und duftend; Lilien, Freesien, dann Apfel, auch Blüten
Körper: zart
Gaumen: lebhaft mit gutem Mundgefühl und frischer Reife; Gartenfrüchte, zarte Eiche; schöne Ausgewogenheit und Komplexität
Nachklang: etwas trocken

AUCHENTOSHAN

EINST WAR GLASGOW VON RUND ZWANZIG MALT-
BRENNEREIEN UMGEBEN. HEUTE IST NUR
NOCH EINE DAVON ÜBRIG.

Die dritte noch in Betrieb befindliche Lowland-Brennerei findet man am Nordufer des Clyde, an der Straße nach Dumbarton. Flussaufwärts liegt Glasgow; nach Norden ist es nicht weit bis zu den Highlands. Die Errichtung einer Brennerei an dieser Schnittstelle zwischen Land und Stadt ist nur natürlich: Schließlich machten die Tradition der Highlands und das Kapital aus den Lowlands im 19. Jahrhundert den Whisky zu dem, was er ist – auch wenn Letzteres leider nicht ausreichte, um die vielen früher hier ansässigen Brennereien zu erhalten.

BRENNEREIEN-STECKBRIEF

AUCHENTOSHAN GEGRÜNDET: 1823.
BESITZER: Morrison Bowmore Distillers Ltd.
VERFAHREN: Pot Stills. PRODUKTION: 16000 hl.

AUCHENTOSHAN

Wenn man Glasgow in Richtung Loch Lomond und aller anderen Ziele im Westen und Norden Schottlands verlässt, fällt einem ein zwischen Fluss und Landstraße eingezwängtes bescheidenes weiß getünchtes Gebäude ins Auge. Vermutlich wurde in dieser »Ecke des Feldes« (auf Gälisch *Auchentoshan*) schon ab dem 17. Jahrhundert, als hier ein Kloster stand, Branntwein und ab Beginn des 19. Jahrhunderts Whisky hergestellt. 1823 wurde die Brennerei Auchentoshan gegründet. Im 20. Jahrhundert hatte sie mehrere Besitzer, größtenteils Bierbrauer, bevor sie 1969 von Eadie Cairns, einem geschäftstüchtigen Wirt, erworben wurde; 1984 wurde sie von Morrison Bowmore übernommen.

Für viele Besucher Westschottlands war dies die erste Brennerei, die sie erblickten, aber nur wenige hatten Gelegenheit, sie zu besichtigen, denn sie wurde erst 2004 für die Allgemeinheit geöffnet. Vielleicht machen nun, da die Besichtigung möglich ist, mehr Glasgower einen Ausflug an den Clyde und erkunden den Entstehungsort jenes Malt, den die Stadt als ihren eigenen betrachten kann. Zumindest ist das Teil des Plans von Morrison Bowmore, der »Auchie« zu einer wichtigen Marke in seinem Angebot ausbauen möchte.

Die Brennerei wurde von der Stadt immer etwas stiefmütterlich behandelt, obwohl sie einige bemerkenswerte Eigenheiten zu bieten hat, z.B. dass die Kühler außerhalb des Gebäudes stehen. Doch ihr eigentlicher Stolz ist die Destillieranlage: Auchentoshan ist die einzige Lowland-Brennerei, die noch dreifach destilliert; überdies hat der Rohbrand, mit dem die zweite und die dritte Brennblase befüllt werden, einen höheren Alkoholgehalt als normal.

DREIFACHE DESTILLATION

Bei der dreifachen Destillation werden drei Brennblasen verwendet. In der ersten, der Wash Still, wird ein Rohbrand erzeugt. Das Destillat aus der zweiten Brennblase wird

VERKOSTUNG

DIE LETZTE BRENNEREI am Clyde und der letzte dreifach destillierte Lowland-Malt. Auchentoshan zeigt, wie subtil Lowland-Whisky sein kann.

AUCHENTOSHAN
10 JAHRE, 40 VOL.-%
Farbe: Goldgelb
Nase: leicht, knusprig, sehr malzig; Vollkornbrot, Kleieflocken, dann ein intensiver Orangenschalenton
Körper: leicht
Gaumen: rein, ansprechend, zitrustönig, zum Ende hin

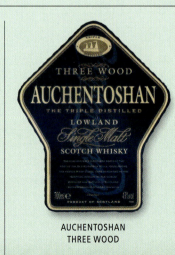

AUCHENTOSHAN
THREE WOOD

schleicht sich eine frische, getreidige Malznote ein
Nachklang: kurz, nussig

**AUCHENTOSHAN
SELECTED CASK VATTING**
18 JAHRE, 58,8 VOL.-%
Farbe: kräftiges Goldgelb bis Bronze
Nase: Leinsamen, Sattelzeug
Körper: geschmeidig, weich
Gaumen: Leinsamen, neues Leder, parfümiert
Nachklang: rein, zitronig, aromatisiert

**AUCHENTOSHAN
THREE WOOD**
KEINE ALTERSANGABE, 43 VOL.-%
Farbe: Erdbraun
Nase: Malz, Trockenobst und Nüsse, angebranntes Toffee, rote Früchte und ein ausgeprägtes Pflaumen- und Sherryaroma
Körper: voll und weich
Gaumen: äußerst sherrytönig mit einer weichen, süßen Fruchtigkeit in der Mitte und einer trockenen Malznote darunter
Nachklang: trocken, angekohltes Obst (Rosinen in Napfkuchen mit viel Butter)

aufgeteilt: Die nicht sehr alkoholstarken *tails* werden zusammen mit dem Rohbrand aus der Wash Still ein weiteres Mal in der zweiten Blase gebrannt; die alkoholstarken *heads* werden hingegen mit dem »Nachlauf« (der Begriff ist etwas missverständlich) aus der Spirit Still vermischt.

Nur ein winziger Teil des Destillats aus der Spirit Still (mit einem durchschnittlichen Alkoholgehalt von 80 Vol.-%) wird aufgefangen, der Rest ist »Nachlauf« (siehe oben) und wird erneut destilliert. In der Spirit Still ist der Alkoholgehalt deshalb doppelt so hoch wie bei einer »normalen« (zweifachen) Destillation. Dies wirkt sich direkt und in beträchtlichem Maß auf den Geschmack aus.

Die dreifache Destillation wird oft als das typische Herstellungsverfahren der Lowlands bezeichnet, aber nicht alle Lowland-Brennereien produzieren ihren Whisky mit diesem Verfahren. Als der Whisky-Experte Alfred Barnard Auchentoshan in den 1880er-Jahren besuchte, gab es dort nur zwei Brennblasen. Es ist jedoch zutreffend, dass mit der dreifachen Destillation der geschmacklich leichte Whisky hergestellt werden kann, der heute als typischer Lowland-Whisky gilt.

DER LOWLAND-STIL

Früher wurde Whisky in den Lowlands aus einer Getreidemischung hergestellt, einfach weil die Auswahl an Getreide hier größer war. Da die Lowlands immer relativ dicht besiedelt waren, verwendete man große Brennapparate. Über viele Jahre hinweg lieferten die Brennereien beträchtliche Mengen Whisky an englische Ginhersteller. All dies trug zum Stil des Lowland-Whiskys bei, vor allem zu seinem leichteren Charakter. Mit der Zeit gewöhnten sich die Einheimischen an diesen Whisky und wollten keinen anderen mehr trinken. Der Stil eines bestimmten Gebiets ist immer durch viele Faktoren bedingt.

Angesichts des alkoholstarken Destillats seiner Spirit Still ist Auchentoshan ganz klar einer der für die Lowlands typischen leichten, frischen Whiskys. In jungen Jahren ist er ausgesprochen trocken und malzig mit einem leichten Zitrushauch. Die allen Lowland-Whiskys eigene Grasigkeit ist vorhanden, aber von der Blumigkeit seiner Rivalen ist nur ein feiner Hauch zu spüren. Wenn man einen solchen jungen Whisky zum ersten Mal kostet, kann man sich nicht vorstellen, dass er später noch aufblüht, doch das tut er.

Auchentoshan ist außergewöhnlich nachhaltig. Beim Reifen legt er den harten Getreidepanzer ab, das Gras wird irgendwie süßer und es entfaltet sich eine leichte, zitrusbetonte Fruchtigkeit. Das heißt aber nicht, dass Auchentoshan es nicht in sich hätte. Durch eine verborgene Stahligkeit werden auch die ältesten Versionen nicht von der Eiche erdrückt. Er ist einnehmend, aber robust, ansprechend, mit Tiefgang – ein echter Glasgower eben.

BEI AUCHENTOSHAN *wird Whisky mit dreifacher Destillation hergestellt. Das heute selten angewandte Verfahren sorgt für einen frischen, fruchtigen Malt.*

Die Western Highlands

LANDSCHAFTLICH GEHÖREN DIE WESTERN HIGHLANDS ZU DEN BEEINDRUCKENDSTEN GEGENDEN SCHOTTLANDS. DIE WENIGEN BRENNEREIEN, DIE IHRE HUNDERTJÄHRIGE TRADITION BIS HEUTE FORTFÜHREN, BIETEN EIN BREITES SPEKTRUM VON WHISKY JEDER ART AN.

Schottland wird durch zwei Verwerfungen dreigeteilt. Eine davon markiert die Grenze zwischen Lowlands und Highlands: Sie zieht sich von West nach Ost quer durch das Land und streift die nordwestlichen Vororte von Glasgow. Die größte Stadt Schottlands liegt am äußersten Ende der Highlands. In einer halben Autostunde erreicht man die Campsie Fells, niedrige Hügel, die aus der Luft aussehen wie ein graubraunes Ausrufezeichen: Der Dumgoyne-Hügel ist gewissermaßen der Punkt unter dem Ausrufezeichen.

GLENGOYNE

Am Fuße dieses Hügels liegt Glengoyne, die zweite Malt-Brennerei, die sich als Glasgower Betrieb bezeichnen kann, auch wenn sie in den Highlands liegt. Im 18. und 19. Jahrhundert war die Ausfuhr aus den Highlands verboten und der Whisky wurde schwarz gebrannt: Die Campsie Fells boten jede Menge Schlupfwinkel.

Obwohl Glengoyne aus einem Bauernhof hervorging, wird dort kein Torf verwendet: Ohne das Raucharoma zeigt sich der saftige, süße Charakter des Malt. Ab 1876 war Glengoyne im Besitz des traditionellen Glasgower Blending-Unternehmens Lange Bros, das mit Lagerung in schottischen Eichenfässern experimentierte und eine Reihe feiner Einzelabfüllungen auf den Markt brachte. Inzwischen ist die Brennerei im Besitz von Ian Macleod; für den rührigen Brenner und Abfüller ist sie genau das Richtige.

LOCH LOMOND

Wenige Kilometer westlich von Glengoyne, am Ufer des Loch, liegt Alexandria, die Heimat der Loch Lomond Distillery, in der eine breite Auswahl von Whisky (großteils mit Torf) hergestellt wird. In einem einzigen Gebäude wird mit Pot Stills, Lomond Stills und Brennsäulen gearbeitet. Inchmurrin,

BEI BEN NEVIS achtet man in letzter Zeit mehr auf die Qualität des Fassholzes. Der Malt wurde dadurch deutlich besser.

BRENNEREIEN-STECKBRIEF

GLENGOYNE GEGRÜNDET: 1833.
BESITZER: Ian Macleod Distillers Ltd.
VERFAHREN: Pot Stills. PRODUKTION: 11000 hl.

LOCH LOMOND GEGRÜNDET: 1814.
BESITZER: Loch Lomond Distillery Co Ltd.
VERFAHREN: Säulenbrennverfahren
PRODUKTION: 100000 hl.

OBAN GEGRÜNDET: 1798.
BESITZER: Diageo. VERFAHREN: Pot Stills.
PRODUKTION: 7000 hl.

BEN NEVIS GEGRÜNDET: 1825.
BESITZER: Nikka. VERFAHREN: Pot Stills.
PRODUKTION: 20000 hl.

Old Rosdhu und Croftengea sind die bekanntesten Malts, aber der meiste Whisky verschwindet in Flaschen der Hausmarken von Supermarktketten.

Die Whiskystraße führt nun am Westufer des Loch Lomond entlang und in die langen Gletschertäler hinein, die tief nach Argyll vorstoßen. Das Land hier wurde von Gletschern zerfurcht und von Meeren überflutet, sodass es von West nach Ost kaum zu durchqueren ist. Viele der hier beiheimateten Brennereien sind von den Blending-Unternehmen in Glasgow und Perth abgeschnitten.

OBAN

Jenseits der Inseln Scarba und Luing, am Crinan-Kanal, liegt Oban. Weil der Kanal als Transportroute diente, war der Brennerei in Oban mehr Erfolg beschieden als den anderen. Die 1880 erbaute Bahnlinie tat ein Übriges.

Die Brennerei wurde 1798 von den Stevenson-Brüdern gegründet, die Häuser und Schiffe bauten und mit Schiefer und Seetang handelten – ein gutes Beispiel dafür, dass die Whiskyherstellung

BEN NEVIS ist zwar im Besitz des japanischen Unternehmens Nikka, doch Whisky – und Vieh – bleiben durch und durch schottisch.

von kleinen Bauern an große Investoren überging. Oban ist gleichzeitig ein West-Highland- und ein Küsten-Malt: Er hat deutliche Meeresnoten, obwohl er praktisch nur im Landesinneren gelagert wird. Durch Kühlschlangen bekommt er am mittleren Gaumen mehr Gewicht.

BEN NEVIS

Die zweite Brennerei an der Westküste liegt im Schatten von Großbritanniens höchstem Berg in Fort William. 1823 verschickte der Besitzer »Long John« MacDonald seinen Malt per Bahn und Fähre in den Central Belt. Zeitweise waren rund 230 Mitarbeiter für ihn tätig. Die Brennerei war auf dem absteigenden Ast, als sie 1989 von dem japanischen Großunternehmen Nikka aufgekauft wurde, wird nun aber langsam ihrem Potenzial gerecht. Ben Nevis ist ein voller Whisky, der gut mit europäischer Eiche zurechtkommt.

VERKOSTUNG

OHNE TORF, mit wenig Torf; Küste, Hügel und Seeufer; Kühlschlangen, Lomond Stills und Kühler – hier ist ganz Schottland vertreten.

GLENGOYNE

Aufgrund ihrer Lage am Fuß der Campsie Fells kann man diese Brennerei als ersten Malt-Hersteller in den Highlands bezeichnen.

GLENGOYNE
10 JAHRE, 40 VOL.-%

Farbe: Goldgelb
Nase: frisches Gras, Butterfass, Malzaroma; Kompottnoten
Körper: leicht/mittel
Gaumen: weich und sahnig; ein Hauch Malz, Apfelmus, Vanille
Nachklang: süß und rein

GLENGOYNE 10-JAHRE

GLENGOYNE
17 JAHRE, 43 VOL.-%
Farbe: kräftiges Goldgelb

Nase: voll; Sultaninen, Vanille, Zigarrenkiste/Fichte; saftiges Malz
Körper: mittel, weich
Gaumen: schöne gehaltvolle Tiefe; alte Äpfel, duftende Eiche; ein wenig süßes Trockenobst
Nachklang: nachhaltig, trockener werdend

LOCH LOMOND

Die Brennerei erzeugt eine Vielfalt von Whiskys.

INCHMURRIN
28 JAHRE, CADENHEAD, 54,4 VOL.-%
Inchmurrin ist eine der kleinen Inseln im Süden des Loch Lomond in der Nähe der Brennerei.

Farbe: kräftiges Goldgelb
Nase: Marshmallows, Apfelkuchen, dann heißer Teer an einem Sommertag; ein Anflug von trockenem und grünem Farn
Körper: mittel
Gaumen: eindringlich; Haselnuss, halb getrocknete Früchte, Weißdorn, grüne Note, Farn
Nachklang: pfeffrig, Eiche

INCHMURRIN
1973, GORDON & MACPHAIL, 40 VOL.-%
Farbe: Hellgoldgelb
Nase: hefig, Mehlsäcke, Zitrone; Ledersättel; Bleirohre
Körper: leicht; fest
Gaumen: mager und ungeformt, etwas unreifes Obst; recht streng
Nachklang: fest, kurz

OBAN

OBAN
14 JAHRE, 43 VOL.-%

Farbe: leuchtendes Goldgelb
Nase: leicht würzig; kristallisierter Ingwer, ein Hauch Torf; schöne Tiefe und einige Komplexität
Körper: eindringlich, kribbelnd
Gaumen: beginnt süß und leicht, aber geschmeidige, komplexe, würzige Tiefe; leicht aromatisch; ein Anflug von Rauch
Nachklang: trocken, leicht meeresartig

OBAN 14 JAHRE

OBAN
1980, DISTILLER'S EDITION, 43 VOL.-%
In Montilla-Fino-Fässern zu Ende gereift.

Farbe: helles Bernsteingelb
Nase: in Richtung halb getrocknete Früchte (Aprikosen), Ingwer in Sirup; ein Hauch Meeresaroma
Körper: mittel; reif
Gaumen: gehaltvoll mit verborgener Tiefe; recht süß und konzentriert; Gleichgewicht zwischen Frische und süßen Gewürzen

Nachklang: nachhaltig; süß; kribbelnd

BEN NEVIS

BEN NEVIS
10 JAHRE, 46 VOL.-%

Farbe: Bernsteingelb
Nase: Vanille, Orangenschale, Bitterschokolade; Torfmoosrauch; aromatisch und leicht wächsern
Körper: voll, reichhaltig
Gaumen: artig mit Trockenobst/Nüssen und Schokolade; Vanille; kraftvoll
Nachklang: reif; angebrannter Zucker

BEN NEVIS 10 JAHRE

BEN NEVIS
26 JAHRE (1975 GEBRANNT), 53,9 VOL.-%

Farbe: Goldgelb
Nase: frisch und leicht; Liguster, gemähtes Gras; Lindenblüten
Körper: frisch; mittel
Gaumen: Kompott/Trockenobst; etwas Süße; Milch mit Malz
Nachklang: mittellang

ARRAN

DIE INSEL ARRAN BLICKT AUF EINE LANGE (ZUMEIST ILLEGALE) WHISKYTRADITION ZURÜCK, BEKAM ABER ERST ENDE DES 20. JAHRHUNDERTS EINE RICHTIGE BRENNEREI.

Arran ist von den Inseln vor der Westküste Schottlands am besten zu erreichen, weil es im Osten von der Clyde-Küste und im Westen von der Halbinsel Kintyre eingeschlossen wird: Es erfordert nur eine kurze Überfahrt, um auf eine Insel zu gelangen, die insofern typisch schottisch ist, als dort auf engstem Raum alle geographischen Eigenheiten des Landes vorhanden sind. Wanderfreunde können die Granitfelsen im Norden erkunden; wer es ruhiger angehen lassen will, besucht die hübschen Küstenorte oder die malerischen Flüsse am südlichen Ende.

Bis ins 18. Jahrhundert hinein wurde auf allen Inseln Whisky erzeugt: Er sicherte den Anbauern ertragsarmer Bere-Gerste ein Zubrot. Als die Ausfuhr von Highland-Whisky verboten wurde, brannte man schwarz, von Anfang an auch auf Arran, weil die Insel einerseits so abgelegen war, dass die Überwachung schwierig war, und der illegale Stoff andererseits ohne große Probleme auf das Festland geschafft werden konnte. Auch als es ab 1793 drei legale Brennereien gab und Arran Gerste exportierte, wurde weiterhin schwarz gebrannt, oft entweder mit aus Irland eingeschmuggeltem »Sauerbier« oder mit Melasse. Erstaunlicher ist jedoch, dass Arran erst vor kurzem wieder zum Whiskyproduktionsgebiet wurde.

Kilmory im Süden der Insel war das Zentrum der Schwarzbrennerei. J. A. Balfour und W. M. Mackenzie schreiben in The Book of Arran (1910 erschienen), dass kaum einer in der Gemeinde nicht irgendwann in seinem Leben in irgendeiner Weise am Schmuggel beteiligt gewesen sei: Dieser galt als durchaus ehrenwertes Gewerbe.

LOCHRANZA

Für kurze Zeit setzte sich das legale Brennen durch, doch die Lagg-Brennerei war nur bis 1837 in Betrieb. Vielleicht lag es an der Entvölkerung durch die systematische Vertreibung kleiner Pächter von ihrem Land (»Clearances«) in den 1820er- und 1830er-Jahren oder an Transport- und Vertriebsproblemen, oder der Whisky war einfach nicht gut genug, jedenfalls verschwand Arran von der Whiskylandkarte, bis 1995 Harold Currie, der ehemalige Geschäftsführer von Campbell Distillers, den Entschluss fasste, in Lochranza eine Brennerei zu errichten.

Um das nötige Kapital zusammenzubringen, gab er Bonds im Wert von 450 Pfund aus, mit denen die Inhaber das Recht erwarben, 2001 fünf Kisten Whisky von der Brennerei zu beziehen. Eine kühne Idee –

> **BRENNEREIEN-STECKBRIEF**
>
> **ARRAN** GEGRÜNDET: 1995. BESITZER: The Arran Malt Whisky Co. VERFAHREN: Pot Stills. PRODUKTION: 7500 hl.

DIE LAGE DER ARRAN-BRENNEREI *ist einmalig: direkt am Meer mit Bergen im Rücken.*

ROHSTOFF FÜR ARRAN: *kein Whisky ohne einen natürlichen Vorrat an kaltem Wasser.*

aber Currie wusste eben, dass man beim Whisky langfristig planen musste und dass der Erfolg einer Brennerei wesentlich von der Qualität ihres Whiskys abhängt.

EINE NEUE BRENNEREI

Die Brennerei in Lochranza ist ein zweckmäßiger Bau in modernem Stil, wie er auch in Cape Breton *(siehe S. 206)*, Benromach *(siehe S. 144)* und Glengyle *(siehe S. 113)* anzutreffen ist: alles kleine Brennereien, deren gesamte Ausstattung sich in einem Raum auf einem Stockwerk befindet. So wird der Betrieb nicht nur erleichtert, sondern für Besucher auch besser verständlich.

Da jede Brennerei ihren Whisky erst nach drei Jahren als Scotch verkaufen kann, ist die Anfangszeit finanziell schwierig. Die meisten Betriebe halten sich mit dem Verkauf von Whisky für Verschnitte über Wasser, aber keine der Blending-Firmen war auf Arran angewiesen. Deshalb entschied man sich zur Herstellung von Single Malt, was aber hieß, dass eine neue Marke noch länger als drei Jahre Vorlaufzeit brauchte. Für das nötige Kapital sorgten die vom Besucherzentrum und der beeindruckenden Landschaft – einem natürlichen Hafen mit einer überwältigenden Gebirgskulisse – angelockten Touristen.

Arran bewies von Anfang an Qualität. Die kleinen Pot Stills erzeugen einen leichten, reinen und malzigen Whisky, doch während des Reifens entfaltet sich eine vorher nicht wahrnehmbare Fruchtigkeit. Leider weigert sich die Brennerei bisher, jedes Jahr eine gewisse Menge getorften Malt herzustellen – dies entspräche der Tradition der Insel und käme einer neuen Generation von Malt-Liebhabern entgegen, die ein leichtes Raucharoma schätzen.

VERKOSTUNG

Auch Arrans Malt besitzt den süßen, leichten Stil der Highlands.

ARRAN SINGLE MALT
43 VOL.-%

Farbe: Strohgelb mit zitronengelben Reflexen
Nase: blumig und weich mit einer trockenen Malznote zum Ausgleich
Körper: leicht bis mittel
Gaumen: Vanille und verschiedene Blumen; jung, aber nicht streng
Nachklang: malzig

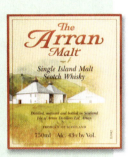

ARRAN SINGLE MALT

ARRAN, NICHT KALT FILTRIERT
46 VOL.-%

Farbe: Blassgoldgelb
Nase: frisch, jung und lebhaft; grüne Trauben, saurer Apfel, spritziges Malz
Körper: leicht bis mittel
Gaumen: weicher als die Nase vermuten lässt, aber geprägt durch straffe Festigkeit
Nachklang: rein, malzig

ARRAN
8 JAHRE, DOUGLAS LAING, 46 VOL.-%

Farbe: Goldgelb
Nase: leicht und weich; Zitronen- und Orangenschale; cremiges Gebäck; harzige europäische Eiche
Körper: mittel; zart
Gaumen: jugendlich; Kompott, Pilze, Orange; schöne Intensität und gutes Mundgefühl
Nachklang: Trockenobst; Himbeere

ARRAN, IM CALVADOS-FASS ZU ENDE GEREIFT

Farbe: leuchtendes Goldgelb
Nase: intensiv und würzig (Zimt, grünes Gras, Apfelkuchen); mit Wasser grüne Banane, geröstete Eiche
Körper: leicht bis mittel
Gaumen: intensiv mit Apfelaroma; süß und würzig; grasig; schöne Ausgewogenheit
Nachklang: Äpfel

CAMPBELTOWN

DIE EHEMALIGE WHISKYHAUPTSTADT SCHOTTLANDS IST NUR NOCH EIN EINSAMER VORPOSTEN:
ES GIBT WENIGE BRENNEREIEN, DAFÜR ABER EINEN DER KULT-MALTS DER WHISKYWELT.

Die Wiege der schottischen Destillation steht weder in Michael Scots Melrose noch in Fife, wo Bruder John Core (vermutlich) lebte, und auch nicht auf Islay, sondern auf der Halbinsel Kintyre. Hier ließen sich die Familien MacVey und Beth (Beaton auf Englisch) nieder, als sie 1300 nach Schottland kamen. Ihre Mitglieder waren Gerichtsmediziner in Ulster, und da sie mit den Theorien arabischer Gelehrter vertraut waren, wussten sie wahrscheinlich auch, wie die Destillation funktionierte. Alkohol wurde zunächst ausschließlich für medizinische Zwecke verwendet; auf den Geschmack kam man erst viel später. Aber als dies geschah, war Kintyre bereits ein Zentrum der Alkoholproduktion – und Campbeltown die Hauptstadt.

SCHOTTLANDS WHISKY-HAUPTSTADT

Durch den Crinan-Kanal ist Kintyre fast eine Insel und viele Einheimische sehen sich auch

EIN BEWUSSTERER UMGANG *mit Holz bei Springbank hat Früchte getragen.*

BRENNEREIEN-STECKBRIEF

SPRINGBANK GEGRÜNDET: 1828.
BESITZER: J & A Mitchell & Co. VERFAHREN: Pot Stills.
PRODUKTION: 20 000 hl.

GLEN SCOTIA GEGRÜNDET: 1832.
BESITZER: Loch Lomond Distillery Co.
VERFAHREN: Pot Stills. PRODUKTION: 5000 hl.

durchaus als Inselbewohner. Kintyre diente als eine Art Sprungbrett nach Westen, und in der Zeit der Segelschiffe war Campbeltown ein wichtiger Hafen für den Handel nicht nur mit Schottland und England, sondern auch mit Kanada und Amerika. Heute, wo die Seewege nicht mehr so wichtig sind, liegt es sehr weit vom Schuss, und dass es einmal Schottlands Whiskyhauptstadt war, ist kaum noch vorstellbar. Man kann von Glasgow aus zu dem verlassenen Luftwaffenstützpunkt in Machrihanish fliegen, aber die meisten Besucher werden wohl über die von den Beatles besungene »long and winding road« nach Campbeltown reisen.

Die Stadt liegt rund um einen natürlichen Hafen im Südosten von Kintyre und wurde Anfang des 17. Jahrhunderts von den Dukes of Argyll gegründet, um die Landwirtschaft auf Kintyre voranzubringen. Es siedelten sich viele Bauern aus Zentralschottland an, zum Ende des Jahrhunderts auch die Mitchells, die die führenden Brenner der Gegend werden sollten.

Wo eine Farm war, wurde immer auch Whisky gebrannt. 1794 gab es in Campbeltown 22 offizielle Herstellerbetriebe – und 292 mutmaßliche illegale Brennereien. Die Leute hatten den Whisky im Blut, und als 1824 die Gesetze geändert wurden, begann Campbeltowns Blütezeit.

IN SPRINGBANKS *drei Pot Stills werden drei verschiedene Malts gebrannt: Springbank, Longrow und Hazelburn.*

1887 produzierten in Campbeltown 21 Brennereien 90 000 hl im Jahr – und die Whiskybarone der Stadt konnten sich die großen Häuser leisten, die noch heute am Nordufer des Loch stehen. 1891 hatte die Stadt das höchste Pro-Kopf-Einkommen in Großbritannien, und es wurde Gerste aus dem Baltikum eingeführt, um die Brennanlagen am Laufen zu halten. Heute gibt es nur noch drei Brennereien, von denen eine gerade erst wieder eröffnet wurde.

Dieser rapide Niedergang hat mehrere Ursachen. Der traditionelle Campbeltown-Stil – schwer, ölig und kraftvoll – kam aus der Mode; Blender verwendeten lieber den leichteren Whisky aus Speyside. Zudem waren die örtlichen Kohlenvorkommen erschöpft, was die Brennstoffkosten erhöhte, während gleichzeitig durch die weltweite Rezession die Nachfrage sank. Dann machte sich die Prohibition bemerkbar. Campbeltown hatte zwar seit langem Handelsbeziehungen zu Amerika, doch vielen Brennern fehlte der Kontakt zu den kanadischen Mittelsmännern, die viele Blends bekannt machten. Wer direkt verkaufte, musste die Preise reduzieren und erhöhte aus diesem Grund die Produktionsmenge. Die Qualität verschlechterte sich zusehends und der Niedergang war nicht mehr aufzuhalten.

SPRINGBANK

Doch eine Brennerei war nicht kleinzukriegen: Springbank, 1828 von John und William Mitchell gegründet und immer noch ein Familienbetrieb. Sie überlebte, weil ihr Whisky leichter als die anderen war, und ist heute die einzige autarke Malt-Brennerei in Schottland: Sie mälzt sämtliche Gerste selbst, verwendet Torf aus der Gegend, destilliert teils dreifach, teils zweifach, lagert den Whisky auf dem Gelände und füllt ihn dort ab. Diese Praxis wurde früher von vielen Whiskyherstellern belächelt, ist jedoch inzwischen bei den meisten kleinen Malt-Marken üblich, und selbst die größten Brennereien füllen ihre besten Malts mit höherem Alkoholgehalt, ohne Kaltfiltration und ohne Zugabe von Karamell ab.

Der mäßig getorfte Springbank mit Noten von süßen Zitrusfrüchten, einem salzigen Aroma und einem leicht öligen Gefüge bietet sämtliche schottischen Malt-Stile sozusagen im Paket. Daneben erzeugt die Brennerei den vollen, stark getorften, zweifach destillierten Longrow und den duftenden, dreifach destillierten, ungetorften Hazelburn.

VERKOSTUNG

CAMPBELTOWNS vollmundige Malts sind komplex, oft salzig und meist getorft – ideal für Leute, die keine Angst vor Charakter haben.

10-JÄHRIGER SPRINGBANK

SPRINGBANK

SPRINGBANK
10 JAHRE,
46 VOL.-%

Farbe: Goldgelb
Nase: leicht salzig, Gewürze, artiges Malzaroma, Birne; elegant für einen Jungspund
Körper: reichhaltig und ölig
Gaumen: großartige Mischung von trocken und süß, Dosenbirne, Zitrus; ein Anflug von Rauch
Nachklang: Melone

SPRINGBANK
15 JAHRE,
46 VOL.-%

Farbe: helles Bernsteingelb
Nase: raffiniert; Teekuchen, Vanille, neues Leder, Pfeifentabak, getrocknete Aprikosen, Torf, Tee
Körper: voll und reichhaltig
Gaumen: europäische Eiche ist da, dominiert aber nicht; süßer Tabak, Nuss, Rauch im Hintergrund; komplex
Nachklang: Ruß, Malz; salzig

**SPRINGBANK
FRANK McHARDY ANNIVERSARY, 1975**
46 VOL.-%

Farbe: kräftiges Goldgelb
Nase: nussig, würzige Eiche, Mandarine/Curaçao, Macadamianuss, Kräuter, leicht rauchig; eichentönig
Körper: sahnig und weich
Gaumen: Kokos, Kiefer, Zitrus, Kaffee; Gewürze zum Ende hin
Nachklang: nussig, rußig

LONGROW

Der stark getorfte, zweifach destillierte Malt von Springbank.

10 JAHRE (1992), 46 VOL.-%

Farbe: Hellgoldgelb
Nase: süß, voll, aber leicht blumig; auch medizinische, erdige Noten; schön ausgewogen
Körper: robust, saftig
Gaumen: Pfirsich und Beeren unter dem Torf; schöne nussige Tiefe
Nachklang: trocken, torfig

GLEN SCOTIA

GLEN SCOTIA
Campbeltowns vergessene Brennerei war in den letzten Jahren nur vorübergehend in Betrieb. Der Whisky ist ein klassischer Malt aus Campbeltown im alten Stil.

14 JAHRE,
40 VOL.-%

Farbe: Altgoldgelb
Nase: artig und buketreich; Akazie, reife Melone; wird mit der Zeit immer öliger, mit Noten von gewachster Kiefer
Körper: ölig
Gaumen: feuchte Kokosnuss, weich und rund; ein wenig Rauch
Nachklang: Sahne, leicht salzig

10-JÄHRIGER LONGROW

GLENGYLES WIEDERGEBURT

Wenn man durch Campbeltown spazieren geht, stößt man an allen Ecken und Enden der Stadt auf die Spuren alter Brennereien: ein verblasstes Schild, die Form der Fenster in einem Wohnblock, ein Supermarkt mit Pagodendach. Bei einem solchen Spaziergang sieht man aber auch, was für ein riskantes Geschäft die Whiskyherstellung ist: Es stehen zwar noch einige der dicken Mauern aus rotem Sandstein, aber viele andere sind schon lange verschwunden.

2004 geschah jedoch etwas ganz Außergewöhnliches: Eine Brennerei, die fast 80 Jahre zuvor stillgelegt worden war, wurde wieder eröffnet. Glengyle, das 1872 von William Mitchell gegründet worden war, sollte Arran *(siehe S. 108)* den Rang als Schottlands neueste Brennerei ablaufen. Neben der Eröffnung einer Windturbinenfabrik und der Aussicht auf eine Fährverbindung nach Irland ist die neue Brennerei ein weiteres Zeichen dafür, dass Campbeltown zu neuem Leben erwacht.

Von außen sieht die Brennerei aus wie früher; das Innere wurde von Frank McHardy gestaltet, der diese Brennerei ebenso wie die Springbank-Brennerei leitet. Der Malt wird, wenn er schließlich auf den Markt kommt, nicht den Namen der Brennerei tragen, sondern (nach der Siedlung, an deren Stelle Campbeltown errichtet wurde) Kilkerran heißen, weil die Marke Glengyle dem Besitzer der zweiten Brennerei in Campbeltown gehört.

EAGLESOME ist einer der wenigen traditionellen italienischen Kaufmannsläden, die es in Schottland heute noch gibt.

GLEN SCOTIA

Bei dieser zweiten Brennerei handelt es sich um Glen Scotia. Sie befindet sich im Besitz von Glen Catrine Distillers (Loch Lomond). Die Brennerei kann auf eine sehr bewegte Unternehmensgeschichte zurückblicken: Der Vorbesitzer Duncan MacCallum ertränkte sich 1930 im Loch – seitdem ist die Brennerei vom Pech verfolgt. Sie produziert zwar wieder, aber die Qualität des Whiskys ist leider sehr wechselhaft.

EAGLESOME

Eine erschöpfende Auswahl an Whisky findet man bei Eaglesome. Der traditionelle Kaufmannsladen führt alle Whiskys von Springbank (auch den ausgezeichneten Blend Campbeltown Loch) und das umfassende Angebot des unabhängigen Abfüllers Cadenhead. Wie Springbank und Glengyle sind auch der Laden und der Abfüllbetrieb im Besitz von John Mitchells Urgroßneffen. Es gibt also immer noch einen Whiskybaron in der Gegend!

EAGLESOME, INNENANSICHT. *Die Auswahl an Whiskys, die dieser Laden im Herzen des Whiskylands bietet, wird jeden Malt-Liebhaber begeistern.*

ISLAY: DER SÜDEN

KELTOLOGEN RÄTSELN SEIT LANGEM ÜBER DEN NAMEN »ISLAY«. MANCHE MEINEN,
ER BEDEUTET SCHLICHT »INSEL«. FÜR DIE MEISTEN WHISKYLIEBHABER VERBIRGT SICH
HINTER DEM NAMEN INDES »DIE« INSEL SCHLECHTHIN.

Islay verführt den Besucher nicht wie andere Inseln, sondern geht ihm gewissermaßen in Fleisch und Blut über, ergreift geradezu von ihm Besitz. Es windet ständig und es riecht nach süßer, salzgeschwängerter Luft, dem Kokosaroma heißen Stechginsters, Torfrauch, Gagelstrauch und einem gerade gelöschten Lagerfeuer. Alle Noten, die man in den Islay-Malts wahrnimmt, hängen hier in der Luft.

Islay ist als Insel vielleicht nicht ganz so spektakulär wie Skye oder Rum und nicht so einsam wie Jura, doch hat es durchaus einiges zu bieten: von Dünen gesäumte Strände, ferne Hügel, Klippen, Höhlen, Torfmoore, Menhire, verlassene Städte und Überbleibsel aus der Keltenzeit – ein aus zahlreichen geographischen und geschichtlichen Kostbarkeiten gewebter Teppich, durch den sich wie ein goldener Faden der Whisky zieht.

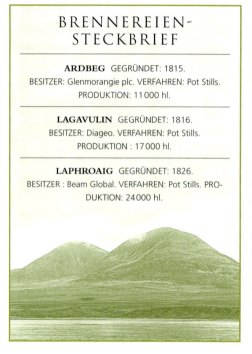

BRENNEREIEN-STECKBRIEF

ARDBEG GEGRÜNDET: 1815.
BESITZER: Glenmorangie plc. VERFAHREN: Pot Stills.
PRODUKTION: 11 000 hl.

LAGAVULIN GEGRÜNDET: 1816.
BESITZER: Diageo. VERFAHREN: Pot Stills.
PRODUKTION: 17 000 hl.

LAPHROAIG GEGRÜNDET: 1826.
BESITZER: Beam Global. VERFAHREN: Pot Stills. PRODUKTION: 24 000 hl.

DIE ARDBEG DISTILLERY ist von den Ardmore-Inseln wie von einem Riff umgeben. Ihre weißen Gebäude sind ein Blickfang in der Landschaft.

Am reizvollsten ist es, wenn man sich der Insel nicht vom Fähr- oder Flughafen aus nähert, sondern mit dem Segelboot aus Irland: wie die Mönche im 6. Jahrhundert zwischen den Ardmore-Inseln hindurchgleitend, vorbei an Felsen und sandigen Buchten, in denen sich Robben rekeln.

Möglicherweise brachten diese Mönche auf ihrer kurzen Überfahrt von Irland, das nur 28 Kilometer entfernt – und damit näher als das schottische Festland – liegt, die Kunst der Destillation auf den Südteil der Insel. Ein geeigneter Ausgangspunkt für die Erkundung dieses Gebiets ist somit Kildalton, in der Nähe des letzten vollständig erhaltenen Hochkreuzes mit seinen verschlungenen Schnitzereien, biblischen Darstellungen und Spuren eines noch nicht ganz verdrängten Heidentums.

ARDBEG

Etwas südlich der verlassenen Tallant Distillery liegt Ardbeg. Die Brennerei wurde 1815 von

der Pächterfamilie MacDougall gegründet und war um 1850 der größte Whisky-Hersteller der Insel und der Mittelpunkt einer Gemeinde mit 200 Einwohnern.

Doch auch die ruhmreiche Vergangenheit bewahrte Ardbeg nicht vor Unbill. Der Whisky war als der am stärksten getorfte von den drei aus Kildalton bekannt – die Folge eines Trockenofens ohne Ventilator. Die Single-Malt-Liebhaber von heute mögen sein Torfaroma, doch bis vor kurzem lieferte Ardbeg wie praktisch alle Brennereien hauptsächlich Whisky für Blends.

Als in den 1980er-Jahren der Whiskymarkt einbrach, war Ardbeg eine von zwei mit Torf arbeitenden Islay-Brennereien im Besitz von Allied Distillers – und damit überflüssig. 1982 wurde sie geschlossen und, obwohl sie Anfang der 1990er-Jahre noch einmal – vor allem ungetorften Malt namens Kildalton – produzierte, bald dem endgültigen Verfall preisgegeben. 1997 tauchte jedoch unverhofft ein Retter auf: Glenmorangie, der Hersteller eines der leichtesten und am wenigsten getorften Highland-Malt Whiskys. Die Pot Stills sind wieder in Betrieb, die Lagerhäuser werden nach und nach aufgefüllt und das Café in der ehemaligen Darre bietet gutes Essen.

Der Charakter des Ardbeg *wird in diesen hölzernen Gärbottichen geformt.*

Heute herrscht bei Ardbeg allerorten hektische Betriebsamkeit, als könnten die Gebäude es nicht abwarten, nach Jahren des Stillstands endlich wieder in Bewegung zu kommen. Der Whisky ist zwar immer noch stark getorft, doch unter dem Torf offenbaren sich subtile Noten von Linden, Getreide, Lanolin und ein Anflug von Meeresaroma.

LAGAVULIN

Wenn Ardbeg wie ein Dorf anmutet, dann ist Lagavulin eher eine Festung. Die trutzigen Gebäude liegen am Ufer gegenüber den Ruinen von Dunyvaig Castle, in der romantischen Fantasien zufolge James IV. 1493 den ersten Branntwein probiert haben könnte.

Lagavulin entstand 1816 als Zusammenschluss zehn ehemals illegaler Brenner. Später gelangte die Brennerei in den Besitz von Sir Peter Mackie, der sich bereits mit White Horse einen Namen gemacht hatte und Lagavulin als Qualitätswhisky etablierte. Heute gehört die Brennerei zu Diageo.

Es ist traumhaft hier. An einem klaren Tag sieht man vom Pier den Mull of Kintyre und die irische Küste. In der Bucht schaukeln Fischerboote; Taucher befördern die saftigsten Muscheln Islays zu Tage. Die weiß getünchte Brennerei ragt wie eine Burgmauer empor.

Das Innere wurde so restauriert, dass man sich nicht wundern würde, wenn einem Sir Peters Geist auf dem Flur begegnete. Ein Rundgang durch eine Brennerei ist immer auch ein Ausflug in die Welt der Gerüche – süßes Getreide im Maischbottich, prickelnde Kohlensäure und Hefe im Gärraum –, aber bei Lagavulin empfängt einen ein fast betäubendes süßes Torfaroma. Hier entsteht Islays komplexester Malt.

Die Pot Stills haben ein eher schlichtes Aussehen, aber sie sind so geformt, dass bei der langsamen Destillation die Alkoholdämpfe lange am Kupfer entlangstreichen. Kupfer entfernt die schweren Bestandteile aus dem Alkohol. Lagavulins einzigartiger Charakter verdankt sich eben der Tatsache, dass der Dampf so lange dem Kontakt mit dem Metall ausgesetzt ist.

Wenn er auf dieselbe Weise, nur mit ungetorftem Malz hergestellt würde, wäre er ein leichter, duftender Whisky mit vielen Facetten. Genau diese komplexe Zartheit ist sein Geheimnis. Jeder getorfte Malt muss zum Ausgleich eine gewisse Süße haben – es gibt nichts Langweiligeres als Whisky, der einfach nur rauchig ist. Ardbeg hat diese Süße und Lagavulin ebenso.

Dass der in alten Fässern gereifte Lagavulin auf so breiten Zuspruch stoßen würde, ahnte niemand, als Diageo ihn als Islay-Vertreter in seine Classic-Malt-Reihe aufnahm. Anfang der 1990er-Jahre dachte man, Malt-Neulinge begännen mit einem leichten Malt aus den Lowlands (z.B. Glenkinchie), arbeiteten sich langsam über die Highlands nach Speyside hoch und blieben dort hängen, Talisker sei etwas für Hartgesottene und die rauchige Komplexität eines Islay könnte wirklich nur ganz wenige begeistern. Diese Überlegung entbehrte zwar nicht einer gewissen Logik, erwies sich aber trotzdem als falsch.

Heute trinkt kaum jemand leichten Lowland-Malt – alle wollen Torf. Diese plötzliche Nachfrage wäre kein Problem, wenn Lagavulin nicht erst nach 16 Jahren abgefüllt würde. Da die Brennerei früher nur zwei Tage in der Woche produzierte, ist der Single Malt nur in kleinen Mengen erhältlich. Um die Lagerbestände langsam aufzustocken, wurde eine 12-jährige Cask-Strength-Abfüllung auf den Markt gebracht.

Lagavulin von Dunyvaig Castle *aus gesehen, dem Sitz des Lord of the Isles. Der rauchige Single Malt kehrt langsam auf die Bildfläche zurück.*

Laphroaigs *kleine zwiebelförmige Pot Stills bestimmen den Charakter des rauchigen Malt. Sie sind vergleichsweise klein.*

LAPHROAIG

Knapp zwei Kilometer südlich von Lagavulin liegt zwischen einem Kiefernwald und dem Meer die Farm, zu der Laphroaig gehört. Auf einer Seite der Straße haben die Friends of Laphroaig »ihr« Stück Torfmoor mit Fahnen abgesteckt. In dem 1826 errichteten Hauptgebäude, heute im Besitz von Beam Global, befindet sich eine Darre, in der genauso viel Torf verwendet wird wie bei den Nachbarn (und bei Caol Ila).

Doch die Malts hier haben weit mehr zu bieten als Rauch. Obwohl sie alle fast gleich stark getorft sind, weist jeder eine eigene Persönlichkeit auf. Viel davon hat mit den Brennapparaten zu tun – Laphroaig arbeitet mit kleinen Pot Stills, die eine Einschnürung am Hals haben. Außerdem wird der Feinbrand später als bei den meisten Brennereien vom Nachlauf getrennt, sodass

er mehr teerige Phenole enthält. Darüber hinaus wird jeder Laphroaig ausschließlich in amerikanischer Eiche gelagert. Das Ergebnis ist ein stärker als bei allen anderen Islay-Malts ausgeprägtes Meeresaroma: medizinisch mit Nuancen von Jod, Bückling, Maschinenraum und Rauch, jedoch durch die Süße der Eiche abgemildert.

VERKOSTUNG

Die Kildalton-Malts aus den Küstenbrennereien sind die am stärksten getorften Whiskys aus Islay: intensiv, mit Meeresnoten.

ARDBEG

ARDBEG
10 JAHRE, 40 VOL.-%

Farbe: Blassstrohgelb
Nase: Lindenblätter, rußig, intensiv
Körper: leicht bis mittel; intensiv
Gaumen: braucht Wasser, damit der Rauch spürbar wird; Bückling
Nachklang: rußig

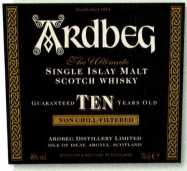

10-JÄHRIGER ARDBEG

ARDBEG UIGEADAIL
54,2 VOL.-%

Farbe: Hellgoldgelb
Nase: süß, beißend rauchig: Linde und Torf, Kokos, Salzhering; Grill über offenem Feuer; Rosinen
Körper: leicht, fest
Gaumen: reichhaltig, kraftvoll; das Holz sorgt für einen subtilen Rahmen; rußig mit Teernoten
Nachklang: die Linde kehrt zurück; Haferkuchen

LAGAVULIN

LAGAVULIN
12 JAHRE, 57,8 VOL.-%

Farbe: Hellstrohgelb
Nase: pikant und komplex; Räucheraal, Kohlenteer, über Apfelbaumholz geräucherter Käse, Sackleinen, Asphalt, Rauchtee, Gezeitentümpel
Körper: reifes Mundgefühl
Gaumen: intensiv torfig und vollmundig; artig mit ordentlicher Portion
Geschmack: Meeresaroma, duftender Rauch (Torf/Zigarre) und eine Prise schwarzer Pfeffer
Nachklang: Rauch

LAGAVULIN
16 JAHRE, 43 VOL.-%

Farbe: Bernsteingelb/ Bronze
Nase: voll und komplex mit Pulverdampf, Trawlertaue, Pflaumen und Sahnepudding; Zigarrenrauch, Lapsang Souchong
Körper: voll
Gaumen: äußerst komplex; getrocknete Algen, Spundlappen, duftender Rauch
Nachklang: sehr nachhaltig; Rauch, gekochte Teeblätter

16-JÄHRIGER LAGAVULIN

LAPHROAIG

LAPHROAIG
10 JAHRE, 40 VOL.-%

Farbe: Blassgoldgelb
Nase: intensiv, Meeresaroma; Teer, Motoröl; Getreidenote und Vanille
Körper: mittel
Gaumen: leicht spröde; malziger Beginn, dann Zitrone und zum Schluss teeriger Rauch
Nachklang: nachhaltig, trockener werdend; Rauch

LAPHROAIG SINGLE CASK (EINZELFASSABFÜLLUNG)
17 JAHRE, 55,2 VOL.-%

Farbe: leuchtendes Goldgelb
Nase: Rauch und Sahne; Kohlenteerseife, Bohnerwachs, getrocknete Algen, Teer; Mandeln, Vanille
Körper: weich und seidig
Gaumen: süß; Fruchtdrops, Pekannuss, Sahne, dann immer torfiger
Nachklang: medizinisch

Der rührige Besitzer von Lagavulin, Sir Peter Mackie, war derart neidisch auf die Darre seines Nachbarn, dass er sie haargenau nachbauen ließ. Doch allen Bemühungen zum Trotz schaffte es Malt Mill nie, Laphroaigs Charakter zu kopieren. Es gibt zwar keine wissenschaftliche Erklärung dafür, dass der Ort der Destillation einen Einfluss auf den Whisky haben könnte, aber irgendwie scheint die Persönlichkeit eines Malt doch auch vom Geist einer Brennerei bestimmt zu sein.

PORT ELLEN

Die Straße windet sich zwischen gezackten Felsen hindurch nach Süden zu Islays zweiter Stadt Port Ellen. Dahinter liegt der Mull of Oa, der im 18. Jahrhundert eines der größten Zentren der Schwarzbrennerei auf der Insel war. Die illegalen Brenner schufen einen Urtyp des heutigen Islay-Malt, aber sie verwendeten jede Art von Getreide, die ihnen in die Finger kam (Hafer genauso wie Bere-Gerste), und setzten Thymian, Pfefferminze, Anis und andere Kräuter für den Geschmack zu.

Port Ellen hatte einen bedeutenden Anteil an Islays Entwicklung zur »Whiskyinsel«. Die dortige Brennerei wurde in den 1820er-Jahren gegründet, machte aber erst von sich reden, als John Ramsay sie übernahm. Dieser bemerkenswerte Mann – Politiker, Agrarwissenschaftler, großzügiger Verpächter, Erneuerer und Brenner – rief die Fährverbindung zwischen Glasgow und der Insel ins Leben, baute den direkten Überseehandel auf und errichtete die ersten zollfreien Kaufhäuser in Schottland.

Die von ihm gegründete Brennerei existiert leider nicht mehr. Sie wurde 1925 Teil von DCL, war jedoch von den 1930er- bis in die 1960er-Jahre hinein geschlossen. Während des Booms errichtete das Unternehmen nebenan eine Mälzerei, die Port Ellen, Lagavulin und Caol Ila belieferte.

Als in den 1980er-Jahren die Nachfrage zurückging, waren nicht alle drei Brennereien haltbar; zwar versorgt die Mälzerei noch immer alle Brennereien auf Islay sowie Mull, Jura und Japan mit Malz, aber die Brennerei wurde stillgelegt und abgerissen. Zum Glück gibt es noch Lagerbestände von ihrem strengen, öligen, rauchbetonten Malt.

ISLAY: LOCH INDAAL

NACH DEM EXTREMEN TORFAROMA DES TRIOS AUS KIDALTON
VERLEIHEN ZWEI WEITERE BRENNEREIEN AUF ISLAY
DEM WHISKY DER INSEL EIN SANFTERES GESICHT.

Wenn man von Port Ellen in Richtung Norden fährt, wird die Gegend ganz flach. Auf beiden Seiten der schnurgeraden Straße liegen Torfmoore – manchmal hat man das Gefühl, auch der Asphalt sei auf einem Moor verlegt, weil das Auto so holpert. Das Wollgras wiegt sich im Wind, die Feldlerchen singen und links sieht man die niedrigen Dünen, hinter denen sich der Big Strand erstreckt: 13 Kilometer goldgelber Sand.

Es lohnt sich hier auszusteigen, um den Torf unter den Füßen zu spüren. Dies ist eines der Geheimnisse Islays: Da es keine Bäume und daher kein Brennholz gibt, konnten die ersten Whiskyhersteller ihr Gerstenmalz nur über Torffeuer trocknen – und brannten deshalb torfigen Whisky. Die Pfützen sind von einem blauen Ölfilm überzogen: Dieses Öl verleiht auch dem Rauch das Aroma, das dann vom Malz aufgenommen wird.

BRENNEREIEN-STECKBRIEF

BOWMORE GEGRÜNDET: 1779.
BESITZER: Morrison Bowmore Distillers Ltd.
VERFAHREN: Pot Stills. PRODUKTION: 20 000 hl.

BRUICHLADDICH GEGRÜNDET: 1881.
BESITZER: The Bruichladdich Distillery Co Ltd.
VERFAHREN: Pot Stills. PRODUKTION: 14 000 hl.

BOWMORE

Man fährt einen kleinen Hügel hinauf und erblickt eine weiße Kirche, die rund ist, damit der Teufel keine Ecken findet, in denen er sich verstecken kann. Wahrscheinlich vermuteten viele der Pfarrer, die hier predigten, den Teufel in dem großen Gebäude am Ende der breiten Straße zum Hafen. Wir sind in Islays Hauptstadt Bowmore angekommen und das Gebäude ist die Brennerei der Stadt. Am Mast wehen häufig eine japanische und eine schottische Flagge – 1994 erwarb Suntory den Betrieb. Doch im Tiefsten seines Herzens bleibt Bowmore schottisch und erzeugt nach wie vor feinen Malt im Herzen Islays.

Die Brennerei, deren Außenwände Teil der städtischen Wasserschutzmauern sind, hat im Gegensatz zu vielen anderen überlebt. Wie in Laphroaig werden alle Phasen der Whiskyherstellung vom Mälzen bis zum Brennen auf dem Gelände durchgeführt. Die Mälzböden liefern 30 Prozent des Bedarfs. Die Gerste wird von Hand gewendet, damit der goldene Körnerteppich gleichmäßig keimt – harte Arbeit und eine fast vergessene Kunst, die an die Vergangenheit gemahnt: Vor nicht allzu langer Zeit wurden noch alle Whiskys so hergestellt. Bowmore, mittelstark getorft, mit zarten Noten von Orange, Schokolade, getrocknetem Lavendel und nach Heide duftendem Rauch, ist genau der richtige Whisky, um einem Anfänger den Genuss feiner Malts mit Torfaroma nahezubringen.

BRUICHLADDICH

An den Lagerhäusern vorbei gelangt man zu einem Strand, an dem zwischen pastellfarbenen Kieseln rundgewaschene Teile roter Backsteine liegen, vielleicht die Überreste des Schornsteins der alten Port Charlotte Distillery, der hinter den weißen Gebäuden jenseits der breiten, flachen Bucht stand. Etwas rechts davon stößt man auf eine lange weiße Mauer: Bruichladdich.

Wie Ardbeg wurde Bruichladdich erst vor kurzem wieder zum Leben erweckt. Sie war eine der Brennereien, die Ende des 19. Jahrhunderts direkt am Meer gebaut wurden, um die Nachfrage der Glasgower Blender nach getorftem Malt zu befriedigen. Als sie 1995 geschlossen wurde, erzeugte sie eine andere Art von Whisky mit nur noch einem leichten Anflug von Rauch. Eine stillgelegte Brennerei ist ein trauriger Anblick: Die Farbe blättert ab, die Brennapparate stauben ein, alles rostet und ein eisiger Wind fegt über das Gelände. Es sah nicht so aus, als könnte hier jemals wieder Whisky entstehen.

Aber 2000 machte ein Konsortium das Unmögliche möglich: Die Gebäude wurden neu gestrichen, die Anlagen entrostet, die Dächer repariert; die Pot Stills liefen warm und Bruichladdichs Whisky floss wieder. Die neuen Besitzer verbesserten den Malt, indem sie den frischen, durch weiche Frucht gekennzeichneten Stil der Brennerei mit den süßen Vanillenoten amerikanischer Eiche kombinierten. Außerdem erzeugen sie nun nach dem Vorbild von Springbank *(siehe S. 112)* zwei weitere Whiskys: den mäßig getorften Port Charlotte und den stark getorften Octomore.

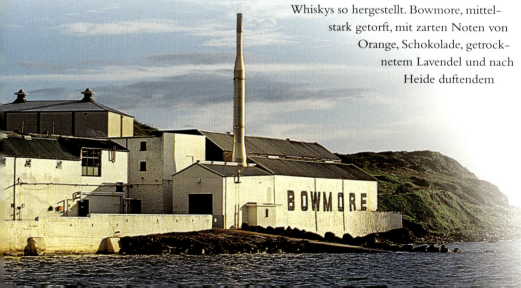

WEISS GETÜNCHT UND DIREKT AM WASSER:
Bowmore ist eine klassische Islay-Brennerei. Auf der anderen Seite des Loch Indaal steht der Leuchtturm von Bruichladdich.

VERKOSTUNG

MIT DEM DUFTENDEN, rauchigen, mittelstark getorften Bowmore und dem luftig frischen Bruichladdich zeigt sich Islay von seiner sanften Seite.

BOWMORE

BOWMORE
12 JAHRE, 40 VOL.-%

Farbe: Hellgoldgelb
Nase: ansprechend, duftend und rauchig; leichte Orangennoten, ein Hauch von Kaffee, Kitt, viel Malz
Körper: mittel
Gaumen: artig und weich; trockener, wenn die Torfnoten (Sackleinen, Rauch) spürbar werden; im Anschluss Parmaveilchen, Rose und schließlich Melone
Nachklang: Nuss und duftender Rauch; gebutterter Bückling

12-JÄHRIGER BOWMORE

BRUICHLADDICH

BRUICHLADDICH
10 JAHRE, 46 VOL.-%

Farbe: Blassgoldgelb
Nase: leicht und frisch; blumig mit knackigem grünen Apfel, Verjus, Zitrone, frischem Malz
Körper: leicht bis mittel
Gaumen: rein, lebhaft und direkt; Äpfel, Sahne, Vanille, etwas Orange; ein Hauch von Gewürzen; sehr frisch
Nachklang: luftig

10-JÄHRIGER BRUICHLADDICH

ISLAY: DER SOUND OF ISLAY

DIE BEIDEN LETZTEN BRENNEREIEN DER WHISKYINSEL LIEGEN AN DER ABGESCHIEDENEN OSTKÜSTE. SIE SIND NICHT SO BEKANNT WIE MANCH ANDERE, ABER DIE GRÖSSTEN BRENNEREIEN AUF ISLAY – UND DIE AM BESTEN GEHÜTETEN GEHEIMNISSE DER INSEL.

Dass Islay sich von einer ausschließenden für den Eigenbedarf produzierenden Landwirtschaft in eine Modellinsel verwandelte, ist dem Politiker, Sklavenhändler und Geschäftsmann Daniel Campbell aus Shawfield zu verdanken. Er kaufte die Insel mit dem Geld, das er als Entschädigung erhalten hatte, als der Mob 1725 sein Haus in Glasgow niederbrannte, weil er für die Malt-Steuer gestimmt hatte.

Campbell führte den Flachsbau auf der Insel ein und modernisierte die Landwirtschaft (wodurch allerdings auch der Massenexodus der Bewohner beschleunigt wurde). Sein Enkel setzte das Reformwerk fort: Er siedelte zweizeilige Gerste und anderes Getreide an, errichtete Leinenwebereien und baute eine Fischereiflotte auf. Islays Bevölkerung wuchs langsam wieder an, und es wurde eine Modellstadt samt Brennerei gegründet: Bowmore *(siehe S. 118)*. Von den zeitweise 21 Brennereien sind heute nur noch sieben übrig: Ardbeg, Lagavulin, Laphroaig, Bowmore, Bruichladdich, Caol Ila und Bunnahabhain.

DIE INSELTOUR

Um die Rundfahrt über die Insel abzuschließen, stattet man erst Port Charlotte einen Besuch ab und genießt dort je nach Gusto entweder die berühmte Fischküche des gleichnamigen Hotels oder die Musik, das Bier, den Malt und die Stimmung im Lochindaal, Islays bestem Pub. Dann fährt man am Loch Indaal entlang nach Portnahaven am Südwestzipfel der Insel, wo der Atlantik gegen das Riff anbrandet und gegen den Sockel des Leuchtturms peitscht. Weiter geht es an der Westküste hinauf zu den Dünen von Kilchoman und Saligo, wo man zu einem Konzert von Krähen und Wiesenrallen (sie machen ein schnarrendes Geräusch, wie wenn man Steine aneinander reibt) über das graublaue Meer in Richtung Neufundland blicken kann.

Man biegt ins Landesinnere zum waldigen Bridgend ab und legt auf dem Weg nach Osten eine Pause in Finlaggan ein, wo die Lords of the Isles Versammlungen abhielten. Dieser lockere Verband oft untereinander zerstrittener Familien herrschte über ein fast

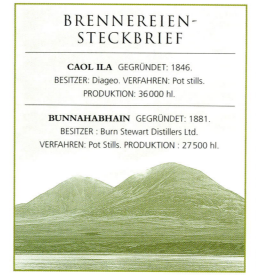

BRENNEREIEN-STECKBRIEF

CAOL ILA GEGRÜNDET: 1846.
BESITZER: Diageo. VERFAHREN: Pot stills.
PRODUKTION: 36 000 hl.

BUNNAHABHAIN GEGRÜNDET: 1881.
BESITZER: Burn Stewart Distillers Ltd.
VERFAHREN: Pot Stills. PRODUKTION: 27 500 hl.

BUNNAHABHAINS FÄSSER *(links)*
liegen in Lagerhäusern am schönen
Sound of Islay (unten).

unabhängiges Reich, das zeitweilig Kintyre, Argyll und die Hebriden umfasste. Man nimmt im Übrigen auch an, dass die Lords die Ersten waren, die die Technik der Destillation beherrschten, nachdem sie im 14. Jahrhundert die Beatons als Gerichtsmediziner berufen hatten.

Der beeindruckende Anblick der Paps of Jura lenkt aber vom eigentlichen Ziel der Reise ab: Caol Ila und Bunnahabhain, den beiden größten und dennoch am wenigsten bekannten Brennereien auf Islay.

CAOL ILA

Die Brennerei Caol Ila wurde 1846 gegründet und 1927 von DCL übernommen. Anfang der 1970er-Jahre wurde sie umgebaut; die Krise überlebte sie erstens dank ihrer Größe, zweitens dank ihrer Bedeutung als Lieferant für Malt zum Verschneiden und drittens weil sie sowohl einen ungetorften Qualitätswhisky im Highland-Stil als auch einen traditionelleren Islay-Malt mit Torfaroma herzustellen wusste.

Der hier produzierte Whisky wurde zwar erst relativ spät von Diageo aus seinem Dornröschenschlaf geweckt, findet aber mittlerweile mit seiner markanten, aber ansprechenden Mischung aus Räucherspeck, Fischkisten, Gras und gelegentlich nasser Kohle rasch Anklang.

DIESE TÜR AUS MESSING *hebt sich vom Kupfer der Spirit Still bei Caol Ila ab. Auf dem oberen Schild steht, dass die Still das Werk von R. G. Abercrombie aus Alloa ist.*

BUNNAHABHAIN

Die Tour über die Insel endet ein Stück weiter nördlich an der Küste bei dem massigen grauen Steinbau der Brennerei Bunnahabhain, die 1881 als eine der beiden ersten Betriebe von Highland Distillers gegründet wurde. Wie so viele Brennereien war auch sie in letzter Zeit vom Pech verfolgt, und es schien ihr dasselbe Schicksal beschieden wie dem Trawler *Wyre Majestic*, der am Pier vor sich hinrostet.

Vor kurzem wurde Bunnahabhain jedoch von CL Brands (bekannt für Bitterlikör) erworben und nun sieht die Zukunft wieder um einiges rosiger aus, nicht nur für den weichen, süßen, ingwertönigen Single Malt, sondern auch für den Blend Black Bottle. Islay ist wieder »die« Whiskyinsel.

VERKOSTUNG

Die abgeschiedene Ostküste Islays ist die Heimat zweier sehr unterschiedlicher Whiskys: des trockenen Caol Ila und des reichhaltigen Bunnahabhain. Wer rauchigen Malt mit Meeresnoten mag, sollte sich Caol Ila nicht entgehen lassen.

BUNNAHABHAIN

BUNNAHABHAIN
12 JAHRE, 43 VOL.-%

Farbe: kräftiges Bernsteingelb
Nase: reif und weich; dickflüssiger Honig, Obstkuchen, Lebkuchen; einige Zitronenschalennoten im Hintergrund und ein leichter Malzton; sehr ansprechend
Körper: mittel; weiches Gefüge
Gaumen: schöne Reife
Nachklang: nachhaltig mit süßen Gewürzen

BUNNAHABHAIN 1968
AULD ACQUAINTANCE

BUNNAHABHAIN 1968 AULD ACQUAINTANCE
1969, 43,8 VOL.-%

Farbe: Mahagonibraun
Nase: reif; Plumpudding; dunkler, feuchter jamaikanischer Ingwerkuchen; Rosinen, Pflaumen, Walnüsse; ein Anflug von Rauch
Körper: voll, schwer
Gaumen: wuchtig, süß; besitzt Reife, aber mit weichem Kokos, Trockenobst
Nachklang: süß, dann staubig

CAOL ILA

CAOL ILA
12 JAHRE, 43 VOL.-%

Farbe: Blassstrohgelb mit grünen Reflexen
Nase: Frucht, Leinsamenöl, Malz, grüne Oliven und geräucherter Speck/Fisch
Körper: gutes Mundgefühl
Gaumen: saftig süßes Obst, Fischöl und Rauchigkeit; einige Noten von nassem Gras
Nachklang: trocken; Rauch

12-JÄHRIGER CAOL ILA

CAOL ILA

18 JAHRE, 43 VOL.-%

Farbe: Bernsteingelb
Nase: Vanille/Banane, Kräuter, Glockenblumen; Fischkisten
Körper: mittel bis voll
Gaumen: süß am Anfang, ab dem mittleren Gaumen trockener; subtil und artig mit Holznoten
Nachklang: trocken und frisch

CAOL ILA, CASK STRENGTH,

KEINE ALTERSANGABE, 55 VOL.-%

Farbe: Blass
Nase: Meeresaroma: Muschel/Sand, Speckfett; feuchte Kohle; Zitrus, Fenchel, Kamille, Gärfutter
Körper: leicht, aber ölig
Gaumen: rauchig; Zitrusöl/Anis; öliges Gefüge
Nachklang: viel Rauch; Nelken; spritzig

JURA

OBWOHL JURA DIREKT NEBEN ISLAY LIEGT, KÖNNTE DIE LANDSCHAFT VERSCHIEDENER NICHT SEIN. DIE WILDE, EINSAME INSEL HAT VON ALLEM NUR EINS: EINE STRASSE, EINE STADT, EINE BRENNEREI.

Jura wird meist, wenn auch zu Unrecht, in einem Atemzug mit Islay genannt. Der Sound of Islay (von den Einheimischen »Caol Ila« genannt) trennt die beiden Inseln und weich von hart, grün von graubraun, sanft von steinig. Die starke Strömung in der Meerenge kann die normalerweise drei Minuten dauernde Überfahrt zu einer regelrechten Weltreise werden lassen, wenn der Kapitän Kurs auf Colonsay im Norden nimmt, weil er weiß, das die Strömung die Fähre zur Anlegestelle in Feolin zurücktreiben wird.

Wenn man auf Jura ankommt, merkt man sofort, dass hier alles anders ist. Es gibt ein Dorf mit einem Gasthaus und einer Brennerei. Die Berggipfel glitzern in der Sonne; entlang der Straße grasen Kühe. Islays öde Ostküste jenseits der Meerenge wirkt üppig im Vergleich zu der Heide- und Graslandschaft auf dieser Seite.

Bis zum Ortsanfang von Craighouse sieht man kein einziges Haus. Man vermeint, in der menschenleeren Gegend ein typisches Beispiel für die Kargheit der Hebriden zu erkennen, doch der Schein trügt. Für die Bevölkerungs-

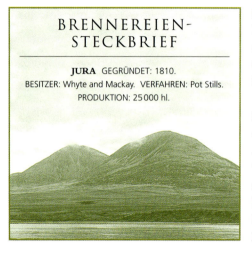

BRENNEREIEN-STECKBRIEF

JURA GEGRÜNDET: 1810.
BESITZER: Whyte and Mackay. VERFAHREN: Pot Stills.
PRODUKTION: 25 000 hl.

armut auf Jura ist das Gestein verantwortlich, das silbrige Quarzit, das auf den Gipfeln der sogenannten Paps zu sehen ist. Der Boden der Insel ist dünn; nur an der Ostküste findet man einige für den Ackerbau geeignete Gebiete. Selbst vor den Clearances konnte Jura höchstens 1300 Einwohner ernähren, zu Beginn des 20. Jahrhunderts waren es 600, heute sind es weniger als 200. Man muss zäh sein, um hier leben zu können.

EINE EINKOMMENSQUELLE

Whisky war auf Jura schon lange Teil des Alltags, bevor eine richtige Brennerei erbaut wurde. Da die Insel auf der Viehtransportroute von Islay zum Festland lag, ist es ziemlich wahrscheinlich, dass die Viehzüchter kleine Fässer mit Inselwhisky unter den Bäuchen ihrer Tiere versteckt nach Glasgow schmuggelten, was den Kleinbauern einen bescheidenen Zusatzverdienst garantierte.

Bevor in Craighouse eine offizielle Brennerei errichtet wurde, brannte man angeblich in einer Höhle auf dem Gelände. Der damalige Gutsherr erkannte, dass man damit Geld verdienen konnte, und so wurde 1810 die (nach den kleinen Inseln in der Bucht benannte) Small Isles Distillery gegründet.

Eine Reihe von Besitzern bemühte sich vergeblich, ein rentables Unternehmen daraus zu machen. Erst als James Ferguson 1875 die Brennerei in Pacht nahm, begann der stark getorfte Small Isles Geld einzubringen. Doch Ferguson und sein Sohn überwarfen sich mit dem Gutsherrn und räumten 1910 die Brennerei. 1920 wurde das Dach abgedeckt – Small Isles war endgültig dahin.

Doch warum wurde ausgerechnet diese Brennerei wieder eröffnet? Auch hier spielte das Gestein eine ganz wesentliche Rolle. Anfang der 1960er-Jahre hatte Jura nur noch 150 Einwohner. Um Leute auf die Insel zu locken und die Wirtschaft anzukurbeln, beschlossen die beiden Landbesitzer Robin Fletcher und Frank Riley Smith, eine neue Brennerei zu gründen.

1963 beauftragten sie den bekannten Brennereidesigner William Delme-Evans. Er schuf eine moderne Brennerei mit zwei großen Pot Stills für die Herstellung eines leicht getorften Whiskys im Highland-Stil. Der Plan ging auf: Die Brennerei bescherte Jura 100 neue Einwohner und ist heute noch in Betrieb.

Halten konnte sich eine kostspielige Brennerei wie diese aber nur dank ihrer Brennapparate: Jura ist in erster Linie ein Malt zum Verschneiden, und die großen Pot Stills erzeugen eine Menge Whisky.

Indem sie an dem fast ungetorften Stil festhielten, durchtrennten die Besitzer (inzwischen Whyte and Mackay) gewissermaßen die Nabelschnur: Der Whisky ist nicht kräftig, also alles andere als das, was man in einer so von Torf geprägten Gegend erwarten würde.

Doch es tut sich etwas. Inzwischen erzeugen Whyte and Mackay jedes Jahr eine kleine Menge getorften Malt, und der Rauch verleiht dem Malt eine Tiefe, die in beispielhafter Weise bei dem neuen Superstition zu bewundern ist. Es ist, als wäre ein vor langem verlegter Gegenstand endlich wiedergefunden worden: Der neue rauchige Malt vervollständigt das Angebot der Brennerei.

JURAS MASSIVE POT STILLS sind extra so geformt, dass sie einen leicht getorften Malt erzeugen.

AUF JURA LIEGEN DIE *Brennereigebäude direkt am felsigen Ufer – wie sich das für eine schottische Küstenbrennerei gehört.*

VERKOSTUNG

Das sehr weiche Wasser Juras fließt über Quarzitgestein zu einer Brennerei, die auf die Herstellung eines leichten Whiskys ausgerichtet ist. Der Superstition ist eine Ausnahme: Er ist schwerer, rauchig und torfig.

ISLE OF JURA
10 JAHRE, 40 VOL.-%

Farbe: Bernsteingelb
Nase: nussig und malzig; Parmesan; Rasen und Mehlsäcke; gehender Hefeteig
Körper: leicht bis mittel
Gaumen: feste Struktur, etwas hart am mittleren Gaumen, außen herum süßer Adlerfarn; frisch und rein
Nachklang: Fruchtsaft, dann Malz

ISLE OF JURA SUPERSTITION
KEINE ALTERSANGABE, 45 VOL.-%

Farbe: Bernsteingelb
Nase: malzig, milchig mit Kokos, Kirsche, Rosine; leicht, Torf; einige Komplexität; süßes Heu, Heide
Körper: mittel bis voll
Gaumen: seidig, saftig, halb getrockneter Pfirsich; darunter liegen Süße und Rauch; ausgewogen
Nachklang: trocken, etwas Rauch

JURA SUPERSTITION

ISLE OF JURA
16 JAHRE, 40 VOL.-%

Farbe: kräftiges Goldgelb
Nase: Heideblüten, Müsli-/Malzbehälter, gebuttertes Rührteiggebäck; frisches Brot
Körper: mittel
Gaumen: ein Hauch Sultaninen, Eichenextrakte; leichte Toffeenoten; ansprechend
Nachklang: leicht, Cremefüllung

MULL

OBWOHL DIE INSEL GROSS IST UND DIE WHISKYHERSTELLUNG DORT TRADITION HAT, GIBT ES AUF MULL NUR EINE BRENNEREI. SIE LIEGT IN EINER DER SCHÖNSTEN STÄDTE DER HEBRIDEN: TOBERMORY.

Wenn man von Bunnahabhains Pier nach Norden blickt, kann man an einem klaren Tag zwischen der Küste Juras und dem höchsten Gipfel Islays die flache Insel Colonsay ausmachen. Dahinter liegt etwas Dunkelblaues, das man für eine Wolke halten könnte: die oberen Hänge des Ben More (zu Deutsch »großer Hügel«), der über dem Süden der Insel Mull emporragt.

Wer kein Auto hat, kann diesen Teil von Mull von ebendiesem Pier aus erreichen. Die *Lady Jane* kommt jeden Montagabend hier vorbei und schippert über Colonsay, wo sie über Nacht vor Anker geht, nach Uisken, dessen Name einen sofort an Whisky denken lässt. Von hier aus ist es nur ein kurzes Stück zum großen Hügel oder zur Fionnport-Fähre, die zwischen Mull und der heiligen Insel Iona verkehrt.

TOBERMORY IST mit seinen wie mit buntem Zuckerguss überzogenen Häusern direkt am Ufer ein Magnet für Segler und Whiskyliebhaber.

BRENNEREI-STECKBRIEF

TOBERMORY GEGRÜNDET: 1823.
BESITZER: Burn Stewart Distillers Ltd.
VERFAHREN: Pot Stills. PRODUKTION: 9000 hl.

Hier kann man sich ganz der Romantik hingeben: Mendelssohn komponierte *Die Fingalshöhle* nach einer Reise zu den beeindruckenden Basaltsäulen der Insel Staffa, die auch Turner zu einem Gemälde inspirierte. Man könnte den romantischen Faden noch weiter spinnen und die Abtei St. Columba auf Iona zur Wiege der Destillierkunst in Schottland erheben, doch dafür gibt es leider keine Belege.

Obwohl Mull die zweitgrößte Insel der Inneren Hebriden ist, hat es weniger Einwohner als Islay. Die meisten Besucher legen nach der Überfahrt von Oban nur einen kurzen Zwischenstopp ein, bevor sie nach Iona weiterreisen. In letzter Zeit verzeichnet Tobermory, die Hauptstadt von Mull, wachsende Besucherzahlen und man möchte annehmen, die wieder eröffnete gleichnamige Brennerei sei der Grund dafür – wahrscheinlich ist der Andrang jedoch eher darauf zurückzuführen, dass eine beliebte Kindersendung *(Die Wombles)* in Tobermory spielte.

Der erste große Whiskyforscher Alfred Barnard fragte sich, warum Tobermory lange so vernachlässigt würde. Er beschrieb die Insel als zerklüftet und gebirgig, mit einer rauen Küste, aber tiefem und ertragreichem Boden. Dieses fruchtbare Land hätte einige Brennereien mit Gerste versorgen können. Trotzdem wurde sogar in den 1880er-Jahren Malz vom

ISLAY UND DIE INSELN

TOBERMORYS POT STILLS *mit hohem Hals erzeugen einen besonders leichten, reinen, duftenden Feinbrand.*

Festland eingeführt. Infolge der Auswanderungswellen ab Ende des 18. Jahrhunderts hatte die Bevölkerung stark abgenommen. Die Bauern waren gezwungen worden, ihre Gerstenfelder aufzugeben und hatten kleine Stücke Land an ebenjener rauen Küste übernommen. Warum? Wegen der Algen. Die Bauern versuchten, an der erhöhten Nachfrage nach Seetang von Seiten der Glas- und Seifenhersteller zu verdienen.

Die Bewohner von Mull waren begeisterte Whiskyhersteller und -trinker. Martin Martin berichtete nach einem Besuch der Insel 1695, dass die Einheimischen gegen die Folgen besonders feuchter Witterung gern ein ordentliches Glas *aqua vitae* zu sich nähmen. Vor den Clearances wurde ein Viertel der Getreideernte zum Brennen verwendet.

TOBERMORY

Die Stadt Tobermory wurde von den Stevensons gegründet, den rührigen Unternehmern, die auch für den Erfolg von Oban *(siehe S. 106)* verantwortlich waren. 1823 eröffnete John Sinclair, ein durch den Verkauf von Seetang zu Reichtum gelangter Händler, die Brennerei in Tobermory. Leider lief sie nicht besonders gut und blieb zwischen 1837 und 1878 geschlossen.

Nach einem kurzen Intermezzo im Besitz von DCL wurde sie 1930 erneut stillgelegt, bis ein Konsortium sie 1972 wieder zum Leben erweckte. Das Experiment währte nur drei Jahre. Die Lagerbestände wurden aufgekauft und unter dem ebenfalls erworbenen Markennamen als Vatted Malt (ein Verschnitt aus Malt dieser Brennerei und anderen Single Malts) verkauft, was einige Verwirrung stiftete. Der Whisky wurde zwar nicht so negativ bewertet wie der von Diageo mit dem glei-

> ## VERKOSTUNG
>
> DIE EINZIGE BRENNEREI auf Mull liegt am Hafen des Hauptortes und erzeugt ihren berühmten Malt mit und ohne Torf.
>
> **TOBERMORY**
> 10 JAHRE, 40 VOL.-%
>
> **Farbe:** Goldgelb
> **Nase:** eindringlich, malzig und frisch; leichter Duft im Hintergrund
> **Körper:** leicht; weiches Gefüge
> **Gaumen:** nussig und würzig; süße Eiche
> **Nachklang:** weich und bemerkenswert süß
>
> **LEDAIG**
> 7 JAHRE, 43 VOL.-%
>
> **Farbe:** kräftiges Goldgelb
> **Nase:** heißer Teer, geräuchertes Fleisch; mit Wasser eine sahnige Malznote
> **Körper:** mittel; weich
> **Gaumen:** weich, süß; reife Birne, Malz und verhaltene Rauchigkeit; ausgewogen
> **Nachklang:** rauchig, mittellang
>
> **TOBERMORY 10 JAHRE**

chen Trick vermarktete Cardhu *(siehe S. 155)*, aber er war dem Ruf von Tobermory auch nicht gerade zuträglich.

Doch zum Glück war die Brennerei genau wie Bladnoch nicht totzukriegen; 1993 wurde sie von Burn Stewart übernommen. Der neue Besitzer räumte den inzwischen dort gelagerten Käse aus den Gärräumen und fuhr die Brennanlagen wieder hoch. Die Pot Stills sehen mit ihrem (ähnlich wie bei Braeval) senkrecht abstehenden Lyne Arm ziemlich merkwürdig aus, doch dank dieser Form lässt sich ein leichter und andeutungsweise süßer Whisky erzeugen. Burn Stewart war so klug, auch die getorfte Variante Ledaig (nach dem ursprünglichen Namen der Stadt) wieder ins Programm aufzunehmen, für die in Port Ellen gemälzte Gerste verwendet wird. Der flotte kleine Siebenjährige ist sehr vielversprechend.

SKYE

DIE ROMANTISCHE INSEL SKYE IST REICH AN MÄRCHEN- UND HELDENGESCHICHTEN,
DOCH DER WAHRE KLASSIKER DER INSEL IST TALISKER, EIN WARMER UND ZUGLEICH
RAUER SINGLE MALT, DER AN DEN UFERN DES LOCH HARPORT ENTSTEHT.

Skye ist eine kompromisslose Insel: Die Berge ragen steil aus dem Meer empor, der schwarze und rote Stein glänzt in der Sonne wie poliert; die Täler fressen sich tief ins Heideland hinein; die Mücken sind erbarmungslos. Eine ungestüme Landschaft: erloschene Vulkane, tosendes Meer, über den Himmel fegende Wolken. Einen Vorgeschmack bekommt man, wenn man in der Bar des Hotels Sligachan den Abenteuergeschichten der Bergsteiger lauscht.

Uns erscheinen die Hebriden sehr abgelegen, für die Leute, die dort leben, sind sie hingegen der Nabel der Welt. Wir sehen sie mit den Augen von Städtern, und genau diese Verschiebung vom Ländlichen zum Städtischen trug dazu bei, dass Anfang des 19. Jahrhunderts so viele Brennereien geschlossen wurden. Whisky wandelte sich von einer lokalen zu einer nationalen Angelegenheit; aus einem für den Eigenbedarf erzeugten Getränk wurde eine Handelsware. Auch heute noch ist man zu den Hebriden lange unterwegs; da alles, was man brauchte, über das Meer herantransportiert werden musste, war diese Abgelegenheit für die sieben Brennereien, die 1823 auf den Inseln in Betrieb waren, irgendwann einfach nicht mehr tragbar.

BRENNEREIEN-STECKBRIEF

TALISKER GEGRÜNDET: 1831.
BESITZER: Diageo. VERFAHREN: Pot Stills.
PRODUKTION: 19000 hl.

Tiree war eines der Opfer. Das gälische *tioridh* heißt »Getreideland«. Bis zur Mitte des 19. Jahrhunderts ernährte die Kornkammer der Hebriden über 4000 Einwohner und exportierte mehr Whisky als sie dafür notwendige Rohstoffe importierte. Doch letzten Endes war Tiree zu abgelegen, als dass man dort wirklich eine Brennerei hätte betreiben können.

Dasselbe gilt für die meisten anderen Inseln der Hebriden mit Ausnahme von Islay. Nur auf Skye hat sich noch eine Brennerei gehalten.

TALISKER – DIE BRENNEREI

Beim Sligachan gabelt sich die Straße. Die linke Abzweigung führt nach Nordwesten, am Loch Harport entlang, an dessen Ufer die weiß getünchten Gebäude der Talisker-

ERLOSCHENE VULKANE bilden den schroffen Storr, der eine beeindruckende Kulisse für die Talisker Distillery abgibt.

VERKOSTUNG

URWÜCHSIG, RAUCHIG, mit Meeresnoten: Im Malt der Insel Skye spiegelt sich dessen Heimat wider. R.L. Stevenson bezeichnete ihn als »König der Getränke«.

TALISKER
10 JAHRE, 45,8 VOL.-%

Farbe: kräftiges Goldgelb
Nase: trocken, Mandeln, Heide, Erde, Hummertopf, Lakritz; Zusammenspiel zwischen trockener Rauchigkeit und süßen Noten
Körper: mittel
Gaumen: reife Birne, Rauch, leichte Minznote; Heideblüten; sahnige Eiche
Nachklang: pfeffrig

10-JÄHRIGER TALISKER

TALISKER
18 JAHRE, 45,8 VOL.-%

Farbe: Goldgelb
Nase: komplex, brennende Heide, süßer Tabak, altes Lagerhaus, gelöschtes Feuer; darunter Marzipan-/Nougat-Butterkekse und eine leicht kräuterwürzige Note; jede Menge Rauch; voll
Körper: voll
Gaumen: langsamer Beginn, dann Pfeffer, eine leichte Räucherfischnote, Obstsirup; baut sich nach und nach zu einem explosiven Nachklang auf
Nachklang: rote Pfefferkörner

TALISKER
20 JAHRE, 58 VOL.-%

Farbe: Strohgelb/Hellgoldgelb
Nase: leichter Rauch; komplex; Macadamianuss, nasses Tau, Salz, brennendes Moor, rußiger Schornstein, nasse Algen
Körper: voll
Gaumen: bringt die ganze Komplexität zur Geltung; verhaltene Eiche, Heide, süße birnenartige Früchte und dunkle Rauchigkeit
Nachklang: Jod; nachhaltig; süß

Brennerei liegen. Hier ist es ruhig; die lange gewundene Bucht bietet Schutz vor dem oft stürmischen Meer. Wenn man zurückblickt, sieht man den Kamm der Cuillin Mountains in den Himmel hineinragen.

Die Brüder Hugh und Archie MacAskill siedelten 1825 von Eigg hierher um und erwarben das Talisker House. Die MacAskills waren allerdings keine talentierten Brenner, und die Brennerei ging durch viele Hände, bis sie 50 Jahre nach ihrer Gründung von A. G. Allan und seinem Geschäftspartner Roderick Kemp wieder aufgebaut wurde. Kemp stieg 1892 aus und kaufte Macallan; Allan legte daraufhin Talisker mit seiner

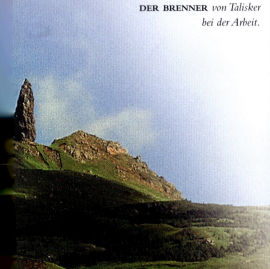

DER BRENNER *von Talisker bei der Arbeit.*

anderen Brennerei, Dailuaine, zusammen, die zu jener Zeit der größte Herstellerbetrieb in den Highlands war. 1925 kamen Dailuaine und Talisker zu DCL (die seit 1916 Anteilseigner gewesen war). Wie so viele andere Brennereien war Talisker von den Blendern gerettet worden.

Heute kann man Whisky namens Isle of Skye und eine Reihe gälischer Whiskys, darunter Poit Dubh und Te Bheag, bei dem auf Skye ansässigen Händler Praban na Linne kaufen. Talisker ist die einzige Brennerei auf der größten Insel der Hebriden. Sir Iain Noble, der Gründer von Praban na Linne, soll aber angeblich Pläne in der Schublade haben, eine kleine Brennanlage im Süden von Skye zu betreiben.

TALISKER – DER WHISKY

Der Grund dafür, dass Talisker trotz des abgelegenen Standortes Erfolg hatte, ist seine gute Qualität: Er ist ein erstklassiger Whisky, der nicht nur einzeln abgefüllt wird, sondern auch in Blends eingeht. Wie zur Bestätigung schmückte einst der energisch voranschreitende Johnnie Walker sein Etikett. Talisker wurde bis 1928 – für einen Insel-Malt sehr ungewöhnlich – dreifach destilliert und ist auch heute noch ein sehr individueller Malt.

Es gibt zwei Wash Stills und zwei Spirit Stills. Der Lyne Arm hat einen u-förmigen Knick und ein Purifier erhöht den Rückfluss. Die Dämpfe werden in traditionellen Kühlschlangen kondensiert, was dem Destillat Fülle verleiht. Hinzu kommt eine ordentliche Menge Torf und fertig ist das Rezept für einen äußerst komplexen Malt, der erzählt, woher er kommt: brennende Heide, Torfrauch, Algen, salzige Luft und nasse Taue.

Wenn Talisker sich dank seiner Qualität hält und Arran nun mit einer brandneuen Brennerei aufwartet *(siehe S. 108)*, fragt man sich schon, ob man nicht auch Tiree eine Chance geben sollte. In der Welt des Malt sind schließlich schon sehr viele Wunder geschehen.

ORKNEY

DER NÖRDLICHSTE VORPOSTEN DER SCHOTTISCHEN WHISKY-
HERSTELLUNG IST EIN SCHMELZTIEGEL DER KULTUREN UND
DIE HEIMAT ZWEIER ÄUSSERST FEINER MALTS.

Wenn man Orkney erblickt – grüne Scheiben auf dem silbrigen Meer – merkt man sofort: Hier ist alles anders. Auf den 70 Inseln verschwimmen wie nirgendwo sonst in der nördlichen Hemisphäre die Grenzen zwischen Vergangenheit und Gegenwart. Man fühlt sich wie in einer anderen Welt.

Der griechische Entdecker Pytheas meinte 330 v. Chr., *ultima Thule*, den Nordrand der Welt, vor sich zu haben. Die Inseln sind jedoch alles andere als ein unbewohntes Randgebiet, sondern schon seit 8000 v. Chr. bevölkert. Das Haus in Knap of Howar auf Papay wurde 3600 v. Chr. erbaut und ist noch älter als Skara Brae, eine Siedlung aus der Jungsteinzeit, in der Schränke und Betten noch vollständig erhalten sind.

Orkney ist ein Land der Menhire, Steinkreise und Grabhügel – jede Kultur hat hier ihre Spuren hinterlassen: die Wikinger ihre Runen auf den Wänden von Maes Howe, die Pikten ihre geheimnisvollen Schnitzereien. All das verleiht der Landschaft etwas Magisches. Selbst die St. Magnus Cathedral in Kirkwall strahlt mit ihren massiven, unbehauenen roten und goldgelben Sandsteinpfeilern eine ganz andere Würde aus als ihre eleganten Zeitgenossen in England. Vielleicht liegt das daran, dass auf den Orkneyinseln die von Menschen hinterlassenen Spuren, anders als sonst in Großbritannien, erhalten bleiben und Teil der Landschaft werden. Wo sonst wären italienische Kriegsgefangene auf die Idee gekommen, aus einer Wellblechhütte eine Kapelle samt Trompe-l'œuil-Marmorboden zu bauen?

> **BRENNEREIEN-STECKBRIEF**
>
> **HIGHLAND PARK** GEGRÜNDET: 1798.
> BESITZER: The Edrington Group. VERFAHREN: Pot Stills.
> PRODUKTION: 25 000 hl.
>
> **SCAPA** GEGRÜNDET: 1885.
> BESITZER: Allied-Domecq. VERFAHREN: Säulenbrennverfahren. PRODUKTION: 10 000 hl.

Orkney gehört zwar zu Großbritannien, ist aber alles andere als britisch und auch nicht schottisch. Es war 700 Jahre lang ein strategisch wichtiger Stützpunkt am Westrand des normannischen Herrschaftsgebietes und diente als Ausgangspunkt für Raubzüge an der Nord- und Westküste Schottlands sowie entlang der Ostküste Englands. Die Hebriden (einschließlich Islay) blieben das gesamte 13. Jahrhundert hindurch Norwegen treu: Angus Mor, Lord of Islay, kämpfte 1262 in der Schlacht bei Largs auf der Seite der Wikinger; nach deren Niederlage wurden die Hebriden gegen ein jährliches Entgelt an Schottland verpachtet.

Mitte des 14. Jahrhundert hatte Schottland seit Jahrzehnten den Pachtzins nicht mehr entrichtet und schuldete dem norwegischen König Christian I. eine große Summe. Da dieser die Verbindungen zu Schottland stärken wollte, gab er 1465 König Jakob III. seine Tochter Margaret zur Frau; als Aussteuer versprach er den Erlass der Schuld und 60 000 Gulden. Er zahlte jedoch nur 2000 Gulden und überließ Schottland Orkney als Pfand. Die Dänen verbrachten die nächsten 300 Jahre damit, »ihre« Inseln zurückzufordern, jedoch ohne Erfolg: Orkney war ein Teil Schottlands geworden – so sahen es zumindest die Schotten; die Orkneyer waren immer etwas anderer Meinung.

HIGHLAND PARK

Der Whisky trug seinen Teil zu dieser langen, wechselvollen Geschichte bei: Highland Park ist einer der feinsten Malts überhaupt. Die nördlichste Malt-Brennerei Schottlands wurde 1798 von Magnus Eunson gegründet, tagsüber Pfarrer und nachts Schwarzbrenner. Der Mann, der die zwei gegensätzlichen Lebensauffassungen miteinander versöhnt, ist ein wiederkehrendes Motiv in der keltischen und nordischen Geschichte.

Zu Anfang des 18. Jahrhunderts war Kirkwall eine Schmuggelhochburg und die Ware wurde oft in Kirchen versteckt. Die

SKARA BRAE *ist eine der vielen Siedlungen aus der Jungsteinzeit auf den Orkney-Inseln.*

VERKOSTUNG

Eine der herausragendsten Brennereien Schottlands erzeugt eine Reihe ausgezeichneter Malts mit den für Orkney typischen Heidenoten.

HIGHLAND PARK
12 JAHRE, 40 VOL.-%

Farbe: ins Bernsteingelbe spielendes, kräftiges Goldgelb
Nase: würziger Honig; süße Orangenschale; etwas Torf; Walnuss
Körper: mittel
Gaumen: leicht trocken; Heidehonig, getrocknete Kräuter; leichter Malzton
Nachklang: nachhaltig, recht trocken; Heide

12-JÄHRIGER HIGHLAND PARK

HIGLAND PARK
18 JAHRE, 40 VOL.-%

Farbe: Bernsteingelb
Nase: Trockenobst, Trockenblumen, Vanilleschote, Schokolade, Heideblüten, Rosenwasser
Körper: reif und voll
Gaumen: vollmundig, gehaltvoll; Honigton, karamellisierter Pfirsich, Heide
Nachklang: nachhaltig, süß, dann Rauch

HIGLAND PARK
25 JAHRE, 40 VOL.-%

Farbe: Bernsteingelb
Nase: dick, süß; Malz, Bitterorange, Aprikose, überreife Birne, Gerstenzucker; geröstete Mandeln, warme Gewürze, Fondant, Bucheckern
Körper: reichhaltig, voll
Gaumen: Gleichgewicht zwischen karamellisiertem Obst, Obstschale, Honig und Heiderauch; vollmundig; Fondant/Schokolade; kernig
Nachklang: weich; Toffee; Rauch

HIGHLAND PARK *liegt hoch über der windumtosten Stadt Kirkwall. Viele der Mitarbeiter treten in die Fußstapfen früherer Generationen, die ihr Leben lang in der Whiskyherstellung arbeiteten.*

Stadträte empfingen die Steuereinnehmer mit üppigen Festmählern, angeblich um ihnen zu danken, in Wirklichkeit jedoch um sie auszuhorchen.

LEGALISIERUNG UND AUSBAU

Eunsons Farm lag an der »Whiskystraße« von Kirkwall nach Holm; die Brennerei ist nach zwei im High Park (dem höchsten Feld) entspringenden Quellen benannt. Eunson wurde zwar 1813 festgenommen, aber nie angeklagt: John Robertson, der Polizist, der ihn festgenommen hatte, kaufte den Besitz und machte eine legale Brennerei daraus.

Der Betrieb wurde nach und nach ausgebaut; Mitte des 19. Jahrhunderts belieferte er Spitzenhersteller wie Chivas, Gilbey, Haig, Ballantine und Dewar und verkaufte einen geringen Anteil als Single Malt. 1936 wurde er von Highland Distillers übernommen.

ORKNEY-MALT

Der erste Highland Park wurde auf eine für Orkney typische Weise hergestellt: Bere-Gerste wurde hier viel länger als auf dem Festland verwendet und die Brennerei lagerte Bündel getrockneter Heideblüten in einem eigenen Schober und verbrannte sie im Trockenofen, um dem Malt eine extra Portion Duft mitzugeben. Dadurch erhielt der Malt aus Orkney einen ganz besonderen Stil und Geschmack.

Das einzige Zugeständnis an die Tradition sind heute die merkwürdigen y-förmigen Mälzböden, die immer noch 20 Prozent des Bedarfs der Brennerei (und den gesamten getorften Malz) liefern. Die Brennerei ist kein moderner Zweckbau, sondern die Gebäude wuchsen sozusagen mit, als die Nachfrage (und das Ansehen) stieg. Man muss sich bücken, um von einem Raum in den anderen zu gelangen, und sieht die Brennerei daher aus einem ungewöhnlichen Blickwinkel. Es ist, als wolle sie einem mit allen Mitteln verständlich machen, dass sie allein der Whiskyherstellung dient und keine Touristenattraktion ist.

EIN GROSSER WHISKY

Highland Parks Wasser ist hart, was für schottische Malt-Brennereien ungewöhnlich ist, aber den Whisky nicht sehr verändert. Durchaus von Einfluss ist hingegen der Torf von Orkney, der fast ausschließlich aus Heide besteht – daher könnte das besondere Aroma des Whiskys stammen. Das getorfte Malz wird in der Brennerei gemälzt und gedarrt; der Rest wird aus Mälzereien in Tamdhu angekauft.

Die traditionelle Brennerei, die auch moderne Seiten (z.B. computergesteuerte Anlagen) hat, erzeugt einen Whisky, in dem das Beste aus allen anderen schottischen Regionen zu einem üppigen Ganzen verschmilzt: Er besitzt Noten von Torf, Honig, Orange, eine fondantartige Süße, eine volle, rosinentönige Tiefe und vor allem Ausgewogenheit. Der Geschmack setzt sich aus vielen Schichten zusammen – so wie die Orkneyinseln aus einer Überlagerung vieler Kulturen entstanden. Wie jeder große Whisky ist er ein Ausdruck seiner Zutaten, seiner Heimat und der Menschen, die dort leben. Kein anderer Ort könnte ihn hervorbringen, aber es ist eben auch kein anderer Ort wie Orkney.

SCAPA

Über dem Renommee von Highland Park (er ist einer der wenigen Malts, über dessen Klasse sich alle Brenner einig sind) vergisst man leicht, dass es in Kirkwall noch eine zweite Brennerei gibt. In den letzten acht Jahren fuhr man auf dem Weg zu Highland Park an den geduckten Gebäuden der Scapa-Brennerei vorbei, ohne sie eines

EIN WRACK aus dem Zweiten Weltkrieg versperrt die Zufahrt zum Scapa Flow.

Blickes zu würdigen. Der Besitzer Allied-Domecq betrieb die Brennerei jedes Jahr nur für kurze Zeit, um die Lagerbestände aufzufüllen, und heuerte dafür Mitarbeiter von Highland Park an. Als der Strom ausfiel und das Dach des Maischgebäudes einstürzte, schien dies das endgültige Aus für Scapa zu bedeuten.

Doch 2004 kündigte Allied-Domecq eine Investition in Höhe von drei Millionen Euro an und beschloss, den Whisky als Spitzen-Malt zu vermarkten. Die Brennerei, die Alfred Barnard 1887 als die »vollendetste kleine Brennerei im Königreich« bezeichnete, ist wieder auf dem Vormarsch.

Scapa verfügt über eine der letzten noch in Betrieb befindlichen Lomond Stills, und diese verleiht dem Malt seine üppige, fast ölige Saftigkeit. Scapa ist ein unerhört süffiger Malt, den man pur, gemixt, gekühlt und sogar gefroren trinken kann. Schön, dass es ihn wieder gibt!

Der dritten Brennerei auf Orkney, Stromness, war dieses Glück nicht beschieden: Sie wurde 1928 geschlossen. Barnards Beschreibung nach muss sie eine der ungewöhnlichsten Brennereien in Schottland gewesen sein: kaum mehr als eine illegale Brennblase, für die eine Genehmigung erteilt worden war.

Während die meisten Brennereien größere Brennapparate anschafften und ihre Gebäude ausbauten, als sie offiziell zugelassen wurden, verwendete der Besitzer von Stromness weiter die kleinen Brennblasen, die ihm in den Zeiten der Schwarzbrennerei offenbar gute Dienste geleistet hatten: »Sie ist geformt wie ein Kürbis, auf dem eine ähnlich beschaffene, ein Viertel so große Kammer sitzt, die das Überkochen verhindern soll und durch die der Hals zum Kopf der Blase führt.« Aus diesem kuriosen Apparat flossen zu Zeiten Barnards nur 320 Hektoliter im Jahr, während Scapa und Higland Park 1800 beziehungsweise 1350 Hektoliter erzeugten – wobei der Ausstoß nicht immer eine Gewähr für dauerhaften Erfolg ist.

Auf dem Gelände der Stromness-Brennerei entstand eine Siedlung, in der der Orkneyer Dichter George Mackay Brown lebte – eine weitere Querverbindung in der Geschichte von Orkney.

DIE SCAPA DISTILLERY schmiegt sich in ein grünes Tal direkt am Meer. Hier entsteht ein unterschätzter Orkney-Klassiker.

VERKOSTUNG

DIE SCAPA-MALTS spielten im Orchester der Orkney-Whiskys immer nur die zweite Geige, haben durch ihre Fülle bei Kennern jedoch Kultstatus.

SCAPA
12 JAHRE, 40 VOL.-%

Farbe: Altgoldgelb
Nase: überreifes Obst (Aprikose/Pfirsich), Pfirsichkern, Honig und ein Anflug von Rauch; füllig
Körper: voll, weich, reichhaltig
Gaumen: exotisch, vollmundig; mit tropischen Früchten (Mango, Guave) gefüllt, Obstsalat; nachhaltig
Nachklang: kernig; Kokos

12 JAHRE ALTER SCAPA

SCAPA CHIEFTAIN'S CHOICE
16 JAHRE

Im Sherryfass zu Ende gereift.

Farbe: dunkles Bernsteingelb/Rotbraun
Nase: fett, Sherrynoten, Walnuss/Pekannuss, Datteln, Toffee, Leder mit Öl-/Honignoten
Körper: dick, süß und sehr saftig
Gaumen: reif und voll, umgeben von einem trockenen Nusston; kräftig
Nachklang: weich; Trockenobst

OLD PULTENEY

IM NORDOSTEN SCHOTTLANDS LIEGEN EINIGE DER AUSGEFALLENSTEN
MALT-BRENNEREIEN DES LANDES, VON DENEN VIELE ZIEMLICH UNBEKANNT SIND.
UNSERE ENTDECKUNGSREISE BEGINNT BEI DER ABGELEGENSTEN VON ALLEN.

Wick liegt rund 30 Kilometer südlich von John o' Groat's und ist eine der Städte, an denen man normalerweise vorbeifährt. Die wenigen, die in Wick anhalten, stoßen auf eine recht ansehnliche Stadt, die irgendwann einmal eine Menge Geld angezogen haben muss. Sie erinnert an Campbeltown *(siehe S. 110–113)*, das ebenfalls versucht, an vergangenen Ruhm anzuknüpfen.

Das war nicht immer so. Anfang des 19. Jahrhunderts wandelte sich Wick vom Fischerdorf zu einem geschäftigen Städtchen. Jedes Jahr im Sommer war es sechs Wochen lang die Heringshauptstadt Europas und in den 1840er-Jahren liefen über 1000 Heringsfangschiffe im neu errichteten Hafen ein und aus. Wanderarbeiter kamen aus allen Teilen der Highlands und von den Inseln nach Wick zum Fischen, Ausnehmen, Weiterverarbeiten und Verpacken der Heringe, die bis ins Baltikum verkauft wurden.

NACHFRAGE NACH WHISKY

Diese Arbeiter hatten Hunger – und vor allem Durst. Ein örtlicher Pfarrer bezeichnete die Kneipen in Wick als »Schulen von Satan und

BRENNEREIEN-STECKBRIEF

OLD PULTENEY GEGRÜNDET: 1826.
BESITZER: Inver House Distillers Ltd.
VERFAHREN: Pot Stills. PRODUKTION: 10 000 hl.

Luzifer«. Dort wurde Whisky ausgeschenkt, viel Whisky. »Man kann es kaum glauben«, fuhr der Reverend fort, »aber in sechs Wochen erfolgreichen Fischens gehen täglich 500 Gallonen [2275 Liter] Whisky über die Theke.«

Um diesen höllischen Durst zu stillen, brauchte man eine Brennerei. Der Schwarzbrenner James Henderson errichtete 1826 seinen Betrieb in Pulteneytown. Zeitgenössischen Quellen zufolge war der ursprüngliche Pulteney-Whisky ein Torfmonster – weil es keinen anderen Brennstoff gab, wurden sogar die Brennblasen über Torffeuern erhitzt.

Doch auf jeden Boom folgt eine Rezession. Die Fangschiffe wurden im Ersten Weltkrieg von der Kriegsmarine beschlagnahmt und nie zurückgegeben. Ende der 1920er-Jahre grassierte die Arbeitslosigkeit und für die Bedürftigen wurden Suppenküchen eingerichtet. In der irrigen Annahme, man könne damit die Alkoholsucht eindämmen, wurde 1922 in Wick wie in 56 anderen schottischen Städten der Verkauf von Alkohol verboten; das Verbot blieb bis 1939 in Kraft. Die Brennerei wurde 1930 vom damaligen Besitzer DCL geschlossen und 20 Jahre später vom Besitzer der Balblair Distillery *(siehe S. 136)* erworben.

1959 übernahm Hiram Walker (heute Allied-Domecq) beide Brennereien und für Pulteney wendete sich das Blatt. Der neue Besitzer richtete die Brennerei wieder her und steigerte die Produktion, um Whisky für damals erfolgreiche Blends wie Ballantine's zu liefern. Doch auch dieser Höhenflug fand ein Ende: Als der Markt für Blends stagnierte, waren abgelegene Brennereien die ersten, auf die man verzichten konnte.

Pulteney kränkelte vor sich hin, bis es 1997 erneut gerettet wurde, diesmal von Inver House, das klugerweise beschloss, den Whisky als Single Malt zu vermarkten. Er war eine regelrechte Offenbarung: ein leichtes Meeresaroma, ein öliges Gefüge und ein knochentrockener Nachklang.

OLD PULTENEY

Irgendwie passt es ja, dass diese praktisch vergessene Brennerei in einem der entlegensten Winkel Schottlands nicht viel von sich reden macht. Und es passt auch, dass sie so eigen ist. Ihre Apparaturen wirken auf eine merkwürdige Weise viel zu groß für die Räume, in denen sie stehen. Doch wenn man sich am Maischbottich vorbeigezwängt hat, wird man mit zwei Pot Stills belohnt, deren kurioses Aussehen seinesgleichen sucht.

Die Old Pulteney Distillery *ist vielleicht nicht besonders schön, aber sehr produktiv: Sie erzeugt jährlich 10 000 hl hervorragenden Malt.*

In den Fässern, *die bei Old Pulteney im Hof stehen, lagerte vorher meist Bourbon. Der Malt wird zwar »Manzanilla des Nordens« genannt, aber Sherryfässer werden, wenn überhaupt, nur sehr selten verwendet.*

VERKOSTUNG

So sonderbar wie die Brennerei: Old Pulteney bietet überraschende Geschmacks- und Geruchsnoten.

OLD PULTENEY
12 JAHRE, 40 VOL.-%

Farbe: Goldgelb
Nase: Ölzeug, Nerzöl, Kokos, Milchschokolade, Mango
Körper: voll, weich
Gaumen: Karamellbonbon, Honigwabe, reife Nektarine, eine ganz leichte Meeresnote
Nachklang: glatt; nachhaltig

OLD PULTENEY
8 JAHRE, GORDON & MACPHAIL, 40 VOL.-%

Farbe: Goldgelb
Nase: staubiges Lagerhaus; ein Anflug von Meeresaroma und Beeren
Körper: fest
Gaumen: schönes öliges Mundgefühl, saftiges Obst, Kaugummi; etwas Rauch, trockene Eiche
Nachklang: frisch und lebhaft

Die Wash Still verfügt über einen überdimensionalen Kochkolben, der wie ein Kropf über dem runden Topf sitzt, und einen flachen Deckel. Der Lyne Arm der Spirit Still macht mehrere Knicke, bevor er an der Wand andockt, auf deren anderen Seite sich die Worm Tub befindet.

Diese wundersame Brennerei hat sich gehalten und gedeiht sogar überaus prächtig. Vielleicht hätten noch mehr Leute auf den Schriftsteller Neil M. Gunn hören sollen, der den Whisky seiner Heimat so beschrieb: »Als ich alt genug war, um Old Pulteney gewachsen zu sein, war ich beeindruckt von seiner Qualität ... Ich erkannte in ihm einige deutliche Züge des nordischen Temperaments wieder.«

Whisky ist ganz klar ein Kind seiner Heimat, nicht nur im Sinne des *terroir*, sondern auch, weil seine Schöpfer ihm oft ihren Stempel aufdrücken. Es ist daher nicht verwunderlich, dass der Whisky der Nordostküste seine ganz eigene Art hat.

Die Spirit Still bei Old Pulteney sieht aus wie die Tuba oder das Sousaphon eines Riesen. Kenner der Whiskygeschichte können in dieser Brennerei, die in einem Fischerhafen steht, noch einige weitere Raritäten entdecken.

CLYNELISH

EIN WEITERER BEWEIS FÜR DIE EIGENTÜMLICHKEIT DES NORDOSTENS IST
SEINE ZWEITE BRENNEREI. DIE DORT ERZEUGTEN EINZIGARTIGEN ÖLIGEN MALTS
MIT WACHSIGEM GEFÜGE BEHIELTEN DIE BLENDER LANGE FÜR SICH.

Wie vielfältig die Landschaft in Nordostschottland ist, zeigt sich erst so richtig, wenn man die Sandsteinklippen und das Ackerland rund um Wick hinter sich gelassen hat. Die vermeintlich öden Torfmoore sind Lebensraum für viele Tiere und Pflanzen. Aus dem braun-grau-orangenen Sumpfland ragen im Süden die hohen Gipfel des Morven und des Scaraben und im Westen der Ben Hope und der Ben Loyal empor.

Nur die breiten fruchtbaren Täler waren bevölkert. Zu Beginn des 19. Jahrhunderts lebten 15 000 Menschen in den Tälern, die zum Besitz der Duchess of Sutherland gehörten. Doch Mitte des Jahrhunderts säuberten die Duchess, der Duke und ihre Verwalter Patrick Sellar und Francis Suther das Land erbarmungslos; die Häuser der Pächter wurden angezündet und die Menschen an die Küste vertrieben, wo aus den Bauern Fischer werden sollten. Die Einheimischen erinnern sich noch heute mit Bitterkeit an diese »Clearances«.

BRENNEREIEN-STECKBRIEF

CLYNELISH GEGRÜNDET: 1819.
BESITZER: Diageo. VERFAHREN: Pot Stills.
PRODUKTION: 34 000 hl.

1819 hatte der Duke eine neue Idee: Er errichtete eine Brennerei in der Küstenstadt Brora, um den Pächtern Arbeit zu geben und sie davon abzuhalten, illegal Whisky zu brennen (und Geld zu verdienen). Wahrscheinlich war das die einzige gute Tat, die er in seinem Leben vollbrachte. Die Clynelish Distillery genoss bald großes Ansehen und wurde 1896 zu einem klassischen, mit Pagodendächern gekrönten viktorianischen Produktionsbetrieb ausgebaut.

1912 ging Clynelish in den Besitz von DCL über und vier Jahre später erwarben John Walker & Sons eine Beteiligung an der Brennerei – hauptsächlich um sich den Grundstoff für ihre eigenen Blends zu sichern. Clynelish war als Whisky für Blends hochgeschätzt, wurde jedoch auch als Single Malt verkauft und als solcher in Charles Saintburys 1920 erschienenem Werk *Notes on a Cellar-Book* erwähnt.

DAS NEUE CLYNELISH

Besucher können nicht das Innere der ursprünglichen Brennerei, sondern nur die Gebäude der neuen Brennerei besichtigen, in der aber mit der gleichen Art von Pot Stills die gleiche Art Whisky hergestellt wird: ungetorft und voller Noten fleischiger

DIE NEUE CLYNELISH DISTILLERY *verwendet weiterhin Wasser aus dem Clynemilton Burn, um sicherzugehen, dass der Single Malt sich nicht verändert.*

DIE ALTE BRORA DISTILLERY *ist stillgelegt, aber ihr Name lebt in Spezialabfüllungen fort.*

Früchte. Die alte Brennerei wurde ausrangiert, als die neue gebaut war, doch schon zwei Jahre später wiederbelebt, als ihrem Besitzer der stark getorfte Malt für seine Blends, namentlich Johnnie Walker, ausging. Sie wurde etwas irreführend Clynelish B getauft, doch bald in Brora umbenannt und 1983 geschlossen. Diageo verkauft die letzten Lagerbestände als Spezialabfüllungen in Anerkennung der Qualität dieses Malt mit Noten von Torf, Lanolin, nassem Leinen und gelegentlich einem Hauch Salz.

Was Clynelish und Brora von allen anderen Malts unterscheidet, ist ihr deutlich öliges und wachsiges Gefüge: Clynelish erinnert in der Jugend an Waffenschmieröl, gewachste Jacken und Kerzenwachs und entfaltet in reifem Alter eine mundschmeichelnde Sinnlichkeit. Er verleiht Blends – vor allem von Walker, aber auch von anderen Herstellern – ein wunderbares Mundgefühl, und das ist einer der Gründe, warum er als Malt-Marke nicht stärker gepuscht wurde.

Für das Geheimnis von Clynelish gibt es eine einfache Erklärung. Während des Brennbetriebs bildet sich im Auffangbehälter für den Vor- und Nachlauf ein natürlicher und unschädlicher schmieriger Satz, der bei allen Brennereien in den Betriebsferien entfernt wird – nur bei Clynelish nicht. Daher kommt der wachsige Ton.

Heutzutage ist Brora für seinen Whisky, seine Strickwaren und seinen Golfplatz bekannt, doch die Vergangenheit ist immer noch allgegenwärtig. An der Straße nach Golspie im Süden erhebt sich das monströse Denkmal, das die Duchess of Sutherland ihrem verstorbenen Gatten setzte, der in dieser Gegend noch immer *The Black Duke*, der schwarze Herzog, genannt wird. Ganz in der Nähe erblickt man die ausufernde Gotik der vormals herzöglichen Residenz Dunrobin Castle.

VERKOSTUNG

Clynelish und Brora sind bei Blendern und Malt-Fans beliebt und beide äußerst individuell.

CLYNELISH
14 JAHRE, 46 VOL.-%

Farbe: leuchtendes Goldgelb
Nase: komplex; Kerzen-/Bienenwachs mit Anklängen an getrocknete Tropen- und Zitrusfrüchte sowie Honig; exotisch
Körper: honigartig, weich; wachsig
Gaumen: markantes Gefüge; Holzkohle, Honig, Pfirsich; ausgewogene Eiche; zarte Gewürze
Nachklang: trocken, etwas Pfeffer, wird zart

BRORA
30 JAHRE, 52,4 VOL.-%

Farbe: Altgold-/Bernsteingelb
Nase: komplex; heidetöniger Rauch, Lanolin; Eiche, karamellisiertes Obst, Lakritz, Kaffee, Serrano-Schinken, gelöschte Kerze
Gaumen: Mischung aus süßem Obst und einem trockenen, rauchigen Rahmen
Nachklang: nachhaltig; Gewürze, Öl und Rauch

14-JÄHRIGER CLYNELISH

30-JÄHRIGER BRORA

BALBLAIR UND GLENMORANGIE

AUFS FINISH KOMMT ES AN: WIE EINER DER MEISTVERKAUFTEN MALTS SICH NEU ERFAND – UND EINE NEUE ART VON WHISKY SCHUF – UND WELCHES JUWEL SICH IN SEINEM SCHATTEN VERBIRGT.

Von Golspie aus führt die Whiskyroute weiter nach Südwesten durch die Domstadt Dornoch und die gleichnamige Bucht in den Ort Edderton mit einer der schönsten Brennereien Schottlands: Balblair. Sie ist wie die anderen Brennereien in dieser Gegend recht unbekannt, obwohl es in der »Torfgemeinde« seit 1790 eine Brennerei gibt und möglicherweise schon 50 Jahre früher auf der Ross-Farm Whisky gebrannt wurde.

BALBLAIR

Die heutige Brennerei wurde 1872 errichtet und 1997, nachdem sie eine Zeit lang praktisch stillgelegt war, von Inver House übernommen. Was für den Vorbesitzer, den Riesenkonzern Allied-Domecq, eine relativ kleine, teure, veraltete Brennerei war, passte hervorragend ins Konzept dieses kleineren Unternehmens, das eine Reihe traditioneller Herstellerbetriebe erwarb.

Nach dem Besitzerwechsel kommt Balblair jetzt auch als Single Malt auf den Markt, und zwar als sehr gefälliger, weicher Vertreter der gemäßigten Mitte. Dennoch wird Balblair wohl auch weiterhin im Schatten seines Nachbarn Glenmorangie stehen, seit vielen Jahren Großbritanniens Malt-Marke Nummer eins.

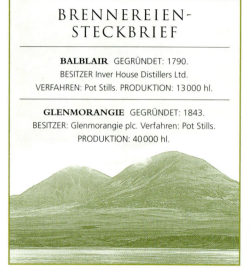

BRENNEREIEN-STECKBRIEF

BALBLAIR GEGRÜNDET: 1790.
BESITZER Inver House Distillers Ltd.
VERFAHREN: Pot Stills. PRODUKTION: 13 000 hl.

GLENMORANGIE GEGRÜNDET: 1843.
BESITZER: Glenmorangie plc. Verfahren: Pot Stills.
PRODUKTION: 40 000 hl.

GLENMORANGIE

Bevor man zur Brennerei in Tain fährt, lohnt es sich, in Tarlogie Halt zu machen, wo die Quellen zutage treten, aus denen Glenmorangies Wasser stammt. Auch diese Brennerei verwendet hartes Wasser, was den Nachteil hat, dass die Rohre verkalken; aber der Mineralienmix könnte einen Einfluss auf die Gärung haben und wird daher lieber nicht verändert.

Die frühere Brauerei wurde 1840 zur Brennerei, die wegen chronischen Geldmangels erst ab 1887 mit Volldampf arbeitete – und zwar im wörtlichen Sinne, denn sie war die erste Brennerei, die ihre (aus einer Londoner Gin-Brennerei stammenden) Pot Stills mit Dampf beheizte. Der Vergleich eines Brennraumes mit einer Kathedrale ist ziemlich abgenutzt, doch hier ist er einmal wirklich zutreffend: Die zerbrechlich wirkenden Kupferrohre ragen mehr als 5 Meter in die Höhe.

Fast das ganze 20. Jahrhundert über lieferte Glenmorangie Whisky für das ehemalige Schwesterunternehmen Macdonald & Muir. In den 1970er-Jahren verlegte sich der Betrieb auf die Herstellung von Single Malt, zu jener Zeit eine noch unbekannte Art von Whisky.

1977 wurden die Mälzböden zu einem Brennraum umgebaut, der vier (darunter zwei neue) Pot Stills fasste; 1990 wurde die Zahl der Brennblasen erneut verdoppelt.

DIE GEBURT EINES KLASSIKERS

Seinen Erfolg verdankt Glenmorangie seiner Süffigkeit, und diese ist durch Größe und Form der Brennblasen und die Art der Holzfässer bedingt. Im hohen Hals ist der Dampf lange dem Kontakt mit dem Kupfer ausgesetzt: Es entsteht ein leichter, duftender Whisky. Amerikanische Eiche bringt diesen Charakter mit ihren Vanille-, Kokos- und

GLENMORANGIE *liegt 65 km nördlich von Inverness und erzeugt den (u.a. wegen seines ausgeprägt fruchtigen Nachklangs) meistverkauften Malt Schottlands.*

Gewürznoten am besten zur Geltung. Die Brennerei gibt nicht nur an, welche Eiche sie verwendet, sondern fertigt ihre eigenen Fässer aus luftgetrocknetem Holz von Nordhängen, das weniger saure Noten und eine gröbere Struktur hat (weil es langsamer wächst), was die Extraktionsrate erhöht.

Wenn ein Whiskyhersteller (wie Glenmorangie bis zum Erwerb von Ardbeg) nur eine Marke hat, muss er seine Kunden an die Marke binden. Normalerweise werden dazu die Altersangaben immer weiter gesteigert; Glenmorangie stellt stattdessen das Finish (die Nachreifung) in den Vordergrund. Der Malt wird wie üblich in ehemaligen Bourbon-Fässern aus amerikanischer Eiche gelagert und dann in andere Fässer umgefüllt. Glenmorangie entschied sich für Portwein-, Madeira- und Sherryfässer. Alle drei Finish-Varianten waren ein durchschlagender Erfolg. Inzwischen wurden weitere Varianten ausprobiert und die besten zeigen, wie das richtige Fass dem Whisky neue Geschmacksnoten entlocken kann.

Eichen aus Missouri sind der Rohstoff für Fässer, in denen der äußerst gefragte Glenmorangie reift.

VERKOSTUNG

Balblair und Glenmorangie sind zart, haben jedoch eine subtile Komplexität.

BALBLAIR

BALBLAIR
10 JAHRE, 40 VOL.-%

Farbe: Hellgoldgelb
Nase: malzig, Kleie, Toffee-Apfel-Süße; mit Wasser trockene Eiche, Vanille und eine erdige Note
Körper: leicht bis mittelschwer
Gaumen: liegt mit einem leichten Eichenton auf der Zunge; weich wie Toffee mit einem Hauch gebuttertem Früchtebrot
Nachklang: trocken; fruchtig

BALBLAIR
16 JAHRE, 40 VOL.-%

Farbe: Bernsteingelb
Nase: schwer, Politur, Paranuss; Gewürze, Butter, Trockenobst
Körper: fest
Gaumen: weich, zart und artig; Karamellbonbon, heiße Brötchen, zarte süße Gewürze
Nachklang: würzig

GLENMORANGIE

GLENMORANGIE
10 JAHRE, 40 VOL.-%

Farbe: Hellgoldgelb
Nase: frisch, zitrustönig; Passionsfrucht, etwas Malz, Orangenschale, reife Birne; ein Hauch Vanille
Körper: zart; leicht
Gaumen: blumig, Muskatnuss; Malz; schön zitrusspritzig; zart
Nachklang: kurz, frisch

GLENMORANGIE TRADITIONAL
KEINE ALTERSANGABE, 57,2 VOL.-%

Farbe: kräftiges Goldgelb
Nase: leicht; Zitrusfrüchte, Vanille, nasses Gras/nasser Stechginster, blumig, subtile Eichennoten
Gaumen: süß und sommerlich; Zitrone, Orange, Kokos, Vanille, getrockneter Apfel; Eichenaroma
Nachklang: weich, Eiche, Gewürze

GLENMORANGIE SAUTERNES FINISH
(1981 GEBRANNT, 2002 ABGEFÜLLT), 46 VOL.-%

Farbe: Altgoldgelb
Nase: Lakritz; Brioche, karamellisierte Früchte/Apfel, Sahne, Vanilleschote, Honig; intensiv
Körper: schwer; voll, seidig
Gaumen: reif und schön abgerundet; gebackene Banane, Orange; Backobst; Holz; ausgewogen
Nachklang: starke Holznote

10 JAHRE ALTER BALBLAIR

10 JAHRE ALTER GLENMORANGIE

DALMORE

GETREIDEANBAU, BOHRINSELN, WHISKY FÜR FRAUEN UND KURIOSE POT STILLS –
DER MITTLERE TEIL VON NORDOSTSCHOTTLAND HAT EINE INTERESSANTE GESCHICHTE
UND TRUG VIEL ZUR ENTWICKLUNG DES BRENNEREIGEWERBES BEI.

Neben drei Brennereien besitzt Glenmorangie auch ein Herrenhaus namens Cadboll, das auf der ambossförmigen Landzunge zwischen dem Dornoch Firth und dem Cromarty Firth steht. Das vorwiegend mit Gerste bepflanzte fruchtbare Ackerland ist das deutlichste Zeugnis für den tiefgreifenden Wandel der Landwirtschaft, der sich im 18. Jahrhundert in dieser Gegend vollzog und sich direkt auf die Whiskyherstellung auswirkte.

Zu Beginn des 18. Jahrhunderts sah es hier genauso aus wie überall in den Highlands: kleine Dörfer, in denen jeder Bauer sein eigenes Stück Land bestellte. Man produzierte hauptsächlich für den Eigenbedarf, aber der Boden in dieser Küstengegend war so fruchtbar, dass auch Getreide ausgeführt werden konnte. Doch dies sollte sich bald ändern: Die Reformen, mit denen die Produktivität der Landwirtschaft in England und in den schottischen Lowlands gesteigert worden war, boten sich auch für diesen Teil der Highlands an.

Große Gutshäuser wurden gebaut, die Felder wurden mit Mauern umgeben und das Sumpfland wurde trockengelegt – ein groß angelegtes Vorhaben, das die Lowland-Siedler reich machte. Die ursprünglichen Pächter wurden entweder Landarbeiter oder wanderten nach Nordamerika aus, wo ihnen umsonst Land angeboten wurde. Vielleicht waren ja einige dieser Emigranten unter den ersten amerikanischen Whiskybrennern.

Im Rahmen einer Strategie, die darauf abzielte, Investitionen in den Highlands zu fördern, wurde 1961 in Invergordon eine große Grain-Brennerei gebaut. Eine Zeit lang wurde Invergordon als 10-jähriger Grain verkauft – der erste Whisky, der speziell für Frauen gedacht war. Wie in den meisten Grain-Brennereien wurde bei Invergordon auch heimlich Malt hergestellt.

Die Ben Wyvis Distillery war zwischen 1965 und 1976 nur zeitweise in Betrieb. Ihre nüchternen, kantigen Brennapparate sind heute bei Glengyle im Einsatz – die Karriere des dortigen Geschäftsführers Frank McHardy begann vor über 40 Jahren bei Invergordon.

DALMORE

Dalmores Anlage mit acht Pot Stills wurde 1839 errichtet und gehörte lange Zeit der Familie Mackenzie, die 1960 mit Whyte and Mackay fusionierte. Auch in Dalmore hat man klugerweise alles so gelassen, wie es war. Die Wash Still hat einen flachen Deckel und der Lyne Arm ragt aus dem Brennblasenkörper heraus; auf der Spirit Still sind im Hals zusätzliche Kupferkühlmäntel angebracht.

Das Design dieser Brennapparate zielt ganz klar darauf ab, dass der Dampf so schnell wie möglich kondensiert, also auf einen schweren Whisky – und einen solchen erzeugt Dalmore. Er ist aber nicht nur schwer, sondern süß und voll mit einem Aroma, das an schwarze Waldbeeren erinnert. Der meiste Whisky reift in europäischen Fässern.

Dalmore gewinnt immer mehr an Ansehen. 2004 brachte ein 62-jähriger Dalmore (ein Verschnitt aus 1868er, 1878er, 1926er und 1939er) bei einer Auktion 37 500 Euro ein. Ein etwas preisgünstigerer Tropfen mit einer süßen, sinnlichen Art passt besonders gut zur Zigarre: der Cigar Malt.

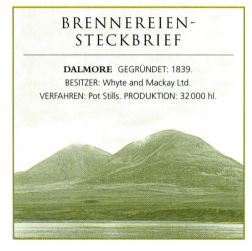

BRENNEREIEN-STECKBRIEF

DALMORE GEGRÜNDET: 1839.
BESITZER: Whyte and Mackay Ltd.
VERFAHREN: Pot Stills. PRODUKTION: 32 000 hl.

DIE TRADITIONSREICHE *Dalmore Distillery wird von einheimischen Brennern betrieben.*

DIE SELTSAM GEFORMTEN *Pot Stills der Dalmore-Brennerei verleihen dem Malt mehr Gewicht.*

VERKOSTUNG

DALMORE ZEICHNET sich durch Noten von Schwarzen Johannisbeeren aus.

THE DALMORE
12 JAHRE, 40 VOL.-%

Farbe: Rubinrot, Bernsteingelb
Nase: süß; Johannisbeermarmelade; Rum und Rosinen
Körper: süß und voll
Gaumen: mild und nachhaltig; sehr reif, Basilikum, Menthol; Trockenobst
Nachklang: Malz, ausgewogene Eiche

12-JÄHRIGER THE DALMORE

THE DALMORE CIGAR MALT
40 VOL.-%

Farbe: Erdbraun
Nase: üppig, süß und konzentriert; Schokolade, Orange, Kokos, Rosinen, dunkle Früchte
Körper: üppig, fett
Gaumen: Rum und Rosinen, kochende Orangenmarmelade; dann Schokolade, getrocknete Schalen und Vanille
Nachklang: Bitterschokolade

BLACK ISLE

GESCHICHTEN VON SCHMUGGLERN, ERHEBUNGEN, ENTSCHÄDIGUNGEN UND
ZOLLFREIHEIT SOWIE EIN NACHRUF DES SCHOTTISCHEN NATIONALDICHTERS KOMMEN
AUF DER FRUCHTBAREN HALBINSEL BLACK ISLE ZUSAMMEN.

Einen guten Kilometer landeinwärts von Dalmore liegt Teaninich, die letzte Brennerei an der Nordostküste; die Brennerei Ben Wyvis ist nach einem Berg benannt.

TEANINICH

Der Whisky dieser Brennerei, die der Landbesitzer Captain Hugh Munro gründete, um seinen eigenen Bedarf zu decken, ist eine wichtige Zutat für Blends, aber als Single Malt recht unbekannt. Wie seine Nachbarn ist er für Malt-Liebhaber hauptsächlich deshalb interessant, weil er so anders ist. In dieser Gegend hat sich kein einheitlicher Stil gebildet, sondern es kommt wieder das nordische Temperament ins Spiel, von dem Neil Gunn schrieb: Jeder Malt von der Nordostküste hat seine eigene Art.

Teaninich ist heute im Besitz von Diageo und hat wie Linkwood zwei Brenngebäude, von denen allerdings zurzeit nur eines in Betrieb ist. Das Unternehmen experimentiert hier mit neuen Techniken; der jüngste Erfolg war der Einbau eines Maischfilters. Der Feinbrand geht sofort in Blends ein und tritt

DIE FELDER rund um Glen Ord versorgen viele Brennereien mit Gerste. Sie gedeiht gut in der schwarzen Erde, von der die Black Isle ihren Namen hat.

BRENNEREIEN-STECKBRIEF

TEANINICH GEGRÜNDET: 1817.
BESITZER: Diageo. VERFAHREN: Pot Stills.
PRODUKTION: 27 000 hl.

GLEN ORD GEGRÜNDET: 1838.
BESITZER: Diageo. VERFAHREN: Pot Stills.
PRODUKTION: 34 000 hl.

deshalb selten als Single Malt in Erscheinung; wenn doch (vor allem in der Rare-Malts-Reihe von Diageo), erweist er sich als äußerst charaktervoll. Er ist spröde und grasig mit einem Anflug von Rauch, Süßgras, Teeblättern und Zitrus.

BEN WYVIS

Die Whiskystraße führt nun um das Ende der Bucht herum nach Dingwall. Im 19. Jahrhundert befand sich in Dingwall die größte Brennerei der Gegend, Ben Wyvis. Ihre Größe half ihr jedoch auch nicht weiter: 1926 wurde sie geschlossen. Den Berg Ben Wyvis hat man nun im Rücken. Während man über die Halbinsel Black Isle fährt, wird die Landschaft immer lieblicher; die Torfwüste des äußersten Nordostens ist schon sehr weit weg.

FERINTOSH

Auf diesem fruchtbaren Land stand Schottlands erste kommerzielle Brennerei, Ferintosh. Das ursprüngliche Gebäude wurde 1689 von Anhängern des vertriebenen katholischen Königs Jakob II. dem Erdboden gleichgemacht. Es gehörte Duncan Forbes aus Culloden, der den neuen protestantischen König Wilhelm von Oranien unterstützte. Nachdem die Erhebung niedergeschlagen worden war, erhielt Duncan Forbes junior als Entschädigung 54 000 Pfund und das Recht, aus Getreide, das er auf seinem eigenen Land anbaute, zollfrei Whisky herzustellen.

Diese Vereinbarung bescherte der Familie Forbes einen Gewinn von jährlich 18 000 Pfund (umgerechnet knapp 3 Mio. Euro). Das Gut wurde erweitert und versorgte drei Brennereien, die zwei Drittel des legal produzierten schottischen Whiskys lieferten.

1786 wurde der Zollfreiheit ein Ende gesetzt und Robert Burns schrieb:

Oh, Ferintosh! Dahin du bist!
Schottland klagt von Küst' zu Küst'!
Die Kolik wütet, Husten frisst,
Nimmt alle her;
Forbes' verbriefte Habe ist
leider nicht mehr.

Der überzeugte Republikaner Burns war eben jederzeit bereit, die Seite zu wechseln, wenn seine Muse ihm dies eingab. Ende der 1790er-Jahre wurde die Brennerei von einem gewissen Donald Murray wiederbelebt, doch Ferintosh gehörte letztendlich zu jenen legalen Highland-Brennereien, die an den Ende des 18. Jahrhunderts zur Unterbindung des Schmuggels erlassenen Gesetzen scheiterten.

ORD

Erstaunlicherweise gibt es in einer so gerstenreichen Gegend wie der Black Isle nur eine einzige Brennerei: Ord. Sie wurde 1837 am Stadtrand von Muir of Ord errichtet, war aber erst gegen Ende des Jahrhunderts regelmäßig in Betrieb. Eine Erklärung dafür liefert Barnard: »Auch heute noch gehen Schmuggler ihrer ungesetzlichen Tätigkeit nach.« Alten Gewohnheiten ist eben schwer beizukommen!

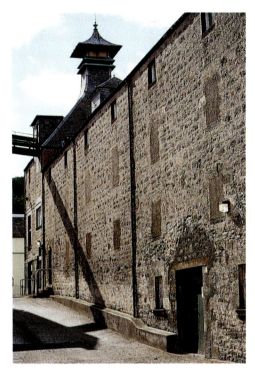

DIE ORD DISTILLERY verfügt über eine große Mälzerei, die viele Brennereien im Norden beliefert, und erzeugt einen weichen, grasigen Malt, der sich als Hidden Malt von Diageo langsam einen Namen macht.

Ord wurde von einem Joint Venture zwischen Dewar und Walker übernommen und schließlich Teil von DCL. Heute befinden sich auf dem Gelände eine gepflegte, moderne Brennerei und eine große Mälzerei, die Diageos Brennereien im Norden beliefert und Talisker mit getorftem Malz versorgt.

Diageos strategische Entscheidung, Ord als »Kampfmarke« zu positionieren, war allerdings nicht von Erfolg gekrönt; inzwischen ist der Whisky einer der »Hidden Malts« des Konzerns. Es ist aber beruhigend zu wissen, dass Diageo sich weiter um ihn bemüht, denn der zarte, grasige Malt verdient ein größeres Publikum. Die zahlreichen Namensänderungen – Glen Ord, Muir of Ord und Glenordie – in jüngster Zeit waren verwirrend und eher kontraproduktiv. Doch immerhin ist er jetzt wohl ein fester Bestandteil des Angebots.

VERKOSTUNG

MAN MUSS NUR an Gras in allen Variationen denken, um eine Vorstellung von diesen beiden Brennereien zu bekommen. Sie liefern Whisky für Blends und erzeugen feine Single Malts.

TEANINICH

TEANINICH
10 JAHRE, FLORA & FAUNA, 43 VOL.-%

Farbe: Hellgoldgelb
Nase: duftend; grüner Tee, Gräser, blumig; Birkensaftnote sowie Sandelholz, Zitrone und Eisenkraut
Körper: mittel; gutes Mundgefühl
Gaumen: anfangs zuckersüß, ein kompakter mittlerer Gaumen mit einem öligen Mundgefühl; spröde

10-JÄHRIGER TEANINICH

Nachklang: trocken, weich, ölig, macht Lust auf mehr

TEANINICH
27 JAHRE (1972 GEBRANNT), RARE MALTS, 64,2 VOL.-%

Farbe: sehr helles Goldgelb, grüne Reflexe
Nase: intensiv, exotisch, duftig; Sandelholz, süßes Heu, Zitrusfrüchteschale, Heide, Piniensaft, üppiges Malz, Bergamotte
Körper: vollmundig
Gaumen: Earl-Grey-Tee, Pinienhonig, Gras; schlank, aber voll; exotische Gewürze
Nachklang: pfeffrig

GLEN ORD

GLEN ORD
12 JAHRE, 43 VOL.-%

Farbe: kräftiges Goldgelb
Nase: getrocknetes Gras mit Eiche und Moos/Rasen; mit Wasser Kokosnuss, Orange, Nougat
Körper: mittel
Gaumen: trocken, frisch und recht eichentönig; etwas zarter Honig, wieder Orange neben Malz und zartem Honig
Nachklang: trocken, kurz, aber ansprechend

ORD CADENHEAD
19 JAHRE, 63 VOL.-%

Farbe: Goldgelb
Nase: frisch und rein; grünes Gras, Linde, Butter- und Bourbonkeks; mit Wasser grasiger
Körper: mittel; rein, aber streng
Gaumen: süß (Honig, Apfel, Orange), wird dann trockener (Malz, Nüsse)
Nachklang: getrockneter Apfel; kurz; Aperitif

Stillgelegte Brennereien

INVERNESS WAR EIN WICHTIGER PRODUKTIONSORT FÜR MALZ. FRÜHER GAB ES DORT DREI BRENNEREIEN, DOCH VON DIESER RUHMREICHEN VERGANGENHEIT SIND HEUTE KAUM NOCH SPUREN ZU SEHEN.

Die Hauptstadt der Highlands konnte früher drei Brennereien vorweisen, die jedoch in den 1980er-Jahren geschlossen wurden. Einige Whiskys sind noch auf dem Markt, doch wer weiß, wie lange noch. Bis jetzt gibt es keine Pläne, die Whiskyherstellung zurück in die Stadt zu holen.

INVERNESS

Von Muir of Ord ist es nicht weit nach Inverness auf der anderen Seite des Beauly Firth, der letzten der schmalen Buchten an der Nordostküste. Im Süden liegt der Great Glen, die lange diagonale Verwerfung, die die nördlichen von den südlichen Highlands trennt. Die Lochs dort – Ness, Oich und Lochy – sind durch den Caledonian Canal verbunden, der vom letzten der drei bei Fort William in den Loch Linnhe fließt. Touristen, die auf dem Weg an die Westküste sind, schlagen diese Richtung ein und halten unterwegs nach Nessie Ausschau; doch wer auf das Kernland von Speyside zusteuert, kommt an Inverness vorbei.

Die Hauptstadt der Highlands erlebt zurzeit einen kleinen Boom: Durch verstärkte Investitionen entstehen zahlreiche neue Arbeitsplätze in der Region, leider jedoch nicht in der Whiskyherstellung. Trotz der Größe und der Lage der Stadt gibt es

BRENNEREIEN-STECKBRIEF

GLEN ALBYN GEGRÜNDET: 1846.
BESITZER: DCL.
GESCHLOSSEN: 1983.

MILLBURN GEGRÜNDET: 1807.
BESITZER: DCL.
GESCHLOSSEN: 1985.

GLEN MHOR GEGRÜNDET: 1896.
BESITZER: DCL.
GESCHLOSSEN: 1986.

dort keine Brennerei. Vor der Erhebung von 1745 erzeugte man in Inverness, begünstigt durch die Nähe der Black Isle und des Laich O'Moray, den Löwenanteil des schottischen Brauereimalzes. Doch das Geschäft brach schließlich zusammen; der Grund war eine Mischung aus Habgier – die Mälzer beschlossen, auch Bier herzustellen, und steckten ihr Geld in große Brauereien, von denen die meisten Pleite machten – und dem, was Alfred Barnard mit »die Revolution« umschreibt. Culloden liegt ganz in der Nähe, und man kann nur mutmaßen, dass es sich

DIE RUINEN des Urquhart Castle liegen am Westufer des Loch Ness.

um einen Gegenschlag gegen das Highland-Bier handelte.

GLEN ALBYN, MILLBURN UND GLEN MHOR

1846 wurde Glen Albyn, eine der gescheiterten Brauereien, von James Sutherland, dem Bürgermeister von Inverness, in eine Brennerei umgewandelt. Millburn war ihr um fast 40 Jahre voraus und rang lange um Erfolg, bis es 1876 umgebaut und in den 1980ern endgültig stillgelegt wurde, weil es an Platz für eine Erweiterung mangelte. Glen Mhor wurde 1896 errichtet. Heute sucht man vergebens nach Spuren dieser Brennereien: Auf dem Gelände von Glen Albyn steht ein Einkaufszentrum, Glen Mhor (wo der Schriftsteller Neil Gunn als Steuereinnehmer arbeitete) wurde abgerissen und Millburn ist ein Steakhaus.

Die Brennereien gehörten DCL und beim »Großreinemachen« in den 1980ern kamen sie alle drei auf die Abschussliste. Man erklärte dies damit, dass sie nicht nur nicht mehr gebraucht wurden, sondern auch einfach keinen besonders guten Whisky herstellten. Was Glen Albyn anging, so stimmte das, aber Glen Mhor hatte eine rußige Schwere und Millburn war ein volles, honigtöniges, langsam reifendes Prachtstück – nach beiden lohnt es sich Ausschau zu halten.

Hinterher weiß man es immer besser, und hätte es damals schon einen richtigen Markt für Malt und mehr Whiskytourismus gegeben, wäre mindestens eine der Brennereien gerettet worden. Nun kann die Hauptstadt der Highlands ihren vielen Besuchern keine Whiskyattraktion bieten, und das ist wirklich ein Jammer.

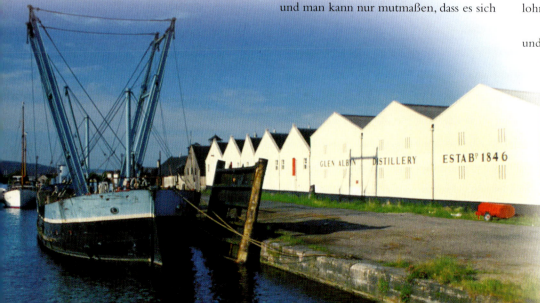

GLEN ALBYNS LAGERHÄUSER am Kanalufer stehen noch, doch sie wurden seit der Schließung der Brennerei in den 1980er-Jahren nicht mehr benutzt.

THE FINDHORN

EINE VERJÜNGTE BRENNEREI, EINE NEW-AGE-SIEDLUNG,
EIN BRENNEREIMUSEUM UND SCHOTTLANDS GRÖSSTEN MALZHERSTELLER –
AM FLUSS FINDHORN UND IN SEINER UMGEBUNG GIBT ES VIEL ZU ENTDECKEN.

Speyside, eine heterogene Region mit sehr vielen Brennereien, erschließt sich am besten, wenn man ihren Flüssen vom Meer zur Quelle folgt und sich ansieht, was ihre Ufer und ihre Umgebung in Sachen Whisky zu bieten haben.

ROYAL BRACKLA

Im Westen von Speyside begegnet einem zunächst einmal Shakespeare: Er beschrieb die Erhebung Macbeths zum Than von Cawdor als Beginn seines blutigen Aufstiegs zur Macht. Der Ort Cawdor schmückt sich heute nicht nur mit seinem Schloss, sondern überträgt die königlichen Weihen auch auf die Brennerei Royal Brackla.

Die 1812 durch Captain William Fraser gegründete Brennerei erhielt 1835 die königliche Lizenz. Trotz der Anerkennung durch das Königshaus (oder gerade deshalb) war der Captain bei seinen schottischen Landsleuten zu Beginn seiner Karriere als Brenner nicht gerade beliebt: Die Erinnerung an den Sieg der Engländer war wohl noch zu frisch. Heute gehört Royal Brackla zu Bacardi.

BENROMACH

An der Stelle, wo der Findhorn ins Meer mündet, liegt die Findhorn Foundation, eine 1962 gegründete spirituelle Gemeinde. Ihre Verbindung zum Whisky besteht darin, dass die ungewöhnlichen Behausungen der Gemeindemitglieder zum Teil aus alten Gärbottichen gemacht wurden.

Vielleicht stammten einige davon aus der Brennerei Benromach im nahen Forres, die 1994 vor dem Verfall gerettet wurde. Sie war im Besitz von DCL und wurde Anfang der 1980er stillgelegt; die Brennapparate wurden beim Erwerb durch Gordon & MacPhail *(siehe S. 146)* herausgerissen. Benromach ist ein Spiegelbild der Erfahrung, die das Unternehmen in mehr als 100 Jahren erworben hat.

Das alte Gebäude ist völlig neu ausgestattet: Mühle, Läuterbottich, hölzerne Gärbottiche und Pot Stills. Letztere unterscheiden sich in Größe und Form von ihren Vorgängern: Die Hälse sind dicker und die Spirit Still ist mit einem Kochkolben ausgestattet. Von der ursprünglichen Ausstattung ist nur der hohe Schornstein aus rotem Backstein übrig. Er wird nicht mehr benutzt, wurde aber stehen gelassen, weil er den Piloten der nahen Luftwaffenbasis zur Orientierung dient.

Die Brennerei erzeugt eine interessante Mischung aus alten und neuen Whiskys. Bei den meisten Whiskys aus Speyside wurde der Torfgehalt in den letzten Jahrzehnten nach und nach verringert. Viele sind auch um einiges leichter geworden; der komplexe, fast ölige Charakter und die Kombination aus blumigen Noten, Rauch und seidigem Gaumen sind weitgehend verschwunden. Benromach will diese Entwicklung rückgängig machen. Außerdem wird experimentiert: Ein schwach und ein stark getorfter Malt werden jeweils in kleinen Mengen erzeugt und es wurden verschiedene Gerstensorten getestet. Es wird auch ein (von der Soil Association zertifizierter) Bio-Whisky hergestellt.

Benromach ist nur eine der vielen kleinen, unabhängigen Brennereien, die überall aus dem Boden schießen und ihre Individualität unter Beweis stellen, indem sie verschiedene Arten von Whiskys erzeugen, Finish-Varianten ausprobieren oder Whiskyschulen betreiben – all diese Bemühungen tragen wesentlich dazu bei, die Vielfalt von Malt zu vergrößern.

DALLAS DHU

Wenn das nur auch bei Dallas Dhu so wäre, der zweiten Brennerei in Forres, die zu einem Museum umgebaut wurde. Sie war auch vorher schon ein Museum: Bis 1971 wurde sie mit Wasserkraft betrieben. Sie ist ein echter Verlust für die Malt-Welt, denn die Whiskys, die seit ihrer Stilllegung auf den Markt kamen, sind ausgezeichnet.

GLENBURGIE

An der Straße von Forres nach Elgin liegen auf der einen Seite die zwei riesigen Mälzereien von Diageo in Burghead und Roseisle und auf der anderen Seite die Glenburgie-

---

BRENNEREIEN-STECKBRIEF

BENROMACH GEGRÜNDET: 1898.
BESITZER: Gordon & MacPhail. VERFAHREN: Pot Stills.
PRODUKTION: 2000 hl.

DALLAS DHU GEGRÜNDET: 1899.
BESITZER: DCL. VERFAHREN: Pot Stills.
GESCHLOSSEN 1983.

TOMATIN GEGRÜNDET: 1897.
BESITZER: Takara Co. Ltd. VERFAHREN: Pot Stills.
PRODUKTION: 70 000 hl.

DIE BENROMACH DISTILLERY *wurde von dem Abfüller Gordon & MacPhail wiederbelebt und erzeugt nun eine schöne Mischung aus alten und neuen Malts, einschließlich einer Bio-Reihe.*

DIE SCHÖNE *Dallas Dhu Distillery wurde in ein Brennereimuseum verwandelt.*

Brennerei von Allied-Domecq. Wie bei diesem Konzern üblich, wird sehr wenig des leichten, apfeltönigen Whiskys als Single Malt abgefüllt – der größte Teil geht in Blends von Ballantine's ein. Wie einige andere Brennereien des Konzerns besitzt Glenburgie eine Lomond Still, die die Herstellung zweier sehr verschiedener Malts ermöglicht: Glenburgies üppiges, fruchtiges Alter Ego heißt Glencraig.

TOMATIN

Wenn man weitere 64 Kilometer am Findhorn flussaufwärts fährt, gelangt man zu Schottlands größter Malt-Brennerei. Ihre Gebäude wirken in dieser abgelegenen Moorlandschaft in den Ausläufern der Monadhliath Mountains wie Fremdkörper – auch weil sie Paradebeispiele einer modernen industriellen Brutalität sind.

Tomatin wurde 1897 gegründet und war ein normaler Betrieb mit zwei Pot Stills, bis man in den 1950er-Jahren mit dem Ausbau begann, um mit dem Boom auf dem Blend-Markt Schritt zu halten. Nach 20 Jahren kontinuierlicher Vergrößerung besaß die Brennerei sage und schreibe 23 Brennblasen, und es wunderte niemanden, dass sie 1985 Pleite ging. Sie wurde von dem japanischen Unternehmen Takara übernommen, das allerdings nur einige der Pot Stills benutzt. Der Malt ist voll, rund und toffeeartig.

TOMATIN IST *Schottlands größte Malt-Brennerei. In einer Hand voll der insgesamt 23 Pot Stills wird ein ordentlicher Single Malt erzeugt.*

VERKOSTUNG

AM FINDHORN findet man alles von duftender Süße und leichtem Torfaroma bis zu derber Kraft.

BENROMACH

BENROMACH TRADITIONAL
40 VOL.-%

Farbe: Hellgoldgelb
Nase: blumig (Freesie, Levkoje) mit zarter Vanille, Kiefer, Cashewnuss, Nelkenhonig und einem Hauch Torf
Körper: mittel; weiches Gefüge
Gaumen: weich, dann Karamellbonbon, Gewürze, Malz; schön ausladend; ausgewogene Eiche
Nachklang: leichte Eiche, Orangenschale

TOMATIN

TOMATIN
12 JAHRE,
40 VOL.-%

Farbe: Goldgelb
Nase: Mischung aus Nuss, Adlerfarn und einem Aroma von alten Hausschuhen (Gummi, Schläuche); samenartige Getreidenote
Körper: mittel; süß
Gaumen: angebranntes Toffee, zuckrig, nussig; die Gumminote taucht wieder auf
Nachklang: rosa Marshmallows

12-JÄHRIGER TOMATIN

LOSSIE

IN ELGIN UND SEINER UMGEBUNG AM FLUSS LOSSIE LIEGEN EINIGE
DER BESTEN BRENNEREIEN DER WELT, VON DENEN ABER NUR WENIGE
EINEM BREITEREN PUBLIKUM BEKANNT SIND.

Die Küstenstraße führt durch eines der fruchtbarsten Gerstenanbaugebiete Schottlands: Laich O'Moray (*laich* bedeutet »Flachland«). Der Fluss, der durch diesen Teil von Speyside fließt, heißt Lossie; er macht eine Schleife um Elgin, eine kleine, aber feine Geschäftsstadt.

GORDON & MACPHAIL

Ein Laden in Elgins High Street ist seit 100 Jahren ein Mekka für Whiskyliebhaber (und Gourmets): Gordon & MacPhail. Neben Feinkost wird dort eine erstklassige Auswahl größtenteils selbst abgefüllter Whiskys angeboten.

Die Lagerhäuser des Unternehmens sind eine Schatzkammer für Malt. Anders als fast alle seine Konkurrenten füllen Gordon & MacPhail frisch destillierten Feinbrand in ihre Fässer und haben somit den gesamten Reifeprozess unter Kontrolle. Ohne ihr Engagement wären Mortlach, Aultmore oder Linkwood nur sehr wenigen ein Begriff.

GLEN MORAY

Der Lossie ist ein reißender Fluss und tritt gerne über die Ufer – davon können sowohl Gordon & MacPhail als auch die Brennerei Glen Moray ein Lied singen, die unterhalb des Wasserspiegels liegt und im Winter daher oft überflutet ist.

BRENNEREIEN-STECKBRIEF

GLEN MORAY GEGRÜNDET: 1897.
BESITZER: Glenmorangie plc. VERFAHREN: Pot Stills.
PRODUKTION: 20 000 hl.

MILTONDUFF GEGRÜNDET: 1824.
BESITZER: Allied Distillers Ltd. VERFAHREN: Pot Stills.
PRODUKTION: 50 000 hl.

GLENLOSSIE GEGRÜNDET: 1876.
BESITZER: Diageo. VERFAHREN: Pot Stills.
PRODUKTION: 11 000 hl.

MANNOCHMORE GEGRÜNDET: 1971.
BESITZER: Diageo. VERFAHREN: Pot Stills.
PRODUKTION: 13 000 hl.

LINKWOOD GEGRÜNDET: 1821.
OWNER: Diageo. VERFAHREN: Pot Stills.
PRODUKTION: 23 000 hl.

BENRIACH GEGRÜNDET: 1898.
BESITZER: BenRiach Distillery Co. VERFAHREN: Pot Stills.
PRODUKTION: 26 000 hl.

LONGMORN GEGRÜNDET: 1894.
BESITZER: Chivas Brothers. VERFAHREN: Pot Stills.
PRODUKTION: 33 000 hl.

GLEN ELGIN GEGRÜNDET: 1898.
BESITZER: Diageo. VERFAHREN: Pot Stills.
PRODUKTION: 18 000 hl.

Das Gelände wirkt zu groß für die vier Pot Stills – früher wurden hier Saladin Boxes betrieben. Der Whisky wird vom Besitzer Glenmorangie als preisgünstiger Einsteiger-Malt mit Finish in Weißweinfässern vermarktet. Leider nehmen wenige Malt-Fans den ansprechenden, leicht grasigen Malt so ernst, wie er es verdient hätte.

MILTONDUFF

Neun Kilometer südwestlich liegt die Pluscarden Abbey. Das 1230 gegründete Kloster wurde während der Reformation verlassen und erst Ende des 20. Jahrhunderts wieder renoviert. Die Mönche freuen sich in beneidenswerter Einmütigkeit darüber, dass die Quellen beim Kloster von der auf dem Gelände der ehemaligen Mühle erbauten Miltonduff Distillery genutzt werden.

Miltonduff ist eine Hauptzutat in Ballantine's und tritt selten als Single Malt in Erscheinung. Noch rarer ist Mosstowie, der zweite, in Lomond Stills erzeugte Malt.

GLENLOSSIE/MANNOCHMORE

Östlich davon teilen sich zwei Diageo-Brennereien ein Gelände. Glenlossie, die ältere der beiden, geht bis in das Jahr 1876 zurück und wurde in den 1960ern zu ihrer heutigen Größe ausgebaut. Mannochmore wurde 1971 gegründet, um Whisky für Blends zu liefern. Ihr Malt wurde für den »schwarzen Whisky« Loch Dhu verwendet, der in den 1990er-Jahren einen kurzen, schicksalhaften Auftritt auf dem Markt hatte und inzwischen zum teuren Kultwhisky geworden ist.

LINKWOOD

Die Ebene am linken Lossie-Ufer wird von der Straße, die Elgin mit Rothes verbindet, in zwei Teile geschnitten. Diese Straße ist von einigen der verkanntesten Brennereien in Speyside

DIE GLENLOSSIE DISTILLERY *erzeugt einen weichen und zarten, leichten, etwas würzigen Whisky.*

SPEYSIDE

gesäumt. Am nächsten bei Elgin liegt die ruhige Linkwood Distillery mit ihren sorgfältig gepflegten Gärten: eine alte Brennerei mit Pagodendach neben einem modernen kubischen Bau.

In Linkwoods mächtigen Spirit Stills entsteht einer der aromatischsten Malts in Speyside mit herrlichen Noten von Apfelblüten, Pfirsichschale und frisch gemähtem Gras. Linkwood ist auch einer der rauchigsten Speyside-Malts, sowohl am Gaumen als auch im langen Nachklang, und ist bekannt für seinen üppigen, eindringlichen und malzigen Körper.

BENRIACH UND LONGMORN

Benriach, zuvor im Besitz von Chivas Brothers, wurde 2004 von einer Investorengruppe namens Intra Trading erworben. Die neuen Besitzer der für ihren tadellosen, zarten Whisky bekannten Brennerei landeten einen Überraschungscoup, als sie Lagerbestände einer stark getorften Variante zutage förderten. Longmorn ist der heimliche Schatz im Portfeuille von Chivas Brothers. Die massiven Pot Stills erzeugen einen vollen, tiefen, fruchtigen und komplexen Malt, der mehr Aufmerksamkeit verdient hätte.

GLEN ELGIN

Glen Elgin stellt einen Malt her, der früher ausschließlich für Blends verwendet wurde, nun jedoch auch als Single Malt angeboten wird. Der weich-fruchtige Whisky mit schöner Tiefe wirkt wie der Inbegriff des bescheidenen Lossie-Gebiets.

VERKOSTUNG

Diese feinen, recht unbekannten Speyside-Malts zeichnen sich durch vielfältige Noten von Blumen und Beeren sowie durch Komplexität aus.

GLEN MORAY

GLEN MORAY
KEINE ALTERSANGABE, 40 VOL.-%
In Weißweinfässern gereift. Gefällig, aber etwas nichtssagend.

Farbe: Goldgelb
Nase: leicht, malzig mit Butter, Honig; ein Anflug feuchter Erde
Körper: frisch und leicht
Gaumen: ausgeglichen, weich, leicht; mit Vanille im Hintergrund und einem Hauch Honig
Nachklang: kurz

GLEN MORAY

MILTONDUFF

MILTONDUFF
15 JAHRE, 46 VOL.-%

Farbe: Goldgelb

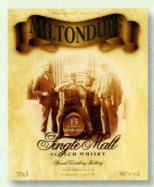
15-JÄHRIGER MILTONDUFF

Nase: sehr weiches Obst, Toffee, Schweinsleder; Sahnehäubchen
Körper: samtig
Gaumen: Kräuter (Rosmarin, Thymian); Toffee; weich und zart; ein spröder Tropfen
Nachklang: Mandeln und Schokolade

GLENLOSSIE

GLENLOSSIE
10 JAHRE, 40 VOL.-%

Farbe: Hellgoldgelb
Nase: rein und leicht; roter Apfel, süßes Heu, Vanille, Popcorn mit Butter, Reisküchlein
Körper: weich und zart; mittel
Gaumen: Süßgras; ein Hauch von Gewürzen; leicht ölige Note, aber geradlinig am mittleren Gaumen; ansprechend
Nachklang: leicht, recht kurz

MANNOCHMORE

MANNOCHMORE
12 JAHRE, 43 VOL.-%

Farbe: Goldgelb
Nase: süß, leicht und duftend; Trockenblumen, Zitrone, Beeren, Haselnuss und Sirup
Körper: leicht bis mittel; spritzig und lebhaft
Gaumen: blumig und ansprechend; etwas Zitronenbaiserkuchen und insgesamt sehr leicht, süß und duftend
Nachklang: ein bisschen kurz

LINKWOOD

LINKWOOD
12 JAHRE, 43 VOL.-%

Farbe: Strohgelb
Nase: duftend (grüner Apfel, Pfirsichblüte, Jasmin, Muskattrauben und frisch gemähtes Gras)
Körper: wirkt leicht, hat aber eine verborgene seidige Tiefe
Gaumen: artig, aber zart; grüne Äpfel, sprühende Würze; vollmundig und duftend
Nachklang: weich; wieder Apfel

LONGMORN

LONGMORN
15 JAHRE, 45 VOL.-%

Farbe: kräftiges Bernsteingelb
Nase: weich, gehaltvoll; gebackenes Obst mit Karamell, Sahnepudding, feuchtes Gamsleder
Körper: kräftig und ausgebaut
Gaumen: Beeren in einer festen Struktur und eine Minznote
Nachklang: nussig

GLEN ELGIN

GLEN ELGIN
12 JAHRE, 43 VOL.-%

Farbe: kräftiges Goldgelb
Nase: generös und voll; geschmorter Pfirsich/Aprikose, Honig, Heide, feuchter Rosinenkuchen, etwas Schwefel/abgebrannte Streichhölzer
Körper: mittel bis voll
Gaumen: reifes süßes Obst mit honigtöniger Dichte, die nussiger und etwas rauchig wird
Nachklang: Lakritz und Vanille

12-JÄHRIGER GLEN ELGIN

ROTHES

EIN MAJOR ALTER SCHULE UND SEIN PARK, EIN VERSTECKTES TAL,
EINE WHISKY-LEITUNG UND EIN KUPFERSCHMIED: IN ROTHES
LAUFEN VIELE FÄDEN DER WHISKYHISTORIE ZUSAMMEN.

Wenn man in Richtung Rothes und Spey fährt, verändert sich die Landschaft: Die sanfte Küstenebene macht langsam und kaum merklich den ersten Hügeln Platz. Kurz vor Rothes sieht man das Pagodendach, die grauen Mauern und das Schieferdach der in einem kleinen, tiefen Tal verborgenen Speyburn Distillery. Wie fast alle der fünf Brennereien in Rothes entzieht sich Speyburn den Blicken der Öffentlichkeit.

SPEYBURN

Die kleine Brennerei im alten Stil wurde 1991 von Inver House erworben und passt gut in das Konzept des kleinen Unternehmens. Die Lage ist idyllisch und der Whisky ist so weich, süß und zart wie alle in dieser Gegend: ein guter Kauf.

GLEN GRANT

Die meisten Kleinstädte in Speyside haben sich mit der Zeit einen festen Bestand an Brennereien zugelegt: Wie Forres, Elgin, Keith und Dufftown ist auch Rothes eine Whiskystadt, auch wenn sie nicht so aussieht. Die einzige Brennerei, die sofort auffällt, ist Glen Grant, und genau das hatten James und John

> ### BRENNEREIEN-STECKBRIEF
>
> **SPEYBURN** GEGRÜNDET: 1897.
> BESITZER: Inver House Distillers Ltd.
> VERFAHREN: Pot Stills.
> PRODUKTION: 17 500 hl.
>
> **GLEN GRANT** GEGRÜNDET: 1840.
> BESITZER: Chivas Brothers. VERFAHREN: Pot Stills.
> PRODUKTION: 54 000 hl.
>
> **GLENROTHES** GEGRÜNDET: 1879.
> BESITZER: The Edrington Group. VERFAHREN: Pot Stills.
> PRODUKTION: 56 000 hl.
>
> **GLEN SPEY** GEGRÜNDET: 1885.
> BESITZER: Diageo. VERFAHREN: Pot Stills.
> PRODUKTION: 14 000 hl.

Grant bei ihrer Errichtung 1840 im Sinn: Sie wollten allen zeigen, dass eine der bedeutendsten Familien der Gegend nun auch Whisky herstellte.

James Grant junior, auch der Major genannt, erbte die Brennerei und baute sie, wenn er nicht gerade in Afrika auf Safari war, mit väterlicher Fürsorge zu einem großen Herstellerbetrieb aus. Er ließ auch den herrlichen Park anlegen, der inzwischen genauso viele Besucher anlockt wie die eigentliche Brennerei, die viel von ihrer Atmosphäre eingebüßt hat, seitdem die Kohlenfeuer abgeschafft wurden.

Der 5-jährige Whisky ist vor allem in Italien ein Verkaufsschlager, obwohl Glen Grant eigentlich viel länger braucht, um in Fahrt zu kommen. Die merkwürdigen Pot Stills mit ihren helmförmigen Brennblasen und Purifiern erzeugen einen klaren, trockenen und schlanken Malt. Leider haben viele der älteren Versionen durch eine allzu lange Lagerung im Sherryfass gelitten. Ein rund 15-jähriger Glen Grant aus dem richtigen Fass ist hingegen ein Genuss.

Die Brennapparate der stillgelegten Caperdonich-Brennerei auf der anderen Seite der Straße waren genauso geformt wie die von Glen Grant, doch der Whisky, der durch eine Rohrbrücke über die Straße floss, war anders und nicht so gut. Vielleicht waren die Brenner von Caperdonich durch den Fußballplatz gleich nebenan zu sehr abgelenkt ...

GLENROTHES UND GLEN SPEY

Ein weiteres Juwel verbirgt sich in der Nähe des Friedhofs. Glenrothes begründete (neben Bunnahabhain) das Unternehmen Highland Distillers (heute Edrington), wird jedoch hauptsächlich von Berry Brothers & Rudd für die Herstellung des Blends Cutty Sark genutzt. In den letzten Jahren brachten Berry Brothers eine Reihe von Single Malts mit Jahrgangsangabe auf den Markt, die zeigen, warum dies ein Liebhaberstück ist: Er besitzt eine leichte Duftigkeit, gute Würze und eine tiefe Fülle.

Auf der anderen Seite des Bachs liegt Glen Spey. Der leichte, knochentrockene, nussige Malt der Diageo-Brennerei ist ein typisches Beispiel für den Stil von Justerini & Brooks (J&B).

POT STILLS VON FORSYTH

Die letzte Whiskyattraktion in Rothes kann man nicht besichtigen: Forsyth ist der wohl bekannteste Hersteller von traditionellen Pot Stills aus Kupfer. Das Unternehmen fertigt und repariert nicht nur Brennblasen für schottische Malt-Brennereien: Die glänzenden dicken Pot Stills von Forsyth stehen in Brennereien überall auf der Welt, von Kanada bis Jamaika.

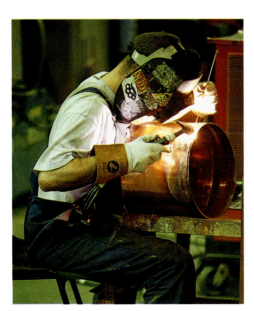

FORSYTH, Schottlands größter Hersteller von Pot Stills, liefert in die ganze Welt.

GLENROTHES ERZEUGT den Blend Cutty Sark und seit neuestem auch eine Reihe ausgezeichneter Single Malts mit Jahrgangsangabe, die echte Liebhaberstücke sind.

VERKOSTUNG

DIE WHISKYS sind trocken, rein, leicht und weich. Eine Kostprobe von Glenrothes sollte man sich nicht entgehen lassen.

SPEYBURN

SPEYBURN
10 JAHRE, 40 VOL.-%
Farbe: Hellgoldgelb
Nase: weich, malzig; Heide, Orange, würzig
Körper: mittel; weiches Mundgefühl
Gaumen: ein leichter, trockener, malziger Start und ein würziger mittlerer Gaumen; schöne Ausgewogenheit
Nachklang: würzig und leicht trocken

GLEN GRANT

GLEN GRANT
10 JAHRE, 43 VOL.-%
Farbe: Goldgelb
Nase: leicht, süß; ein Hauch Malz; blumig
Körper: leicht, weich
Gaumen: rein, leicht fruchtig und ein frischer Malzton
Nachklang: trocken; kurz

GLENROTHES

GLENROTHES
1989, 43 VOL.-%
Farbe: kräftiges Bernsteingelb
Nase: süße Gewürze mit Toffee, Banane, Sahne, getrockneter Birne und Obstkuchen; komplex
Körper: mittel bis voll; tief
Gaumen: Würze, die die Frucht, den leichten Sherryton und das Ingwerbrot erhöht
Nachklang: nachhaltig und weich

GLEN SPEY

GLEN SPEY
12 JAHRE, 43 VOL.-%
Farbe: Hellgoldgelb
Nase: trocken, staubig; Gewürze, Kaffee, Kleie, Vanille und Nuss
Körper: mittel
Gaumen: esterig, blumig mit Süßgras; malzig
Nachklang: kurz und nussig-trocken

12-JÄHRIGER GLEN SPEY

DER SPEY

SCHOTTLANDS LÄNGSTER FLUSS IST NAMENSGEBER FÜR SEIN BEDEUTENDSTES WHISKYGEBIET. DER UNTERLAUF BIETET EINEN SAFTIGEN KÜSTEN-MALT, EINE MODERNE BRENNEREI UND EINEN ERSTEN VORGESCHMACK AUF DAS HERZ VON SPEYSIDE.

Der Spey, Schottlands längster Fluss, entspringt als Bach aus dem Loch Spey, einem winzigen See, nur einen steilen Abstieg vom Great Glen entfernt. Er fließt nach Nordosten, windet sich in seinem mittleren Lauf zwischen zahlreichen Brennereien hindurch und setzt bei Rothes zum Endspurt bis zum Meer an.

Auf einer Länge von rund 96 Kilometern folgt ihm der Speyside Way entlang der ehemaligen Bahnlinie, die dazu beitrug, dass die Gegend zu einem wichtigen Whiskygebiet wurde. Man stößt so oft auf Brennereien, dass sie genauso ein Teil der Landschaft zu sein scheinen wie die Bäume, die den Fluss beschatten.

INCHGOWER

Buckie liegt nahe der Mündung des Spey in den Moray Firth und ist von Austernfischern bevölkert. Der schrille Schrei dieser Vögel ist überall am Unterlauf des Spey zu hören und einer davon ist auf dem Etikett von Inchgower abgebildet, dem Malt der Küstenstadt. Die Brennerei liegt am Stadtrand auf einem Gelände, auf dem früher schwarz gebrannt wurde.

Inchgower ist ein intensiver Whisky mit jasminartigem Blumenaroma und einem ausgeprägten salzigen Unterton, der ihn zu einem idealen Begleiter für Fisch und Meeresfrüchte, insbesondere Austern, macht. Möglicherweise liegt das daran, dass er so nah am Meer gebrannt wird, wobei nicht alle Küsten-Malts eine solche Salznote haben. Doch irgendwie ist es ja auch in Ordnung, wenn einer der Whiskys vom Spey daran erinnert, dass dieser Fluss nicht einfach nur durch die Landschaft fließt, sondern sich irgendwann auch mit dem Meer vereint.

BRENNEREIEN-STECKBRIEF

INCHGOWER GEGRÜNDET: 1871.
BESITZER: Diageo. VERFAHREN: Pot Stills.
PRODUKTION: 22 000 hl.

AUCHROISK GEGRÜNDET: 1974.
BESITZER: Diageo. VERFAHREN: Pot Stills.
PRODUKTION: 31 000 hl.

GLENTAUCHERS GEGRÜNDET: 1898.
BESITZER: Allied Distillers Ltd. VERFAHREN: Pot Stills.
PRODUKTION: 20 500 hl.

CRAIGELLACHIE GEGRÜNDET: 1888.
BESITZER: John Dewar & Sons Ltd.
VERFAHREN: Pot Stills. PRODUKTION: 27 800 hl.

DER SPEY fließt durch Speyside zum Meer. An seinen Ufern entstehen einige der großartigsten schottischen Malts.

AUCHROISK wurde 1974 errichtet und erinnert an eine kalifornische Kellerei.

AUCHROISK

Der Burn of Mulben mündet 19 Kilometer von der Küste entfernt in den Spey, doch vorher fließt er noch an einem Gebäudekomplex vorbei, der aussieht wie eine kalifornische Kellerei. Auchroisk wurde 1974 von IDV gegründet, vor allem um Whisky für J&B Blends zu liefern. In den acht Pot Stills entsteht auch ein Malt namens Singleton, der mit großem Trara auf den Markt gebracht wurde, inzwischen in Diageos umfassendem Angebot aber nur noch eine Nebenrolle spielt. Die hiesigen Lagerhäuser werden von vielen Speyside-Brennereien des Konzerns genutzt.

GLENTAUCHERS

Ein Stück am Burn flussaufwärts liegt die Brennerei Glentauchers, die 1898 gegründet wurde, zu einer Zeit, als die Blender begannen, Malt herzustellen. Ursprünglich war sie ein Jointventure des Händlers William P. Lowrie und James Buchanan, der bei Black & White tätig gewesen war. Sie wurde Mitte der 1960er ausgebaut, 1985 von DCL geschlossen, fünf Jahre später jedoch von Allied-Domecq erworben. Der leichte, trockene, fast staubige Glentauchers wird von Gordon & MacPhail als Single Malt angeboten.

CRAIGELLACHIE

In Craigellachie beginnt der Spey seine großen Schleifen durch das Tal zu ziehen; das von einer hohen Böschung eingefasste Schwemmland ist mit den Hütten der Jagdaufseher gesprenkelt. Unter der Eisenbrücke in Telford sieht man oft Lachse auftauchen. Dies ist das Herz von Speyside.

In Craigellachie findet man zwei empfehlenswerte Whiskylokale. Die langen Flaschenreihen in der eleganten, abgedunkelten Bar des Hotels Craigellachie lassen einen vor Ehrfurcht verstummen. The Highlander auf der anderen Straßenseite bietet eine ähnlich umfassende Auswahl in einem etwas rustikaleren Ambiente.

Natürlich gibt es auch eine Brennerei in der Nähe; Alt und Neu spielen hier auf faszinierende Weise ineinander: Die Anlage ist computergesteuert, aber die Alkoholdämpfe werden noch genauso wie im Gründungsjahr

DAS HOTEL CRAIGELLACHIE hat eine schöne Bar und eine ausgezeichnete Malt-Auswahl.

VERKOSTUNG

DAS SPEY-TAL bietet Malt für jeden Geschmack, vom leichten Küstenstil bis zu der saftigen, öligen Fülle des Landesinneren.

INCHGOWER

INCHGOWER
14 JAHRE, 43 VOL.-%

Farbe: Strohgelb
Nase: leicht und sehr frisch; Meerwind, dann gemähtes Gras, Narzisse und grüner Apfel; etwas schokoladiges Malz im Hintergrund
Körper: leicht; etwas likörartig
Gaumen: ausgesprochen salzig mit duftenden Noten; delikat mit Jasmin und Mandarine; frisch
Nachklang: herb, säuerlich, klar

AUCHROISK

AUCHROISK
10 JAHRE, 43 VOL.-%

Farbe: Goldgelb, bernsteingelbe Reflexe
Nase: leicht, weich und sahnig; Vanillesoße; Brotauflauf mit Butter, darunter eine nussige Malznote
Körper: weich und süß
Gaumen: direkt; Getreidenote; ein Hauch von Beeren
Nachklang: weich

CRAIGELLACHIE

CRAIGELLACHIE
14 JAHRE, 43 VOL.-%

Nase: Goldgelb
Nase: ein Anflug von Rauch; artig, gebackene Fruchtigkeit; spritziges Malz
Körper: mittel; ölig
Gaumen: reif und voll; kernig mit Beeren und Zitrusfrüchteschalen; gute Malz-/Eichenstruktur
Nachklang: wieder Rauch

1888 in Worm Tubs kondensiert. Es entsteht ein ausladender Whisky, eines von Speysides Schwergewichten, ähnlichen Kalibers wie Glenfarclas, Mortlach, Benrinnes und Dailuaine. Diageo hat es sicher bedauert, dass es beim Verkauf von John Dewar & Sons außer Aberfeldy auch diese Brennerei verlor.

Macallan

INDIVIDUELL, ORIGINELL, PROFESSIONELL – ALL DAS IST
MACALLAN. DIE BRENNEREI HAT EINEN SEHR EIGENWILLIGEN
WEG EINGESCHLAGEN UND SCHREITET STETIG VORAN.

In der Nähe von Aberlour lugt aus einem dunklen Nadelwäldchen oberhalb des Spey ein weißes Gebäude im nüchternen Stil schottischer Herrenhäuser hervor. In Easter Elchies entsteht eines der Schwergewichte der Speyside Region: Macallan. Ende der 1970er-Jahre wurde hier der Plan geboren, aus einem angesehenen Whisky für Blends einen Single Malt zu machen. Er wurde ein Erfolg.

Es ist schwer zu sagen, was Macallans Gründer Alexander Reid davon gehalten hätte. Er, einer der Pächter, die 1824 eine Lizenz zum Brennen erwarben, und seine unmittelbaren Nachfolger scheinen weniger ehrgeizig gewesen zu sein als viele ihrer Nachbarn. Macallan genießt den zweifelhaften Ruf der Brennerei mit dem kürzesten Eintrag in Alfred Barnards *The Whisky Distilleries of the United Kingdom*: ein »altmodischer« Betrieb, der »anderen Brennereien in Speyside ähnlich« sei. Das hat sich aber geändert. Heute ist Benromach die einzige Brennerei in Speyside, die Whisky in ähnlicher Weise wie Macallan herstellt.

Der Erste, der Macallans Potenzial erkannte, war Roderick Kemp, der seinen Anteil an Talisker *(siehe S. 126–127)* verkaufte, um diese Brennerei zu erwerben.

Macallans Fässer *werden auf Bestellung im spanischen Jerez aus europäischer Eiche gefertigt, mit Sherry »eingeweiht« und dann nach Speyside verschifft.*

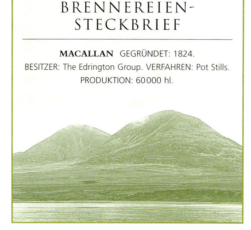

BRENNEREIEN-STECKBRIEF

MACALLAN GEGRÜNDET: 1824.
BESITZER: The Edrington Group. VERFAHREN: Pot Stills.
PRODUKTION: 60 000 hl.

DER BRENNVORGANG

Jede Brennerei hat ihre Eigenheiten – deshalb ist auch jeder Whisky einzigartig. Macallan hat mehr Eigenheiten als die anderen. Sie ist neben Glengoyne die einzige Brennerei, die weiterhin für jede Maische einen gewissen Anteil Golden Promise verwendet. Auch Benromach und Bruichladdich testeten diese Gerstensorte, die in den 1960ern Standard war, heute jedoch teuer ist und daher von allen anderen Brennern ersetzt wurde. Macallan ist jedoch davon überzeugt, dass sie dem Whisky zusätzliches Gewicht verleiht. Außerdem werden zwei Hefen verwendet. Bis Mitte der 1990er-Jahre wurde Macallan wohlgemerkt aus 100 Prozent Golden Promise und mit fünf Hefen erzeugt!

Den wichtigsten Beitrag zu Macallans Individualität leisten aber Brenn- und Lagerhaus. Die 21 Pot Stills sind nur knapp vier Meter hoch und ihr Hals ist sehr kurz; ihre Form und die Art ihrer Verwendung bestimmen den Charakter des Whiskys. Weil sie so klein sind, kommt der Dampf kaum mit dem Kupfer in Berührung und das Destillat wird schwerer. Ein so erzeugter Whisky kann leicht flach ausfallen; um ihm Komplexität zu verleihen, wird die Brenngeschwindigkeit bei Macallan niedrig gehalten, sodass der Kontakt zwischen Dampf und Kupfer erhöht wird, und die Brennblasen werden direkt beheizt. Damit die Flüssigkeit nicht ansetzt, sind im Inneren der Brennblase bewegliche Ketten angebracht, die das Kupfer sauber halten und damit für den Dampf zugänglich machen.

DIE BEDEUTUNG DER EICHE

Genauso wichtig wie der Brennvorgang sind die Fässer aus europäischer Eiche. Während der Whisky reift, wird er von den Nelken-, Harz- und Trockenobstnoten aus der Eiche umhüllt. Der Tanningehalt steigt und die Farbe wandelt sich von Goldgelb zu Mahagonibraun. Nur ein schwerer Whisky ist der markanten Persönlichkeit der Eiche gewachsen.

Keine andere Brennerei kaprizierte sich so auf europäische Eiche: Macallan war über Jahre der einzige Malt, der ausschließlich in dieser Art von Eiche gelagert wurde. Heute

Die zotteligen Highland-Rinder *sind in dieser ländlichen Gegend ein häufiger Anblick.*

werden zusätzlich auch Fässer aus amerikanischer Eiche verwendet. Die Brennerei lässt im spanischen Jerez eigens Fässer anfertigen, in denen dann Sherry von Gonzalez Byass reift. Das ist das Markenzeichen von Macallan. Mit Hinweis auf das Herrenhaus und die teilweise aus dem frühen 20. Jahrhundert stammenden Lagerbestände verkauft sich die Brennerei als Malt-Château. 2003 kam eine Reihe namens »Fine & Rare« mit in den eigenen Lagerhäusern gereiften Jahrgangswhiskys auf den Markt.

Die seit 2004 angebotene Fine-Oak-Reihe besteht aus Whiskys, die erstaunlicherweise vorwiegend in amerikanischer Eiche reifen. Sie sind großartig, aber eben nicht mehr »typisch Macallan«. Doch Macallan lässt sich nicht festnageln. Die Entwicklung geht weiter – nichts ist unmöglich.

MACALLANS KLEINE POT STILLS sind einzigartig. Anstatt größere zu bauen, erhöhte man beim Ausbau die Anzahl von sechs auf 21.

VERKOSTUNG

MACALLAN IST EINER der besten Single Malts. An dem fruchtigen, vollen, komplexen 18-jährigen kommen Single-Malt-Liebhaber nicht vorbei.

THE MACALLAN
18 JAHRE, 43 VOL.-%

Farbe: Mahagonibraun, rote Reflexe
Nase: Trockenobst, Weihnachtsgebäck, Rosinen und Nelken; Feige; ein Anflug von Rauch; konzentriert und stark eichentönig
Körper: schwer; leicht ölig
Gaumen: Harz, Bitterschokolade, Kreuzkümmel, Feige; Bitterorange; Tannine
Nachklang: trocken; würzig; Malz

THE MACALLAN FINE OAK
15 JAHRE, 43 VOL.-%

Farbe: Hellgoldgelb
Nase: aromatisch, komplex und elegant; saftiges Obst, Orangenschale, reife Melone, Mango, Vanilleschote; heiße Sägespäne; Haselnuss; leicht rauchig
Körper: voll, süß und ölig
Gaumen: Honig, nussige Eiche, süßes Gartenobst; Karamelltoffee, Eiche, Adlerfarn, Malz und dunkle Schokolade
Nachklang: komplexe Fruchtnoten mit würzigem Kribbeln

18-JÄHRIGER MACALLAN

Im Westen des Spey

EIN BLICK AUF DIE ANFÄNGE DER MODERNEN WHISKYHER-
STELLUNG, WIE SPEYSIDE ZUM MALT-PARADIES WURDE, EINE
VERBINDUNG NACH SPANIEN UND DIE CARDHU-AFFÄRE.

Die Entwicklung von Speyside zum Whiskygebiet vollzog sich in drei Phasen. Nach der Aufhebung des Brennverbots entstanden 1823 die ersten Farmbrennereien. Die zweite Gründungswelle fand in den 1860ern statt, als zwischen Boat of Garten und Craigellachie am Spey entlang eine Bahnlinie gebaut wurde. Ende des 19. Jahrhunderts trat die Entwicklung in ihre letzte Phase. In diesen 70 Jahren veränderte sich nicht nur die Gegend, sondern auch der Whisky.

Die Farmbrenner erzeugten ihren Malt noch so, wie sie es immer getan hatten: als Single Malt für ihre Freunde und Nachbarn und – dank der Schmuggler – auch für einige Kunden in den Lowlands.

Die Brenner der zweiten und dritten Phase waren in erster Linie Geschäftsleute. Auch sie stellten Single Malt her, richteten sich dabei jedoch nach dem Geschmack und dem Bedarf einer neuen Spezies von Whiskyleuten – der Blender.

Die vier Brennereien am Nordufer des mittleren Spey sind Beispiele für diese Entwicklung und liefern weiterhin Whisky für bekannte Blends. An der Geschichte der ersten ist abzulesen, wie eine Spezialität der Highlands sich zu einer internationalen Handelsware wandelte. Ihr Name erinnert an ihre viktorianischen Wurzeln: Imperial.

IMPERIAL

Imperial war eigentlich immer zu groß. Eine Brennerei mit großen Brennapparaten läuft gut, solange die starke Nachfrage anhält, gerät jedoch in mageren Zeiten als Erste in die Bredouille. Imperial wurde viermal stillgelegt. Trotz hoher Erwartungen war sie nach ihrer Eröffnung 1897 nur sechs Monate in Betrieb. DCL erzeugte dort kurz Whisky und nutzte

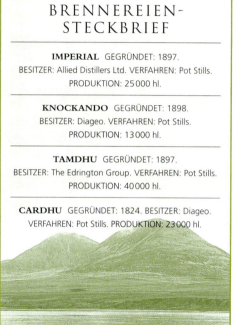

BRENNEREIEN-STECKBRIEF

IMPERIAL GEGRÜNDET: 1897.
BESITZER: Allied Distillers Ltd. VERFAHREN: Pot Stills.
PRODUKTION: 25 000 hl.

KNOCKANDO GEGRÜNDET: 1898.
BESITZER: Diageo. VERFAHREN: Pot Stills.
PRODUKTION: 13 000 hl.

TAMDHU GEGRÜNDET: 1897.
BESITZER: The Edrington Group. VERFAHREN: Pot Stills.
PRODUKTION: 40 000 hl.

CARDHU GEGRÜNDET: 1824. BESITZER: Diageo.
VERFAHREN: Pot Stills. PRODUKTION: 23 000 hl.

TAMDHUS TRADITIONELLE GEBÄUDE
werden von der modernen Mälzerei überragt.

VERKOSTUNG

Die Single Malts von Knockando und Tamdhu sind leicht und zitronig. Cardhu hat eine bewegte Geschichte und erzeugt einen komplexen Whisky.

KNOCKANDO

KNOCKANDO
1990, 43 VOL.-%

Farbe: Stroh- bis Goldgelb
Nase: leicht und nussig/malzig mit etwas grüner Birne, Stroh; staubig; esterig und frisch
Körper: leicht; trocken
Gaumen: nussig; viele malzige Noten (Malztonne); Zitrone; Milchschokolade am mittleren Gaumen
Nachklang: frisch, sehr kurz und trocken

TAMDHU

TAMDHU
OHNE ALTERSANGABE, 40 VOL.-%

Farbe: Goldgelb
Nase: hochgetönte Zitrusnoten; ätherisch; Heuschober; Getreide
Körper: leicht
Gaumen: staubig und leicht; malzig; Stroh; ehrlich
Nachklang: Blumen in der Ferne

CARDHU

CARDHU
12 JAHRE, 40 VOL.-%

Farbe: ins Bernsteingelbe spielendes Goldgelb
Nase: getrocknete Gräser und Schokolade; Kumquatschalen; frisch und jung; angekohlte, rauchige Noten
Körper: leicht bis mittel; weich
Gaumen: rein, leicht malzig; Kokos, Milchschokolade (Früchte und Nuss); leichte Noten von verschiedenen Schalen
Nachklang: eine Mischung aus süß und trocken

12-JÄHRIGER CARDHU

---

sie von den 1920er- bis zu den 1950er-Jahren als Mälzerei. Nachdem sie 30 Jahre lang Whisky hergestellt hatte, wurde sie 1983 erneut geschlossen. Sechs Jahre später wurde sie von Allied-Domecq erworben, 1998 wieder stillgelegt.

KNOCKANDO UND TAMDHU

Der Bahnbetrieb wurde 1968 eingestellt und die Bahnhöfe sind seit langem verlassen. Um die Brennereien ist es besser bestellt. Knockando wurde ein Jahr nach Imperial gegründet und von der Wein- und Spirituosenfirma W & A Gilbey erworben. Die Brennerei war immer ein wichtiger Lieferant für Blends, namentlich J&B, in dem Knockandos leichte, trockene, malzige Noten klar hervortreten. J&B, die meistverkaufte Marke in Spanien, hat eine frische, spritzige Art, die sich bestens für Longdrinks eignet.

Tamdhu liegt direkt gegenüber, aber etwas versteckt, und ist seit kurz nach seiner Gründung 1897 im Besitz von Highland Distillers. Die große, moderne Brennerei mit sechs Pot Stills hat auch eine eigene Mälzerei mit Saladin Boxes und versorgt sich somit komplett selbst. Die Mälzerei beliefert außerdem die anderen Brennereien von Highland, einschließlich Highland Park. Der Single Malt ohne Altersangabe ist ähnlich malzig wie Knockando.

CARDHU

Die Geschichte der ältesten der vier Brennereien reicht bis in Schmugglerzeiten zurück, als die Pächter John und Helen Cummings heimlich Whisky brannten und ihn durch ihr Küchenfenster verkauften. Sehr wahrscheinlich war Helen die Brennerin – traditionell waren in ländlichen Gemeinden die Frauen für das Brennen zuständig. Die Farm verfügte auch über ein Frühwarnsystem: Helen hisste eine rote Fahne, um den Brennern weiter hinten im Tal mitzuteilen, dass Finanzbeamte unterwegs waren.

Das Büro von Knockando erstrahlt nach wie vor in viktorianischem Glanz.

Unter der Schwiegertochter der Cummings machte sich Cardhu einen Namen. 1880 vergrößerte sie die Brennerei und trat die alten Brennapparate an William Grant ab, der Glenfiddich damit ausrüstete. 1893 wurde ein Großteil des in Cardhu erzeugten Whiskys an John Walker & Sons verkauft.

Heute besitzt Cardhu sechs Pot Stills und ist die Heimat der Marke Johnnie Walker. Der grasige Malt mit Noten von Schokolade und Orange geht in Blends von Walker ein, ist jedoch auch ein erfolgreicher Single Malt. 2003 war die Nachfrage aus Spanien so groß, dass Diageo beschloss, unter dem Markennamen Cardhu künftig statt eines Single Malt einen Vatted Malt anzubieten. Diese aus verkaufstechnischer Sicht sinnvolle Entscheidung löste einen Sturm der Entrüstung bei der Konkurrenz aus, die zu Recht darauf hinwies, dass ein Verschnitt nicht nach einer einzelnen Brennerei benannt werden dürfe. Kurz darauf nahm Diageo das Produkt vom Markt und Cardhu wurde wieder ein Single Malt.

Die »Cardhu-Affäre« hatte aber insofern einen anhaltenden Nutzen, als die Branche in diesem Zusammenhang endlich gezwungen war, sich mit der Benennung und Auszeichnung von Whisky zu beschäftigen. 2005 wurden neue Vorschriften und klarere Bezeichnungen eingeführt.

IM OSTEN DES SPEY

DER SPEY UND DIE NÖRDLICHSTEN AUSLÄUFER DER CAIRNGORMS
BIETEN IDEALE BEDINGUNGEN FÜR DIE PRODUKTION EINIGER DER
TRADITIONELLSTEN SPEYSIDE-WHISKYS.

Die große Anzahl von Brennereien im mittleren Speyside ist auf zwei geographische Gegebenheiten zurückzuführen: erstens auf den Fluss Spey, der ein flaches, ebenmäßiges Tal schuf, und zweitens auf den Ben Rinnes, den Berg, der vielen Brennereien hier Wasser liefert.

Die Ähnlichkeit zwischen vielen dieser Brennereien ist jedoch nicht durch das Wasser, sondern durch die Tradition bedingt: Die älteren Betriebe erzeugen Whisky im ursprünglichen, schwereren Speyside-Stil.

ABERLOUR

Die erste der Brennereien am Ben Rinnes wurde auf dem Gelände einer Kapelle errichtet und ist leicht zu übersehen, weil der Eingang hinter einer Kurve liegt. Die große Brennerei verbirgt sich weiter hinten in einem dunklen kleinen Tal.

Die Brennerei wurde hier gegründet, um die Vorzüge der Bahnlinie zu nutzen, und hat, weil in französischem Besitz (Pernod Ricard), viele Abnehmer in Frankreich; dort ist der Whisky in vielen Varianten erhältlich. Sein mittlerer bis voller Körper ist typisch für diesen Teil von Speyside. Die charakteristischen Toffee- und Minznoten verdankt er den großen Pot Stills, und er ist schwer genug, um es mit europäischer Eiche auf-

IN CRAGGANMORES ziemlich seltsam geformten Spirit Stills wird ein komplexer Malt erzeugt.

> ### BRENNEREIEN-STECKBRIEF
>
> **ABERLOUR** GEGRÜNDET: 1879.
> BESITZER: Chivas Brothers. VERFAHREN: Pot Stills.
> PRODUKTION: 32 000 hl.
>
> **BENRINNES** GEGRÜNDET: 1834.
> BESITZER: Diageo. VERFAHREN: Pot Stills.
> PRODUKTION: 26 000 hl.
>
> **DAILUAINE** GEGRÜNDET: 1851.
> BESITZER: Diageo. VERFAHREN: Pot Stills.
> PRODUKTION: 32 000 hl.
>
> **GLENFARCLAS** GEGRÜNDET: 1836.
> BESITZER: J. & G. Grant. VERFAHREN: Pot Stills.
> PRODUKTION: 30 000 hl.
>
> **CRAGGANMORE** GEGRÜNDET: 1869.
> BESITZER: Diageo. VERFAHREN: Pot Stills.
> PRODUKTION: 16 000 hl.
>
> **TORMORE** GEGRÜNDET: 1958.
> BESITZER: Allied Distillers Ltd. VERFAHREN: Pot Stills.
> PRODUKTION: 18 000 hl.

nehmen zu können. Zu Chivas Brothers gehört auch die nahe gelegene, in den 1960er-Jahren gegründete Brennerei Glenallachie, deren Wasser ebenfalls vom Ben Rinnes stammt. Ihr scharfer, frischer Whisky ist selten als Single Malt anzutreffen.

BENRINNES

Die nächste Brennerei liegt 200 Meter höher am Berg und ist auch nach diesem benannt. Benrinnes ist einer von Diageos weniger bekannten Single Malts, bei Blendern aber wegen des »zweieinhalbfachen« Destillationsverfahrens beliebt: Ein Teil des Whiskys wird zweimal, ein anderer dreimal gebrannt. Dadurch und durch das äußerst kalte Wasser in den Worm Tubs erhält Benrinnes seinen vollen, etwas fleischigen Schwung.

DAILUAINE

Wenn man dem vom Spey-Tal aufsteigenden Dampf folgt, kommt man zu dem ausgedehnten Gelände einer weiteren Diageo-Brennerei. Dailuaine war zeitweise der größte Hersteller in den Highlands und besaß als erste Distillerie ein Pagodendach.

Heute erzeugen sechs Pot Stills einen fleischigen, vollen Malt für Blends; der in geringen Mengen hergestellte Single Malt zeigt, wie gut auch er sich mit europäischer Eiche verträgt.

GLENFARCLAS

Ein weiterer schlagkräftiger Whisky entsteht an der Südwestflanke des Ben Rinnes. Glenfarclas wurde (wie Rechlerich) 1836 von dem Pächter George Hay auf seiner Farm errichtet. 1865 wurde die Farm an eine Viehzüchterfamilie namens Grant verkauft und ist seitdem in ihrem Besitz.

Glenfarclas verfügt über die größten Pot Stills in Speyside und erzeugt einen schweren, gehaltvollen Whisky. Als die direkte Beheizung probeweise ausgesetzt wurde, hatte der Brenner den Eindruck, der Whisky habe an Substanz verloren, und so zündete man die Feuer wieder an. Auch für diesen Malt ist europäische Eiche ein bewährter Partner.

CRAGGANMORE

Näher am Fluss liegt Cragganmore, 1869 von John Smith, einem der großen Brenner seiner Zeit, gegründet. Sein Erbe sind die Spirit Stills: Sie sind klein und haben einen schmalen Hals mit flachem Deckel; der Lyne Arm ragt an der Seite heraus. Die Form des Halses erhöht den Rückfluss und durch den Lyne Arm gelangen nur bestimmte Geschmacksstoffe hindurch; Worm Tubs sorgen für Gewicht. Der Whisky, einer der Classic Malts von Diageo, ist eine komplexe Mischung aus dunklen Früchten, Leder, Obstkuchen, Toffee und duftenden Noten.

TORMORE

Die letzte Brennerei in der Reihe ist in jeder Hinsicht anders. Die meisten Brennereien sind Zweckbauten; das 1958 errichtete Tormore ist hingegen ein Ausbund an Extravaganz mit grünem Dach und Glockenspiel – es sieht aus wie ein baltisches Ostseebad. Die acht Pot Stills erzeugen einen straffen, schlanken, nussigen Malt, der ebenfalls untypisch für die Gegend ist.

GLENFARCLAS liegt unterhalb des Ben Rinnes, der das Wasser für die schweren Malts liefert.

VERKOSTUNG

DIE REICHHALTIGEN, vollen Whiskys sind typisch für diesen Teil von Speyside. Das farbliche Spektrum reicht von Mahagonibraun bis Hellgoldgelb. Die ausgezeichneten Malts sind duftend, komplex, fruchtig und wärmend.

ABERLOUR

ABERLOUR
10 JAHRE, 40 VOL.-%

Farbe: Hellgoldgelb
Nase: grüne Melonenbällchen, Ingwer, ein Hauch Sahne, Sultaninen und Sherry; Malz
Körper: leicht bis mittel
Gaumen: Noten von Obstkuchen und Sherry; Adlerfarn; Muskatnuss
Nachklang: leicht adstringierend

ABERLOUR SHERRY MATURED
12 JAHRE, 40 VOL.-%

Farbe: Bernsteingelb
Nase: mild, Sherry; Tabak, Orange-Pekoe-Tee, Walnuss, karamellisiertes Obst, Minze, Leder, Toffee und Butter
Körper: sahnig; süß
Gaumen: seidig, die

12 JAHRE ALTER ABERLOUR

eingebundenen Noten der europäischen Eiche überdecken den sahnig-minzigen Charakter; schwarze Früchte
Nachklang: leicht schokoladig und etwas Trockenobst

BENRINNES

BENRINNES
15 JAHRE, 43 VOL.-%

Farbe: gelbliches Rotbraun mit roten Reflexen
Nase: voll; ein Hauch von Leder, Fleisch; Sirup und Rosinen; reif und voll
Körper: schwer, griffig
Gaumen: süße Sherrynoten, feine Tannine; gerösteter Fenchel, Teekuchen; nachhaltiges, leicht öliges Mundgefühl
Nachklang: lang, nachhaltig

DAILUAINE

DAILUAINE
16 JAHRE,
43 VOL.-%

Farbe: Mahagonibraun, grüner Rand
Nase: würzige Eiche; Feigenbrötchen, weichgebackenem Obst, Teekuchen und gerösteten Walnüssen; ein Hauch von Gummi
Körper: weich, aber schwer
Gaumen: voll, reif und sehr fruchtig; Trockenobst; von europäischer Eiche geprägt; tief und ausdrucksvoll; eindringliches Holz
Nachklang: straff; leichte Tannine

GLENFARCLAS

GLENFARCLAS
15 JAHRE, 46 VOL.-%

Farbe: Bernsteingelb
Nase: üppiges Malz; Rosinenbrot, Kuchenmischung, Talg; Piment; hat Fülle und eine schöne Schwere
Körper: voll, fleischig
Gaumen: fester, als die Nase vermuten lässt; griffig; reif, Trockenobst/Kompott; Sirup, Toffee
Nachklang: malzig; nachhaltig

CRAGGANMORE

CRAGGANMORE
21 JAHRE, 40 VOL.-%

Farbe: kräftiges Goldgelb
Nase: komplexe Mischung aus Blumen, Obst (getrocknet und karamellisiert), Pflaumenkom-

12 JAHRE ALTER CRAGGANMORE

pott, gebackenem Apfel, Johannisbeere, Honig, gerösteten Kastanien, Leder und Toffee
Körper: mittel, weich und seidig
Gaumen: komplex; schwarze Früchte, gemischt mit etwas Honig und Pfirsichkompott
Nachklang: weich mit einem Anflug von Rauch

TORMORE

TORMORE SIGNATORY VINTAGE
1989, 46 VOL.-%

Farbe: Goldgelb
Nase: fest; leichte Torfnote mit weichem Malz (Kleieflocken); mit Wasser besonders duftend
Körper: mittel; recht trocken
Gaumen: trockener Beginn; getrockneter Torf; spritziges Malz und geröstete Eiche
Nachklang: leicht sahnig

DER OBERE SPEY

AUF DEM WEG ZUR QUELLE DES SPEY BEGEGNET MAN EINER DER ÄLTESTEN UND EINER DER NEUESTEN BRENNEREIEN SCHOTTLANDS SOWIE DEM KÄLTESTEN ORT GROSSBRITANNIENS.

Wenn man dem Fluss und der parallel dazu verlaufenden Bahnlinie folgt, kommt man zu dem Wald um Grantown-on-Spey. Rechts ist die Landschaft etwas wilder; eine Kette hoher Hügel trennt das Spey-Tal vom Avon-Tal: die Cromdales, deren höchster Gipfel, Creagan a Chaise, 670 Meter über dem Meeresspiegel liegt.

BALMENACH

Im Ort Cromdale liegt Balmenach. Am besten wirken Brennereien immer in einer wilden, einsamen Gegend: als wären sie seit Urzeiten ein Teil der Landschaft. Bei dieser Brennerei ist das tatsächlich so: Sie wurde 1824 gegründet.

Von Balmenach handelt auch Sir Robert Bruce Lockharts 1951 erschienenes Buch *Scotch*. Die Brennerei gehörte seiner Familie, und er beschreibt anschaulich, wie man früher für den eigenen Bedarf brannte, wie das Mälzen und die Gärung vonstatten gingen und wie der Brenner – »ein toller Mensch mit einem festen Glauben an seine Kunst und kaum verhohlener Verachtung für die Chemie« – das letzte Wort in Sachen Qualität hatte. Lockhart würde diesen Ort wiedererkennen. Vielleicht sprechen die Leute heutzutage kein Gälisch mehr, es gibt bestimmt mehr Autos, und es wurden weitere zwei Pot Stills angeschafft, aber die Worm Tubs sind immer noch in Betrieb und der muskulöse, kernige Whisky ist europäischer Eiche heute noch so gut gewachsen wie in den 1950er-Jahren.

SPEYSIDE

Auf dem Weg nach Broomhill zieht der Spey weiter seine sanften Schleifen. Hier kann man in einer Dampflokbahn auf den alten Schienen bis nach Aviemore fahren. Wo der Fluss zwischen den Cairngorms im Osten und den Monadlithian Mountains im Westen hindurchfließt, wird das Tal breiter. Die Städte an seinem Ufer wirken zwergenhaft vor den mächtigen Bergen, zu denen einige der höchsten Gipfel Großbritanniens gehören. Bei Kingussie mündet der Tromie in den Spey. Kurz davor liegt eine der neuesten Brennereien in Schottland.

Der Name Speyside deutet zwar auf eine große Brennerei hin, doch der Betrieb

BRENNEREIEN-STECKBRIEF

BALMENACH GEGRÜNDET: 1824.
BESITZER: Inver House Distillers Ltd.
VERFAHREN: Pot Stills. PRODUKTION: 25 000 hl.

SPEYSIDE GEGRÜNDET: 1991.
BESITZER: George Christie. VERFAHREN: Pot Stills.
PRODUKTION: 6000 hl.

DALWHINNIE GEGRÜNDET: 1897.
BESITZER: Diageo. VERFAHREN: Pot Stills.
PRODUKTION: 13 000 hl.

VERKOSTUNG

Der Gegensatz zwischen Alt und Neu ist nicht zu übersehen: Der würzige, rauchige Balmenach und Dalwhinnie sind voll und geschmeidig; der noch junge Speyside ist angenehm frisch, duftend und leicht grasig.

BALMENACH

BALMENACH
12 JAHRE, 43 VOL.-%

Farbe: Bernsteingelb; rote Reflexe
Nase: reif, voll, sherrytönig; Pfeifenrauch, Antiquitäten; Bienenwachspolitur; Trockenobst, Sirup
Körper: mittel/voll
Gaumen: reichhaltig und kraftvoll; harter Heidehonig; Kastanien; zum Ende hin geröstet/angekohlt
Nachklang: artig und weich

SPEYSIDE

DRUMGUISH
KEINE ALTERSANGABE,
40 VOL.-%

Farbe: Goldgelb
Nase: duftend, Jasmin, intensiv, leicht ölig; jung
Körper: mittel; weicher werdend
Gaumen: in der Mitte sahnig, trocken (grasig) an den Rändern
Nachklang: kurz

DALWHINNIE

DALWHINNIE
15 JAHRE, 43 VOL.-%

Farbe: Goldgelb
Nase: weich, süß; honigtönig mit einem Hauch Torf und Schwefel; Mandarine, Sahne; leicht würzig
Körper: geschmeidig
Gaumen: schönes Gewicht; vollmundig; wieder Honig, Blumenladen; reif
Nachklang: rauchiges Kribbeln; nachhaltig

DRUMGUISH

DALWHINNIE IST DER KÄLTESTE ORT *in Großbritannien. Das eiskalte Wasser bestimmt den Charakter des Whiskys maßgeblich mit.*

mit seinen schönen, traditionell gehaltenen Gebäuden gehört im Gegenteil zu den kleinsten. Zwischen der ersten Idee des Besitzers George Christie und dem fertigen Produkt vergingen 30 Jahre, doch nun sind die zwei kleinen Pot Stills schon seit 1991 in Betrieb und der (als Drumguish verkaufte) Whisky entfaltet sich zu einem schönen zart-süßen Tropfen.

DALWHINNIE

Mit der Brennerei am Tromie, die allgemein als Highland-Brennerei gilt, hat es eine eigene Bewandtnis. Sie wurde 1897 unter dem Namen Strathspey eröffnet, dann aber bald nach der kleinen Siedlung am Drumochter-Pass benannt. Mit einer Durchschnittstemperatur von 6°C ist dies der kälteste Ort in Großbritannien und man hätte wohl kaum ausgerechnet hier eine Siedlung gegründet, wäre nicht das Vieh gewesen.

Auf der Karte sieht man, wie schwer es ist, die Highlands von West nach Ost zu durchqueren. Eine der wenigen Möglichkeiten, von den westlichen Highlands und den Inseln in die Mitte der Highlands zu gelangen, ist das Spean-Tal, das vom Great Glen ausgeht und unmittelbar nördlich von Dalwhinnie endet. Zu der Zeit, als große Viehherden aus dem Norden auf den Markt in Falkirk getrieben wurden, war das Spean-Tal eine der Hauptverkehrsstrecken. Die Viehtreiber aus Speyside kamen ihrerseits durch das Spey-Tal und Dalwhinnie war der Treffpunkt, eine Kreuzung, bevor es über den Drumochter-Pass nach Perthshire ging.

Möglicherweise gab es hier auch schon eine illegale Brennanlage; die heutige Brennerei wurde gebaut, weil Dalwhinnie einen Bahnhof hatte. Der Whisky, seit 1919 Teil des Angebots von DCL, hatte nicht nur einen wichtigen Part in Blends wie Black & White und Buchanan's, sondern ist auch der Highland-Vertreter in Diageos Classic-Malt-Reihe, ein subtiler Tropfen mit Tiefe und einem schönen Gefüge. Für den Charakter sind zum Teil die Worm Tubs verantwortlich, die wie riesige Whirlpools vor der Brennerei stehen. Durch das eiskalte Wasser aus dem Bach Allt-an-t'Sluic kommt der Dampf nur ganz kurz mit dem Kupfer in Berührung, wodurch der Feinbrand schwer und schwefelig wird. Der Schwefel weicht bald einem Honigton.

Die runden hölzernen Worm Tubs wurden erst vor kurzem anstelle der hässlichen alten eckigen Wannen aus Gußeisen installiert. Dabei wurde allerdings nicht bedacht, dass das Wasser in runden Wannen anders fließt als in eckigen und dass das Auswirkungen auf den Charakter des Whiskys hat. Man beeilte sich, den alten Zustand wiederherzustellen. Beim Whisky ist jede Veränderung ein Risiko.

DIE SPEYSIDE DISTILLERY *sieht älter aus als sie ist: Sie erzeugt ihren zarten, sahnigen Malt erst seit Anfang der 1990er.*

AVON UND LIVET

DIE ERINNERUNG AN SCHWARZBRENNER IST IN DEN ABGELE-
GENEREN TEILEN DIESES HOCHTALS NOCH SEHR GEGENWÄRTIG –
EINE DER RAUESTEN GEGENDEN IN SCHOTTLAND.

Der Avon ist der größte Zufluss des Spey. Er entspringt aus dem See am Fuß des Cairn Gorm, fließt nach Inchrory, dann nach Norden und mündet in der Nähe des Ben Rinnes in den Spey.

TOMINTOUL

Bis ins 19. Jahrhundert hinein gab es in dieser Gegend nur ein paar illegale Brennereien. Nicht alle wurden offiziell genehmigt und hatten sofort Erfolg. Ein Betrieb am Ufer des Baches Balnellan, acht Kilometer nördlich von Tomintoul, wurde erst in den 1960ern wieder eröffnet. Heute gehört Tomintoul zu Angus Dundee und der neue Besitzer steigert sein Potenzial als Single Malt.

TAMNAVULIN

Weiter ostwärts stößt man am Ufer des Livet auf eine moderne Brennerei im Besitz von Whyte & Mackay. Tamnavulin ist seit 1996 stillgelegt. Der 12-jährige ist die Malzigkeit in Person mit einem Anflug von Duft.

DIE SCHWARZBRENNER

Wer sich informieren möchte, wie die Schwarzbrenner gelebt haben, fährt von Tamnavulin aus nach Süden in Richtung Chapeltown. Die Straße führt an einem kegelförmigen Hügel vorbei auf eine Hochebene im Schatten der Ladder Hills. Das entlegene Braes of Glenlivet war ein idealer Schlupfwinkel für Schwarzbrenner. Angeblich weigerten sich die Einheimischen noch

---

BRENNEREIEN-STECKBRIEF

TOMINTOUL GEGRÜNDET: 1965.
BESITZER: Angus Dundee Distillers plc.
VERFAHREN: Pot Stills. PRODUKTION: 31 000 hl.

TAMNAVULIN GEGRÜNDET: 1966.
BESITZER: Whyte and Mackay Ltd. VERFAHREN: Pot Stills. PRODUKTION: zurzeit nicht in Betrieb.

THE GLENLIVET GEGRÜNDET: 1824
BESITZER: Chivas Brothers. VERFAHREN: Pot Stills.
PRODUKTION: 59 000 hl.

TAMNAVULIN, auf Gälisch »Mühle auf dem Hügel«, wurde 1996 vom damaligen Besitzer JBB stillgelegt.

VERKOSTUNG

THE GLENLIVET ist für seine Blumigkeit berühmt. Tomintoul ist leich nussig mit heuartiger Süße und mit etwa 15 Jahren am besten.

TOMINTOUL

TOMINTOUL
10 JAHRE, 40 VOL.-%

Farbe: Blassgoldgelb
Nase: Getreide mit einigen Nuss-/Toffeenoten und Backobst
Körper: leicht bis mittelschwer
Gaumen: nussig und würzig; jede Menge Malz, Vanille und Kokos
Nachklang: Heide

10-JÄHRIGER TOMINTOUL

12-JÄHRIGER TAMNAVULIN

TAMNAVULIN

TAMNAVULIN
12 JAHRE, 40 VOL.-%

Farbe: Strohgelb
Nase: Inbegriff der Malzigkeit (Weize/Kleie, Mehlsäcke); Vollmilch
Körper: leicht und weich
Gaumen: leicht, etwas zitronig, dann ein fester, nussiger Malzton
Nachklang: kurz

THE GLENLIVET

THE GLENLIVET
12 JAHRE, 40 VOL.-%

Farbe: Blassgoldgelb
Nase: Apfelholz, Heide, mit Getreide gemischte gebackene Beeren, Blumen, Zitrus und Birne; frisch gesägtes Holz
Körper: mittel; zart
Gaumen: alle Noten der Nase zeigen sich auch am Gaumen
Nachklang: trocken; rein; kurz

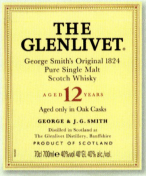
12-JÄHRIGER THE GLENLIVET

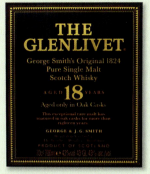
18-JÄHRIGER THE GLENLIVET

THE GLENLIVET
18 JAHRE, 43 VOL.-%

Farbe: Bernsteingelb
Nase: aromatisch; brauner Zucker, Blüten (Flieder), Birnenkompott, Quitte und Anis; etwas Rauch
Körper: mittel; voll
Gaumen: halb getrocknetes Obst, Sandelholz, Zedernholz; getrocknete Orangenschale; fruchtig und nachhaltig
Nachklang: nachhaltig; rauchig

---

bis in die jüngste Vergangenheit standhaft, legalen Whisky zu trinken, vor allem den aus Glenlivet, weil sie dies als Verrat an ihrer Tradition ansahen. Das mag stimmen oder nicht, tatsächlich wurde hier jedoch erst 1971 eine legale Brennerei eröffnet, Braeval, inzwischen wieder stillgelegt.

THE GLENLIVET

Glenlivet ist bei den Einheimischen deshalb so unbeliebt, weil es 1824 als erste Brennerei eine Lizenz erhielt. Der ursprüngliche Betrieb befand sich auf einer Farm am Gallow Hill, auf der Anfang des 19. Jahrhunderts James Smith und sein Neffe (oder Cousin) George – wie schätzungsweise 200 weitere Farmer im Livet-Tal – einen Großteil ihres Einkommens mit der Schwarzbrennerei erzielten. Als das

BRAEVAL, *die höchst gelegene Brennerei in Schottland, wurde 1973 eröffnet und 2002 vom Besitzer Pernod Ricard geschlossen.*

Brennverbot aufgehoben wurde, überredete der Gutsherr George dazu, eine legale Brennerei zu errichten.

Diese gedieh so prächtig, dass in den 1880-ern alle möglichen Brennereien ein »Glenlivet« an ihren Namen anhängten, um ihre Preise in die Höhe zu treiben. Nach einem langwierigen Streit wurde Smiths Brennerei das Recht zuerkannt, sich »The Glenlivet« zu nennen; »Glenlivet« durfte jedoch weiterhin als Beiname verwendet wurden, was viele Brennereien bis vor kurzem auch taten.

Das heutige Glenlivet hat ein fast abschreckend neues Äußeres; innen ist sie so modern wie alle schottischen Brennereien. Der Whisky hat aber einige der Merkmale beibehalten, die im 19. Jahrhundert seinen Ruf begründeten; er ist apfeltönig und blu-

DIE MODERNE BRENNEREI *The Glenlivet erzeugt weiterhin einen der feinsten schottischen Whiskys.*

mig. Glenlivet, seit den 1970er-Jahren die Nummer eins in Amerika, wurde 1978 von Seagram und 2001 von Chivas Brothers erworben. Vor kurzem wurde das Angebot um einen herrlichen 18-jährigen erweitert; außerdem wurde mit Finish-Varianten, Jahrgangswhiskys und Einzelfassabfüllungen experimentiert.

FIDDICH

GLENFIDDICH MACHTE SINGLE MALT WHISKY ANFANG DER 1960ER ERSTMALS INTERNATIONAL BEKANNT. JAHRZEHNTE SPÄTER ERZEUGEN NOCH IMMER DREI BRENNEREIEN IM BESITZ VON WILLIAM GRANT WHISKY AM FIDDICH.

Anstatt dem Avon bis zu seiner Mündung in den Spey zu folgen, führt die Whiskyroute nun im ruhigen Glen Rinnes am Ufer des Dullan entlang nach Nordosten. Man sieht noch einmal die Hänge des Ben Rinnes und die letzte Brennerei im Tal: Allt-a-Bhainne. Sie war eine der Brennereien, die Pernod Ricard nach der Übernahme des Whiskygeschäfts von Seagram schloss. Wir sind unterwegs in eine Stadt, die man als Speysides Whiskyhauptstadt bezeichnen könnte: Dufftown.

GLENFIDDICH

Dufftowns bekannteste Brennerei ist nach dem Fluss Fiddich benannt, der in dem kleinen Tal unterhalb der Stadt mit dem Dullan zusammenfließt. Auf dem riesigen Gelände befinden sich drei Brennereien, eine Abfüllanlage, eine Böttcherei, ein Kupferschmied und 45 Lagerhäuser. Glenfiddich war zwar nicht die erste Malt-Brennerei, aber doch die Marke, die dem Malt Whisky zum Durchbruch verhalf.

Glenfiddich ist noch immer im Besitz der Familie, die sie 1886 gründete. Als Whisky international bekannt wurde, erlernte William Grant gerade bei Mortlach das Whiskyhandwerk und sparte für seine eigene Brennerei. 1886 kaufte er ein Feld in der Nähe von Balvenie Castle und errichtete dort eine Brennerei. Weihnachten 1887 kam der erste Feinbrand aus Glenfiddichs Pot Stills.

Die Grants stiegen ins Blendinggeschäft ein; 1963 überwarfen sie sich mit DCL und erhielten keinen Grain Whisky mehr. Sie bauten zwar eine eigene Grain-Brennerei in Girvan (siehe S. 102), aber um nicht noch einmal in eine solche Situation zu kommen, taten sie etwas, das sich als bahnbrechend erweisen sollte: Sie verkauften 8-jährigen Glenfiddich (der bis dahin in geringen Mengen als 5-jähriger abgefüllt worden war) in einer dreieckigen grünen Flasche im Dutyfreeshop auf dem Flughafen im irischen Shannon. Der Malt Whisky war geboren: Glenfiddich ist heute noch die weltweit meistverkaufte Whiskymarke.

1969 empfing Glenfiddich als erste Brennerei Besucher. Heute besichtigen jährlich knapp 20 000 Menschen die weitläufige Anlage mit zwei großen Brenngebäuden und 29 zum Teil direkt beheizten Pot Stills, die noch die gleiche Größe und Form haben wie die ersten beiden, die William Grant von Cardhu übernahm. Normalerweise ist der Whisky umso schwerer, je kleiner die Brennblasen sind, aber das ist hier nicht der Fall. In jungen Jahren ist Glenfiddich leicht, rein, etwas malzig und zart zitrustönig, aber seinen Höhepunkt erreicht er erst mit 18 Jahren, wenn andere Whiskys den ihren schon längst überschritten haben.

Vor kurzem kam der 15-jährige Solera Reserve auf den Markt, für den Whisky zunächst 15 Jahre lang in europäischer Eiche, ehemaligen Bourbonfässern und neuer Eiche gelagert und dann in großen Solera-Fässern verschnitten wird. Durch die allmähliche Vermischung werden Unterschiede zwischen einzelnen Füllungen ausgeglichen und der Whisky erhält zusätzliche Geschmacksnoten. Es wurden auch herkömmlichere Finish-Methoden ausprobiert, namentlich bei dem 21-jährigen Havana Reserve, der in kubanischen Rumfässern zu Ende reift.

BALVENIE

Auf dem Glenfiddich-Gelände errichtete die Familie Grant 1892 die Balvenie-Brennerei, um die gestiegene Nachfrage nach Glenfiddich zu befriedigen. Und hier zeigt sich nun ganz deutlich, dass es ein Dufftowner

> **BRENNEREIEN-STECKBRIEF**
>
> **GLENFIDDICH** GEGRÜNDET: 1887.
> BESITZER: William Grant & Sons Ltd.
> VERFAHREN: Pot Stills. PRODUKTION: keine Angaben.
>
> **BALVENIE** GEGRÜNDET: 1892.
> BESITZER: William Grant & Sons Ltd.
> VERFAHREN: Pot Stills. PRODUKTION: keine Angaben.
>
> **KININVIE** GEGRÜNDET: 1990.
> BESITZER: William Grant & Sons Ltd.
> VERFAHREN: Pot Stills. PRODUKTION: 44 000 hl.

AUF DEM ETIKETT von Glenfiddich steht »Special Reserve« (früher »Special Old Reserve«).

DIE DREIECKIGEN Glenfiddich-Flaschen trugen zu einer Revolution beim Malt Whisky bei.

GLENFIDDICH ist ein Meilenstein in der Geschichte des Single Malt. Die Brennei ist noch immer im Besitz der Gründerfamilie Grant.

terroir nicht gibt. Balvenie erzeugt mit seinen kleinen Mälzböden (das Malz kommt von der nahe gelegenen Farm der Familie) und seinen dickbäuchigen, langhalsigen Pot Stills einen komplexen, fruchtigen, honigtönigen Whisky, der zu den hervorragendsten in Speyside zählt.

KININVIE

Kininvie, die letzte der drei Brennereien, die der Grant-Familie gehören, ist eigentlich nur ein Brenngebäude, denn Maischen und Gärung finden in Balvenie statt. Der Whisky wird für Blends verwendet und nicht als Single Malt angeboten, erweist sich beim Probieren jedoch als leicht und weich, ähnlich wie Glenfiddich, aber wohl früher reif.

Bei Glenfiddich sind Neuerungen an der Tagesordnung. Balvenie Double Wood war der erste Malt, der in einem zweiten Fasstyp reifte; es folgte der 21-jährige Port Wood und ein Islay Cask Finish. Außerdem wird jedes Jahr ein bemerkenswerter Einzelfasswhisky abgefüllt. Die Grants ruhen sich nicht auf ihren Lorbeeren aus.

VERKOSTUNG

BALVENIE LIEGT neben Glenfiddich, zu Recht der beliebteste Malt aus Großbritannien.

GLENFIDDICH

GLENFIDDICH
12 JAHRE, 40 VOL.-%

Farbe: Blassgoldgelb
Nase: leicht und malzig; Zitrusnoten; Wasser Kräcker mit trockenem Gras und Apfel
Körper: leicht
Gaumen: weich mit Vanille, Malz, einem leichten Nusston und ein mittlerer Gaumen
Nachklang: weich, fruchtig, Schokolade

GLENFIDDICH SOLERA RESERVE
15 JAHRE, 40 VOL.-%

Farbe: Bernsteingelb
Nase: voll, kuchenartig (Schokolade); Malz; likörartig
Körper: leicht; glatt
Gaumen: geschmeidig und artig; Schokolade, Walnusscreme, Mokka
Nachklang: Karamell; weich

GLENFIDDICH SOLERA RESERVE

BALVENIE

BALVENIE FOUNDER'S RESERVE
10 JAHRE, 40 VOL.-%

Nase: Nelkenhonig, Jasmin, Kreuzkümmel und andere exotischen Gewürze
Körper: leicht bis mittel; weiches Mundgefühl
Gaumen: zart und weich; Honig; Sandelholz und leichte Sultaninennoten
Nachklang: nachhaltig, weich

10-JÄHRIGER BALVENIE

BALVENIE DOUBLE WOOD
43 VOL.-%

Farbe: Goldgelb
Nase: voll, mit gerösteten Mandeln, Rosinen, getrockneten Aprikosen, Honig und flambierter Orangenschale
Körper: mittel; seidiges Mundgefühl
Gaumen: zart und komplex; ein Anflug von Rauch; Datteln, Zimt, Muskatnuss; elegant
Nachklang: nachhaltig, weich, würzig

DUFFTOWN

IN DER UMGEBUNG VON DUFFTOWN STÖSST MAN AUF DREI WEITERE GROSSE BRENNEREIEN: GLENDULLAN, DUFFTOWN UND MORTLACH. LETZTERE LIEFERT DEN VOLLMUNDIGSTEN UND FLEISCHIGSTEN ALLER MALTS.

Dufftown ist eine beschauliche Stadt; an der Hauptstraße erhebt sich ein massiver eckiger Glockenturm aus Sandstein, an dessen Stelle einst eine illegale Brennanlage gestanden haben soll. Die erste legale Brennerei in Dufftown wurde 1823 von James Findlater und seinen beiden Partnern Donald Macintosh und Alexander Gordon nahe der Mortlach Church am Ufer des Dullan errichtet. Sie wurde 1923 an die Familie Walker verkauft und ist heute im Besitz von Diageo.

MORTLACH

Mortlach ist alles das, was Glenfiddich *(siehe S. 162)* nicht ist. Der Eingang in einer scharfen Kurve der Straße, die zum Fluss hinabführt, ist leicht zu verfehlen, es gibt kein Besucherzentrum und der Malt ist das genaue Gegenteil des berühmten Nachbarn; das Einzige, was Mortlach mit Glenfiddich gemein hat, ist die enorme Größe. In den hohen Räumen mit ihren riesigen Brennanlagen kommt man sich sehr klein vor.

BRENNEREIEN-STECKBRIEF

MORTLACH GEGRÜNDET: 1823.
BESITZER: Diageo. VERFAHREN: Pot Stills.
PRODUKTION: 28 000 hl.

DUFFTOWN GEGRÜNDET: 1896.
BESITZER: Diageo. VERFAHREN: Pot Stills.
PRODUKTION: 40 000 hl.

GLENDULLAN GEGRÜNDET: 1897.
BESITZER: Diageo. VERFAHREN: Pot Stills.
PRODUKTION: 37 000 hl.

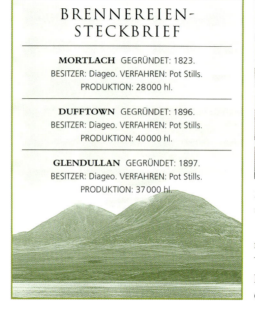

DER BRENNVORGANG

Noch beeindruckender wirkt die Brennerei freilich, wenn man das Brenngebäude betritt: Die Eingangstür führt direkt auf eine Plattform, von der man auf eine außerordentlich merkwürdige Sammlung von Pot Stills aller nur erdenklichen Formen und Größen blickt – es scheint, als habe der Brenner die Restbestände eines Pleite gegangenen Kupferschmieds aufgekauft. Alle Lyne Arms führen durch die Wand zu einer Reihe von Worm Tubs.

Das wirkt nicht nur merkwürdig, sondern geradezu widersinnig. Denn in den

ZU MORTLACHS *fleischigem Geschmack tragen die verschiedenartigen Pot Stills wesentlich bei.*

meisten Brennereien gibt es eine Form von Wash Still und eine Form von Spirit Still. Da die Form der Brennblase sich auf den Charakter des Whiskys auswirkt, ist eine einheitliche Form der einfachste Weg, einen einheitlichen Charakter zu erreichen. Bei Mortlach ensteht hingegen in jeder Brennblase ein anderer Whisky – und das ist auch beabsichtigt. Wie Springbank und Benrinnes destilliert Mortlach zweieinhalbmal *(siehe S. 156)*, aber hier ist der Brennvorgang noch komplizierter.

Mortlach besitzt ausgeprägte Noten von Fleisch, Bratpfanne, Kastanien und Rauch. Dieser volle, kräftige Charakter ist ausschließlich auf den komplizierten Brennvorgang zurückzuführen und war schon immer so – in den Archiven der Brennerei finden sich Verkostungsnotizen, in denen von Rinderkraftbrühe und Ochsenschwanzsuppe die Rede ist.

Insgesamt gibt es drei Wash Stills und drei Spirit Stills. Eine Wash Still läuft wie in einer normalen Brennerei mit einer Spirit Still im Tandem. Die anderen beiden Wash Stills werden paarweise

DER DUFFTOWN DISTILLERY *sieht man noch an, dass sie einmal eine Fabrik war, doch das Pagodendach spricht eine andere Sprache.*

betrieben. Ein Großteil ihres Rohbrands kommt in die größere der zwei restlichen Spirit Stills. Der schwächere Teil wird zweimal in der allerkleinsten Brennblase, die Wee Witchie genannt wird, gebrannt. Erst beim dritten Durchlauf trennt der Brenner Vor- und Nachlauf vom Feinbrand.

Die drei Spirit Stills erzeugen somit drei Feinbrände mit jeweils unterschiedlicher Stärke (und daher unterschiedlichem Geschmack). Der Feinbrand aus der Wee Witchie wird in jedes Fass abgefüllt, denn er ist für das Gewicht und die Fleischigkeit von Mortlach verantwortlich.

Ein so wuchtiger Whisky braucht europäische Eiche und blüht darin auf. Mortlachs einzigartiger Charakter verleiht einem Blend Biss, Gewicht und Struktur. Deshalb ist er bei Blendern auf der ganzen Welt sehr beliebt und tritt praktisch nicht als Single Malt in Erscheinung; es lohnt sich aber auf jeden Fall, nach dem 16-jährigen Single Malt Ausschau zu halten.

DUFFTOWN UND GLENDULLAN

Am Fiddich liegen noch zwei weitere Diageo-Brennereien. Die Dufftown Distillery wurde 1896 auf dem Gelände einer Fabrik gegründet, hatte in den 1970er-Jahren einen kurzen Auftritt als Single Malt, lieferte aber die meiste Zeit Whisky für Bell's Blended Whiskies und passte sich daher dem nussigen, malzigen Stil des Hauses an. In den letzten Jahren wurde das Verfahren etwas geändert und der Whisky ist jetzt leichter und grasiger.

Der zweite Betrieb ist Glendullan. 1962 errichtete DCL direkt daneben eine neue Brennerei (wie es auch bei Clynelish und Linkwood geschah), und die beiden wurden gemeinsam betrieben, bis in den 1980ern das alte Gebäude abgerissen wurde. Glendullan ist, obwohl kaum ein Malt-Liebhaber den Namen kennt, Diageos größter Betrieb, der jährlich bis zu 180000 Hektoliter eines sehr leichten, zart duftenden Malt erzeugen kann; das meiste davon geht in Blends ein.

Die übrigen Brennereien in Dufftown wurden geschlossen. Pittyvaich war von 1975 bis Mitte der 1990er in Betrieb; Convalmore wurde in die Brennerei von William Grant integriert. Parkmores Lagerhäuser werden noch benutzt, obwohl die Brennerei seit 1931 geschlossen ist.

GLENDULLANS DUFTIGKEIT *rührt vielleicht von der Hefe her. Hier wird der Gärvorgang überprüft.*

VERKOSTUNG

MORTLACHS Fleischigkeit steht in krassem Gegensatz zu der duftenden trockenen Festigkeit von Glendullan. Pittyvaich ist rar, aber durchaus kostenswert.

MORTLACH

MORTLACH
16 JAHRE, 43 VOL.-%

Farbe: poliertes Walnussholz
Nase: wuchtig und fleischig; Sirup; angesengt, leichter Rauch; konzentriert
Körper: kraftvoll; erdig
Gaumen: stark; Leder, Fleisch, Sirup, Buttergebäck; geröstete Nüsse; angekohltes Trockenobst; lakritzartige Süße
Nachklang: nachhaltig, nussig

16-JÄHRIGER MORTLACH

DUFFTOWN

15-JÄHRIGER DUFFTOWN

DUFFTOWN
15 JAHRE, 43 VOL.-%

Farbe: Hellgoldgelb
Nase: Schale mit Mandeln, Hasel- und Paranüssen; Marzipan und Vollkornmalznote; mit der Zeit eine Toffeenote
Körper: mittelschwer
Gaumen: gutes Mundgefühl mit nussiger Würze; wird weicher, wenn er sich im Mund bewegt
Nachklang: nussig mit ordentlicher Nachhaltigkeit

PITTYVAICH

PITTYVAICH
12 JAHRE, 43 VOL.-%

Farbe: rötliches Bernsteingelb
Nase: trockener Amontillado-Sherry; Harz, Nelken, saftige Noten; geröstete Mandeln, Räuchertee, Toffee
Körper: mittelschwer; ölig, aber tanninhaltig
Gaumen: schwere Sherrynoten, besonders Mandeln; duftender Rauch; durch die europäische Eiche noch massiger
Nachklang: Räucherkäse

GLENDULLAN

GLENDULLAN
12 JAHRE, 43 VOL.-%

Farbe: sehr blass
Nase: trocken; spritziges Malz, einige blumige Noten, Obst (Zitrone, Quitte und Trockenobst) und ein Anflug von Rauch
Körper: leicht; fest
Gaumen: trocken und rein, öffnet sich und zeigt am mittleren Gaumen eine Süße, die eine etwas feste Struktur ausgleicht
Nachklang: weich und zart

12-JÄHRIGER GLENDULLAN

KEITH

IN DER ALTEN VIEHTREIBERSTADT SIEDELTEN SICH MIT DER ZEIT WEBEREIEN, BRAUEREIEN, KILT-NÄHEREIEN UND NATÜRLICH BRENNEREIEN AN.

Die letzte Whiskystadt in Speyside liegt am Isla; ihr Name leitet sich vom gälischen Wort *ceiteach* für Wald ab. Ab dem 12. Jahrhundert sammelten die Viehtreiber hier ihre Herden, bevor sie den Weg zu den Märkten im Süden antraten. In den Mühlen wurde das im Ort angebaute Getreide gemahlen, und die Viehtreiber stillten ihren Durst mit dem Bier, das im örtlichen Kloster gebraut wurde. Eine der Brennereien verwendet das Wasser aus der Quelle der Klosterbrauerei. Im 18. Jahrhundert war das alte Keith eine typische Highland-Stadt mit geschäftigen engen Gassen.

Es gewann erheblich an Einwohnern, als der Earl of Findlater 1755 am gegenüberliegenden Flussufer eine Modellstadt errichtete. Die breiten Straßen des neuen Keith wurden rechtwinklig angelegt und es siedelten sich Gewerbebetriebe an: neben Webereien (die Isla Bank Mill beherbergt die einzige Kiltschule der Welt) auch eine Brennerei – die erste der drei, die heute in Betrieb sind.

STRATHISLA

Die (später in Milltown umbenannte) Milton Distillery wurde 1786 gegründet und war damit eine der ersten legalen Brennereien in Schottland; heute heißt sie wie ihr Malt: Strathisla. Sie ist zweifellos die schönste Brennerei in den Highlands: Mit ihrem kopfsteingepflasterten Hof, den grauen Steinmauern, den Pagodendächern und dem Wasserrad ist sie der Inbegriff einer schottischen Brennerei. Dass, wie die Einheimischen Barnard erzählten, ihr Lagerhaus nachts von Feen bevölkert war, verstärkt die märchenhafte Atmosphäre noch.

Strathisla ist die erste (und bislang einzige) Brennerei, in der man sich ohne Führung umsehen kann: Man kann so tun, als sei man der Besitzer, und im Wohnzimmer in Papieren und Büchern blättern, bevor man durch die Brennerei spaziert und den Arbeitern Fragen stellt. Wie in den meisten alten Brennereien findet jede Phase des Herstellungsprozesses in einem anderen Raum statt, und das macht das Ganze noch gemütlicher.

Obwohl die Pot Stills sehr klein sind, passen sie gerade eben in die scheunenartigen Gebäude. Ihre Hälse ragen bis zu den Dachsparren empor. Der Plan, das Dach zu erhöhen, wurde wieder fallen gelassen, weil man befürchtete, die Raumtemperatur würde sich dadurch verändern und dies könnte den Charakter des Whiskys beeinflussen.

BRENNEREIEN-STECKBRIEF

STRATHISLA GEGRÜNDET: 1786.
BESITZER: Chivas Brothers. VERFAHREN: Pot Stills.
PRODUKTION: 21 000 hl.

STRATHMILL GEGRÜNDET: 1891.
BESITZER: Diageo. VERFAHREN: Pot Stills.
PRODUKTION: 17 000 hl.

AULTMORE GEGRÜNDET: 1897.
BESITZER: John Dewar & Sons Ltd.
VERFAHREN: Pot Stills. PRODUKTION: 12 000 hl.

BEI STRATHISLA *passt der Spirit Safe, obwohl sehr klein, gerade eben in das Brenngebäude.*

STRATHISLA *ist eine der ältesten Brennereien Schottlands – und eine der schönsten. Mit dem Wasser der nahen Quelle brauten früher die ortsansässigen Dominikanermönche ihr Bier.*

SPEYSIDE

CHIVAS REGAL

Heute ist Strathisla ein wichtiger Bestandteil der Blends aus den Hause Chivas Regal – Seagram kaufte die Brennerei 1951 unmittelbar nach dem Erwerb des Blends – und kann daher nicht nachdrücklich als Single Malt vermarktet werden. Er ist ein seltsamer, so gar nicht ansprechender Whisky, mager und straff in der Jugend, aber mit Geduld und guten Fässern entfalten sich reife Aromen von Blumen und leichtem Obst. Gordon & MacPhail bieten die besten Single-Malt-Abfüllungen, in denen die Komplexität voll zum Tragen kommt.

GLEN KEITH

Wie alle Blender war auch Seagram darauf angewiesen, möglichst viel von den Rohstoffen selbst zu produzieren, und gründete daher 1958 in einer alten Fabrik direkt neben Strathisla am Ufer des Isla eine zweite Brennerei.

Ursprünglich wurde dort dreifach destilliert, doch selbst als dies nicht mehr der Fall war, erzeugten die sehr hohen, schlanken Pot Stills mit ihrem schräg nach oben verlaufenden Lyne Arm einen außerordentlich leichten Whisky. Glen Keith beheizte als erste Brennerei in Schottland die Brennblasen mit Gas und konnte auch beim Einsatz von Computern eine Vorreiterrolle für sich beanspruchen.

Seagram stellte probeweise eine stark getorfte Variante namens Glen Isla als Whisky für Blends her und füllte diese in der Heritage-Selection-Reihe als Single Malt ab. Die Reihe verschwand jedoch in den 1990er-Jahren sang- und klanglos von der Bildfläche und die Brennerei ist seit einigen Jahren stillgelegt.

Auch Glen Keith *war einmal eine Brennerei, wurde aber trotz der dreifachen Destillation geschlossen.*

STRATHMILL

Der Name der dritten Brennerei in Keith verweist auf ihre ursprüngliche Funktion: Strathmill war zunächst Getreidemühle und Brauerei, bevor sie Ende des 19. Jahrhunderts zur Brennerei wurde. Sie wurde bald von W & A Gilbey erworben und spielte immer eine wichtige Rolle in deren Blend J&B. Der süße, leicht ölige Whisky der spätviktorianischen Brennerei ist nicht oft als Single Malt anzutreffen.

AULTMORE

Wenn man Keith in Richtung Norden verlässt, erreicht man die Küstenebene und Aultmore. Man erblickt den Moray Firth; Portgordon und Inchgower sind nicht weit. Aultmore wurde 1923 zusammen mit Benrinnes und Craigellachie von Dewar erworben und mit Craigellachie an Bacardi verkauft, als Diageo Dewar abgeben musste. Bacardi hat noch nicht viel über Pläne für einen Single Malt verlauten lassen, und es kam noch keine Abfüllung auf den Markt, es gibt aber Gerüchte, dass dies bald der Fall sein wird.

VERKOSTUNG

Die Single Malts aus einem der ältesten Whiskygebiete Schottlands sind rar, aber sie enttäuschen nicht. Strathislas Komplexität kommt in der 12-jährigen Variante voll zum Tragen.

STRATHISLA

STRATHISLA
12 JAHRE, 40 VOL.-%

Farbe: kräftiges Goldgelb
Nase: duftend mit Zitrus, Blumen (Freesien) und Gewürzen sowie einem Hauch von Sahne-Windbeuteln; Wasser bringt gewichtige Stroh-/Malznoten zum Vorschein
Körper: mittelschwer; weich
Gaumen: Hafer-Himbeer-Sahnecreme, weiches gebackenes Obst, Obstkuchen, Sirup, Aprikosen und Malz; tanzt auf der Zunge
Nachklang: würzig, frisch

STRATHMILL

STRATHMILL
12 JAHRE, 43 VOL.-%

Farbe: Goldgelb
Nase: trocken, nussig, luftig; getrocknete Banane auf Müsli, Grasnoten, Teeblätter, Walnuss
Körper: sehr weich
Gaumen: ansprechend, blumig;

12 JAHRE ALTER STRATHMILL

mittelsüß, Vanille- und Nussnoten
Nachklang: weich

AULTMORE

AULTMORE
1989, SIGNATORY VINTAGE,
43 VOL.-%

Farbe: Blassstrohgelb; Grünreflexe
Nase: rein und leicht; etwas spröde, grüne Trauben, Oliven; ein Anflug von Rauch
Körper: leicht, zart und weich
Gaumen: süßer Beginn, weiße Früchte, Birne; ein Hauch Malz
Nachklang: prickelnde Würze

AULTMORE 1989

Bogie, Deveron und Aberdeen

IM OSTEN WEICHEN DIE KÜSTENBETRIEBE UND DIE LÄNDLICH GEPRÄGTEN BRENNEREIEN SPEYSIDES LANGSAM DEN GROSSEN BLENDHERSTELLERN VON ABERDEENSHIRE.

Wenn man von Keith in Richtung Küste fährt, stößt man auf die erste der letzten Gruppe von Speyside-Brennereien.

AN CNOC

Der Name des fast kegelförmige Knock Hill, der hier aus der Landschaft aufragt, leitet sich von dem gälischen *cnoc* (»Hügel«) ab. Die Brennerei hat vor kurzem nicht nur einen neuen Besitzer, sondern auch einen neuen Namen bekommen: Um Verwechslungen mit Knockando zu vermeiden, wurde sie von Knockdhu in An Cnoc umbenannt. Der Whisky ist ganz anders als der von Knockando: weich, zart und ansprechend – ganz im Stil von Inver House.

GLENGLASSAUGH UND BANFF

Speyside wird im Osten von den Flüssen Bogie und Deveron begrenzt; Letzterer mündet zwischen den Städten Banff und Macduff ins Meer. Glenglassaugh in Portsoy wurde vom Besitzer Edrington dichtgemacht; die gleichnamige Brennerei in Banff hatte ein noch traurigeres Schicksal: Sie wurde 1863 gegründet, 1877 niedergebrannt, im Zweiten Weltkrieg bombardiert und vor kurzem abgerissen. Nur Macduff auf der anderen Seite des Deveron ist noch in Betrieb.

MACDUFF

Die große moderne Brennerei mit fünf Pot Stills wurde 1962 auf dem Gelände des ehemaligen Obstgartens von Duff House errichtet und gehört seit 1972 zu Bacardi. Der Großteil des Whiskys geht in den Blend William Lawson ein; der süße, leicht eichentönige 10-jährige Single Malt heißt Glen Deveron. Ältere Versionen haben ein trockeneres, malzigeres Aroma.

GLENDRONACH

Die Route führt nun zurück ins Landesinnere und durch Turriff zu Glendronach, wo sich seit der Gründung 1826 nur wenig verändert hat. Die Mälzböden sind zwar nicht mehr in Betrieb, wären jedoch noch nutzbar, und die Pot Stills werden mit Kohlenfeuern beheizt. Von 1996 bis 2002 war der Betrieb geschlossen, doch inzwischen ist nicht nur ein neuer Glendronach auf dem Markt,

---

BRENNEREIEN-STECKBRIEF

KNOCKDHU GEGRÜNDET: 1894.
BESITZER: Inver House Distillers. VERFAHREN: Pot Stills.
PRODUKTION: 9000 hl.

GLENGLASSAUGH GEGRÜNDET: 1875.
BESITZER: The Edrington Group. VERFAHREN: Pot Stills.
PRODUKTION: Keine Produktion.

MACDUFF GEGRÜNDET: 1962.
BESITZER: Bacardi. VERFAHREN: Pot Stills.
PRODUKTION: 25 000 hl.

GLENDRONACH GEGRÜNDET: 1826.
BESITZER: Allied-Domecq. VERFAHREN: Pot Stills.
PRODUKTION: 9000 hl.

ARDMORE GEGRÜNDET: 1898.
BESITZER: Allied-Domecq. VERFAHREN: Pot Stills.
PRODUKTION: 35 000 hl.

GLEN GARIOCH GEGRÜNDET: 1797.
BESITZER: Morrison Bowmore. VERFAHREN: Pot Stills.
PRODUKTION: 10 000 hl.

ARDMORE ist ein Symbol für die hochfliegenden Pläne der spätviktorianischen Blender und erzeugt einen vollen Malt mit Torfaroma.

VERKOSTUNG

Auch in dieser von Blends dominierten Gegend lohnt es sich, nach den vielfältigen Single Malts Ausschau zu halten.

KNOCKDHU

AN CNOC
12 JAHRE, 40 VOL.-%

Farbe: kräftiges Goldgelb
Nase: leicht und »luftig«; mild, heidetönig und duftend; delikat
Körper: trocken, am mittleren Gaumen etwas weich
Gaumen: entwickelt sich schön im Mund und entfaltet Süße und Saftigkeit; recht elegant
Nachklang: süß und nachhaltig mit einem Hauch Sultaninen

GLENGLASSAUGH

GLENGLASSAUGH
25 JAHRE, CADENHEAD, 60 VOL.-%

Farbe: Blassstrohgelb/Hellgoldgelb
Nase: apfeltönig (Fruchtfleisch und Kerne); Stroh, Gras und Kräuter
Körper: mittel; stachelig
Gaumen: reife Birne, Toffee, Apfel und wilde Kräuter; zum Ende hin rauchige Eiche
Nachklang: fest, trocken, kurz

MACDUFF

GLEN DEVERON
10 JAHRE, 40 VOL.-%

Farbe: kräftiges Goldgelb
Nase: Malzbrot mit Butter; Karamell-/Erdnussnougatnote; Bohnerwachs und Honig; Eiche
Körper: leicht bis mittel
Gaumen: dunkle Trauben zu Beginn, dann Nüsse; Gewürze; weich und süßlich am mittleren Gaumen; Karamellbonbon
Nachklang: etwas kurz

GLEN DEVERON

GLENDRONACH

GLENDRONACH ORIGINAL
12 JAHRE, 40 VOL.-%

Farbe: Goldgelb/Orange
Nase: Eiche; Herbstfrüchte (Mispel, Birne); Orangenkisten, Vanilleschote, Buttertoffee; nussig
Körper: seidig
Gaumen: Pecannusskuchen, Beeren, nussiger Malzton; mit Wasser fast weinig
Nachklang: fester werdend; Teller mit Nüssen

ARDMORE

ARDMORE
1990, GORDON & MACPHAIL, 56,8 VOL.-%

Farbe: Blassgoldgelb
Nase: Tafeläpfel, warmes Brot mit Kruste, Banane und frischer Salbei; Rauch und eine Pflanzennote
Körper: weich; mittelschwer
Gaumen: Apfelmus, Zitronen-/Limonenschale, süße Gewürze
Nachklang: eine Spur Torfrauch

GLEN GARIOCH

GLEN GARIOCH HIGHLAND TRADITION,
keine Altersangabe, 40 Vol.-%

Farbe: Hellgoldgelb
Nase: jugendlich mit Sandelholz, Adlerfarn, Malz, Heidenoten; eine scharfe Zitronenschalennote
Körper: leicht; perlend
Gaumen: frisch und lebhaft mit trockenen Leinwand-/Sacknoten und einem Zitrusschwung
Nachklang: ziemlich kurz, am Anfang recht mild, dann trockener

GLEN GARIOCH

---

sondern der Besitzer Allied-Domecq investiert auch kräftig; leider werden in diesem Zusammenhang die Kohlenfeuer durch dampfbeheizte Heizspiralen ersetzt.

ARDMORE

Adam Teacher gründete 1898 die Ardmore Distillery bei Kennethmont – auf Anraten von Colonel Leith-Hay, dessen Haus ganz in der Nähe liegt: Der Ort, an dem es ausreichend Gerste, Torf, Wasser und eine Bahnlinie gab, bot sich für die Errichtung einer Brennerei geradezu an. Ardmores massive Gebäude flößen Vertrauen ein; im Innern dominiert anspruchsvolle Technik, besonders im Brenngebäude, das früher eine verblüffende Ähnlichkeit mit dem Maschinenraum eines alten Ozeandampfers hatte. Die Pot Stills standen auf einem gefliesten Podest; die Kohlenfeuer darunter wurden von zwei Brennern überwacht. Die Feuer gibt es heute zwar nicht mehr, doch Ardmore, ein kaum bekannter Malt, konnte sich sein traditionelles Torfaroma und die komplexen Gartenobstnoten bewahren.

GLEN GARIOCH

Östlich von Kennethmont führt ein fruchtbares Tal in die Marktstadt Oldmeldrum. Die dortige Brennerei erhielt 1797 die Betriebsgenehmigung; es wurde jedoch bereits 1785 eine legale Brennerei auf diesem Gelände erwähnt. Die Anlage ist beeindruckend: Das Brenngebäude wirkt klein im Vergleich zu der mächtigen Mälzerei daneben. Von 1995 bis 1997 war die Brennerei geschlossen; Neuinvestionen des Besitzers Morrison Bowmore haben dem Whisky ein anderes Gesicht gegeben: Er war jahrelang der am stärksten getorfte Whisky auf dem Festland – jetzt ist der dunkle Tropfen verschwunden und hat Raum gemacht für eine Reihe mittelstark getorfter Highland Malts.

GLENDRONACH *erlebt nach sechsjähriger Pause eine Art Revival.*

Deeside und die Eastern Highlands

TROTZ DER SCHMUGGLERVERGANGENHEIT UND EINIGER VERBINDUNGEN ZUM KÖNIGSHAUS HAT DIE WHISKYPRODUKTION IN DIESER GEGEND ABGENOMMEN.

Unter der Herrschaft von Königin Viktoria und Prinz Albert begann sich Mitte des 19. Jahrhunderts das Image Schottlands zu wandeln. Was bis dahin als »barbarisches« Land galt, wurde zur Spielwiese für die Schönen und Mächtigen des Vereinigten Königreichs und ist dies heute noch. Daher scheint es nur recht und billig, dass die Brennerei, die der königlichen Sommerresidenz Balmore am nächsten liegt, noch immer voll in Betrieb ist und sich seit dem Besuch von Königin Viktoria 1868 nicht sehr verändert hat.

ROYAL LOCHNAGAR

Angesichts der touristischen Umgebung stellt man sich Royal Lochnagar ähnlich überlaufen vor wie Glenfiddich oder Glenlivet. Doch seit Ende der 1990er-Jahre empfängt die Brennerei keine Busreisenden und großen Gruppen mehr, im Shop wird statt Souvenirs nun die gesamte Rare-Malt-Reihe von Diageo verkauft und die Führungen sind umfassender und individueller geworden.

Royal Lochnagar gehörte ursprünglich John Begg, einem Schmuggler und Schwarzbrenner, der – vielleicht seinen neuen königlichen Nachbarn zuliebe – 1826 eine Lizenz erwarb. Seine Schmugglerkollegen waren davon nicht sehr angetan und die erste Brennerei wurde niedergebrannt; die neue erhielt 1845 die Betriebsgenehmigung.

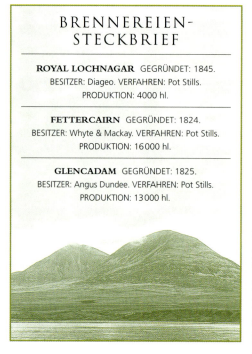

BRENNEREIEN-STECKBRIEF

ROYAL LOCHNAGAR GEGRÜNDET: 1845.
BESITZER: Diageo. VERFAHREN: Pot Stills.
PRODUKTION: 4000 hl.

FETTERCAIRN GEGRÜNDET: 1824.
BESITZER: Whyte & Mackay. VERFAHREN: Pot Stills.
PRODUKTION: 16 000 hl.

GLENCADAM GEGRÜNDET: 1825.
BESITZER: Angus Dundee. VERFAHREN: Pot Stills.
PRODUKTION: 13 000 hl.

Royal Lochnagar ist eine der traditionellsten Brennereien im Besitz von Diageo. Sie hat einen oben offenen Maischbottich mit Rührrechen, d.h. man muss beim Maischen viel Sorgfalt walten lassen, damit keine Feststoffe in den Gärbottich kommen, die den Charakter verändern könnten. Die lange Gärung und die Worm Tubs sind eigentlich auf einen schweren Whisky ausgerichtet; der heutige Royal Lochnagar hat hingegen ein grasiges

AN KLAREN TAGEN spiegeln sich der Malzschober und die Darre von Royal Lochnagar im Teich.

LOCHNAGAR erblickt das Licht der Welt: Der klare Feinbrand kommt nun zum Reifen ins Fass.

Bei Fettercairn, in den Grampians, einer ehemaligen Schmugglergegend gelegen, handelte es sich ursprünglich um eine Farmbrennerei.

Aroma und die Worm Tubs verleihen ihm nur etwas mehr Gewicht am Gaumen. Das liegt daran, dass die Pot Stills zwischen den Brennvorgängen ruhen und die Worm Tubs warm gehalten werden: So kommen die Dämpfe mit möglichst viel Kupfer in Berührung und der Whisky wird leichter.

FETTERCAIRN

Königin Viktoria ist auch bei Fettercairn präsent – ein ziemlich protziger roter Steinbogen erinnert an ihren kurzen Besuch. Der Maischbottich der ebenfalls traditionellen Brennerei ist oben offen und aus Gusseisen; an den Pot Stills sind seitlich Purifier angebracht. Die hübsche Brennerei erzeugt einen frischen, getreideartigen Malt mit einem Hauch frisch umgegrabener Erde.

GLENCADAM

An der Ostküste ist sonst nur noch Glencadam im nahen Brechin in Betrieb; diese Brennerei wurde 2003 von Angus Dundee aus einem kurzen Dornröschenschlaf geweckt. Es gibt noch keinen Malt, aber eine neue Abfüllung von Signatory mit sehr lebhaftem, würzigem Charakter.

BRENNEREIEN DER VERGANGENHEIT

Aus Glencadams Nachbar North Port wurde ein Einkaufszentrum; Montrose in Glenesk wurde Opfer der Schließungswelle Anfang der 1980er. Auch Lochside, die zweite Brennerei der Stadt auf dem Gelände der ehemaligen Deuchars-Brauerei, existiert nicht mehr.

Das Seebad Stonehaven hatte eine eigene königliche Brennerei, Glenury-Royal, doch sie wurde in den 1980ern stillgelegt. Die Brennereien in Aberdeen haben schon lange zugemacht; Glenugie in Peterhead wurde abgerissen. Um die Whiskytour fortzusetzen, muss man sich nach Perthshire aufmachen.

VERKOSTUNG

Das Königshaus ist in dieser Gegend allgegenwärtig, aber sind die Whiskys deshalb königlich?

ROYAL LOCHNAGAR

ROYAL LOCHNAGAR
12 JAHRE, 40 VOL.-%

Farbe: Goldgelb
Nase: leicht, grasig und zitrustönig; schöne Tiefe, wie hinter weichem Gartenobst verborgen
Körper: mittel; üppig
Gaumen: rein und frisch mit reifem Obst; wieder grasig; süß
Nachklang: rein und trocken; Ausgewogenheit

ROYAL LOCHNAGAR
SELECTED RESERVE

Farbe: Rot-/Mahagonibraun
Nase: kräftiges Sherryaroma; Obstkuchen, Sirup, Röstkastanien; Schwarzkirschensüße
Körper: reichhaltig; likörartig
Gaumen: jamaikanischer Ingwerkuchen, Teekuchen; kernig und reif
Nachklang: lang, nachhaltig

FETTERCAIRN

OLD FETTERCAIRN
10 JAHRE, 40 VOL.-%

Farbe: Hellgoldgelb
Nase: umgegrabene Erde, Moos; Heuschober, Malzaroma; leichte Gumminote
Körper: leicht
Gaumen: weich und frisch; leichter süßer Malzton
Nachklang: rein, frisch, kurz

GLENCADAM

GLENCADAM 1979
SIGNATORY SILENT STILL RANGE, 56 VOL.-%

Farbe: Goldgelb
Nase: aromatisch und würzig; Honig, Toffeeapfel, Malz
Körper: mittel; reif, lebhaft
Gaumen: achtbar, hat eine spitze Energie, aber mit zarter Weichheit darunter (Zimt, geröstete Marshmallows)
Nachklang: frisch; Rosenblütenblatt

ROYAL LOCHNAGAR

10-JÄHRIGER FETTERCAIRN

EDRADOUR

SCHOTTLANDS KLEINSTE BRENNEREI ZEIGT, DASS TRADITIONELLE VERFAHREN
DER WHISKYHERSTELLUNG SOWOHL EINE ERINNERUNG AN DIE VERGANGENHEIT
ALS AUCH EIN AUSBLICK AUF DIE ZUKUNFT SEIN KÖNNEN.

Am besten wird man auf Edradour eingestimmt, wenn man von Norden und nicht aus Pitlochry kommt. Die Straße durch Strathardle führt ins Moorland hinauf mit hier und da einer einsamen Farm; im Norden liegt Glenshee, vor einem baut sich der Ben Vrackie auf. Nach vielen Steigungen und Biegungen katapultiert einen die schmale Straße plötzlich aus dem Heideland hinaus mitten in das breite, üppige Tay-Tal. Vor Moulin (und seiner Minibrauerei) zweigt links eine Straße ab und man erahnt ein weißes Gebäude. Wenn man in dieses tiefe Tal – eines der vielen, die dieses Land zerfurchen – hinabfährt, gelangt man zu Schottlands kleinster und zweifellos hübschester Brennerei.

Man kann sich vorstellen, dass in einer solchen Gegend die Schwarzbrennerei blühte. Wie so viele der heutigen Brennereien war

BRENNEREIEN-STECKBRIEF

EDRADOUR GEGRÜNDET: 1825.
BESITZER: Signatory Vintage Scotch Whisky Co. Ltd.
VERFAHREN: Pot Stills. PRODUKTION: 900 hl.

auch Edradour zunächst eine geheime Destille. Doch 1825 taten sich acht Farmer zusammen und gründeten – ähnlich wie in Lagavulin *(siehe S. 115–116)* – eine Genossenschaft.

Während andere, zum Teil größere Brennereien in der Gegend die schwierige Anfangszeit nicht überstanden, war dieses Gemeinschaftsprojekt ein Erfolg. Vielleicht war das einfach nur Glück, aber wahrscheinlicher ist, dass der Whisky besser war. Dennoch blieb Edradour so klein, wie es war.

Und es hat sich bis heute nicht sehr verändert. Mitten durch das Gelände fließt ein Bach (der im Winter oft über die Ufer tritt); auf der einen Seite befinden sich ein Büro und das Besucherzentrum, auf der anderen die langgestreckten Brennerei- und Lagergebäude. Hinter der pittoresken Fassade verbirgt sich ein ernst zu nehmender Brennereibetrieb.

DIE PRODUKTIONSANLAGE

Da Edradour zu klein für eine eigene Schrotmühle war, wurde der Schrot für den Maischbottich mit einem Fassungsvermögen von einer Tonne angekauft. Die Würze wird in einem oben offenen Apparat gekühlt, einem Morton's Patent Refrigerator, wie eine Anzeige auf der Rückseite von Alfred Barnards 1887 erschienenem Buch *Whisky Distilleries of the United Kingdom* verrät. Zwei kleine hölzerne Gärbottiche stehen neben zwei buckligen Pot Stills, deren dicke gebogene Lyne Arms in winzige Worm Tubs münden – all das in einem einzigen Raum.

WECHSEL UND WANDEL

1925 wurde Edradour von dem Glasgower Blender William Whitely erworben, der den Whisky für Blends wie House of Lords und Kings Ransom (damals der teuerste Scotch der Welt) verwendete. Später kam es zu Campbell Distillers und dann zu Pernod-Ricard, doch es änderte sich immer noch nichts: Bei Edradour war die Zeit stehen geblieben. Pernod freute sich an der Kuriosität und Besucher hatten Gelegenheit zu sehen, wie eine frühviktorianische Brennerei arbeitete.

Als Pernod 2002 Seagram erwarb, wurde Edradour zum Verkauf angeboten, weil eine so kleine Brennerei in dem Riesenkonzern einfach unterging: Der Single Malt wurde entweder in der Brennerei oder in Frankreich verkauft und es kamen jährlich nur 900 hl auf den Markt; der Rest wurde für Blends verwendet.

VERKOSTUNG

DER SÜSSE, VOLLE MALT aus Schottlands kleinster Brennerei rechtfertigt Edradours altmodische Art der Whiskyherstellung.

EDRADOUR
STRAIGHT FROM THE CASK
11 JAHRE, 60,2 VOL.-%
Farbe: Bernsteingelb
Nase: voll, pur fast fleischig mit Noten von Schokolade, Toffee, Pflaume, Gewürzen und Teeblättern; ansprechend
Körper: weich; verteilt sich gut am Gaumen
Gaumen: nussige (Mandel-)Sherrynoten, die sich jedoch nie zu sehr vor die dem Feinbrand innewohnende Süße schieben
Nachklang: minzig

EDRADOUR

EDRADOURS WORM TUBS sehen aus wie Sitzbadewannen – hier ist alles etwas kleiner.

Andrew Symington von dem unabhängigen Abfüllunternehmen Signatory Vintage zögerte nicht lange und griff zu – aus rein wirtschaftlichen Erwägungen. Wie andere unabhängige Abfüller lebt Signatory Vintage davon, ungewöhnliche oder schwer aufzutreibende Qualitätswhiskys von Brennereien zu verkaufen, die entweder den Besitzer gewechselt haben, geschlossen oder von ihren Besitzern aus dem Angebot genommen wurden. Ohne die Abfüller wären Longmorn, Strathisla, Mortlach, Caol Ila, Port Ellen, Dallas Dhu, Ardmore und andere Kultwhiskys nie zu ihren Fans durchgedrungen. Doch viele der begehrten Whiskys werden rar, weil die Lagerbestände zur Neige gehen oder weil sie wieder vom Besitzer selbst vertrieben werden. Deshalb brauchte Signatory Vintage eine eigene Marke.

EIN NEUER WEG NACH VORN

Seit dem Besitzerwechsel hat sich bei Edradour doch einiges geändert. Iain Henderson, der ehemalige Manager von Laphroaig, übernahm die Produktionsleitung und nutzte sein technisches und whiskyspezifisches Knowhow, um den Betrieb der alten Anlagen zu optimieren. Auch wenn der Whisky hier wirklich in Handarbeit entsteht, riecht Edradour nicht nach Mottenkiste: Die Abfüllungen sind zeitgemäß. Das Angebot wurde beträchtlich erweitert; neben den normalen Whiskys verschiedener Altersstufen gibt es Cask-Strength-Versionen, immer mehr Finish-Varianten und sogar einen Sahnelikör. Zur Lagerung werden Tokajerfässer verwendet und in Erinnerung an seine Zeit auf Islay erzeugte Henderson einen getorften Whisky, der nach der längst stillgelegten örtlichen Brennerei Ballechin benannt ist.

Den Vorwurf der Blasphemie entkräften Henderson und Symington damit, dass der ursprüngliche Ballechin alten Quellen zufolge rauchig war. Stark getorfter Malt vom Festland mag heute ungewöhnlich erscheinen, war jedoch in der Anfangszeit des Whisky durchaus üblich.

Natürlich ist Edradour eine Attraktion: 100 000 Besucher spülen jährlich über 1,5 Millionen Euro in die Kassen. Der neue Weg war insgesamt also ein guter Weg, eine alte Marke neu aufzubauen.

DIE KLASSISCHE FARMBRENNEREI
Edradour gilt zu Recht als hübscheste Brennerei Schottlands.

PERTHSHIRE

NEBEN DUDELSACKPFEIFERN, RIESENVÖGELN UND EINEM
OUTLET-CENTER HAT PERTHSHIRE EINE WEITERE
ATTRAKTION ZU BIETEN: DIE »WHISKY EXPERIENCE«.

Der unscheinbare Ort Calvine, den die meisten südwärts Reisenden links liegen lassen, markiert eine geographische Grenze: Ab hier fließen die Flüsse nach Süden; es ragen keine Hügel mehr neben der Straße auf, die Bäume haben größere Blätter, anstelle von Heide und nacktem Fels wächst Gras. Nachdem man Blair Castle mit seinen großen Rasenflächen und seinem Arboretum passiert hat, wird das Tal langsam breiter.

Auch die Brennereienlandschaft wandelt sich. Perth war eines der großen Blendingzentren; hier witterten die Weinhändler John Dewar, Matthew Gloag und Arthur Bell Mitte des 19. Jahrhunderts in der Herstellung von Whiskyverschnitten für ein breites Publikum ein Geschäft.

Umso erstaunlicher, dass es hier nur so wenige Brennereien gibt. An Schwarzbrennern mangelte es seinerzeit in Perthshire zwar nicht, doch wenige erwarben eine Lizenz und wenige blieben bestehen; Grantully, Pitillie, Auchnagie, Ballechin und Stronachie gingen ein. Da die Blender an Single Malt nicht interessiert waren, hing das Wohl und Wehe der Brennereien davon ab, ob ihr Whisky sich zum Blenden eignete.

BLAIR ATHOL

Blair Athol liegt nicht in Blair selbst, sondern ein Stück weiter südlich in der hübschen viktorianischen Stadt Pitlochry – vielleicht dachte einer der frühen Besitzer der Brennerei, er könne dem Whisky mit diesem Namen aristokratischen Glanz verleihen. Der erste Whisky war kein Erfolg, doch Mitte des 19. Jahrhunderts hatte Alexander Connacher einen festen Vertrag mit Arthur Bell, einem Vertreter des Perther Weinhändlers Sandemann & Roy. Bell übernahm schließlich die Handelsfirma, und diese kaufte 1933 die Brennerei.

Der 8-jährige Bell's ist nach wie vor Großbritanniens Spitzenblend und Blair Athol immer noch sein Herzstück. Der Malt wird in vier Pot Stills erzeugt; Maischen, Gärung und Brennen folgen rasch aufeinander und das Ergebnis ist ein wohl geformter, nussiger Charakter.

Viele von Pitlochrys Sommergästen besichtigen auch Blair Athol. Die Brennereien in Perthshire sind zwar äußerst unterschiedlich, haben jedoch alle dasselbe Ziel: so viele Besucher wie möglich anzulocken. Deshalb kann man sich in dieser Gegend vor »Whisky Experience« kaum retten, aber

> ### BRENNEREIEN-STECKBRIEF
>
> **BLAIR ATHOL** GEGRÜNDET: 1798.
> BESITZER: Diageo. VERFAHREN: Pot Stills.
> PRODUKTION: 19 000 hl.
>
> **ABERFELDY** GEGRÜNDET: 1898.
> BESITZER: John Dewar & Sons Ltd.
> VERFAHREN: Pot Stills. PRODUKTION: 12 000 hl.
>
> **GLENTURRET** GEGRÜNDET: 1775.
> BESITZER: The Edrington Group. VERFAHREN: Pot Stills.
> PRODUKTION: 3400 hl.
>
> **TULLIBARDINE** GEGRÜNDET: 1949.
> BESITZER: Tullibardine Ltd. VERFAHREN: Pot Stills.
> PRODUKTION: keine Angaben.
>
> **DEANSTON** GEGRÜNDET: 1965.
> BESITZER: Burn Stewart Distillers Ltd.
> VERFAHREN: Pot Stills. PRODUKTION: 30 000 hl.
>
>

WILDER WEIN UND EFEU ranken an den gepflegten Fassaden der Brennerei Blair Athol.

DER HIGHLANDER, der über unzählige Dewar-Etiketten marschierte, heißt die Besucher in Aberfeldy willkommen. Die Darre mit dem markanten Pagodendach liefert kein Malz mehr.

schließlich kann ein gesteigertes Interesse für Blends und Malts Schottlands sich stetig verjüngender Whiskybranche nur nützen.

ABERFELDY

Auf einem Hügel am Tay liegt die Aberfeldy Distillery, die Tommy Dewar 1898 als Nachschublager für seinen immer beliebteren Blend gründete. Dewar verstand schon damals etwas von Marketing, und davon profitiert die Brennerei noch heute. Der Malt ist ausgezeichnet, aber aufgrund des Produktionsvolumens des Blends (über eine Million Kisten im Jahr) als solcher ziemlich rar. Die mundschmeichelnde Wachsigkeit, mit der Aberfeldy von jeher gesegnet war, kommt in einem kürzlich von Bacardi auf den Markt gebrachten 25-jährigen vollendet zur Geltung.

Doch das weiß wohl kaum einer der jährlich zig tausend Besucher, die in erster Linie wegen Dewars 1,5 Millionen Euro teurer World of Whiskies kommen. Ihr Interesse gilt vor allem dem Blend und bei so vielen amerikanischen Touristen war ein Whisky-Park eine sinnvolle Marketingstrategie. Auch Tommy Dewar wäre sicherlich damit einverstanden gewesen.

GLENTURRET

Etwas im Schatten der nahen »Famous Grouse Experience« mit jährlich 200 000 Besuchern, die alle mehr über den berühmten schottischen Blend erfahren möchten, steht die Brennerei Glenturret, die aussieht, als habe man auf einer Farm das Vieh durch Brennanlagen ersetzt – und genau so entstand sie auch.

Glenturret erwarb 1775 eine Lizenz und handelte zwischenzeitlich mit Whisky, bevor der Betrieb 1923 zum Stillstand kam. 1950 erwarb James Fairlie die Brennerei – zehn Jahre später produzierte sie wieder. Der blumige, leicht honigtönige Whisky wird oft übersehen – eine Schande, denn es ist wirklich ein feiner Tropfen.

TULLIBARDINE

Die Tullibardine Distillery in Blackford wurde von Whyte and Mackay stillgelegt, als sie Invergordon erwarben, und mit der Zeit wurden die Lagerhäuser immer baufälliger. Ein Konsortium kaufte sie 2003 und hatte die geniale Idee, sie in der Mitte eines Outlet-Centers zu platzieren, was ihr zusätzliche Einnahmen bescheren wird.

DEANSTON

Die letzte Brennerei in dieser Gegend hat noch kein Besucherzentrum, liegt aber in der Nähe eines Safariparks und könnte, falls nötig, damit ihre Attraktivität steigern. Hinter den Mauern einer Baumwollfabrik aus dem 19. Jahrhundert verbirgt sich eine moderne Brennerei (allerdings mit einem oben offenen Maischbottich), deren Single Malt rar ist, aber wie viele seiner Artgenossen in der Gegend einen weichen, honigtönigen Charme hat.

VERKOSTUNG

PERTHSHIRE IST EINE einzige »Whisky Experience«, in deren Mittelpunkt die vielfältigen, subtilen Whiskys stehen.

BLAIR ATHOL

BLAIR ATHOL
12 JAHRE, 43 VOL.-%

Farbe: kräftig; getrocknete Orangenschale
Nase: stark, recht kompakt, mit Holzaroma; nussig aufgebrühter Tee
Körper: glatt
Gaumen: kuchenartig mit Nüssen; leichter Schalenmix
Nachklang: trocken; ein Anflug von Rauch

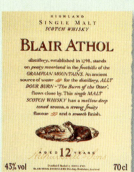

12 JAHRE ALTER BLAIR ATHOL

ABERFELDY

ABERFELDY
12 JAHRE, 40 VOL.-%

Farbe: Goldgelb
Nase: Torfrauch; Mandarine, Malznoten, Pfirsichkuchen; Muskatnussnoten
Körper: ölig
Gaumen: verlockend und frisch; Mandarine, Nektarine; schwungvoll, seidig
Nachklang: langsam trockener werdend

12 JAHRE ALTER ABERFELDY

GLENTURRET

GLENTURRET
10 JAHRE, 40 VOL.-%

Farbe: Strohgelb; grüne Reflexe
Nase: leicht blumig; Salatblätter; duftend; Parmesan
Körper: leicht; dampfig
Gaumen: leicht und wie Spitzen; zart
Nachklang: kurz und schneidig

TULLIBARDINE

TULLIBARDINE
10 JAHRE, 40 VOL.-%

Farbe: Hellgoldgelb
Nase: Getreide (Müsli mit warmer Milch); leicht duftend; Limonenschale
Körper: mittel
Gaumen: ordentliches Gewicht; Butter, Birnenkompott; Malz
Nachklang: nachhaltig und süß

DEANSTON

DEANSTON
6 JAHRE, 40 VOL.-%

Farbe: Hellgoldgelb
Nase: duftend, Gras, Sahne, Müsli, nussig
Körper: weich und leicht
Gaumen: getreideartig mit einem weichen mittleren Gaumen und einer malzigen Note
Nachklang: grüne Trauben; die Unreife bleibt

6-JÄHRIGER DEANSTON

VATTED MALTS

DAS VERSCHNEIDEN VON SINGLE MALTS IST BEILEIBE KEINE NEUE ERFINDUNG, KÖNNTE ABER EINE MÖGLICHKEIT SEIN, EIN NACHHALTIGES WACHSTUM DER WHISKYBRANCHE ZU GEWÄHRLEISTEN.

Ein »Vatted Malt« ist ein Verschnitt aus Malt Whiskys mehrerer Brennereien. Als 1853 der Verschnitt von Whiskys vor ihrer Verzollung erlaubt wurde, hatten die Blender endlich freie Bahn. Diese Gesetzesänderung schuf die Voraussetzung für die Entstehung von Blended Whisky, aber Vatted Malt gab es vermutlich schon vorher (zu den Begriffen Blending und Vatting *siehe S. 80f.*). 1853 brachte Andrew Usher seinen Old Vatted Glenlivet heraus, der zwar als erste Blendmarke gilt, ursprünglich jedoch wohl ein Vatted Malt war.

Ähnliches geschah in Lebensmittelgeschäften überall in Schottland: in Glasgow, Aberdeen, Perth, Kilmarnock und Leith, wo Charles Mackinlay 1853 aus seinen Single-Malt-Beständen den Old Vatted Ben Vorlich mischte. Dies zeigt, dass man begriffen hatte, was beim Reifen passiert, und dass die Blender bemüht waren, ihrem Whisky Qualität und Beständigkeit zu verleihen. Außerdem wollten sie neue Whiskys herstellen, die dem Geschmack der Briten (und der restlichen Welt) entsprachen.

HERSTELLER

BLUE HANGER
AS WE GET IT
MACDONALDS OF GLENCOE
POIT DUBH
GORDON & MACPHAIL »PRIDE OF ...«
BALLANTINE'S PURE
JOHNNIE WALKER GREEN LABEL
GROUSE VINTAGE MALT
BELL'S SPECIAL RESERVE
COMPASS BOX
THE EASY DRINKING WHISKY COMPANY

Zu Hause praktizierte man schon lange eine Art Vatting. 1864 berichtete Charles Tovey, dass im Keller eines »Gentleman« ein großes Fass mit vier oder fünf Malts stand, das mit einem beliebigen, besonders geschätzten Malt aufgefüllt wurde, wenn der Inhalt zur Neige ging. Über dieses Vatting nach der Solera-Methode ließ sich auch Professor George Saintsbury in seinen *Notes on a Cellar Book* (1920) aus: Sein Fass enthielt Clynelish, The Glenlivet, Glen Grant, Talisker und einen Islay-Malt. Richard Joynson bei Loch Fine griff die Idee auf und unterhält seit 1998 ein »lebendes Fass« (Living Cask).

Anscheinend fand das Vatting jedoch nur in herrschaftlichen Kreisen Anklang, denn Aeneas Macdonald schreibt in *Whisky*

ANDREW USHER, *Sohn eines Spirituosenhändlers aus Edinburg, erfand Mitte des 19. Jahrhunderts Blending und Vatting.*

(1930), dass Malt-Brenner 1909, nachdem aufgrund einer Zollerhöhung der Verkauf zurückgegangen war, Vatted Malt zu verkaufen versuchten, um ihre Lagerbestände loszuwerden, aber trotz einer groß angelegten Werbekampagne scheiterten, weil die an Blends gewöhnten Leute den stärkeren Geschmack des Vatted Malt nicht mochten.

Vatted Malt verschwand zwar nie ganz von der Bildfläche, trat jedoch in den Hintergrund. Etablierte Marken sind Blue Hanger, As we get it, Macdonalds of Glencoe, Poit Dubh und die »Pride of ...«-Reihe von Gordon & MacPhail. DCL probierte es 1982 mit dem Ascot Malt Cellar, in dem neben Strathconon und Glenleven die Vatted Malts von Buchanan und Haig enthalten waren, dem aber kein Erfolg beschieden war. Immerhin gab er den Anstoß zu der Classic-Malt-Reihe, in der jedes schottische Whiskygebiet mit einem Malt vertreten ist.

Ein regelrechtes Comeback erlebte der Vatted Malt erst Ende der 1990er-Jahre, als eine Reihe von Unternehmen ihr Angebot an Verschnitten durch Vatting ergänzten; zu den bekanntesten zählen Ballantine's Pure, Johnnie Walker Pure (inzwischen Green Label), Grouse Vintage Malt und Bell's Special Reserve.

DIE NEUE WELLE

Gleichzeitig kamen einige neue Whiskys von Herstellern wie Compass Box (Eleuthera und Juveniles) und The Easy Drinking Whisky Company (Rich Spicy, Smoky Pearl und Smooth Sweeter) auf den Markt, die mit neuen Geschmacksrichtungen ein neues Publikum ansprechen wollten. Compass Box entwarf Whiskys speziell für junge Leute und füllte sie in Flaschen, die nicht unbedingt der herkömmlichen Vorstellung von einer Whiskyflasche entsprechen, Easy Drinking orientierte sich hingegen am Weinmarkt, wo durch eine Vereinfachung der Etiketten und die namentliche Nennung der Rebsorten ein neuer Kundenkreis geworben wurde.

Vatted Malts sind weitaus mehr als Blends ohne Grain Whisky; es geht darum, verschiedene Komplexitätsgrade zu verschiedenen Geschmacksrichtungen zu kombinieren. In einem Blend dient der Grain Whisky dazu, die eindringlicheren Merkmale des Malt auszugleichen und neue Geschmacksnoten entstehen zu lassen; in einem Vatted Malt sind die Partner dagegen mehr oder weniger gleichberechtigt, d.h. es ist technisch schwierig, einen komplexen und ausgeglichenen Vatted Malt herzustellen: Kein Bestandteil soll hervorstechen, aber das Ergebnis des Verschnitts soll mehr als die Summe seiner Teile sein.

Blender lieben Vatted Malt, weil er ihnen die Möglichkeit bietet, ein breiteres Spektrum an Geschmacksnoten zu erzeugen.

DIE ZUKUNFT DES WHISKY

Im 21. Jahrhundert hat Vatted Malt eine weitere Aufgabe. Auf vielen traditionellen Märkten ist die Nachfrage nach Blends bestenfalls statisch und jüngere Leute kaufen, wenn überhaupt, gleich Malt. Aber kein Single Malt kann jemals Verkaufszahlen wie z. B. Johnnie Walker erreichen, weil die Kapazität einer einzelnen Brennerei immer begrenzt ist. Eine neue Kategorie von Vatted Malt schafft indes die Voraussetzung für ein neues, in großen Mengen erzeugtes Qualitätsprodukt, das an Malt interessierte Verbraucher anspricht. Auf diesen Überlegungen beruhte der (inzwischen fallen gelassene) Plan, einen Cardhu Pure Malt auf den Markt zu bringen, und abgesehen davon, dass ein Vatted Malt nie nach einer einzelnen

THE EASY DRINKING
Whisky Company spricht mit ihren einfach gehaltenen Etiketten eine neue Art von Kunden an.

Brennerei benannt werden sollte, war die Idee gar nicht schlecht. Immerhin wurden dank dieser »Cardhu-Affäre« die Etikettierungsvorschriften verschärft: Ab 2005 werden Vatted Malts als »Blend of Malts« ausgewiesen. Vielleicht wird ihnen dann endlich die verdiente Anerkennung zuteil.

VERKOSTUNG

Die neuen Abfüllungen auf dem Markt lassen keinen Zweifel am Erfolg von Vatted Malt.

BALLANTINE'S PURE MALT
12 JAHRE, 40 VOL.-%

Farbe: Goldgelb
Nase: frisch; malzige Vanille, Gras und Nuss; einige Eleganz; Nougat mit Kokos, Sahne und frischem Obst; Wasser bringt eine holzige Kantigkeit zum Vorschein
Körper: mittel; mild
Gaumen: süß und leicht bitter; Nuss, Sahne und etwas Rauch
Nachklang: nussig, ein Anflug von Rauch

JOHNNIE WALKER GREEN LABEL
40 VOL.-%

Farbe: kräftiges Gold- und Bernsteingelb
Nase: rauchig, leichtes Meeresaroma, dann Moos; wird süß wie Bitterorange, Pfirsichkompott und Kirsche; voll mit schönem Gleichgewicht zwischen süßem Obst und trockener, nussiger Eiche; treibender Torfrauch
Körper: mittel bis voll

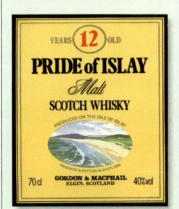

GORDON AND MACPHAIL

Gaumen: weich und zart mit Süße in der Mitte; Nelkenhonig, Banane, Loganbeere, Backapfel, Karamellbonbon, Sahne, süße Gewürze und eine nussige Note
Nachklang: würzig mit Kokos-, Zedern- und Zigarrenrauchnoten

THE LIVING CASK
40 VOL.-%
Aufgrund der Herstellungsart ist jede Abfüllung etwas anders.

Farbe: Hellgoldgelb
Nase: komplex; rußiger Rauch, Zuckermandeln; Meer; duftende Noten, grüne Oliven, Adlerfarn
Körper: mittel
Gaumen: unmittelbare Süße, dann Rauch; lebhaft; Orangenmuskat, Zitrusöl und Torfrauch
Nachklang: nachhaltig, rauchig

ELEUTHERA, COMPASS BOX
43 VOL.-%

Farbe: Blassgoldgelb
Nase: ölig und leicht wachsig; Dosenpfirsiche, Honig, Ingwer und subtile Bauchspecknoten
Körper: mittel; seidig
Gaumen: süß, recht üppige Früchte, dann zieht etwas Rauch am Gaumen entlang; gut verwoben
Nachklang: reif; nachhaltig

PRIDE OF ISLAY, GORDON & MACPHAIL
40 VOL.-%

Farbe: Hellgoldgelb
Nase: Hering, Heideblüten, Malz und Backapfel; zart rauchig
Körper: mittel; weich
Gaumen: saftig und ausgewogen mit Heiderauch in der Mitte
Nachklang: trocken

GROSSE BLENDS

SCHMECKT MAN DEN TALISKER IN JOHNNIE WALKER, DEN ARDBEG IN BALLANTINE'S, DEN ABERFELDY IN DEWAR'S? ALL DIESE MALTS GÄBE ES NICHT MEHR, WENN SIE NICHT EIN WICHTIGER BESTANDTEIL VON BLENDS GEWESEN WÄREN.

Die meisten Malt-Fans übersehen gerne, dass 90 Prozent des verkauften Scotchs Blends sind, ohne die es viele der beliebten Brennereien nicht mehr gäbe. Blends haben die schottische Whiskybranche zu dem gemacht, was sie heute ist, und werden auch weiterhin eine treibende Kraft sein. Keine einzelne Brennerei könnte die Millionen von Kisten erzeugen, die Johnnie Walker, Ballantine und Dewar absetzen, kurz, Whisky braucht Blends. Und es ist ein Irrtum zu glauben, ein Verschnitt ausgewählter Malts mit ausgewählten Grain Whiskys sei irgendwie zweitklassig: Ein Spitzenblend ist genauso komplex und süffig wie ein Single Malt. Es ist an der Zeit, die Blends wieder zu entdecken.

DIE ERSTEN BLENDS

Viele berühmte Blends entstanden in schottischen Ladengeschäften, wo erfahrene Tee-, Rum- und Weinmixer eine zumeist lokale Spezialität in ein international gefragtes Getränk verwandelten.

Die ersten Malt Whiskys waren noch nicht jedermanns Geschmack, doch die Erfindung des Säulenbrennverfahrens 1827 ebnete dann einer neuen, leichteren Art von Whisky den Weg, der jedoch kaum als solcher getrunken, sondern hauptsächlich für die Herstellung von Gin verwendet wurde. Ab 1853 war das Verschneiden von Whisky vor der Verzollung gesetzlich erlaubt und Brennereien konnten nun durch das Mischen von Whisky verschiedener Fässer und Altersstufen genießbareren, beständigeren Whisky herstellen. Nachdem die Gesetze 1860 weiter gelockert worden waren, kamen die ersten Verschnitte von Malt und Grain Whisky auf den Markt.

Die allererste Blendmarke war Andrew Ushers Old Vatted Glenlivet (OGV). Wahrscheinlich war er ursprünglich ein Verschnitt aus The Glenlivet, für den Usher Vertragshändler war, und anderen Malts, doch in den 1860er-Jahren war er bereits als Blend bekannt und beliebt. Heute wird jedoch nur noch in wenigen traditionellen Lebensmittelläden Whisky verschnitten, u.a. bei Gordon & MacPhail in Elgin *(siehe S. 146)* und im Feinkostgeschäft Valvona & Crolla in Edinburgh.

DER REIZ VON BLENDS

Das Blending sorgte für mehr Beständigkeit beim Whisky. Während durch Vatting Unterschiede zwischen einzelnen Fässern ausgeglichen wurden, brachte das Blending den

BELL'S, DER RENNER *in englischen Pubs, entsteht im idyllischen Herzen Schottlands.*

DIE TOP 15

1. JOHNNIE WALKER RED LABEL
2. J&B
3. BALLANTINE'S FINEST
4. WILLIAM GRANT
5. JOHNNIE WALKER BLACK LABEL
6. DEWAR'S WHITE LABEL
7. CHIVAS 12-YEAR-OLD
8. THE FAMOUS GROUSE
9. BELL'S 8-YEAR-OLD
10. CUTTY SARK
11. 100 PIPERS
12. TEACHER'S HIGHLAND CREAM
13. CLAN CAMPBELL
14. CLAN MACGREGOR
15. LABEL 5

Ein guter Blender ist gleichzeitig Künstler und Techniker.

Whisky einen Schritt weiter: Ein Händler konnte einen Whisky herstellen, der immer denselben Geschmack hatte, auch wenn seine Zutaten jedes Jahr wechselten. Weil sie leichter waren, sprachen Blends auch mehr Leute an, was für schottische Whiskyhersteller vor allem Ende des 19. Jahrhunderts wichtig war, als irischer Whiskey in England beliebter war als Scotch. Dank der Bahnlinie in Speyside konnten die Blends schneller nach England transportiert werden – und potenzielle Whiskyliebhaber erreichten schneller Schottland.

John Walker eröffnete 1819 seinen Lebensmittelladen in Kilmarnock, John Dewar 1846 seinen in Perth; der Glasgower William Teacher stieg 1836 ins Geschäft ein und verkaufte in den 1850ern seine eigenen Produkte in Glasgows größter Spirituosenhandelskette. Er belieferte auch George Ballantine, der seit 1827 einen Lebensmittel- und Weinhandel in Edinburg hatte, sowie James und John Chivas, deren Laden an der King Street in Aberdeen »Harrod's des Nordens« genannt wurde. Sie versorgten die großen Häuser im Norden, einschließlich

Hibiki von Yamazaki ist einer der beliebtesten japanischen Blends. Der Whiskymarkt in Japan boomt: Sowohl Single Malts als auch Blends erfreuen sich stetig wachsender Beliebtheit.

Balmore, mit allem, was diese brauchten – mit Personal, Eseln und Tischdecken genauso wie mit Lebensmitteln und Whisky. Die Chivas Brothers begannen Ende der 1850er-Jahre mit dem Verschneiden, doch Chivas Regal (damals ein 5-jähriger) kam erst 1909 auf den Markt.

In den 1860ern begannen die Nachkommen dieser ersten Blender, Blended Scotch für den Massenmarkt herzustellen. Als Erstes eroberten sie London: James Buchanan tourte mit seinem House of Commons (später Black & White) und Buchanan's Blend durch die Hauptstadt, Tommy Dewar warb mit riesigen Leuchtreklamen und im Kino. Ihre Blends schwärmten in die Welt aus, zunächst durch das britische Empire und dann in die USA. Dort erfuhren sie eine letzte stilistische Änderung.

BLENDS IN DEN USA UND JAPAN

Nach der Prohibition waren die Amerikaner auf leichteren Whisky aus und die Londoner

CHIVAS REGAL *ist heute einer der meistverkauften Qualitätsblends der Welt, entstand jedoch wie viele andere – in einem Lebensmittelladen. Die Brüder John und James Chivas waren außerordentlich erfolgreich.*

Weinhändler Berry Bros & Rudd und Justerini & Brooks schufen daraufhin neue, blassere Blends mit leichterem Geschmack. In den 1960ern wurden von Cutty Sark und J&B in den USA jeweils über eine Million Kisten verkauft; heute ist Dewar Marktführer. Chivas Regal kehrte 1954 in einer 12-jährigen Version zurück.

Auch in Japan werden Blends nach schottischem Vorbild erzeugt – Hibiki von Suntory ist die weltweit bekannteste japanische Marke – und Blends haben größten Anteil am Inlandsmarkt.

DIE TOP 15

Ein Großteil der internationalen Spitzenmarken stammt von den einstigen Pionieren.

Nummer eins ist Johnnie Walker Red Label, von dem große Mengen in Griechenland, den USA, Dubai, Australien und in Dutyfreeshops abgesetzt werden. An zweiter Stelle steht J&B, die meistverkaufte Marke in Spanien, Frankreich und Südafrika; ein europäischer Favorit ist auch Ballantine's auf Rang drei. Danach kommt William Grant, eine wichtige Marke in Frankreich, Großbritannien und Portugal; Johnnie Walker Black Label, die Nummer fünf, verkauft sich gut in Dubai, Fernost und den USA. Dewar's White Label, top in Venezuela und Griechenland, wird gefolgt von Chivas 12-Year-Old, dessen Hauptmärkte Europa, Fernost und die USA sind. Platz acht belegt The Famous Grouse mit viel Erfolg in Großbritannien und Griechenland; als Nächstes kommt Bell's 8-Year-Old, Spitzenmarke in Skandinavien, Südafrika und Brasilien. Cutty Sark erreicht die höchsten Verkaufszahlen in den USA, Spanien, Portugal und Lateinamerika; 100 Pipers zählt Spanien, Venezuela und Thailand zu seinen wichtigsten Märkten. Auf Rang 12 steht Teacher's Highland Cream, beliebt in Großbritannien, gefolgt von Clan Campbell und Clan McGregor, die sich in Frankreich bzw. den USA am besten verkaufen. Der Letzte der Top 15 ist Label 5, ein Liebling der Franzosen.

IN GLASGOW *und Umgebung erblickten einige der beliebtesten Blends das Licht der Welt – viele davon in Lebensmittelläden, z. B. Teacher's.*

VERKOSTUNG

Die Bedeutung der Blends für die Whiskybranche ist nicht zu unterschätzen und viele sind heute alles andere als eine Sparversion von Single Malt. Von feucht, voll und fruchtig bis zu zart rauchig – für jeden Geschmack ist etwas dabei. Dies ist eine Auswahl bekannter und weniger bekannter Blends.

BALLANTINE'S

JOHNNIE WALKER RED LABEL
Farbe: Goldgelb
Nase: frisch, lebhaft mit etwas Vanille, Torf und gerösteter Eiche
Körper: frisch, eindringlich
Gaumen: Mischung aus Beeren, Vanille, Heidetorf; lebhaft
Nachklang: leicht duftender Rauch; frisch

J&B
Farbe: Blassstrohgelb
Nase: leicht und blumig; esterige Noten (Blumen, Birnenschnitze, Banane, Holzton); schön; jung
Körper: leicht
Gaumen: süßer Beginn, Anis/Fenchelsamen, Gewürze und Getreide mit einem bitteren Rand

J & B

Nachklang: frisch, kurz

BALLANTINE'S FINEST
Farbe: Goldgelb
Nase: Sahnetoffee; süß; leicht grasig
Körper: weich; mittelschwer
Gaumen: zart und süß, frisch in der Mitte
Nachklang: trocken, frisch

WILLIAM GRANT'S FAMILIY RESERVE
Farbe: Hellgoldgelb
Nase: duftend; Nelkenhonig, Limone, Birne und zarter Rauch
Körper: mittel; seidig
Gaumen: weich am Anfang, sahnig; Paranuss, Muskatnuss, Beeren, Vanilleschote
Nachklang: zart und süß

JOHNNIE WALKER BLACK LABEL
Farbe: Bernsteingelb
Nase: reif und fruchtig; Torf, Muskatnuss, Vanille, Backapfel und Rosinen; Pfirsiche, Heidehonig, Orangenschale
Körper: geschmeidig und kernig
Gaumen: Sirup, weißer Pfeffer, Orangenblüten, Honig; Torf als Untergrund; tief
Nachklang: nachhaltig, voll und rauchig

DEWAR'S WHITE LABEL
Farbe: Strohgelb
Nase: recht zart; malzig; Zitronenbaiserkuchen, Honig
Körper: leicht bis mittel; weich
Gaumen: wie die Nase vermuten lässt, zart und süß, aber mit einem Hauch Ingwerwürze
Nachklang: rein und süß

CHIVAS 12-YEAR-OLD
Farbe: Goldgelb
Nase: leicht; duftend und blumig; nussig; Orange und Minze
Körper: rein und leicht
Gaumen: weich und grasig; Vanille, Milchschokolade, Apfel, Zitronen- und Orangenschale
Nachklang: kurz, trocken

THE FAMOUS GROUSE
Farbe: Hellgoldgelb
Nase: trocken, mit gutem Gewicht; schmelzende Schokolade, Heu, Toast mit Honig
Körper: fest; mittel
Gaumen: Pflaumenmus, dunkle Schokolade, Karamell; Trockenobst
Nachklang: leichter Rauch

THE FAMOUS GROUSE

BELL'S 8-YEAR-OLD
Farbe: kräftiges Bernsteingelb
Nase: süß und duftend, aber mit tiefer, reifer Frucht; feuchter Obstkuchen, Schokoladenmüsli
Körper: weich und generös
Gaumen: kernig und weich; Rosinen, Toffee, weiches Leder und Obst; leichter Rauch
Nachklang: zart und wärmend

CUTTY SARK
Farbe: Blasszitronengelb
Nase: leicht, blumig, Zitrone, Hafer, Butter, Puderzucker, frische Himbeeren
Körper: zart, leicht
Gaumen: süß und leicht; Sahne, grasig, Beeren
Nachklang: Zitronensorbet

WHYTE & MACKAY
Farbe: kräftiges Bernsteingelb
Nase: voll und süß; Kompott (Rosinen, Datteln, Obstkuchen); schöne Getreidenoten
Körper: voll
Gaumen: weich und zart, fast likörartig; Schwarze Johannisbeere, Heide, Vanilleschote
Nachklang: trocken

TEACHER'S HIGHLAND CREAM
Farbe: Gold-/Bernsteingelb
Nase: reif, voll und generös; Trockenobst, Siruptoffee, Zimt, Rauch
Körper: mittel bis voll
Gaumen: Gewürze in Hülle und Fülle neben sahnigem Toffee, Sultaninen
Nachklang: rußig

TEACHERS

CLAN CAMPBELL
Farbe: Goldgelb
Nase: streng, alkoholisch, recht jung; frisches Getreide
Körper: leicht bis mittel
Gaumen: Getreide dominiert, einige rote Früchte, Bonbons; jung
Nachklang: Eiche

BLACK BOTTLE 10-YEAR-OLD
Der einzige Blend, in dem alle Islay-Malts enthalten sind.

Farbe: Goldgelb
Nase: phenolisch (teeriges Tau, Muscheln, Salami, Räuchermakrele mit Pfeffer); mit Wasser getrocknete Kräuter, Algen, Getreidenoten; Kohleneimer
Körper: mittel; explosiv
Gaumen: Rauchnote wird durch einen seidigen, weichen mittleren Gaumen ausgeglichen; Meeresaroma, Fischöl, leichter Ingwer, Lavendel; rußig; Ausgewogenheit
Nachklang: Rauch und Ingwer

IRLAND

Offene und gastfreundliche Menschen, *Craic*, Lieder, Geschichten
und vor allem natürlich Pure Pot Still Whiskey

IRISCHE POT STILLS

Michael Jackson

SCHÖNE GERSTE
Ein Zeichen der Hochachtung in farbigem Glas bei Bushmills. Ein echter Whiskeyliebhaber gerät beim Anblick eines Gerstenfeldes genauso in Wallung wie ein Weintrinker, wenn er vor einem Weinberg steht.

BLAUE BERGE
Die nordirischen Antrim Mountains sind in grünblauen Dunst gehüllt. Presbyterianer aus Schottland ließen sich hier und in Londonderry nieder und reisten dann über den Atlantik nach Maryland und Pennsylvania.

Die irischen Nationalgetränke, trockener Stout und Whiskey, werden aus Gerste hergestellt. Für beide wird ein gewisser Anteil Gerstenmalz verwendet, und ebendiese Zutat sorgt in den meisten irischen Whiskeys für Noten von Leinsamen und Öl, die an Leder und Sattelzeug erinnern.

Man hat den Eindruck, dass die Offenheit der Iren sich auch auf ihren Whiskey überträgt – dem komplexen Scotch ist schwerer beizukommen. Irland und Schottland sind die beiden ursprünglichen Herkunftsländer von Whisk(e)y, und daher mag es überraschen, dass Schottland fast 100 Brennereien vorzuweisen hat und Irland nur noch drei, die allerdings 25 bis 30 verschiedene Whiskeys erzeugen. Obwohl es in Irland viel Torf gibt, ist der irische Whiskey nicht getorft – vielleicht weil Bier und Whiskey in Irland sehr früh in großen Mengen hergestellt wurden, man damals noch keine Maschinen zum Torfstechen hatte und die Brennereien daher Holz oder Kohle verwendeten.

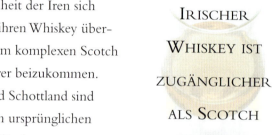

IRISCHER WHISKEY IST ZUGÄNGLICHER ALS SCOTCH

Römer oder Normannen brachten einen Weinbrand namens *aqua vitae* nach Irland, was die Iren mit *uisce beatha* übersetzten. Diese Bezeichnung wurde vermutlich von den einfallenden Soldaten des englischen Königs Heinrich II. zu *ushky* und später zu »Whiskey« abgewandelt. Anfang des 19. Jahrhunderts führte die Malzsteuer dazu, dass manche Brenner große Anteile ungemälzter Gerste verwendeten. Diese bestimmt noch heute den Geschmack des irischen Whiskeys maßgeblich mit.

Um die Qualität des Whiskeys zu verbessern, ging man dazu über, zweifach und dreifach zu destillieren; in Irland setzte sich die dreifache Destillation durch. Die erfolgreichen

BRENNEREIEN IN IRLAND

IRLAND WAR EINST das größte Whiskeyland und belieferte von seinen vielen Häfen aus einen durstigen Exportmarkt – vor allem die USA. Viele der berühmten Marken blieben bestehen oder wurden wiederbelebt, und jede hat ihre ganz eigene Art.

LEGENDÄRER BULLE
Dieses Maskottchen aus Fleisch und Blut ist der Nachfolger des Brown Bull of Cooley, um den vor fast 1000 Jahren eine Schlacht geschlagen wurde.

Legende
◆ in Betrieb befindliche Brennereien

TEMPLE BAR, DUBLIN
Temple Bar ist der Name eines Pubs und eines Vergnügungsviertels im Stadtzentrum. Der Pub ist für seine Whiskeyauswahl bekannt.

GLÜCKSRAD
Das große Mühlrad bei Midleton erinnert an die Zeiten, in denen irischer Whiskey noch in großem Stil hergestellt wurde.

Brennereien befanden sich in den Hafenstädten: Cork, Dublin, Belfast und Londonderry. Das Säulenbrennverfahren, eine Technik, die die Brennerei insgesamt revolutionieren sollte, wurde Anfang des 19. Jahrhunderts von dem Iren Aeneas Coffey entwickelt *(siehe S. 64)*. Es fand Anklang bei Brennern, die billig und schnell Whiskey herstellen wollten, bedrohte aber zugleich dessen Status als Luxusgut. Bis Mitte der 1960er-Jahre hatte ausschließlich in Pot Stills erzeugter Whiskey (Pure Pot Still) bei irischen Brennern Vorrang; danach begann man auch zu verschneiden. In letzter Zeit ist Pure Pot Still, etwa Redbreast und Green Spot, bei Kennern wieder im Kommen. Bushmills stellt nur Malt her, füllte jedoch bis 1987 keinen einzigen Single Malt ab; seither bietet die Brennerei eine Einzelfassabfüllung und Whiskeys, die ganz oder teilweise im Holzfass reifen.

1989 nahm der unabhängige Hersteller Cooley eine ehemalige Brennerei auf der gleichnamigen Halbinsel in Betrieb. Er lagert seinen Whiskey in Kilbeggan, erweckte alte Marken wie Tyrconnell zu neuem Leben und brachte mit Connemara einen getorften Whiskey heraus, den man mit Fug und Recht als den kraftvollsten irischen Whiskey aller Zeiten bezeichnen könnte.

RIECHEN & SCHMECKEN
Das Verhältnis zwischen Gerstenmalz und ungemälzter Gerste wirkt sich auf Aroma und Geschmack irischer Whiskeys aus.

MIDLETON

WENN DIE KUNST DES BRENNENS AUS DEM MAURISCHEN SPANIEN WIRKLICH ÜBER DAS MEER NACH IRLAND KAM, PROFITIERTE DER SÜDEN ALS ERSTES DAVON. CORK, DIE HAUPTSTADT VON IRLANDS SÜDLICHSTER COUNTY, IST EIN TRADITIONELLES ZENTRUM DER BRAUEREI UND BRENNEREI.

Das, was als »Geschmack der Republik Irland« gerühmt wird, findet sich in einer südirischen Kleinstadt: Der gesamte traditionell hergestellte Pure Pot Still stammt aus einer einzigen außergewöhnlichen Brennerei in Midleton, die auch sämtliche Blends aus Pure Pot Still erzeugt.

Midleton liegt knapp 24 Kilometer von Cork entfernt. In der Nähe der Kirche führt eine kleine Straße zu der alten, in den 1820er-Jahren eröffneten Brennerei. Der 1975 gegründete heutige Betrieb liegt auf einem Hügel dahinter.

BRENNEREIEN-STECKBRIEF

MIDLETON GEGRÜNDET: 1825.
BESITZER: Irish Distillers Group.
VERFAHREN: Pot Stills und Säulenbrennverfahren.
PRODUKTION: 200000 hl.

DIE WHISKEYS

Einige der Whiskeys aus Midleton haben einen südlichen Geschmack, z. B. der früher in der Watercourse Distillery erzeugte Hewitt's *(siehe S. 189)*, Paddy, die Spezialität aus Cork, und der nach den ursprünglichen Besitzern der berühmten Bar benannte Murphy's. Dunphy's ist ein Blend mit einem hohen Anteil an Grain Whiskey, Erin Go Bragh (»Irland lebe ewig«) hingegen eine echte Kuriosität: ein hauptsächlich in Bourbonfässern gereifter und recht jung abgefüllter Single Malt, der durch die Zugabe von älterem, im Sherryfass gereiftem Malt Charakter und Süße erhält und nur gelegentlich in irischen Bars oder in speziellen Whiskeylokalen in den USA anzutreffen ist. Als die neue Brennerei eröffnete, wurde das Programm um Midleton Very Rare mit Jahrgangsangabe ergänzt; die ersten Jahrgänge enthielten noch Whiskey aus der alten Brennerei. Midletons heutige Whiskeys sind 12- bis 25-jährig und reifen vorwiegend in zum ersten Mal befüllten Bourbonfässern. Das Ziel ist, einen geruchlich und geschmacklich komplexen, aber entspannten und zugänglichen Whiskey zu erzeugen. Er ist in jedem Jahrgang etwas anders, besitzt jedoch meist eine elegante Süße.

JAMESON

Auf dem Etikett von Midleton Very Rare taucht (sehr klein gedruckt) der Name John Jameson & Son auf. Auch die Marke Crested Ten entpuppt sich bei genauerem Hinsehen als Teil der Jameson-Reihe. Außer diesen werden Jameson, der 12-jährige Jameson Gold, Powers, Redbreast und Green Spot in Midleton hergestellt, obwohl sie eigentlich aus Dublin stammen. Sogar Tullamore entsteht in Midleton.

Durch Fusionen waren diese Marken schon unter einem Dach vereint, bevor die heutige Brennerei gebaut wurde, und deshalb wurde diese sehr flexibel ausgestattet. Keine andere Brennerei stellt so viele verschiedene Whiskeys her.

EINE VIELSEITIGE BRENNEREI

Nirgendwo sonst in der Whiskeywelt wird der Gegensatz zwischen Alt und Neu so deutlich sichtbar wie in Midleton. Seite an Seite liegen eine Brennerei, die so alt ist, dass dort das Getreide früher mit Mühlsteinen gemahlen wurde (die es immer noch gibt), und eine, die so hochtechnisiert ist, dass in ein und demselben Brenngebäude zwölf Feinbrände erzeugt werden und die Kapazität damit noch nicht ausgeschöpft ist. Die zwölf Feinbrände werden zu über 20 Blends verschnitten.

Die neue Brennerei steht in gebührendem Abstand zur alten inmitten von Pappeln auf einem Hang und sieht mit ihrer Stahlummantelung aus wie ein kleines Kraftwerk oder eine Raketenstartrampe. Im Inneren sind

MIDLETON *wurde Mitte der 1820er-Jahre von der Familie Murphy erworben. In dem ursprünglichen Brennereigebäude befinden sich heute Besucherzentrum, Bar, Restaurant und Museum.*

IN MIDLETON *steht die größte Pot Still der Welt, die 1825 gebaut und mit der alten Brennerei ausrangiert wurde: Sie fasste 1530 Hektoliter.*

vier Pot Stills aufgereiht, mit modernen Spirit Safes an der Wand dahinter. An der Wand gegenüber stehen sechs Säulenbrennapparate, von denen jeder 750 Hektoliter fasst.

Auch andere Brennereien haben sowohl Pot Stills als auch Säulenbrennapparate, doch nirgendwo sonst stehen sie so dicht beieinander wie hier, und keine andere Brennerei ist so vielseitig.

DIE POT STILLS

Drei Pot Stills würden besser zu der hier praktizierten dreifachen Destillation passen, es sind aber vier: Zwei davon dienen als Wash Stills für den ersten Brennvorgang; in den anderen beiden finden der zweite und der dritte Brennvorgang statt.

Bei der ersten Destillation wird die Würze zu einem Rohbrand mit 22–50 Vol.-% verarbeitet. Dieser wird ein zweites Mal zu Alkohol mit 50–78 Vol.-% destilliert. Der dritte Brennvorgang ergibt den Feinbrand mit 63–85 Vol.-%. Bei Midleton wird, was ungewöhnlich ist, Feinbrand mit unterschiedlichem Alkoholgehalt produziert, der Whiskeys mit unterschiedlichem Charakter ergibt. Feinbrand, dessen Alkoholgehalt sich am oberen Rand bewegt, hat einen leichteren Körper und Geschmack als Feinbrand mit relativ niedrigem Alkoholgehalt. Die in diesem Stadium recht ausgeprägten Unterschiede verändern sich noch beim Reifen. Die meisten irischen Blends enthalten Whiskeys aus Midleton, und der Blender gibt an, ob er leichte, mittlere oder schwere Whiskeys verwendet hat (es gibt auch Zwischenstufen).

Obwohl sie sich gegen die riesige Wash Still in der alten Brennerei ziemlich handlich ausnehmen, sind die vier Pot Stills in der neuen Brennerei immer noch größer als alle schottischen Pot Stills. Sie sind zwiebelförmig und haben einen großen Kessel sowie einen leicht abwärts geneigten Lyne Arm. Die Wash Stills sind mit drei Extras ausgestattet: Erstens wird in einer kleinen Kammer ohne Bleche und Rohre, einem so genannten Zyklon, der Dampf aufgewirbelt, damit feste Stoffe abgeschieden werden. Zweitens gibt es eine sehr kleine Rektifikationskolonne mit einem zum Kessel führenden Rückflussrohr. Eine dritte Kammer führt ebenfalls zurück in den Kessel oder zu den Säulenbrennapparaten. Ein weiteres Extra an den Pot Stills ist ein Ventil, aus dem Aldehyde abgelassen werden. All diese Vorrichtungen dienen zur Feinabstimmung des Geschmacks.

Gelegentlich wird in den Pot Stills reiner Malt Whiskey gebrannt, der dann dem Blender als Alternative zu Bushmills zur Verfügung steht. Meistens werden sie jedoch mit einer Würze befüllt, für die ungemälzte Gerste und Gerstenmalz im Maischbottich vermischt wurden – daraus entsteht der traditionelle irische Pot-Still-Whiskey. Der Malzanteil beträgt normalerweise 40 bis 50 Prozent, bei einigen Whiskeys aber auch nur 20 Prozent.

Midletons leichter Pot-Still-Whiskey ist manchmal eindringlicher, als man erwarten würde. Er hat einen leichten Körper, aber der Geschmack ist oft laubartig, trocken, würzig und pfeffrig. Schwerere Versionen entwickeln eher ein Getreidearoma, eine gewisse Öligkeit und esterige Noten, u.a. von Zedern und Zitronen.

DIE SÄULENBRENNAPPARATE

Grain Whiskey wird in Midleton in den meisten Fällen aus Mais, gelegentlich aber auch

MIDLETON *stapelte als eine der ersten Brennereien die Fässer mit Hilfe von Paletten übereinander – sowohl in den alten als auch in den neuen Lagerhäusern. Drei Lagerhäuser der alten Brennerei werden noch genutzt.*

VERKOSTUNG

MIDLETON ERZEUGT neben eigenen Whiskeys immer noch einige Whiskeys aus dem Süden.

HEWITT'S WHISKEY
KEINE ALTERSANGABE, 40 VOL.-%
Der beruhigende Whiskey, dessen Trockenheit Lust auf mehr macht, ist hauptsächlich an der irischen Westküste anzutreffen.

Farbe: gebrochenes Goldgelb
Nase: blumig, melonig, Erdton
Körper: leicht, lebhaft
Gaumen: sehr lebhaft; süßer Malzton; Honigmelonen; ein Hauch Vanille, der sich zu duftender Würze entfaltet
Nachklang: fällt etwas ab, wird jedoch durch eine körnige, nussige Festigkeit aufgefangen

DUNGORNEY 1964
PURE POT STILL, 40 VOL.-%
Eine Einzelfassabfüllung aus der alten Midleton-Brennerei. Das Fass wurde 1994 in einem Lagerhaus gefunden.

Farbe: blasses, schimmerndes Goldgelb
Nase: leicht, blumig; überraschend frisch für sein Alter
Körper: seidig
Gaumen: wirklich sehr blumig
Nachklang: trockener; dünn; holzig; hier zeigt sich das Alter

MURPHY'S
KEINE ALTERSANGABE, 40 VOL.-%
Wurde als Barmarke in den USA in den 1970er- und 1980er-Jahren oft für Irishcoffee verwendet. Vielleicht bekam er seinen ausgeprägten Malzton, damit er gut mit den Kaffeenoten harmonierte. Ein relativ hoher Malzgehalt für den Preis. Nur noch in Irland erhältlich.

Farbe: warmes Goldgelb
Nase: leicht malzig; fondantartig
Körper: geschmeidig
Gaumen: etwas Butter und Toffee
Nachklang: weißer Erdnussnougat; spritzig, erfrischend

PADDY
KEINE ALTERSANGABE, 40 VOL.-%
Ein klassischer Irish Whiskey, auch wenn der Blend etwas Malt von Bushmills enthält. Nicht viel Vanille- oder Eichenaroma; hauptsächlich zum zweiten Mal befüllte Bourbonfässer.

Farbe: Zitronenmarmelade
Nase: ausgeprägte Leinsamen- und Blumennoten
Körper: fest und ölig
Gaumen: geschmeidig, duftend
Nachklang: senftönig und ansprechend

MIDLETON VERY RARE
40 VOL.-%
Während es die anderen Whiskeys schon vorher gab, entstand dieser in der neuen Brennerei und profitierte von einem neuen Umgang mit Holz. Er soll »der Beste der Neuen« sein. Diese Notiz beruht auf Verkostungen seit 2000.

Farbe: subtiles, ansprechendes Bernsteingelb
Nase: Ledersessel, Gewürze; Ingwer; Aprikose
Körper: mittel, geschmeidig
Gaumen: leicht, süßlich, zart; Vanilleschoten; Walnussbrot; Walnussöl; Pfirsichkern; Pfirsiche
Nachklang: Röstaroma, weich, keksartige Trockenheit

MIDLETON VERY RARE

---

aus Gerste und Weizen hergestellt; ein fünf- bis 20-prozentiger Anteil Gerstenmalz liefert die notwendigen Enzyme.

Grain Whiskey wird ebenfalls dreifach destilliert, und zwar in drei verschiedenen Säulenbrennapparaten: Der erste erzeugt Alkohol mit rund 70 Vol.-%, der in einer zweiten Brennröhre erneut destilliert wird, um Fuselöle und andere unerwünschte mehrwertige Alkohole zu entfernen. Dabei wird Wasser zugegeben und der Alkoholgehalt sinkt in der Folge auf 20 Vol.-%. Der dritte Brenndurchgang ergibt einen Feinbrand mit 94,5 Vol.-%. Nach dem Reifen hat der Grain Whiskey wie Malt und Pot-Still-Whiskey einen Alkoholgehalt von 63 Vol.-%.

REIFEN

Einige Standarderzeugnisse, namentlich Jameson-Whiskeys, werden vorwiegend in Sherryfässern gelagert, die auf Bestellung und unter Aufsicht des Unternehmens in Spanien gefertigt werden. Seit einigen Jahren werden für künftige Spezialabfüllungen außerdem Portwein-, Madeira- und Marsalafässer angekauft. Jameson Gold reift zum Teil in neuer Eiche.

Den mit Abstand größten Anteil stellen allerdings ehemalige Bourbonfässer, mit denen man zwischen Ende der 1970er-Jahre und den 1990er-Jahren den eigenen Bestand aufgestockt hat, und die in erster Linie von den Brennereien Wild Turkey und Heaven Hill erworben wurden; daneben wurden auch einige Tennessee-Whiskey-Fässer von Jack Daniel übernommen. Auf dem Gelände von Midleton gibt es mehr als 25 Lagerhäuser; in die meisten dieser Lagerhäuser passen mehr als 30 000 Fässer.

HEWITT'S WHISKEY

Der nach einem der beiden Gründer der stillgelegten Corker Watercourse Distillery benannte Hewitt's ist der Whiskey der Stadt Cork und wird nur in drei oder vier südirischen Countys verkauft. Der Blend besteht aus einem von Midleton immer noch speziell zu diesem Zweck hergestellten Malt, der nicht getorft ist, sondern eine zedernartige Öligkeit besitzt, einem Malt von Bushmills sowie den Grain Whiskeys des Hauses.

IN DEN SILOS *wird Mais gelagert – Hauptzutat für den dreifach destillierten Grain Whiskey der Brennerei.*

Tullamore und Kilbeggan

NACH DEN BENACHBARTEN STÄDTEN SIND DIE WHISKEYS KONKURRIERENDER UNTERNEHMEN BENANNT. VERWIRRENDERWEISE STEHEN TULLAMORES ALTE POT STILLS JETZT IN KILBEGGAN UND WHISKEY AUS KILBEGGAN WIRD IN TULLAMORE GELAGERT.

Tullamore (irisch tulach mhor, großer Hügel) liegt in den an Gerste reichen irischen Midlands. Schon 1790 gab es dort Brennereien. Tullamore-Whiskey ist in den Ländern des europäischen Festlandes, vor allem Frankreich, Deutschland und Dänemark, weit verbreitet.

Die ursprüngliche Brennerei wurde 1829 gegründet und ging dann in den Besitz des Geschäftsführers Daniel E. Williams über. Seine Initialen, als Wort gelesen, wurden Teil des Markennamens: Tullamore Dew.

DIE WHISKEYS

Der erste Tullamore-Whiskey wurde dreifach destilliert und galt als einer der leichteren Pot-Still-Whiskeys. Vielleicht wurde der Pot-Still-Charakter aber auch durch die zur Lagerung verwandten Sherry- und Portweinfässer überdeckt.

Tullamore Dew war in der Blütezeit des irischen Whiskeys eine bekannte Marke und der erste Whiskey, dessen Stil verandert wurde, als dies angebracht schien. D. E. Williams' Enkel führte, nachdem er 1947 in den

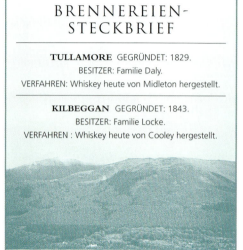

BRENNEREIEN-STECKBRIEF

TULLAMORE GEGRÜNDET: 1829.
BESITZER: Familie Daly.
VERFAHREN: Whiskey heute von Midleton hergestellt.

KILBEGGAN GEGRÜNDET: 1843.
BESITZER: Familie Locke.
VERFAHREN: Whiskey heute von Cooley hergestellt.

USA gewesen war, Tullamore Dew Blended Whiskey ein, der noch einen relativ hohen Anteil Pot-Still-Whiskey enthielt, aber immerhin der erste irische Blend war. Trotzdem wurde die Brennerei sieben Jahre später geschlossen. Da der Grain Whiskey für den Blend mindestens drei Jahre reifen musste, konnte das neue Produkt sich in dieser Zeit nicht auf dem Markt etablieren. Dies war jedoch nicht der einzige Grund für die Schließung: Die Lagerbestände waren zu groß, die Anlagen waren überwiegend veraltet und hätten ersetzt werden müssen und das Unternehmen hatte inzwischen mehr Erfolg mit einem heide- und honigtönigen Whiskey-likör: Irish Mist.

Die Lagerbestände reichten bis 1963; dann wurde der Markenname Tullamore Dew an John Powers & Sons verkauft. Drei Jahre später hatte Powers mit Jameson und der Cork Distillers Company fusioniert. Knapp zehn Jahre danach produzierte das neue Unternehmen unter dem Namen Irish Distillers Company alle Whiskeys, auch Tullamore Dew, in Midleton.

Irish Mist, der Likör der Familie Williams, wurde noch bis in die 1990er-Jahre in Tullamore hergestellt. Er war von dem alteingesessenen Getränkevertrieb Cantrell & Cochrane gekauft worden, der seinerseits im Besitz von Guinness und Allied-Domecq war. Kurze Zeit später erwarb das Management die Mehrheitsbeteiligung und der Betrieb wurde wieder selbstständig; heute entsteht Irish Mist in Clonmel. 1994 trat die Irish Distillers Company, die die Tullamore-Dew-Whiskeys immer noch produziert, die Rechte an Cantrell & Cochrane ab. Whiskey und Likör sind also wieder in einer Hand, aber keiner von beiden wird in Tullamore erzeugt.

DIE LOCKE-BRENNEREI IN KILBEGGAN

Man erschrickt fast, wenn man auf der Straße von Dublin nach Galway aus einer Kurve fährt und sieht, mit welcher Wucht das Wasser des

KILBEGGAN überrascht immer wieder. Die stillgelegte Brennerei ist alles andere als still: Es klirrt und scheppert und heult – geht dort etwa der Geist der Brennerei um?

VERKOSTUNG

Mit einem Namen, der auf Französisch wie eine Liebeserklärung klingt – »tout l'amour« – verkauft sich Tullamore bestens in Frankreich, einem der weltweit größten Absatzmärkte für Whisky.

TULLAMORE

TULLAMORE DEW
KEINE ALTERSANGABE, 40 VOL.-%
Ein sehr leichter, süffiger Blend mit einem Hauch der irischen Pot-Still-Öligkeit und Leinsamennoten.

Farbe: Hellgoldgelb, Weißwein
Nase: Wiesenblumen; Gras; süß

TULLAMORE DEW

Körper: leicht, aber geschmeidig
Gaumen: körnig; Leinsamennote; ein Hauch Kümmelkuchen; leichter Sirup
Nachklang: Zitronengras; trockener werdend; sanft appetitanregend

Ein 12-jähriger Tullamore Dew ist etwas voller in Farbe, Körper und Geschmack und lässt Vanille, weißen Erdnussnougat und Datteln erahnen. Die 2000er Abfüllung zur Feier der Eröffnung eines Heritage Centre war noch würziger, mit einem Anflug von Muskatnuss und Ingwer.

KILBEGGAN

KILBEGGAN IRISH WHISKEY
KEINE ALTERSANGABE, 40 VOL.-%
Ein Blend für jeden Tag. Der meistverkaufte der in der Cooley-Brennerei (siehe S. 194) hergestellten Whiskeys. Verhaltener und schön ausgewogener Geschmack.

Farbe: Blassgoldgelb
Nase: Zitronengras; Limone
Körper: leicht, aber fest
Gaumen: fest, geschmeidig,

KILBEGGAN IRISH WHISKEY

süßlich; sehr toastig, Malznote; befriedigende Geschmacksnoten
Nachklang: schöne Ausgewogenheit mit laubartiger Trockenheit

LOCKE'S
KEINE ALTERSANGABE, 40 VOL.-%
Ein malzigerer und etwas reiferer Blend. Der Malt Whiskey trägt einen Anflug von Torf bei. Esteriger, ausdrucksvoller Geschmack.

Farbe: Altgoldgelb
Nase: grasig; Zitronengras; Zitronen
Körper: geschmeidig, ölig
Gaumen: Grüne Minze; süß werdend; Minztoffee
Nachklang: minzig, fruchtig, esterig

Brusna das Mühlrad in Kilbeggan antreibt. Doch die Brennerei hält dieser Wucht heute noch genauso unangefochten stand wie 1757. Damals gab es in der Gegend mehrere kleine Brennereien. Ein Anreiz war, wie Andrew Bielenberg in seinem Buch über die Geschichte der Kilbeggan-Brennerei ausführt, das aus Kalkstein entspringende torfige Wasser, ein anderer die großen Mengen von Mais, die hier angebaut wurden. Bielenberg zufolge verfügten die Brenner zu jener Zeit jeweils nur einen Brennapparat, in dem sie jede Ladung dreimal destillierten.

Die Brennerei wurde 1843 von der Familie Locke gepachtet und später gekauft. John Locke heiratete in die Brauerfamilie Smithwick aus Kilkenny ein und verwendete später ihre Hefe in Kilbeggan. Von den 1860er- bis zu den 1880er-Jahren wurde die Brennerei beträchtlich vergrößert; die meisten noch in Betrieb befindlichen Anlagen stammen hauptsächlich aus dieser Zeit.

Der Betrieb wurde 1953, in einer für alle irischen Whiskeys schwierigen Zeit, eingestellt. Die Brennapparate wurden zum Verschrotten verkauft, aber drei Mühlsteine, vier hölzerne Gärbottiche und andere Teile der Anlage sind erhalten geblieben. Kilbeggan wurde zu einer der mindestens 20 Geisterbrennereien in Irland. Manche sind noch als Brennereigebäude zu erkennen, verlassen, zugewuchert oder zweckentfremdet. Kilbeggan sträubt sich gegen einen leisen Tod: Der Geist der Brennerei findet keine Ruhe und im Gebäude ist immer noch das Klappern

des Rades, das Knacken im Gebälk und das Kreischen der Winden zu hören. Sie wurde aufwändig restauriert; im Hof stehen die drei Pot Stills, mit denen einst Tullamore Dew erzeugt wurde und die der Unternehmer John Teeling, treibende Kraft bei Cooley und Kilbeggan, in der Hoffnung kaufte, dass sie in Kilbeggan vielleicht eines Tages wieder zum Einsatz kommen.

Derweil bringt die Cooley-Brennerei (siehe S. 194) ihren Feinbrand zum Reifen nach Kilbeggan. Die vier feuchten Lagerhäuser aus Stein – eines davon noch mit einem Boden aus festgestampfter Erde – sind alle voll. »Was hier ankommt, ist Alkohol«, sagt Kilbeggans Manager Brian Quinn zu einigen der jährlich fast 40 000 Besuchern, »und nach drei Jahren hier ist es Whiskey. Und genau dazu sind wir da: Wir machen Whiskey.«

MITTAG IN DEN MIDLANDS:
Morrissey's in Abbeyleix ist eine sehr schöne Mischung aus Pub, Spirituosenhandlung und Lebensmittelladen. In den Regalen stehen Lebensmittelpackungen aus den 1950er-Jahren.

DUBLIN

IN DER HAUPTSTADT, EINST DIE HEIMAT BEKANNTER HERSTELLER WIE JOHN POWERS & SON UND JAMESON, SIND KEINE BRENNEREIEN MEHR IN BETRIEB; IN DEN GEBÄUDEN DER POWERS-BRENNEREI IST DIE HOCHSCHULE FÜR KUNST UND DESIGN UNTERGEBRACHT.

Einer der einprägsamsten Gerüche Dublins ist der süße Duft des Malzes, das in der Guiness-Brauerei am Südufer des Liffey, in einem Viertel namens Liberties, verarbeitet wird.

Wo Städte sich auf der einen Seite eines Flusses ausdehnten, wurden Gewerbebetriebe oft auf die andere Seite verbannt. Vielleicht wurde dieses Gebiet ja nicht von der Stadtregierung kontrolliert, und wenn dort unbegrenzt Bier und Whiskey hergestellt werden konnte, gab es wahrscheinlich auch viele Tavernen und Vergnügungslokale – daher der Name »Liberties« (Freiheiten). Im Dubliner Liberties-Viertel befand sich einst die Powers Distillery, die den in Irland meistverkauften Whiskey herstellte; Jameson auf der anderen Seite des Flusses produzierte dagegen eher für den Export.

James Power gründete seine Brennerei 1791; sie wuchs und gedieh unter seinem Sohn John, der zum Ritter geschlagen wurde, obwohl er ein Freund des irischen Patrioten Daniel O'Connell war. Powers größter Konkurrent am Ort wurde 1780 von John Jameson gegründet, einem Presbyterianer aus einer schottisch-irischen Brennerdynastie. Einer der erfolgreichsten Jamesons war Unionist und wurde später Mitglied im Senat des Irischen Freistaats. Die Größe der ehemaligen Brennereigebäude vermittelt einen Eindruck davon, wie es zur Blütezeit unter Königin Viktoria, als noch alle 32 Countys zum Vereinigten Königreich gehörten, um das Whiskeygewerbe bestellt war: In den 1880er-Jahren umfasste das Gelände zwei Hektar und jährlich wurden 45 000 Hektoliter Whiskey erzeugt. Heute ist Jameson der weltweit meistverkaufte irische Whiskey und die Zahlen steigen weiter. Die Whiskeys heißen übrigens immer noch Powers und Jameson, obwohl mittlerweile beide in Midleton hergestellt werden.

BRENNEREIEN-STECKBRIEF

POWERS GEGRÜNDET: 1791.
BESITZER: Irish Distillers Group.
VERFAHREN: Whiskey heute von Midleton hergestellt.

JAMESON GEGRÜNDET: 1780.
BESITZER: Irish Distillers Group.
VERFAHREN: Whiskey heute von Midleton hergestellt.

POWERS
In Powers Gold Label tritt der Charakter des Destillats stärker hervor als der des Holzes. Er ist seit den 1960ern ein Blend, der aber zu rund drei Vierteln aus mittelschwerem Pot-Still-Whiskey besteht und daher immer noch eine deutliche Pot-Still-Note hat. Gold hat keine Altersangabe; gelegentlich gibt es eine 12-jährige Spezialabfüllung.

JAMESON
Die Whiskeys der Jameson-Reihe sind ebenfalls durch mittelschweren Pot-Still-Whiskey geprägt; das Verhältnis beträgt hier jedoch eher 50:50. Ein besonderes Merkmal aller Jameson-Whiskeys ist das Zusammenspiel von Feinbrand und Holz. Zum ersten Mal befüllte Bourbonfässer spielen eine große Rolle, aber es werden auch Sherryfässer verwendet und Jameson Gold reift teilweise in neuer Eiche.

REDBREAST
Bis in die 1960er-Jahre verkaufte Jameson den gesamten Whiskey im Fass an Zolllager oder unabhängige Abfüller. Für den irischen Ableger der Wein- und Spirituosenfirma Gilbey's erzeugte die Brennerei einen Whiskey namens Redbreast, der ein »altmodischer« Pure Pot Still blieb. Als Gilbey's nach einer Reihe von Übernahmen von der Bildfläche verschwand, erwarb die Irish Distillers Group Redbreast und brachte ihn als 12-jährigen neu auf den Markt. Er ist gut

IM DUBLINER TEMPLE-BAR-PUB *kehren viele Touristen auf ihrem Weg durch das gleichnamige Viertel ein. Er bietet eine beeindruckende Whiskeyauswahl.*

VERKOSTUNG

ALL DIESE WHISKEYS kommen aus Dublin und werden heute nach dem ursprünglichen Rezept in Midleton hergestellt.

POWERS GOLD LABEL
KEINE ALTERSANGABE, 40 VOL.-%
Farbe: Goldgelb mit einem Hauch Orange
Nase: ausgeprägte Pot-Still-Esternoten; ein Anflug von Pfefferminze
Körper: ölig
Gaumen: tanzt leicht auf der Zunge auf und ab; der mittlere Gaumen ist kurz, aber füllig; nussige Getreidekörner; darunter malzige Süße
Nachklang: Toast und Honig, aber auch Kräuter; bittersüß

JAMESON IRISH WHISKEY
40 VOL.-%
Farbe: Blassgoldgelb
Nase: aromatisch; wachsige Orangenschalen; Leinöl; Leder
Körper: leicht, aber geschmeidig
Gaumen: sahnig, geschmeidig, gesellig
Nachklang: zart; pfefferig; macht Lust auf mehr

JAMESON RESERVE
12 JAHRE, 40 VOL.-% (DUBLIN)
Von diesem Jameson-Whiskey gibt es zwei ausgezeichnete Versionen; die eine bekommt man in der alten Dubliner Brennerei, die andere bei Midleton. Diese erinnert an ältere Whiskeys und hat ein wenig Kellercharakter.
Farbe: Bronze
Nase: Zedern; sinnlich
Körper: mittel bis voll
Gaumen: fest; voller Geschmack; fruchtig; aprikosenartig
Nachklang: würzig; leichter Schwefel

JAMESON RESERVE
12 JAHRE, 40 VOL.-% (Midleton)
Diese elegantere Version mit etwas Sherry wird im Laden der Midleton-Brennerei verkauft.
Farbe: warme Bronze

JAMESON IRISH WHISKEY

JAMESON RESERVE

Nase: süß, ölig, aromatisch
Körper: mittel bis voll
Gaumen: außerordentlich sahniger Geschmack; Sahnetoffee; nussig; wie frisch gemahlene Mandeln
Nachklang: nussig; leicht toastig

REDBREAST
12 JAHRE, 40 VOL.-%
Köstlich, beruhigend, meditativ – ein großartiger Whisky.
Farbe: leuchtende Bronze
Nase: rein, frisch; ein Hauch Leinsamen; Nüsse; Kuchen
Körper: expansiv
Gaumen: mit Abstand der fülligste dieser Auswahl; eindringlich und komplex mit jeder Menge Entwicklung und scheinbar unendlich vielen Dimensionen; Ingwerkuchen; Paranüsse; Sirup
Nachklang: lakritzartige Sherrynoten

GREEN SPOT
KEINE ALTERSANGABE, 40 VOL.-%
Farbe: blasses, glänzendes Goldgelb
Nase: erstaunlich lebhafte Aromen; frisches Heu; saftiges Holz
Körper: leicht prickelnd, anregend
Gaumen: fest, entwickelt minzige Noten; trocken; eindringlich
Nachklang: nachhaltig; laubartig; wurzelartig; medizinisch; wärmend

GREEN SPOT

gereift, mit einer großzügigen Portion Sherry, kurzum: traditioneller irischer Pot-Still-Whiskey vom Feinsten.

GREEN SPOT
Wer einen jüngeren Pot-Still-Whiskey bevorzugt, der seine Muskeln spielen lässt, sollte sich an Green Spot halten. Er ist der einzige Überlebende einer für den Dubliner Wein- und Spirituosenhändler Mitchell & Son hergestellten Reihe, deren verschiedene Altersstufen mit verschiedenfarbigen Punkten auf dem Etikett gekennzeichnet waren. Green Spot, ein Verschnitt aus sieben- bis 12-jährigen Whiskeys, fristete sein Dasein jahrzehntelang als »Whiskey des Hauses« in Country Clubs, bis der Whiskeyautor Jim Murray ihn aus der Versenkung holte. Bald strömten Scharen von Whiskyliebhabern aus Nordamerika und den entlegensten Winkeln Europas und Asiens herbei, um Green Spot zu kaufen. Die Ladenräume an der Kildare Street, ganz in der Nähe des Hotels Shelbourne, in dem Politiker, Schriftsteller und Rockstars gerne absteigen, gibt es seit 1776; Mitchell & Son zogen 1880 ein, doch erst Ende der 1990er-Jahre fielen die Leute hier auf die Knie, um einen Green Spot zu erstehen.

ZU MITCHELL & SON in diesem eleganten Gebäude im Georgian Style pilgern Scharen von Whiskeyliebhabern, um eine Flasche Green Spot zu erstehen.

COOLEY

VON DEN MOURNE MOUNTAINS IN NORDIRLAND BLICKT MAN AUF DEN CARLINGFORD LOUGH, DURCH DEN DIE GRENZE VERLÄUFT. AUF DER ANDEREN SEITE, IN DER REPUBLIK IRLAND, LIEGT DIE HALBINSEL COOLEY.

Die Cooley Distillery liegt hinter eng stehenden Fichten und hohen Eisentoren verborgen – es handelt sich von außen gesehen also um einen ziemlich finsteren Ort. Noch dazu steht auf der angrenzenden Weide ein Bulle: das Maskottchen der Brennerei, der Nachfolger des Brown Bull of Cooley, um den vor langer Zeit eine außerordentlich blutige Schlacht gegen die Königin von Connaught geschlagen wurde. Die Brennerei selbst ist ein Relikt aus der Zeit vor dem Zweiten Weltkrieg: Die Fabrikgebäude mit Fensterrahmen aus Stahl wirken auch durch den grünen Anstrich nur unwesentlich freundlicher.

EINE SCHÖNE NEUE BRENNEREI

John Teeling hatte für seine Promotion an der Universität Harvard Anfang der 1970er-Jahre untersucht, wie es um die Whiskeybranche in seiner Heimat Irland bestellt war, und dabei auch einige Entfaltungsmöglichkeiten für sich selbst entdeckt. Die Gelegenheit bot sich, als er und seine Geschäftspartner 1987 die Cooley-Brennerei erwerben konnten, die allerdings zunächst einmal umgebaut werden musste: Ursprünglich

AUS DEN BERGEN *auf Cooley stammt das weiche Wasser der Brennerei.*

BRENNEREIEN-STECKBRIEF

COOLEY GEGRÜNDET: 1987.
BESITZER: Cooley Distillery plc.
VERFAHREN: Pot Stills und Säulenbrennverfahren.
PRODUKTION: 32 500 hl.

wurde dort aus Kartoffeln ein Benzinzusatz erzeugt, später trinkbarer Alkohol, u.a. für Smirnoff-Wodka.

Die Rektifikationskolonne, in der früher Smirnoff erzeugt wurde, wird heute im Übrigen immer noch benutzt; hinzu kamen eine Wash Still und zwei Pot Stills, die vorher in der Old Comber Distillery in Belfast und bei Ben Nevis in Schottland im Einsatz gewesen waren.

ALTE NAMEN

Bislang wird bei Cooley noch kein Pure Pot Still hergestellt; in den Pot Stills entsteht Malt, in den Säulenbrennapparaten Grain Whiskey. Teeling erklärt seine Entscheidung damit, dass er angesichts des Monopols der Irish Distillery Company kein Risiko habe eingehen wollen, sich deshalb für das einfachste Brennverfahren entschieden habe und Brennapparate gekauft habe, die sich schon bewährt hatten; dies war darüber hinaus weniger kostspielig.

Die früheren Cooley-Produkte mussten ja nicht gelagert werden; um dem daraus resultierenden Mangel für die neue Brennerei abzuhelfen, erwarb das Unternehmen die Brennerei in Kilbeggan *(siehe S. 190f.)* und nutzt nun deren 200 Jahre alten Lagerhäuser. Da die Cooley Distillery äußerlich nicht viel hermacht, hat Kilbeggan auch die repräsentative Funktion übernommen.

Cooley ist in Sachen Whiskey zwar noch ein unbeschriebenes Blatt, aber mit der Locke-Brennerei in Kilbeggan wurden gleich zwei klangvolle Namen erworben, die nun für Cooley-Whiskeys verwendet werden. Das Gleiche gilt für Millar's, bis 1988 ein Blend des Millar-Zolllagers in Dublin. Ein weiterer Geist aus der Vergangenheit ist der ursprünglich in Londonderry hergestellte Single Malt Old Tyrconnell, mit dessen Namen auch ein altes Königreich und das auf dem Etikett abgebildete berühmte Rennpferd eines Vorbesitzers zu neuem Leben erweckt werden.

DIE NEUEN NAMEN

Als Cooley nach und nach Fuß gefasst hatte, begann das Unternehmen allmählich auch eigene Marken zu entwickeln. Der markanteste dieser neuen Whiskeys ist Connemara, der zwischen 1995 und 1996 auf den Markt kam und nach dem Hügelland im Westen Galways benannt ist, wo der Brenner David Hynes in seiner Jugend Torf stach. Er enthält Malz aus Irland und Schottland und mit 15 ppm sehr wenig Torf; der Torf-Eindruck in der Nase und am Gaumen ist allerdings weitaus stärker.

Nach Inishowen in Donegal, einer weiteren hügeligen Gegend in Irland, ist ein Blend benannt, der ebenfalls ein – allerdings außerordentlich zarteres – Torfaroma aufweist und trotz seines irischen Namens erklärtermaßen einen eher schottischen Stil haben soll. Das Gleiche gilt übrigens auch für die Region Donegal selbst, von der es heißt, dass sie sich stark an Schottland orientieren würde.

Die Merkmale in einem Blend abzustufen, ist selbst bei etablierten Whiskeys schwierig, und Blends aus nur einer Malt-Brennerei und einer Getreidesorte herzustellen, ist noch schwieriger. Bei Cooley kommt erschwerend hinzu, dass dies eine neue

DIE STURHEIT EINES BULLEN legte John Teeling beim Aufbau der unabhängigen Brennerei in Cooley an den Tag.

Brennerei ist, die noch nicht über einen Lagerbestand an reifem Whiskey verfügt. Dennoch gelang es Cooley durch geschicktes Blending und Vatting, runde, komplexe Whiskeys zu erzeugen.

Dieser Stil zeichnet das ganze stetig wachsende Programm der Brennerei aus – das gilt auch für die Produkte für Vertriebsgesellschaften und Einzelhändler. So wird für einen anderen Getränkehersteller ursprünglich irischer Herkunft, das Cognakhaus Hennessy, ein süß-würziger Single Malt hergestellt. Darüber hinaus liefert Cooley verschiedene Versionen des von der schottischen Easy Drinking Whisky Company vermarkteten The Smooth Sweeter One sowie einen Malt, einen Blend und einen Tennessee-Whiskey, die in drei zusammenhängenden Flaschen verkauft werden. Die neueste Marke heißt Clontarf, nach einer berühmten Schlacht.

VERKOSTUNG

DIE BRENNEREI hat u.a. einen Grain Whiskey (eine Version mit 59,6 Vol.-%) und einen rauchigen Whiskey im Programm.

CONNEMARA PEATED SINGLE MALT
KEINE ALTERSANGABE, 40 VOL.-%
Ausschließlich aus getorftem Malz hergestellt.
Farbe: kräftiges Goldgelb mit einem Hauch Grün
Nase: pikant; eher rauchig als torfig; Geruch und Geschmack sind jung und frisch
Körper: leicht bis mittel; fest
Gaumen: vollmundig; Süßgras;

CASK STRENGTH CONNEMARA

geröstete Nüsse; erdig; etwas Phenol
Nachklang: trocken; toastig; Sesamöl; würzig

GREENORE
8 JAHRE, 40 VOL.-%
Ein Single Grain Whiskey, der für sich genommen sehr leicht im Geschmack ist und das Holz sprechen lässt. Das Vanillearoma der Bourbonfässer ist recht eindringlich.
Farbe: weiches Goldgelb
Nase: süß und ansprechend; toastig, zitronentönig
Körper: leicht, geschmeidig
Gaumen: rein, süß; Vanille; etwas Harz, Zitronenschalennoten; Honig
Nachklang: fest, recht trocken

INISHOWEN
KEINE ALTERSANGABE, 40 VOL.-%
Ein Blend, der einen Hauch getorftes Malz erahnen lässt und einen schottischen Einschlag haben soll. Recht voll im Geschmack und sehr ausgeglichen.
Farbe: blasses und kräftiges Goldgelb
Nase: leichte, duftende Rauchigkeit; Leinsamen, Getreidekörner
Körper: ölig
Gaumen: fest, geschmeidig, süßlich; ein Hauch von torfigem Wurzelaroma
Nachklang: schwaches Gegengewicht durch trockene Orangenschalennoten

INISHOWEN

TYRCONNELL SINGLE MALT
KEINE ALTERSANGABE, 40 VOL.-%
Dieser Whiskey hat sich sehr gut entwickelt. Zum ersten Mal befüllte Bourbonfässer und angekohlte Fässer sind bestimmend.
Farbe: Goldgelb, Limonengrün
Nase: fruchtig; Limonenschale; sehr parfümiert
Körper: körnig, ölig
Gaumen: körnig; Vanilleschoten; sahnig; ölig; leicht rauchig
Nachklang: frisch; kräuterwürzig; Weinblätter; Petersilie; Minze

TYRCONNELL SINGLE MALT

BUSHMILLS

EINE DER BEKANNTESTEN IRISCHEN WHISKEYMARKEN IST NÖRDLICH DER GRENZE ZU HAUSE, NOCH NÖRDLICH VON BELFAST IN DER STADT BUSHMILLS IN ANTRIM, EINEN STEINWURF VOM GIANT'S CAUSEWAY ENTFERNT.

Er ist irisch und wird in Pot Stills dreifach destilliert, ist aber trotzdem kein irischer Pot-Still-Whiskey, sondern ein Malt. Im äußersten Nordosten Irlands, noch jenseits der Universitätsstadt Coleraine liegt die vielleicht älteste Brennerei der Welt.

Der Nordosten Irlands ist Schauplatz besonders vieler keltischer Sagen. Die Heiligen Patrick und Columban sind allgegenwärtig, insbesondere in Antrim. Nicht umsonst ist dies die irische County, die Schottland am nächsten liegt: Die Küste ist nur knapp drei Kilometer entfernt und über das Meer sind es geradeal 40 Kilometer nach Schottland. Besonders nah sind Islay und Kintyre, zwei Gebiete, die beide Synonyme für schottischen Whisky sind.

Wenn man sehr lange Beine hätte, könnte man über den Giant's Causeway zu den schottischen Inseln ein Stück weiter nördlich spazieren: nach Staffa mit seiner Fingalshöhle, nach Iona, wo der Hl. Columban eine Abtei gründete, und nach Mull, wo es noch heute eine Brennerei gibt. Die von der Brandung abgeschliffenen Basaltsäulen des Giant's Causeway sehen aus wie von einem Riesen aneinander gefügte Pflastersteine: Einer Sage zufolge baute der Riese Fingal hier einen Damm, um zu einer Riesin in Schottland zu gelangen – und vielleicht brachte er ihr als Gastgeschenk ja das Rezept für Whiskey mit.

Die Brennerei in Bushmills ist nach der Stadt benannt und mutet wie ein kleiner Weiler an, der sich östlich des Ortes an einen Hang schmiegt. Mehr als 120 Menschen arbeiten hier das ganze Jahr über, im Sommer sind es bis zu 150.

Einst wurde bei Bushmills irischer Pot-Still-Whiskey hergestellt, doch seit mehr als 100 Jahren ist die Brennerei auf dreifach destillierten Malt Whiskey spezialisiert. Dieser wurde lange für irische Blends verwendet, vor allem für einen, der schlicht Bushmills Malt heißt, und für den etwas malzigeren Black Bush; erst seit kurzem werden mehrere Single Malts abgefüllt.

Hier im äußersten Nordosten Irlands sind die Farben gedämpft; Stadt und Landschaft wirken wie eine Kulisse für die presbyterianischen Kirchen und Gemeindehäuser. Neben der Whiskeyherstellung sind Fremdenverkehr, Leinenindustrie und Landwirtschaft die traditionellen Wirtschaftszweige in der County Antrim. Weil die Felder hier nicht in so viele Parzellen unterteilt sind, bieten sie sich dem Betrachter als eine einzige wogende Landschaft dar.

EINE ALTE BRENNEREI

Ein Fluss namens *St Columb's Rill* fließt 16 Kilometer über Basaltgestein, bevor er sich in das Staubecken der Brennerei ergießt und dann in den Fluss Bush mündet, der durch die Stadt ins Meer fließt. Rill ist ein altes Wort für Bach und mit dem deutschen »Rille« verwandt, das ursprünglich ebenfalls »kleiner Bach« bedeutete und gälischen, französischen oder germanischen Ursprungs ist; die Etymologen sind sich nur darüber einig, dass es vom indogermanischen *rei* abgeleitet ist. In den französischen Alpen fließt übrigens ein Bergbach namens Ruis de St-Bruno über das Gelände des Klosters, in dem der Kräuterlikör Chartreuse hergestellt wird. Der Bush ist kaum mehr als ein Bach, war aber schon vor 1000 Jahren für sein gutes, sauberes, schnell fließendes Wasser

BRENNEREIEN-STECKBRIEF

OLD BUSHMILLS
GEGRÜNDET: 1608. BESITZER: Irish Distillers Group.
VERFAHREN: Pot Stills.
PRODUKTION: 30000 hl.

GIANT'S CAUSEWAY
Der Riese, der der Sage nach den Damm gebaut haben soll, um zu seiner Angebeteten in Schottland zu gelangen, hieß Fingal – nach ihm ist auch die Grotte auf der Insel Staffa benannt.

HEILIGES WASSER? *Der nach dem Hl. Columban benannte St Columb's Rill fließt in das Staubecken der Brennerei und dann in den Bush, der seinerseits ins Meer mündet.*

geschätzt. In einer gälischen Sage aus der Zeit um 1100 n. Chr. wird er als eines der »Königswasser« Irlands beschrieben.

Als Belege für ihr Alter führte die Brennerei Bushmills noch weitere historische Quellen an, u.a. eine Erwähnung von *aqua vitae* im 15. Jahrhundert und den Verweis darauf, dass 1608 in Antrim eine Brennereilizenz vergeben wurde. Der Linzenzinhaber befand sich wohl in dieser Gegend von Antrim, aber der Zusammenhang mit Bushmills ist nicht eindeutig.

Sicher ist, dass es Anfang des 17. Jahrhunderts Wassermühlen am Bush gab, dass einige noch bis vor nicht allzu langer Zeit bestanden und dass mindestens eines der heutigen Gebäude der Stadt früher eine Wassermühle war. Es gibt auch Belege dafür, dass ab etwa 1743 auf dem Gelände der heutigen Brennerei schwarz gebrannt wurde. Damit ist sie die älteste noch in Betrieb befindliche Brennerei in Irland, wenn nicht gar, wie manche behaupten, die älteste Brennerei der Welt.

IN BUSHMILLS *werden die Fässer aufrecht gelagert und nur zum Abstechen waagrecht hingelegt. Je nach Größe heißen sie (von links nach rechts)* hogshead, butt *oder* barrel.

EINE BEWEGTE GESCHICHTE

Fast jede Brennerei hat einen Gebäudebrand in ihrer Geschichte, denn Whiskey ist eine leicht entflammbare Flüssigkeit, und es gibt unzählige dramatische Erzählungen von explodierenden Fässern und brennenden Mühlbächen. Bushmills brannte 1885 und beim Wiederaufbau stand eindeutig eine schottische Brennerei Modell. Vielleicht begann Bushmills auch damals schon, Malt herzustellen.

Die ehemaligen Mälzgebäude aus rotem Backstein stammen aus der Zeit vor dem Brand; die klassischen Pagodendächer wurden erst viel später aufgesetzt. Es wird Gerste der irischen Sorte Fractal und die gängigere Optic verwendet, die in Tipperary und Carlow angebaut und in Cork und Kildare gemälzt wird.

Bei der Instandsetzung 2001 wurde im Maischgebäude eine farbige Fensterscheibe freigelegt und restauriert. Der rot gestrichene gusseiserne Maischbottisch mit Kupferdeckel fasst 8,5 Tonnen Malz. Es werden dreimal jeweils 430 Hektoliter frisches Wasser zugegeben; der dritte Abstich wird für den nächsten Maischvorgang verwendet. Die letzten hölzernen Gärbottiche wurden 1994 durch Edelstahlbehälter ersetzt. Es wird nur eine Hefe verwendet, der ehemalige DCL-Stamm namens »M«.

DREIFACHE DESTILLATION

Dass in Bushmills dreifach destilliert wird, geht aus der Anordnung der Brennapparate nicht eindeutig hervor: Auf der einen Seite des ziemlich engen Brenngebäudes stehen vier Wash Stills, auf der anderen fünf Spirit Stills, in der Mitte befinden sich die Auffangbehälter; sie sind durch rot gestrichene Stege und Plattformen verbunden. Beide Arten von Brennblasen sind schmal und hoch, aber die Spirit Stills sind noch etwas schlanker und höher, sodass ein beträchtlicher Rückfluss entsteht.

Die Wash Stills werden extern, die Spirit Stills mithilfe von Dampfpfannen beheizt. Drei der Spirit Stills werden für den zweiten, zwei für den dritten Brennvorgang verwendet. Die vergorene Maische hat einen Alkoholgehalt von 8,5 Vol.-%, wenn sie in die erste Brennblase (Wash Still) gefüllt wird; der gesamte Rohbrand aus der Wash Still mit einem Alkoholgehalt von 20–22 Vol.-% kommt zur zweiten Destillation in eine Spirit Still.

Das Destillat aus dem zweiten Brennvorgang wird aufgeteilt: Die so genannten Weak Feints (schwacher Anteil) mit nur 30–32 Vol.-% werden in einem Behälter aufgefangen und mit der nächsten Ladung Rohbrand erneut in

DER TRADITIONELLE MAISCHBOTTICH *ist mit Rührrechen ausgestattet.*

der zweiten Brennblase destilliert; die Strong Feints (starker Anteil) mit rund 70 Vol.-% werden ein drittes Mal destilliert. Dabei entstehen der Feinbrand mit 83 Vol.-%, Strong Feints mit 70 Vol.-% und Weak Feints mit 32 Vol.-%; Letztere werden erneut in der dritten Brennblase destilliert.

DER KONKURRENT

Die Bushmills-Brennerei hat acht Lagerhäuser, in denen jeweils 22 000 Fässer in zwölf Lagen übereinander gestapelt sind. Der gesamte Feinbrand wird dreifach destilliert und ausschließlich aus Malz hergestellt. Lange Zeit gab es ein ebenfalls dreifach destilliertes Konkurrenzprodukt aus Coleraine, einer ehemaligen Mühle, die 1820 zur Brennerei geworden war. In den 1930er-Jahren hatten die beiden Brennereien denselben Besitzer; ab 1964 wurde in Coleraine kein Malt mehr hergestellt, sondern nur noch Grain Whiskey, der für Bushmill-Blends verwendet wurde. Zu Beginn des 21. Jahrhunderts war noch ein kurioser 34-jähriger Malt mit Cask Strength (57,1 Vol.-%) erhältlich: Der Whiskey mit fülligem, eindringlichem, öligem und komplexem Gaumen wies immer noch die typischen irischen Leder- und Leinsamennoten auf, obwohl er ein reiner Malt war.

Die Grain-Whiskey-Produktion in Coleraine wurde 1978 mit der Eröffnung der neuen Midleton-Brennerei eingestellt und ab Mitte der 1980er war kein Coleraine-Whiskey mehr in den Bushmills-Blends. Bushmills erzeugt unter dem Namen Coleraine jedoch immer noch kleine Mengen eines Standardwhiskeys mit 40 Vol.-%: ein gefälliger Blend für jeden Tag mit einem fruchtigen Honigmelonengeschmack.

DIE WHISKEYS

Obwohl die Bushmills-Blends keinen irischen Pot-Still-Whiskey enthalten, schmecken sie nicht wirklich »schottisch«. Dass für diese Blends Whiskey aus nur zwei Brennereien verwendet wird, ist ungewöhnlich, kommt jedoch auch außerhalb Irlands vor; allerdings sind diese beiden Brennereien besonders stark in ihrer Heimat verwurzelt.

Irische Grain Whiskeys sind im Allgemeinen leichter und auch weniger malzig als ihre schottischen Pendants, dafür aber blumiger und duftender, weil sie ja (vor allem in Blends) mit dem zarteren Charakter moderner irischer Pot-Still-Whiskeys harmonieren sollen.

DIE BLENDS

Der Blend Bushmills Irish Whiskey besteht zu 35–40 Prozent aus hauptsächlich 6- bis 7-jährigem Malt Whiskey, der in der Brennerei selbst erzeugt wird. Hinzu kommt ein einziger Grain Whiskey aus Midleton, einer der leichteren der Brennerei mit ausgeprägten blumigen, duftenden Noten. Der Grain Whiskey reift vier oder fünf Jahre, vornehmlich in Bourbonfässern von Wild Turkey, die ihm sehr schöne Vanillenoten und ein gewisses Toastaroma verleihen.

Black Bush weist einen selbst für einen Deluxe-Blend sehr hohen Malt-Anteil von 80 Prozent auf; der 8- oder 9-jährige Malt kommt ebenfalls ausschließlich aus Bushmills selbst und wird durch zwei Grain Whiskeys ergänzt, beide etwas süßer als der Durchschnitt, einer davon mit Noten von Malz und Karamellbonbon. Die Süße und das Karamell sollen ihm helfen, den recht massiven 80 Prozent gut gereiftem Malt Paroli zu bieten.

Dieser ungewöhnliche malzige Blend hat zu Recht eine große Anhängerschaft. Um Black Bush rankten sich viele Legenden, vor allem zu der Zeit, als Whiskeyhersteller sich mit Informationen über die Merkmale ihrer Produkte noch sehr zurückhielten. Als das Geheimnis seines malzigen Zaubers gelüftet wurde, begannen Whiskeyliebhaber auf einen Single Malt zu hoffen und ihre Hoffnungen erfüllten sich schließlich mit dem 10-jährigen Bushmills Single Malt.

DIE SINGLE MALTS

Dieser Malt schien am Anfang nicht besonders aufregend; der damalige Brennerei-

HÜBSCH, ABER BLASS: *In der protestantischsten aller irischen Countys sind die Lokale weniger farbenfroh.*

Die alten Mälzgebäude sind das Schottischste an Bushmills.

manager erklärte später, dass man den Stil des Hauses durchscheinen lassen und dem Holz nicht zu viel Bedeutung beimessen wollte. Später entwickelte sich der Whiskey zu dem, was er heute ist: ein süffiger, zarter, schön ausgewogener Malt, besonders im Hinblick auf den irischen Markt. In Irland sind die Bushmills-Anhänger konservativ, in der übrigen Welt sehen sie sich eher als Individualisten. Deshalb musste die Brennerei zusätzlich einen kräftigeren Malt entwickeln und exportieren.

Seit dem ersten noch eher zaghaften Versuch hat Bushmills in dieser Hinsicht jedoch außerordentlich große Fortschritte gemacht. Zu den Single Malts gehören im Standardprogramm ein in Sherry-, Bourbon- und Madeirafässern gereifter 16-jähriger, auf manchen Märkten eine intensiv süße, stark sherrytönige Cask-Strength-Version, ein voller, ausdrucksstarker 21-jähriger Single Malt mit Madeira-Finish und sehr schmackhafte »Single Wood«-Abfüllungen (Sherry- und Bourbonfässer).

Eine Ikone? *Eine Pot-Still-Dreieinigkeit in farbigem Glas.*

Der seltenste Bushmills-Jahrgang ist aber sicherlich jener, der 1975 in 350 zum ersten Mal befüllten Bourbonfässern für das Jahr 2000 eingelagert wurde. Jedes Fass des reifen, vollen, süßen Whiskeys mit Apfel- und Zitrusnoten wurde für 5000 US-Dollars verkauft und einzeln abgefüllt.

KNAPPOGUE CASTLE

Die Burg dieses Namens ist eine Sehenswürdigkeit in der Nähe vom Flughafen Shannon im Südwesten der Republik. In den 1930er-Jahren kaufte ein Amerikaner das Anwesen, beschloss, dass es seinen eigenen Whiskey produzieren sollte, und benannte bestimmte Abfüllungen nach der Burg. Der erste Jahrgang war ein 1951er Tullamore Pure Pot Still; danach waren es Single Malts aus Cooley und später aus Bushmills.

Selbst auf einer kleinen Insel wie Irland wirkt es unpassend, wenn der Name und der Whiskey aus entgegengesetzten Winkeln des Landes stammen. Die aktuelle Version bietet die seltene Gelegenheit, einen Bushmills zu probieren, der ohne jeden Sherrybeitrag ausschließlich in Bourbonfässern gelagert wurde. Wie zu erwarten, hat er einen markanten Vanillegeschmack, aber auch Untertöne von Rosenwasser und eine bruyèreholzartige Trockenheit – ein zarter, eleganter Whisky.

VERKOSTUNG

BUSHMILLS PRODUZIERTE hauptsächlich zwei Whiskeys, bis die Brennerei von der Macht des Malt überwältigt wurde und nun ihr Angebot stetig erweitert.

BLENDS

BLACK BUSH
KEINE ALTERSANGABE, 40 VOL.-%

Zeigt, dass Malt durch einen Schuss Grain Whiskey noch gewinnt.

Farbe: sehr kräftiges Goldgelb
Nase: frisch, eichentönig, Vanille, weicher durch Sherry; Toffee, Nüsse
Körper: artig
Gaumen: voller Geschmack; fondantartig, buttrig, mit der typischen Rosenwassernote
Nachklang: körnige, aber nach mehr verlangende Trockenheit; lang und nachhaltig

BLACK BUSH

BUSHMILLS IRISH WHISKEY

BUSHMILLS IRISH WHISKEY
KEINE ALTERSANGABE, 40 VOL.-%

Schön ausgewogen und süffig, aber voller Geschmack.

Farbe: kräftiges, blasses Goldgelb
Nase: Wäsche; Toast; Zitrone
Körper: leicht sirupartig
Gaumen: lebhaft, süßlich; Rosenwasser; türkischer Honig; Marzipan
Nachklang: trockener werdend; nussig; Pistazien

BUSHMILLS 1608 SPECIAL RESERVE
12 JAHRE, 43 VOL.-%

Eine Version mit 90 Prozent Malt und einem besonders leichten Grain Whiskey. Sehr voll und süß.

Farbe: Bronze
Nase: deutlich rosenartig; Sandelholz; würzig
Körper: voll, weich
Gaumen: sirupartig, sherrytönig; Nüsse; Mandeln
Nachklang: hartes Lakritz; später Wurzelaroma

SINGLE MALTS

BUSHMILLS DISTILLERY RESERVE
12 JAHRE, 40 VOL.-%

Mehr Persönlichkeit als der 10-jährige Bushmills Irish Whiskey. Süffig und gesellig.

Farbe: Bronze
Nase: warm; angeröstetes Holz; Zedern
Körper: leicht, aber zähflüssig
Gaumen: geröstete Mandeln; fruchtig; blühende Johannisbeere; gute Geschmacksentwicklung
Nachklang: aprikosenartige, ölige Süße

BUSHMILLS IRISH WHISKEY
16 JAHRE, RAR, IN DREI HOLZARTEN GEREIFT, 40 VOL.-%

In Bourbonfässern gereifter Bushmills-Malt wird mit einem geringeren Anteil in Oloroso-Sherryfässern gereiftem Malt, beide 16-jährig, vermischt und weitere sechs bis zwölf Monate in Portweinfässern gelagert. Der Whiskey muss sich anstrengen, um sich neben dem kraftvollen Holz bemerkbar zu machen. Nach und nach kommen die Bushmills-Noten zum Vorschein. Herrlich komplex.

Farbe: Bronze
Nase: Hauch von Anis; duftend; Anflug von Rauch
Körper: weich, samtig
Gaumen: vollmundig, beruhigend, weich; Marshmallows; angebranntes Toffee
Nachklang: wieder relativ fruchtig; Himbeeren, Pflaumen, Rosinen; weinig; ausgleichende Trockenheit

BUSHMILLS 21-YEAR-OLD
MADEIRA-FINISH, CASK STRENGTH, 51,4 VOL.-%

Als einzige Brennerei in Nordirland mit einer langen Geschichte und verschiedenen Arten von Whiskey konnte Bushmills sich schnell auf dem Markt positionieren. Es gab Gründe, sich auf Bushmills und Black Bush zu konzentrieren und alles zu vermeiden, was Hersteller und Verbraucher ablenken könnte. Doch dieser Whisky zeigt, dass die Brennerei ihr Spektrum erweitert.

Farbe: kräftiges Kupferbraun
Nase: ein Hauch Minze; markanter Madeira-Toffee-Charakter; etwas weinige Säure
Körper: Irish Cream
Gaumen: gebutterter Toast; Aprikosenmarmelade; Erdbeertörtchen
Nachklang: Ingwernoten; trockene Würze

21 JAHRE ALTER BUSHMILLS

KANADA

Amerikas Whiskyriese ist nördlich der Grenze zu Hause. Schläft er?
Oder ist er gerade aufgewacht?

KANADAS BLEND AUS ALT UND NEU

Stuart Ramsay

Verschiedene Fässer
Kanadische Brennereien verwenden neues Holz sowie Bourbon-, Sherry- und Brandyfässer. Der Whisky muss mindestens drei Jahre gelagert werden; die besten kanadischen Whiskys reifen sechs bis acht Jahre.

Erntezeit
Die schwereren Whiskys, die kanadischen Blends Geschmack und Charakter verleihen (und 10–20 Prozent des Verschnitts ausmachen) werden meist aus würzigem, bittersüßem Roggen hergestellt.

Da seine Einwohner aus aller Herren Länder stammen, trägt Kanada die Geschichte vieler Kulturen in sich, auch die der ersten französischen, irischen, englischen und schottischen Siedler.

Vermutlich war Ontario die Wiege der Whiskyherstellung in Kanada: Die spärlichen Quellen deuten darauf hin, dass die ersten Brennereien Ende des 18. Jahrhunderts in der Gegend um Kingston am Ontariosee sowie zwischen Ottawa und Quebec entstanden. William Rannie schreibt in *Canadian Whisky*, dass es in den 1840er-Jahren 200 Brennereien gab; heute produzieren rund zehn Unternehmen in zwölf Brennereien. Von den Brennereien, die vor 30 Jahren in Betrieb waren, haben inzwischen alle außer Canadian Mist (im Besitz von Brown-Forman) neue, meist ausländische Besitzer.

In Kanada treffen viele Kulturen aufeinander

Die kanadischen Brenner eroberten sich, vor allem während der Prohibition, einen großen Markt jenseits der Grenze. Eine Zeit lang war der kanadische Whiskyhersteller Seagram der größte Getränkekonzern der Welt und besaß einige der berühmtesten schottischen Brennereien. Schottische Blends dienten als Vorbild für kanadischen Whisky. Die Kanadier weisen zwar oft auf diese Ähnlichkeiten hin, aber ihr Whisky ist leichter, süßer und fruchtiger als Scotch.

DIE KANADISCHE ART

Das klassische kanadische Verfahren besteht darin, Rye Whisky und eventuell andere Whiskys mit relativ neutralem Alkohol zu verschneiden. Dieser Blended Rye Whisky unterscheidet sich deutlich vom traditionellen amerikanischen Straight Rye. Durch die Verwendung

von gemälztem Roggen entsteht ein voller Geschmack. Da in den meisten Blends mehr als ein Rye Whisky enthalten ist, erzeugt ein und dieselbe Brennerei meist verschiedene Ryes. Daneben stellen kanadische Brennereien eine eigene Art von Bourbon sowie Corn Whiskys her und brennen ungemälzte Gerste; all diese Whiskys gehen in Blends ein.

ANLAGEN UND VERFAHREN

Obwohl kanadischer Whisky immer mit dem Säulenbrennverfahren hergestellt wird, sind die Brennanlagen meist sehr komplex. Es ist wichtig, wie lange die verschiedenen Blendzutaten gelagert werden: Rye z. B. wird beim Reifen geschmeidiger, aber auch schwerer. Geschmackszusätze wie Sherry oder Obstwein und die Art des Fasses – in Kanada werden Bourbon-, Sherry- und Brandyfässer verwendet – haben ebenfalls Einfluss auf den Charakter des Whiskys. Wie Scotch muss kanadischer Whisky drei Jahre reifen. Trotz der vielen Einflüsse unterscheiden sich kanadische Whiskys nur geringfügig voneinander.

CANADIAN CLUB
Canadian Club – die Marke kam 1884 auf den Markt – ist der in Kanada meistverkaufte kanadische Whisky.

BRENNEREIEN IN KANADA

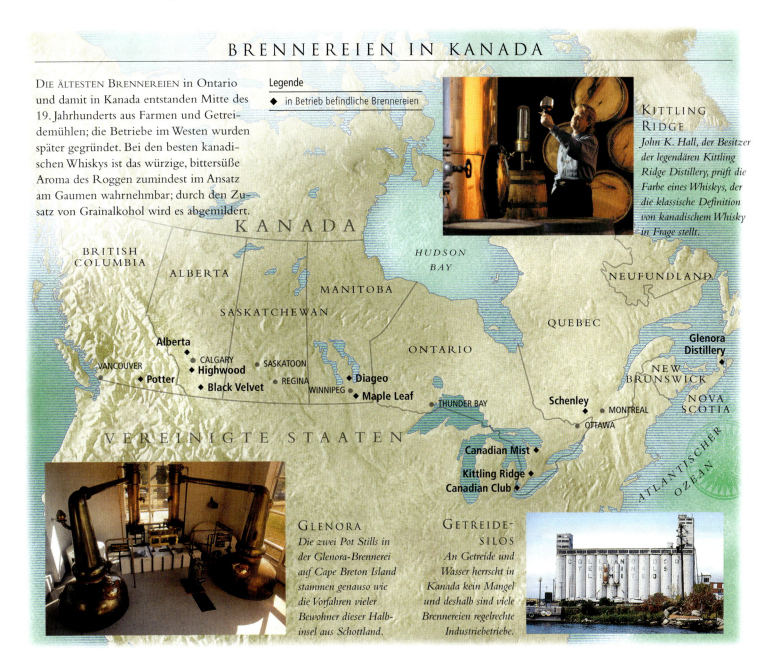

DIE ÄLTESTEN BRENNEREIEN in Ontario und damit in Kanada entstanden Mitte des 19. Jahrhunderts aus Farmen und Getreidemühlen; die Betriebe im Westen wurden später gegründet. Bei den besten kanadischen Whiskys ist das würzige, bittersüße Aroma des Roggen zumindest im Ansatz am Gaumen wahrnehmbar; durch den Zusatz von Grainalkohol wird es abgemildert.

Legende
◆ in Betrieb befindliche Brennereien

KITTLING RIDGE
John K. Hall, der Besitzer der legendären Kittling Ridge Distillery, prüft die Farbe eines Whiskys, der die klassische Definition von kanadischem Whisky in Frage stellt.

GLENORA
Die zwei Pot Stills in der Glenora-Brennerei auf Cape Breton Island stammen genauso wie die Vorfahren vieler Bewohner dieser Halbinsel aus Schottland.

GETREIDE-SILOS
An Getreide und Wasser herrscht in Kanada kein Mangel und deshalb sind viele Brennereien regelrechte Industriebetriebe.

Nova Scotia

KANADA – UND BESONDERS NOVA SCOTIA – GEHÖRT ZU DEN LÄNDERN, DIE AM STÄRKSTEN DURCH SCHOTTISCHE EINWANDERER GEPRÄGT WURDEN. AUF CAPE BRETON ISLAND FÜHLT SICH EINE MALT-BRENNEREI MIT POT STILLS WIE ZU HAUSE.

Auf Cape Breton Island in der Provinz Nova Scotia (Lateinisch für »Neuschottland«) bricht eine vor erst 16 Jahren gegründete Brennerei mit der kanadischen Tradition der Whiskyherstellung: Sie erzeugt Malt, und zwar auf ganz ähnliche Weise wie dies die Schotten tun.

Von all den verschiedenartigen Gegenden in Kanada beflügeln die Gebirgsbäche, die vereisten Flüsse und die Inseln Nova Scotias die Fantasie von Whiskyliebhabern in aller Welt am meisten. Bier, sowohl Pilsener als auch Ale, und Whisky aus Kanada sind weit über dessen Grenzen hinaus bekannt, insbesondere bei den Einwohnern des südlichen Nachbarlandes. In Kanada selbst sind die Trinkgewohnheiten je nach Gegend unterschiedlich: Kanada ist äußerst vielseitig und multikulturell; jede Bevölkerungsgruppe trägt auf die ihr eigene Weise jeweils ihren Teil zum Kulturpuzzle bei.

In den am Meer gelegenen Provinzen ist brauner Rum sehr beliebt – sicherlich das Überbleibsel eines auch in Neuengland verbreiteten Brauchs. Doch den größten Einfluss auf die kanadischen Branntweine hatten die Schotten, vor allem die Highlander, die vor rund 200 Jahren mit ihrer Whiskytradition im Gepäck nach Kanada kamen.

BRÜDER IM GEISTE

Kanada und Schottland haben im Hinblick auf Geschichte, Landesnatur und Mentalität viel gemeinsam: Beide verfügen über eine erstaunlich große Fläche mit geringer Bevölkerungsdichte und einer gebirgigen Landschaft und beide fühlten sich manches Mal von ihren mächtigen Nachbarn im Süden

BRENNEREIEN-STECKBRIEF

GLENORA GEGRÜNDET: 1989.
BESITZER: Lauchie MacLean. VERFAHREN: Pot Stills.
PRODUKTION: 2500 hl.

GLENORAS GEBÄUDE, die Brennanlagen, die Leute und die Landschaft würden auch in ein Tal in den schottischen Highlands passen.

WIE AUF DEN HEBRIDEN *ist auch auf Cape Breton Island das Meer der Lebensnerv.*

vereinnahmt (was Schottland jedoch nicht daran hinderte, viele, viele Fässer Whisky an England zu verkaufen). Schottische Siedler, von denen viele bei den Clearances aus ihrer Heimat vertrieben worden waren, drückten der Landschaft, der Politik und der Kultur Kanadas ihren Stempel auf. Sie gründeten auch Brennereien und kehrten damit in der gälischsten aller kanadischen Provinzen zu ihren Ursprüngen zurück.

DIE GLENORA DISTILLERY

Die Brennerei in Glenville, Cape Breton Island, war der Traum des kanadischen Geschäftsmannes Bruce Jardine, der sich bei der Wahl des Standortes wie viele schottische Malt-Brennereien vom Wasser leiten ließ: MacLellan's Brook ist ein von 20 Quellen gespeister, über Granit fließender sprudelnder Bach. Ein zweiter ausschlaggebender Grund waren Berichte über illegale Brennereien im Hochland von Cape Breton Island.

Die kupfernen Brennblasen sind echte Pot Stills aus Schottland, eine Wash Still und eine Spirit Still, die jährlich 2500 Hektoliter produzieren könnten, zurzeit jedoch nur bescheidene 500 Hektoliter liefern. Die Maische wird aus leicht getorftem schottischen Malz bereitet, aber man experimentiert auch mit stärker getorftem Malz. Der Feinbrand reift in Bourbonfässern. Die Holzlagerhäuser mit ihrem Boden aus festgestampfter Erde sind von Obstgärten umgeben. Im Herbst vermischt sich der Geruch gärender Äpfel mit den Alkoholschwaden aus den Fässern.

Nicht weit von hier laden ein Landgasthaus mit neun Zimmern und ein Landschaftspark zum Verweilen ein; Chalets blicken auf das Tal hinab, in dem Adler ihre Kreise ziehen. Im Glenora Pub finden von Mai bis Oktober Konzerte und andere Veranstaltungen mit Künstlern aus der Gegend statt. Im Shop wird neben Whisky brauner und weißer Rum namens Smuggler's Cove verkauft, der ebenfalls in der Brennerei hergestellt wird.

EIN NEUER MALT

Der Whisky, der 2000 auf den Markt kam, trägt den stolzen Namen Glen Breton Rare Canadian Single Malt Whisky; zurzeit ist es ein 9-jähriger Malt mit 46 Vol.-%, der hauptsächlich in Nova Scotia und Ontario verkauft wird. Die Auflage ist auf 2000 Kisten im Jahr limitiert. Eine Flasche kostet 75 kanadische Dollar.

Mit neun Jahren hat der Whisky sich voll entfaltet: Er ist blassgoldgelb, leicht bis mittelschwer, hat einen Geruch nach Erde und süßem Heidehonig, einen süßen Karamellgeschmack mit Noten von angeröstetem Holz, Mandeln und Marzipan und einen runden Nachklang mit Frucht, Honig und einem Anflug von Rauch.

Die ersten Jahre sind für eine Brennerei finanziell immer schwierig; bei Glenora war das nicht anders. Bruce Jardine verstarb; der

VERKOSTUNG

NACH EINEM (sowohl geschmacklich als auch finanziell) etwas holprigen Beginn hat der Malt von Glenora mittlerweile Fuß gefasst.

GLENORA DISTILLERY

GLEN BRETON RARE
9 JAHRE, 46 VOL.-%
100 Prozent Gerstenmalz. Ein in Pot Stills erzeugter Single Malt.

Farbe: Blassgoldgelb
Nase: Heidehonigsüße, ein erdiger Anflug von Rauch
Körper: leicht bis mittel
Gaumen: süßes Karamell, angeröstete Eiche, Mandeln, Orange und Marzipan
Nachklang: rund, nachhaltige Süße, weicher Rauch und Geißblattsüße

Chef des Unternehmens, das den Betrieb 1994 erwarb, ist Lauchie MacLean, dessen Vorfahren vor 200 Jahren von der Hebrideninsel Barra über das stürmische Meer hierher kamen. Im Herzen blieben sie immer Schotten – und nun haben sie endlich auch einen schottischen Whisky.

QUEBEC

UNTER DEM ZEPTER DER FAMILIE BRONFMAN AUS QUEBEC WURDE DER KANADISCHE WHISKY ZU DEM, WAS ER IST. NUN IST IHRE MACHT GEBROCHEN, DIE BRENNEREI IN LA SALLE WURDE GESCHLOSSEN UND DIE QUEBEC-FAHNE WIRD NUR NOCH VON SCHENLEY HOCHGEHALTEN.

Ein Ehrenplatz in der Geschichte des kanadischen Whiskys gebührt den Familien Seagram und Bronfman, deren Erbe im globalen Ringen um Geschäftsanteile nun an den Höchstbietenden versteigert wird. In den 1920er-Jahren erwarb der schottische Gigant DCL Seagram aus Waterloo, Ontario. Die aus Großbritannien eingewanderte Familie Seagram hatte Farmen und Gastwirtschaften betrieben, bevor die erste in Kanada geborene Generation ins Müllerei- und Brennereigewerbe einstieg und schließlich Kanadas größter Hersteller von Rye Whisky mit Marken wie 83 und VO wurde.

SEAGRAM UND BRONFMAN

DCL kaufte nicht nur Seagram, sondern wurde auch Geschäftspartner der Familie Bronfman, die während der Prohibition in den USA einen erfolgreichen Spirituosenvertrieb in Kanada aufgebaut und nun eine Brennerei in La Salle, einem Vorort von Montreal, gegründet hatte. Zu dieser Zeit glaubte DCL noch, die Erfahrung der Seagrams und der Bronfmans könne dem Unternehmen auf dem nordamerikanischen Markt von Nutzen sein, doch als die Nachwehen der Prohibition in den USA abklangen, beschloss DCL, es alleine zu versuchen, und verkaufte seine Seagram-Anteile an die Familie Bronfman – eine folgenschwere Entscheidung.

BRENNEREIEN-STECKBRIEF

SCHENLEY GEGRÜNDET: 1945. BESITZER: Barton Brands Inc. VERFAHREN: Säulenbrennverfahren. PRODUKTION: 240 000 hl.

Die aus dem zaristischen Russland geflohenen Bronfmans wurden eine Dynastie wie die der Rothschilds. Sie machten den kanadischen Whisky erst zu dem, was er heute ist. Unter der Leitung der Bronfmans reüssierte Seagram in den USA und wurde weltweit zum erfolgreichsten Whiskyhersteller – mit zahlreichen Beteiligungen in Schottland.

Zur Produktpalette des Unternehmens gehörten die Rummarken Ronrico und Captain Morgan, die Ginmarken Sir Robert Burnett und Boodles sowie Wolfschmidt-Wodka und Leroux-Likör. Der Erfolg von Seagram hatte jedoch auch seine paradoxen Seiten. Um den Whisky vom Vorwurf der Minderwertigkeit zu befreien, strebte Sam Bronfman geradezu manisch nach Qualität und propagierte das Blending als einzig wahre Methode, um charaktervolle, reine und beständige Whiskys herzustellen. In gesundheitspolitischer Hinsicht war er seiner Zeit voraus: Seagram warnte in Werbeanzeigen vor den Gefahren des übermäßigen Alkoholkonsums.

DIE WHISKYS VON SEAGRAM

Die kanadischen Whiskys von Seagram waren im Allgemeinen schön abgerundet, süßlich, und zart am Gaumen und hatten einen leicht öligen Körper sowie einen reinen, schwach eichentönigen Nachklang. Es wurden keine Geschmackszusätze verwendet; manchmal wurde der Rye mit Whisky aus ungemälzter Gerste verschnitten. Neben einer ausgeklügelten Mischung von Fässern jeder Art wurde ein großer Anteil angekohlter neuer Eiche verwendet. Die absolute Spitzenmarke war Crown Royal, die ins Leben gerufen wurde, als König George VI. und Königin Elizabeth 1939 Kanada besuchten. Die zweitbeste Marke war VO, gefolgt von 83 (nach dem Jahr, in dem Joseph Seagram alleiniger Besitzer seiner Brennerei in Waterloo geworden war) und Five Star, einer nur in Kanada vertriebenen Barmarke.

All diese Whiskys werden heute von Diageo bei Gimli in Manitoba hergestellt. Die Brennerei in Waterloo wurde abgerissen, die in La Salle wurde geschlossen und wird wohl verkauft werden; zurzeit nutzt Diageo sie als Abfüllanlage und Bürogebäude. Die erzkanadischen Dynastien Bronfman und Seagram gibt es nicht mehr.

DIE SCHENLEY-BRENNEREI

Eine weitere in Quebec verwurzelte Marke ist Schenley. Die Brennerei wurde 1945 in Valleyfield, eine Autostunde westlich von Montreal in der Provinz Quebec, gegründet. Schenley Canada wurde 1981 an kanadische Geschäftsleute verkauft und ging 1990 in den Besitz eines von Guinness und United Distillers gebildeten Konsortiums über.

DIE SCHENLEY-BRENNEREI *produziert neben Black Velvet zwei Marken ausschließlich für den kanadischen Markt: Golden Wedding und OFC.*

DIE MITARBEITER *der Schenley-Brennerei gehören zur französischsprachigen Bevölkerungsgruppe.*

VERKOSTUNG

NEBEN Black Velvet produziert Schenley nur zwei recht ordentliche 3-jährige Whiskys für den kanadischen Markt.

SCHENLEY OFC
3 JAHRE, 40 VOL.-%

Nur in Kanada erhältlich. OFC ist die Abkürzung für Original Fine Canadian.
Farbe: Hellgoldgelb
Nase: weich, süßes Toffee und Karamell, Frucht- und Zitrusnoten.
Körper: ausgewogen, fest, mittelschwer
Gaumen: süß, jede Menge Vanille, im Hintergrund Roggenwürze und Toffee
Nachklang: geschmeidig, zarte Vanille- und Karamellnoten

SCHENLEY GOLDEN WEDDING
3 JAHRE, 40 VOL.-%

Nur in Kanada erhältlich.
Farbe: Mittelgoldgelb
Nase: voll, fruchtig; Sherry, Birnen, Honig, Gewürze und Vanille
Körper: leicht bis mittel, geschmeidig
Gaumen: volle Frucht und Vanille, rund mit Sherrynoten
Nachklang: Karamell, Vanille und Äpfel

1999 wurde es von dem amerikanischen Konzern Barton Brands übernommen.

In Valleyfield wird heute der süßliche kanadische Whisky Black Velvet für den Verkauf im Osten der USA und in Europa hergestellt; der im Westen vertriebene Black Velvet entsteht in der Lethbridge-Brennerei in Alberta. Die Grundwhiskys für den Blend werden mindestens drei Jahre gelagert, die für den Geschmack zuständigen Whiskys sechs Jahre. In Valleyfield werden außerdem der 8-jährige Black Velvet Reserve, der leichte 3-jährige Golden Wedding und der komplexe, ausgeglichene 4-jährige OFC erzeugt.

IN SCHENLEYS mächtigen Säulenbrennapparaten werden nicht nur die Whiskys des Unternehmens erzeugt, sondern auch Wodka und Rum für Diageo.

ONTARIO

DIE ÄLTESTEN WHISKY-BRENNEREIEN IN ONTARIO UND DAMIT IN
GANZ KANADA ENTSTANDEN MITTE DES 19. JAHRHUNDERTS AUS
LANDWIRTSCHAFTLICHEN BETRIEBEN UND GETREIDEMÜHLEN

Ein Betrieb aus dem 19. Jahrhundert stand am Anfang eines ganz eigenen Kapitels in der Geschichte des Whiskys. Im heutigen Distrikt Windsor gründete Hiram Walker 1858 eine Mühle und eine Brennerei.

CANADIAN CLUB

Mit dem Canadian Club hob Walker 1884 den kanadischen Whisky aus der Taufe. Durch ein besonderes Herstellungsverfahren hatte der Canadian Club die für nordamerikanischen Whisky typische Fülle und Fruchtigkeit, schmeckte aber viel reiner und leichter, als es damals üblich war. Diese Eigenschaften gelten seither als stilbildend für kanadischen Whisky.

Walker verfolgte einen zweifachen Ansatz: Er stellte in einem ungewöhnlich langen und intensiven Destillationsprozess einen möglichst reinen Grundwhisky her und verschnitt diesen dann mit neutralem Branntwein. Als der Canadian Club herauskam, boten wachsende Städte – unter anderem Detroit auf der anderen Seite der Grenze – einen Absatzmarkt für ein solches Erzeugnis.

DER CANADIAN CLUB *wurde erstmals 1884 gebrannt. Sein Stil wurde von vielen Brennereien übernommen und ist heute typisch für kanadischen Whisky.*

> ### BRENNEREIEN-STECKBRIEF
>
> **HIRAM WALKER & SONS** GEGRÜNDET: 1858.
> BESITZER: Allied Domecq. VERFAHREN: Säulenbrennverfahren und Pot Stills. PRODUKTION: 450 000 hl.
>
> **CANADIAN MIST** GEGRÜNDET: 1967.
> BESITZER: Brown-Forman. VERFAHREN: Säulenbrennverfahren. PRODUKTION: 150 000 hl.
>
> **KITTLING RIDGE** GEGRÜNDET: 1992.
> BESITZER: John K. Hall. VERFAHREN: Pot Stills. PRODUKTION: keine Angaben.

Heute ist Canadian Club immer noch eine klassische Whiskymarke. Der 6-Jährige hat einen trockenen Roggenfruchtton und einen herben, leicht rauchigen Nachklang, den man als typisch für die kanadischen Whiskys von Hiram Walker bezeichnen kann. Die Brennerei erzeugt eine Reihe von bemerkenswerten verschieden lang gelagerten Canadian-Club-Whiskys, darunter den vollen, cremigen 12-jährigen Classic mit einem höheren Gerstenmalzanteil, den würzigen 10-jährigen Reserve mit mehr Roggen und den exotisch fruchtigen 8-jährigen Canadian Club Sherry Cask.

Bei Hiram Walker & Sons werden auch die Corby-Whiskys hergestellt und abgefüllt, deren eigentliche Heimat die traditionelle Brennerei in Belleville am Moira River in Ontario ist. Die beiden wichtigsten Corby-Whiskys laufen unter dem Namen Wiser's, haben 40 Vol.-% und sind gehaltvoll, fruchtig und eichig. Die Whiskys der Marke Wiser's werden meist etwas länger gelagert (»Wiser and Older«, «älter und w(e)iser«, war der

bekannte Werbespruch). Der De Luxe reift zehn Jahre; Wiser's Very Old hat 18 Jahre gereift und ist ein kräftiger, eichiger Whisky. Der Special Blend rundet das Wiser's-Angebot ab. Sieben weitere, unter anderem der Walker's Special Old, sind in der Reihe Corby Premium zusammengefasst.

BROWN-FORMAN

Der Canadian Mist, ein leichter 40-prozentiger Whisky mit reinem Geschmack, wird in Collinwood, 56 km nördlich von Toronto, produziert. Die 1967 erbaute moderne Brennerei im Besitz von Brown-Forman ist eine der wenigen in Kanada, die keine anderen Spirituosen, etwa Wodka und Gin, herstellt. Canadian Mist ist eine der Hauptmarken bei 3-jährigen Whiskys des niedrigeren Segments auf dem amerikanischen Markt und wird zum Abfüllen nach Kentucky exportiert.

KITTLING RIDGE

Der revolutionärste Whisky in Kanada ist der Forty Creek von Kittling Ridge in Grimsby. Besitzer John K. Hall hat sein im Weinbau erworbenes handwerkliches Geschick in die Whisky-Herstellung eingebracht. Der Forty Creek ist ein angenehmer, schön ausgebauter Whisky mit zeitlosem internationalem Flair.

Grimsby liegt in der Mitte zwischen Buffalo (New York) und Toronto, 25 km von den Niagarafällen entfernt, genau wie das in den Ontariosee mündende Flüsschen Forty Mile Creek. Hall erzeugt und vertreibt seit 33 Jahren Wein und behandelt die Grain Whiskys, aus denen der Forty Creek besteht, wie sortenreine Weine: Er destilliert sie und lässt jeden in Fässern reifen, die zu seinem Charakter passen.

Das Spitzenprodukt Forty Creek wird aus ausgewählten, sechs bis zehn Jahre gelagerten Rye, Barley und Corn Whiskys verschnitten.

Der Forty Mile Creek, an dem die moderne Kittling Ridge Distillery liegt, fließt in den Ontariosee.

Der Blend reift noch sechs Monate in einem Sherryfass aus Halls eigenem Sherry-Keller. Das Ergebnis ist ein körperreicher Whisky mit einem Aprikosen- und Schwarznussgeschmack und einem nachhaltigen, zarten Nachklang.

VERKOSTUNG

Das Spektrum der Geschmacksnoten reicht bei Whiskys aus Ontario von fruchtig bis ätherisch.

CANADIAN CLUB

CANADIAN CLUB
6 JAHRE, 40 VOL.-%

Farbe: Hellgoldgelb
Geruch: frisch, weich, süß, nussig
Körper: leicht, geschmeidig
Geschmack: Vanille, Karamell, ölig, eichenwürzig, Beeren
Nachklang: trocken, Eiche und Gewürze

CANADIAN CLUB CLASSIC
12 JAHRE, 40 VOL.-%

Farbe: Dunkelgoldgelb
Geruch: voll, cremig, Sahnebonbon, Vanille

Körper: voll, rund
Geschmack: Pfeffer und Piment, ausgewogene Eiche und Vanille, geschmeidig und reichhaltig
Nachklang: nachhaltig, trocken, Vanille und würziger Karamell

WISER'S

WISER'S DE LUXE
10 JAHRE, 40 VOL.-%
Verschnitten und abgefüllt von Hiram Walker & Sons, Walkerville, Ontario

Farbe: Dunkelbernsteinfarben
Geruch: weich, blumig, fruchtig, Sahnebonbon
Körper: voll, rund, ausgewogen
Geschmack: Karamellbonbon, reichhaltig, geröstete Eiche
Nachklang: warm, nachhaltig, geschmeidig süßes Karamell, Pflaume und milde Gewürze

WISER'S VERY OLD
18 JAHRE, 40 VOL.-%
Verschnitten und abgefüllt von Hiram Walker & Sons, Walkerville, Ontario

Farbe: Dunkelbernsteinfarben
Geruch: trocken, fruchtig, blumig, weich, fruchtige ausgewogene Eiche
Körper: voll, schwer
Geschmack: reichhaltig, Karamell und Vanille, Apfel und Gewürze
Nachklang: nachhaltige Eiche

CANADIAN MIST

CANADIAN MIST
3 JAHRE, 40 VOL.-%

Farbe: Dunkelgoldgelb
Geruch: Beeren und Gewürze, süß, Sahnebonbon und Karamell; Sherry- und Honignoten
Körper: leicht bis mittelschwer
Geschmack: zarte Süße, entwickelt sich zu Sahnebonbon, kantig

Nachklang: weicher Karamell

KITTLING RIDGE

FORTY CREEK BARREL SELECT
40 VOL.-%
In Pot Still aus Roggen, Gerste und Mais destilliert, in ausgewählten angekohlten Eichenfässern gereift und in Sherryfässern ausgebaut

Farbe: Goldbernsteinfarben
Geruch: Aromen von Geißblatt, Vanille, Pflaume, mit Nüssen, Gewürzen und gerösteter Eiche
Körper: reichhaltig, rund
Geschmack: Vanille, Honig, Orange, Kokos, Walnüsse und Gewürze, Noten von Leder und Marzipan
Nachklang: weiche, nachhaltige Frucht, Vanille und Pekannüsse

FORTY CREEK BARREL SELECT

DER WESTEN

DIE ENDLOSEN PRÄRIEN IM WESTEN KANADAS BIETEN IDEALE BEDINGUNGEN FÜR DEN ANBAU VON ROGGEN, MAIS UND WEIZEN SOWIE FÜR DIE INDUSTRIELLE WHISKYPRODUKTION. AUSSERDEM ENTSTEHT HIER EINE RARITÄT: REINER RYE WHISKY.

Die einzige kanadische Brennerei, die dem Roggen immer treu blieb, ist Alberta in Calgary. Sie wurde 1946 gegründet, um die wogenden Roggenfelder der kanadischen Prärie gewinnbringend zu nutzen, und ist seit 1987 im Besitz von Jim Beam Brands. Drei ihrer Whiskys mit 40 Vol.-%, der 10-jährige Alberta Springs, der 10-jährige Tangle Ridge und insbesondere der 5-jährige Alberta Premium aus reinem Roggen, sind Paradebeispiele für kanadischen Rye Whisky.

In der Brennerei wird reiner ungemälzter Roggen gemaischt, in Chargen gekocht und 60 Stunden lang vergoren. Der erste Brennvorgang findet in einer Beer Still statt und das Destillat wird in einer kontinuierlichen Anlage oder in einer Brennblase erneut destilliert; für spezielle Whiskys werden auch Pot Stills verwendet. Zehn Prozent des Whiskys kommen als Blendzutat direkt aus der Beer Still in angekohlte neue Fässer oder Bourbonfässer.

ALBERTA-WHISKYS

Der süße und außerordentlich milde Tangle Ridge, der vor sechs Jahren als Konkurrenzprodukt zu Crown Royal auf den Markt gebracht wurde, besteht zu 100 Prozent aus Roggen. Nach zehn Jahren im Eichenfass wird er abgestochen, mit Sherry und anderen natürlichen Geschmacksstoffen versetzt und erneut in ein Fass gefüllt, damit die Geschmacksstoffe sich vermischen. Alberta Premium ist komplex und seriös, eine herrlich ausgewogene Mischung aus Kompott, Vanille und Roggenwürze – ein echter Canadian. Der 10-jährige Alberta Springs ist weicher, süßer und runder. Der 5-jährige Windsor Deluxe und Lord Calvert sind zwei preiswerte Marken der Brennerei.

BLACK VELVET

Black Velvet, Barton Brands' zweite kanadische Brennerei, in Lethbridge, Alberta, wurde 1973 in der Blütezeit des kanadischen Whiskys für IDV/Gilbey errichtet und ist

BRENNEREIEN-STECKBRIEF

ALBERTA GEGRÜNDET: 1946. BESITZER: Jim Beam Brands. VERFAHREN: Beer Stills, Pot Stills, Säulenbrennverfahren. PRODUKTION: 200 000 hl.

BLACK VELVET GEGRÜNDET: 1973. BESITZER: Barton Brands. VERFAHREN: Säulenbrennverfahren. PRODUKTION: 185 000 hl.

HIGHWOOD GEGRÜNDET: 1974. BESITZER: Highwood Distillers. VERFAHREN: Säulenbrennverfahren. PRODUKTION: keine Angaben.

GIMLI GEGRÜNDET: 1968. BESITZER: Diageo. VERFAHREN: Säulenbrennverfahren. PRODUKTION: 335 000 hl.

MAPLE LEAF GEGRÜNDET: 1997. BESITZER: Maple Leaf Distillers. VERFAHREN: Säulenbrennverfahren. PRODUKTION: keine Angaben.

der wichtigste Hersteller von Black Velvet für den Weltmarkt. Jedes Jahr werden 2 Millionen Kisten des leichten, süßlich runden Whiskys verkauft. Die durchschnittlich sechs Jahre gelagerten geschmackgebenden Whiskys werden in einer Brennsäule, der mindestens drei Jahre gelagerte neutrale Alkohol wird in einer Anlage mit drei Brennsäulen erzeugt. Eine spezielle Methode besteht darin, den gereiften Whisky mit ungereiftem neutralen Alkohol zu verschneiden.

HIGHWOOD

Die Highwood-Brennerei in High River, Alberta, wurde 1974 unter dem Namen Sunnyvale eröffnet und 1984 nach der herrlichen Gegend in den Ausläufern der Rocky Mountains umbenannt. Der Likör- und Branntweinhersteller wirbt damit, dass er als einzige kanadische Brennerei leichteren Weizenbrand verwendet. Highwoods kanadische Whiskys sind der 10-jährige Rye Centennial, eine Limited-Edition-Version desselben und der aus Roggen- und Weizendestillaten hergestellte und mindestens fünf Jahre in angekohlter Eiche gelagerte Highwood Canadian Rye Whisky, alle mit 40 Vol.-%.

GIMLI

Diageos einzige kanadische Brennerei liegt in Gimli, Manitoba, rund 160 Kilometer nördlich der gleichnamigen Stadt am Westufer des Winnipegsees, wo die größte isländische Gemeinschaft außerhalb Islands lebt. Diageo Global Supply, Gimli Plant, so der offizielle Name, erzeugt Crown Royal und mehrere andere ehemalige Seagram-Whiskys für den internationalen Markt.

Die 1968 von Seagram gegründete Brennerei bezieht große Teile ihres Getreides, vor allem den Mais, aus der weiten Prärie in Manitoba. Die Blends bestehen zu immerhin 20 Prozent aus Rye und Bourbon und reifen zum Großteil in angekohlter neuer amerikanischer Eiche. Es gibt drei Beer Stills und eine vierstufige Säulenbrennanlage; die geschmackgebenden Whiskys werden in einer Anlage mit zwei Brennsäulen hergestellt.

Crown Royal (40 Vol.-%) ist ein ganz typischer Canadian: weich und süß, mit verlockendem Aroma, einem reichhaltigen, vollen Körper und fruchtigem Geschmack mit Gewürznoten. Der ältere Special Reserve und Limited Edition Crown Royal verfügen zusätzlich über eine intensive Tiefe. Seagrams VO ist genauso weich und süß wie Crown Royal, aber etwas verhaltener. Der leichtere, trockenere 83 und der fruchtige, süße Five Star von Seagram runden das Angebot ab.

MAPLE LEAF

Maple Leaf in Winnipeg gehört zu Vinco Beverages Europe und ist eine der neueren

Brennereien in Kanada (1997 gegründet). Neben Wodka, Obstlikören und Longdrinks produziert sie den 3-jährigen Canadian Cellars Rye Whisky für den kanadischen Markt.

POTTER

Die einzige Brennerei in British Columbia ist leider zurzeit nicht in Betrieb. Potter liegt in Kelowna im schönen Okanagan Valley, das eher für seine Kellereien als für seine Brennerei bekannt ist, und ist im Besitz von Cascadia Brands aus Vancouver. Sie füllt Potter's Special Old Rye Whisky sowie eine Reihe gut ausgebauter Whiskys unter dem Namen Century Reserve ab.

Manche dieser Whiskys stammen aus anderen Brennereien und werden bei Potter gelagert, andere werden in der alten Potter-Brennerei hergestellt. Der Älteste ist ein intensiv eichentöniger 21-Jähriger mit Leder- und Tabaknoten. Der 15-Jährige ist eine Einzelfassabfüllung mit Jahrgangsangabe aus 100 Prozent Roggen mit ausgeprägten Karamell- und Rauchnoten. Der 13-Jährige hat ein würziges, tief fruchtiges Roggenaroma; der 8-Jährige ist am weichesten und hat süße Vanille-, Malz- und Eichennoten.

In Gimli entstehen die Weltmarke Crown Royal und mehrere ehemalige Seagram-Whiskys. Die heutige Diageo-Brennerei wurde 1968 von Seagram gegründet.

VERKOSTUNG

Das Spektrum der Whiskys aus dem Westen reicht von dem weich-süßen, fruchtigen Crown Royal bis zu den eindringlichen Rye Whiskys von Alberta.

ALBERTA

TANGLE RIDGE DOUBLE CASKED
10 JAHRE, 40 VOL.-%
Aus 100 Prozent Roggen; wird nach zehn Jahren Eichenreifung in andere Fässer umgefüllt.

Farbe: Bernsteingelb
Nase: Sherry und Vanille, subtile Eiche
Körper: mittel, weich
Gaumen: süßlich; Frucht und Eiche
Nachklang: mittellang, süß, geschmeidig

TANGLE RIDGE DOUBLE CASKED

ALBERTA PREMIUM
5 JAHRE, 40 VOL.-%
Farbe: kräftiges Goldgelb
Nase: Toffee, Obst, Zitrus, Honig und weiche Vanille, prickelnde Würze
Körper: mittel
Gaumen: Obst (Äpfel und Pflaumen), Honig, Marzipan, Vanille und Roggenwürze
Nachklang: Kompott, Noten von Leder und Pfefferminzschokolade; Orangenlikör am Ende

BLACK VELVET

BLACK VELVET
40 VOL.-%
Farbe: Blassgoldgelb
Nase: Getreidebrand, Pfefferwürze, Toffee
Körper: leicht, schartig
Gaumen: körnig; Karamell- und Schokoladenoten
Nachklang: kurz und scharf

GIMLI

CROWN ROYAL
40 VOL.-%
Farbe: Bernsteingoldgelb
Nase: Frucht, Toffee, süßer Honig und Gewürznoten
Körper: weich, zart
Gaumen: voll, seidig, Balance zwischen Frucht und Eiche, süß, Anflug von Bindemittel
Nachklang: Frucht und Gewürze, weich-süß

USA

In kleinen Mengen produzierter Bourbon verändert die amerikanische
Whiskeylandschaft – er ist exklusiv, erfolgreich und erschwinglich

DIE VEREINIGTEN STAATEN

Stuart Ramsay

Ein Hoch auf den Whiskey
Moderner Whiskey kommt in Keramikgefäßen und Designerflaschen daher. Hier stehen sie auf einem Fass aus amerikanischer Weißeiche, die den Geschmack vieler amerikanischer Whiskeys maßgeblich beeinflusst.

Wasser zu Whiskey
Die vielen Flüsse, die sich durch Kentucky und seine Nachbarstaaten ziehen, zogen Siedler an und dienten als Transportwege für den ersten Whiskey.

Für ein Land, in dem die Happyhour eine feste Institution ist und das seine Bürger mit Alkoholwerbung bombardiert, haben die USA in Sachen alkoholische Getränke eine erstaunlich puritanische Vergangenheit. Einerseits erfand Amerika den Bourbon und begründete den Cocktailkult, andererseits machte es mit der Extremerfahrung der Prohibition in den 1920er-Jahren Bars und Lokalen den Garaus, dezimierte die einheimischen Whiskeys und schädigte die Trinkkultur des Landes.

Auch wenn die Evangelisten weite Teile in der Mitte und im Süden der USA mit prohibitionistischem Gedankengut infizieren, könnte der amerikanische Whiskey in diesem Jahrzehnt eine Wiedergeburt erleben. Aus Kentucky hört man, dass der Bourbon sich erst jetzt von der Prohibition erholt.

Der amerikanische Whiskey könnte bald eine Wiedergeburt erleben

Auch beim Rye Whiskey bahnt sich Whiskeyliebhabern zufolge ein Comeback an: Ein gut ausgebauter Rye ist ein zwar rarer, aber äußerst charaktervoller Tropfen.

Ende der 1980er-Jahre regte sich bei den amerikanischen Verbrauchern ein wachsender Widerwille gegen Massenproduktion und Fastfood, und sie begannen, die Qualität und die Komplexität amerikanischer Whiskeys wiederzuentdecken. Dem Beispiel des schottischen Single Malt folgend, wählten die Brennereien ihre besten Whiskeys aus und füllten sie gesondert ab, öffneten ihre Anlagen für Besucher und verwendeten ihre Whiskeys in Speisen und für Cocktails.

Ein deutliches Zeichen für Amerikas gesteigertes Selbstbewusstsein in Bezug auf Alkohol ist der Wiederaufbau von George

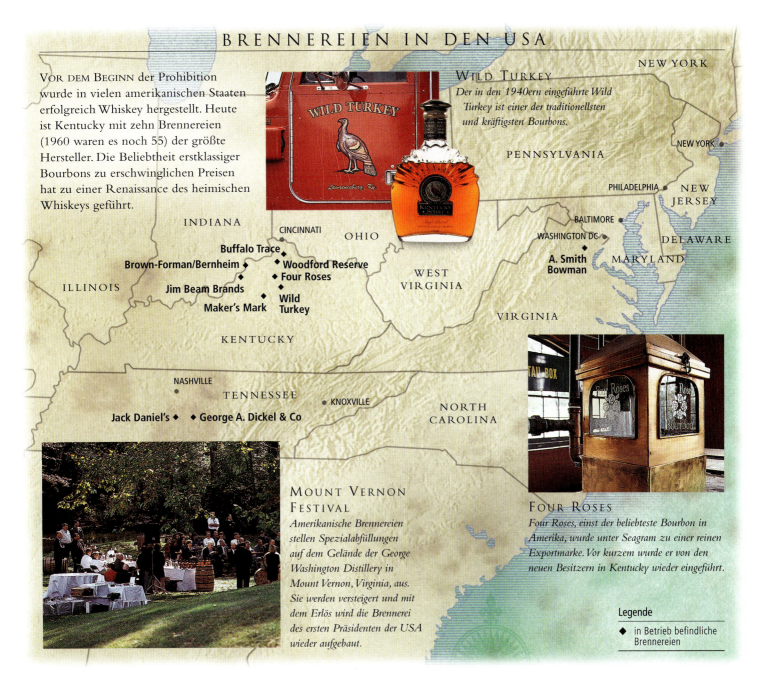

BRENNEREIEN IN DEN USA

VOR DEM BEGINN der Prohibition wurde in vielen amerikanischen Staaten erfolgreich Whiskey hergestellt. Heute ist Kentucky mit zehn Brennereien (1960 waren es noch 55) der größte Hersteller. Die Beliebtheit erstklassiger Bourbons zu erschwinglichen Preisen hat zu einer Renaissance des heimischen Whiskeys geführt.

WILD TURKEY
Der in den 1940ern eingeführte Wild Turkey ist einer der traditionellsten und kräftigsten Bourbons.

MOUNT VERNON FESTIVAL
Amerikanische Brennereien stellen Spezialabfüllungen auf dem Gelände der George Washington Distillery in Mount Vernon, Virginia, aus. Sie werden versteigert und mit dem Erlös wird die Brennerei des ersten Präsidenten der USA wieder aufgebaut.

FOUR ROSES
Four Roses, einst der beliebteste Bourbon in Amerika, wurde unter Seagram zu einer reinen Exportmarke. Vor kurzem wurde er von den neuen Besitzern in Kentucky wieder eingeführt.

Legende
♦ in Betrieb befindliche Brennereien

Washingtons Brennerei in Mount Vernon, Virginia. Der Oberbefehlshaber der Armee der Kolonien im Unabhängigkeitskrieg und erste Präsident der Vereinigten Staaten war auch Besitzer einer der größten kommerziellen Brennereien der neuen Republik. Sein Pioniergeist passt gut zu der neuen Generation von handwerklichen Brennern in Amerika, die eine kleine Revolution in der Whiskeyherstellung lostraten. Als Kunden haben sie visionäre Restaurantbesitzer und Verbraucher in progressiven Städten wie San Francisco, Seattle und Portland im Blick, wo das Interesse an ihren Produkten stetig wächst.

Heimatverbundenheit und nachhaltige Landwirtschaft sind integrale Bestandteile der Philosophie dieser Brenner. Große Konzerne werden geflissentlich ignoriert. Klein, aber fein – das ist das Motto in dieser neuen Kultur des guten Essens und Trinkens. Eine neue Ära des amerikanischen Whiskeys hat begonnen.

VIRGINIA

MIT DER HISTORISCHEN GEORGE WASHINGTON DISTILLERY, DIE 2006
IHREN BETRIEB WIEDER AUFNEHMEN SOLL, UND EINER BRENNEREI IN FREDERICKSBURG
HÄLT VIRGINIA MÜHSAM SEINE WHISKEYTRADITION AUFRECHT.

George Washington hatte trotz seiner vielen militärischen und politischen Ämter noch Zeit, sich als Farmer, Fischer, Müller und Besitzer einer der größten Brennereien in der Kolonialzeit zu betätigen.

Whiskey spielte in seinem Leben immer eine Rolle, und das zeigt auch, welche gesellschaftliche und wirtschaftliche Bedeutung dieser damals hatte. Als General setzte Washington sich dafür ein, dass die Truppen Alkohol erhielten, um gegen Müdigkeit und raues Wetter gewappnet zu sein, und während des Unabhängigkeitskrieges vertrat er die Ansicht, dass Whiskey »für die Gesundheit der Männer unbedingt geboten« sei und lobte ihn als »sehr erfrischend und gesund«.

WASHINGTONS BRENNEREI

Washington erbte das Gut in Mount Vernon, Virginia, 1761 von der Witwe seines Bruders und erweiterte es zu einem 3200-ha-Betrieb mit fünf Farmen, die jeweils einen eigenen Bestand an Aufsehern, Sklaven und anderen Arbeitern hatten. Der Betrieb war ein Muster an Wirtschaftlichkeit. Weizen war das Hauptanbauprodukt.

Die Mühle für Washingtons Müllereibetrieb wurde 1771 auf einem Stück Land etwa vier Kilometer südlich des Gutshauses errichtet. Besucher der Gedenkstätte in Mount Vernon können eine beeindruckende Rekonstruktion der Mühle auf dem ursprünglichen Gelände bewundern, zwei Paar Mühlsteine und das durch den Dogue Creek angetriebene Wasserrad. Zurzeit wird hier außerdem ein Projekt realisiert, das die wichtige Rolle von Branntweinen im kolonialen Amerika veranschaulicht: der Wiederaufbau von Washingtons Brennerei. Archäologen und Historiker förderten die faszinierende Geschichte des Brenners George Washington zutage.

Im Oktober 1797 hielt Washington in seinem Wochenbericht fest, dass Schreiner begannen, das Holz für die Brennanlage zuzuschneiden. Die Ausgrabungen auf dem Gelände ergaben, dass es sich um ein einstöckiges Steingebäude mit Speicher und einer Fläche von 23 mal 9 Meter handelte. Es gab 50 Maischbottiche und fünf Kupferbrennblasen, von denen die kleinste 480 Liter fasste.

BRENNEREIEN-STECKBRIEF

A. SMITH BOWMAN GEGRÜNDET: 1935.
BESITZER: Sazerac Company.
VERFAHREN: Säulenbrennverfahren und Doubler.
PRODUKTION: Keine Angaben.

DIE ZWEITE DESTILLATION von *Virginia Gentleman* findet in einem technisch ausgereiften Doubler aus Kupfer in der Bowman-Brennerei statt.

John Anderson, der Sohn eines schottischen Aufsehers, betrieb die Brennerei mit fünf oder sechs Sklaven. Für die Maische wurden 60 Prozent Roggen, 35 Prozent Mais und 5 Prozent Gerste verwendet – so sah also der Whiskey dieser Gegend gegen Ende des 18. Jahrhunderts aus. In Washingtons Todesjahr 1799 erzielte die Brennerei mit 500 hl Whiskey auf Roggen- und Maisbasis den stattlichen Gewinn von 7500 Dollar. Der Whiskey wurde ungereift in der Brennerei, zu deren Kunden einige der berühmtesten Familien Virginias zählten, und an örtliche Whiskeyhändler verkauft.

Die Ausgrabungen wurden vom amerikanischen Distilled Spirits Council mitfinanziert, einem Handels- und Interessenverband, dem viele große Branntweinhersteller angehören. Spezialabfüllungen von Whiskey- und Rumherstellern werden zugunsten des Projekts versteigert, und 2003 verwendeten mehrere Brennereien die Nachbildung einer Brennblase aus dem 18. Jahrhundert, um einen Whiskey nach Washingtons Rezept zu erzeugen, der nun in Mount Vernon reift. Die wiedererrichtete Brennerei soll im Sommer 2006 ihren Betrieb aufnehmen und wird die einzige historische Anlage in den USA sein, in der man den Herstellungsprozess von der Getreideernte bis zum fertigen Whiskey besichtigen kann.

DIE A. SMITH BOWMAN DISTILLERY

Trotz seiner Traditionen in der (nicht nur legalen) Whiskeyherstellung ist in Virginia zurzeit nur eine Brennerei in Betrieb. Die A. Smith Bowman Distillery liegt in einem Gewerbegebiet in der hübschen Kleinstadt Fredericksburg. Der Bourbon Virginia Gentleman kann seinen Stammbaum bis zum Ende der Prohibition zurückverfolgen, als die Familie Smith Bowman die Brennerei gründete. Sie wurde 2003 an die Sazerac Company aus New Orleans, Besitzerin der Buffalo Trace Distillery in Frankfort, Kentucky, verkauft. Seitdem Smith Bowman vor 16 Jahren die

VERKOSTUNG

Der im Vergleich zu anderen Bourbons höhere Maisanteil verleiht Virginia Gentleman Rundheit und Süße.

VIRGINIA GENTLEMAN
STRAIGHT BOURBON WHISKEY, 90 PROOF (45 VOL.-%)
Sechs Jahre gelagert; der Maisanteil beträgt 85 Prozent. Die erste Destillation findet in der Buffalo Trace Distillery, die zweite bei A. Smith Bowman statt.

Farbe: Kupferrot
Nase: süß, Vanille, Eiche, Honignoten, weiche Pfefferwürze; herrlicher Eichenduft
Körper: voll, rund
Gaumen: schmackhaftes Gleichgewicht zwischen Eiche und Vanillesüße
Nachklang: geschmeidig, reif, weiche Gewürze

VIRGINIA GENTLEMAN

---

heutigen Gebäude in Fredericksburg bezog, findet die Gärung und der erste Brennvorgang für Virginia Gentleman in der Buffalo Trace Distillery statt. Die zweite, langsame Destillation in einem Kupfer-Doubler führt Joe Dangler, seit 26 Jahren Brenner bei Smith Bowman, in Fredericksburg durch. Dangler überwacht auch den Abstich und die Reifung in Virginia.

Besonders stolz ist Dangler auf den runden, süßen 6-jährigen Virginia Gentleman mit 90 Proof (das amerikanische Maß für den Alkoholgehalt; 2 Proof entsprechen 1 Vol.-%). »Alter und Alkoholgehalt entwickeln Synergien«, sagt er. »Der Geruch nach jungem Mais verschwindet und das Holz beginnt sich bemerkbar zu machen.« Der Whiskey enthält mit 85 Prozent Mais, 8 Prozent Roggen und 7 Prozent Gerstenmalz mehr Mais als die meisten Bourbons und gerade genug Roggen, um dem süßen Maisaroma eine prickelnde Würze und Tiefe zu verleihen. Außerdem füllt die Brennerei einen 4-jährigen Virginia Gentleman mit 80 Proof (40 Vol.-%) ab.

Amerikanische Brennereien *tragen mit Spezialabfüllungen zur Finanzierung des Wiederaufbaus der George Washington Distillery bei.*

Pennsylvania und Maryland

DAS EINSTIGE KERNGEBIET DES AMERIKANISCHEN RYE
WHISKEY ERZEUGT KEINEN EINZIGEN TROPFEN DIESES
HERRLICHEN WHISKEYS MEHR.

Ein identitätsstiftendes Element während und kurz nach dem Unabhängigkeitskrieg war der Rye Whiskey. Seine Wiege stand im Gebiet der so genannten Pennsylvanian Dutch im Südosten von Pennsylvania. Die deutschen Siedler hatten schon in ihrer alten Heimat Schnaps aus Roggen gebrannt und stellten fest, dass Roggen auf dem fruchtbaren Ackerland außerordentlich gut gedieh. Als der Unabhängigkeitskrieg ausbrach, gab es schon ein etabliertes Brennereigewerbe; die kupfernen Brennblasen wurden von Handwerkern in den nahen Städten gefertigt.

Als der Krieg zu Ende war, genoss der Whiskey aus dem Monongahela-Tal im Westen Pennsylvanias auch in Philadelphia und entlang des Ohio großes Ansehen. In dem Gebiet südlich von Pittsburgh siedelten Anfang der 1770er-Jahre sehr viele schottische-irische Einwanderer und Pennsylvania Dutch. Monongahela Red, ein körperreicher Rye, brachte in Philadelphia einen Dollar pro Gallone ein und war für die Farmer und Brenner bares Geld wert. Im Monongahela-Tal wurde neben Roggen auch Mais angebaut und wahrscheinlich wurde dieses Getreide mit verwendet, um den Rye weicher und süßer zu machen. Dass der Whiskey »Red« (Rot) hieß, weist darauf hin, dass er einige Zeit in angekohlten Eichenfässern gelagert wurde. (Das Ankohlen der Fässer war eine althergebrachte und sehr wirksame Hygienemaßnahme.)

EIN MARKANTER GESCHMACK

Whiskey aus Roggen hat genauso wie Roggenbrot eine leicht bittere Note, erinnert an bittersüße Früchte und ist würzig, ein bisschen ölig, fast wie Pfefferminze. Der bittere Geschmack ist wie der des Chinins in Tonicwater oder der des Hopfens in Bier appetitanregend. Der Pfefferminzgeschmack, der eine verdauungsfördernde Komponente beisteuert, ist in Whiskey aus den ersten zwei bis drei Jahrzehnten des 20. Jahrhunderts besonders ausgeprägt.

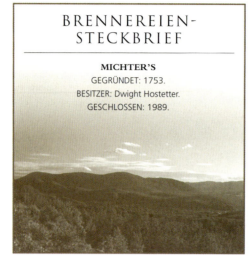

BRENNEREIEN-STECKBRIEF

MICHTER'S
GEGRÜNDET: 1753.
BESITZER: Dwight Hostetter.
GESCHLOSSEN: 1989.

BRENNEREIEN IN PENNSYLVANIA

Ein paar Pennsylvania-Ryes haben als Kentucky-Whiskeys überlebt. Der einst berühmte Rittenhouse Rye wird heute in der Bernheim-Brennerei in Louisville hergestellt. Der mit 100 Proof (50 Vol.-%) abgefüllte Rittenhouse (51 Prozent Roggen, 37 Prozent Mais, 12 Prozent Gerste) ist ein kräftiger, ausgesprochen würziger Vertreter seiner Art. Der angesehenste Pennsylvania-Rye ist der nach Abraham Overholt (1784–1870), einem der Väter der amerikanischen Whiskeyherstellung, benannte 4-jährige Old Overholt mit 80 Proof (40 Vol.-%), der von Jim Beam Brands in deren Brennereien Clermont und Boston im Norden Kentuckys als echter Straight Rye erzeugt wird.

Für einen Whiskeyliebhaber gibt es nichts Traurigeres als eine stillgelegte Brennerei, vor allem wenn diese Brennerei früher für ihre hervorragenden Whiskeys bekannt war. So verhält es sich mit der Michter's Distillery in Schaefferstown, im Herzen des Pennsylvanian Dutch Country. Sie ist ein nationales Kulturdenkmal und machte die gesamte Brennereigeschichte Amerikas mit. Ab 1753 stand auf dem Gelände eine Farmbrennerei; 1861 wurde eine kommerzielle Anlage gebaut. Michter's führte das Säulenbrennverfahren ein, benutzte die Pot Stills aber noch, lange nachdem andere Brennereien sie abgeschafft hatten.

Für den derzeitigen Besitzer Dwight Hostetter ist die Instandhaltung der Brennerei ein echter Liebesdienst. Zwei Brennsäulen und eine Pot Still stehen noch dort und alle Rohre und Heizapparate sind noch intakt, aber Hostetter sieht das Ende der Brennerei nahen und wartet sehnlichst auf einen Retter, der die Brennanlagen wieder in Betrieb nimmt. Der zukünftige Käufer wird den Whiskey jedoch nicht mehr Michter's nennen können, denn der Markenname wurde an ein Unternehmen in New York verkauft, das seine Michter's-Whiskeys zurzeit aus Lagerhäusern in Kentucky bezieht. Sie sind zwar keineswegs schlecht, aber sie werden eben nicht in Schaefferstown hergestellt.

Aus einer Pot Still von Michter's stammende Whiskeys sind eine akut vom Aussterben bedrohte Art. Der letzte bei Michter's in einer Pot Still hergestellte Straight Bourbon Whiskey ist der 16-jährige AH Hirsch Reserve im Besitz von Preiss Imports aus Kalifornien, ein seltenes Prachtexemplar von einem Bourbon, vielschichtig und kraftvoll. Er wurde 1974 gebrannt und 1990 bei der Buffalo Trace Distillery in Kentucky in Edelstahltanks umgefüllt, um den Reifungsprozess zu stoppen. Die letzten paar tausend Kisten wurden 2003 abgefüllt.

WHISKEYS AUS MARYLAND

Während der Rye aus Pennsylvania in alten Gemäuern dahinsiecht, ist Marylands stolzes Erbe nur mehr eine schwache Erinnerung. Die Ryes aus Chesapeake, Preakness, Pimlico, Baltimore und Cockeysville strotzten vor Maryland-Charakter und Whiskeytradition, doch der einzige Überlebende ist der von Heaven Hill in Bardstown, Kentucky, hergestellte Pikesville Supreme Rye. Der Straight mit 80 Proof (40 Vol.-%) und 51 Prozent Roggen, ist einer der leichteren, fruchtigeren Maryland-Ryes mit Noten von Gewürzen, Minze und Vanille.

Die Prohibition und die anschließende Vorliebe für leichtere Whiskeys setzten den kräftigen Ryes aus Pennsylvania und Mary-

WHISKEYWERBUNG *von heute ist anders, doch der riesige Krug auf dem Dach des Brenngebäudes bei Michter's ist ohne Frage ein Markenzeichen.*

land zu, aber es ist noch Leben in dem würzigen Getreide und es gibt immer noch berechtigte Hoffung auf ordentlich gemixten Manhattan, Old Fashioned und Sazerac. Zwei herrlich robuste Ryes werden seit den 1940er-Jahren in Kentucky erzeugt: Jim Beam Rye ist der weltweit meistverkaufte Straight Rye und enthält über 80 Prozent Roggen; Wild Turkey Straight Rye macht mit 101 Proof (50,5 Vol.-%) seinem Namen weiterhin alle Ehre.

Gut ausgebaute Ryes werden zwar nur in geringen Mengen erzeugt, aber es lohnt sich immer, nach ihnen Ausschau zu halten, besonders nach dem großartigen 13-jährigen Family Reserve Rye von Van Winkle und dem 18-jährigen Sazerac von Buffalo Trace. Old Potrero von Fritz Maytag aus San Francisco wird aus 100 Prozent Roggenmalz in einer Pot Still erzeugt: ein unbändiger, rebellischer Rye, der die Kategorie völlig auf den Kopf stellt.

»**RUHE!** *Michter's Whiskey schläft.*« *Leider gilt diese Aufschrift auch für die Brennerei selbst.*

IN SOUVENIRS *aus Keramik ist Michter's Vergangenheit als älteste Brennerei Amerikas festgehalten.*

KENTUCKY: FRANKFORT

WO FRÜHER BÜFFEL WEIDETEN, HAT EINE REIHE HERRLICHER BOURBON-SPEZIALITÄTEN IN KENTUCKYS ÄLTESTER FRONTIER-SIEDLUNG EINE GEISTIGE HEIMAT GEFUNDEN.

Stony Point, ein elegantes Herrenhaus aus Sandstein, thront über der Whiskeylandschaft der Buffalo Trace Distillery, die früher Ancient Age hieß. Wo heute die Brennerei liegt, überquerten einst Büffelherden auf dem von anderen Büffelherden vorgezeichneten Pfad durch die Wildnis (dem Great Buffalo Trace) den Kentucky River.

Hier errichteten Hancock und Willis Lee 1775 ein Lager, an dem bald regelmäßig Reisende Halt machten und das sich 1790 zu einer Siedlung mit stetig wachsender Bevölkerung entwickelt hatte. Die erste moderne Brennerei wurde 1857 auf dem Gelände von Buffalo Trace

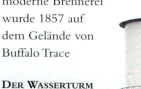

DER WASSERTURM in der Buffalo Trace Distillery wacht über 200 Jahre Whiskeyherstellung und 300 Jahre amerikanischer Siedlungsgeschichte.

BRENNEREIEN-STECKBRIEF

BUFFALO TRACE GEGRÜNDET: 1787.
BESITZER: Sazerac Company.
VERFAHREN: Säulenbrennverfahren.
PRODUKTION: 540 000 hl.

errichtet und nutzte als erster Betrieb Dampfkraft zur Herstellung von Bourbon.

E. H. Taylor jr., einer der ersten Bourbonmagnaten in Kentucky, kaufte die Brennerei 1886 und führte einige Neuerungen ein, unter anderem die ersten Dampfrohre zur Beheizung der Lagerhäuser im Winter. Das 270 Hektar große Gelände mit über 110 Gebäuden ist ein Zeugnis von 300 Jahren amerikanischer Geschichte und 200 Jahren Whiskeyherstellung.

COLONEL BLANTON

Auf dem Weg vom Herrenhaus hinunter zum Hof der Brennerei stößt man auf einen in Stein gehauenen Gentleman: Colonel Albert Bacon Blanton, der 1897 als Büroangestellter in der Brennerei begann, dann Geschäftsführer und schließlich Sozius des Inhabers George T. Stagg wurde.

Colonel Blanton setzte sich 1952 nach 55-jähriger Tätigkeit zur Ruhe. Das Rezept der Brennerei hat sich seitdem nicht verändert. Die Bourbons aus Buffalo Trace haben einen hohen Maisanteil (und deshalb viel Süße) und es wird großer Wert auf Hygiene gelegt: Die Fässer sind stark angekohlt und der Whiskey wird vor dem Abfüllen kalt filtriert, was, so die Überzeugung der Brennerei, den Geschmack weniger beeinträchtigt als die Reinigung mit Aktivkohle.

1984 hatte der damalige Brennmeister Elmer T. Lee die ehrenvolle Aufgabe, die Fässer auszusuchen, in denen Blanton's reifen sollte, ein voller, honigsüßer Whiskey, der als der erste kommerziell vertriebene Einzelfassbourbon der Welt gilt.

Buffalo Trace Kentucky Straight Bourbon wird wohl die Flaggschiffmarke der Brennerei und ein ernst zu nehmender Konkurrent von Maker's Mark, Woodford Reserve und Knob Creek werden. Der süße, fruchtige und würzige Whiskey mit 90 Proof (45 Vol.-%), der im August 2001 herauskam, wird vorerst nur auf bestimmten Märkten vertrieben, bis das Produktionsvolumen so gesteigert wurde, dass man ihn der allgemeinen Nachfrage aussetzen kann.

SONDERREIHEN

Die Einzelfassreihe (Single Barrel Collection) von Buffalo Trace umfasst neben Blanton's sechs weitere Bourbons, deren Zusammensetzung, Alkoholgehalt und Lagerung unterschiedlich sind: den karamellsüßen 10-jährigen Eagle Rare, Lieblingswhiskey der Brennereimitarbeiter, der einen kleinen Anteil Roggen enthält, W. L. Weller, einen Wheated Bourbon (d.h. neben Mais und Gerstenmalz wird Weizen verwendet), Rock Hill Farm mit 100 Proof (50 Vol.-%), Hancock's Reserve, den nach dem Brenner benannten Elmer T. Lee und den 13-jährigen Charter Proprietor's Reserve.

Jeden Herbst bringt Buffalo Trace außerdem eine begrenzte Zahl jährlich wechselnder Whiskeys in der Antique Whiskey Collection auf den Markt. Dazu zählten bisher der 19-jährige Bourbon W. L. Weller, der köstliche 18-jährige Sazerac Straight Rye Whiskey und der außergewöhnliche 15-jährige George T. Stagg mit Fassstärke. Von jedem Whiskey der Reihe werden 27 Fässer abgefüllt, was 300 Kisten Whiskey ergibt.

Die Spitzenmarken der Brennerei sind der 12-jährige W. L. Weller, der 7-jährige W. L. Weller mit 107 Proof (53,5 Vol.-%), der 7-jährige W. L. Weller mit 90 Proof (45 Vol.-%) sowie 8-, 10- und 12-jähriger Old Charter.

NACH COLONEL ALBERT BACON BLANTON, *der der Brennerei 55 Jahre lang diente, ist eine feine Einzelfassabfüllung benannt.*

Standardmarken sind der 10-jährige Ancient Age und Ancient Age McAfee's Benchmark.

VAN WINKLE

Als amerikanischer Partner von Julian Van Winkle, dem Enkel des Whiskeypapstes Pappy Van Winkle, vertreibt Buffalo Trace auch dessen in äußerst kleinen Mengen (nur drei bis vier Fässer pro Abfüllung) hergestellten Whiskeys. Der erste Van Winkle Family Reserve kam 1984 auf den Markt. Nur Bourbons und Ryes mit weniger als 100 Proof (50 Vol.-%) werden kalt filtriert. Zum Programm gehören gut ausgebaute Bourbons und einige beeindruckende Straight Ryes, aber alle sind, wie gesagt, limitiert. In normalen Mengen erhältlich sind der 12-jährige Van Winkle Special Reserve mit 90,4 Proof (45,2 Vol.-%), der 10-jährige Old Rip Van Winkle mit 90 Proof und 107 Proof sowie der wirklich großartige 15-jährige Old Rip Van Winkle mit 107 Proof.

VERKOSTUNG

IN DEN LETZTEN JAHREN setzte Buffalo Trace alles daran, sich bei den Spezialabfüllungen zu profilieren. Zum vielseitigen Angebot zählen u.a. gut ausgebauter Einzelfass-Rye und Whiskeys mit Weizenanteilen.

BUFFALO TRACE

BUFFALO TRACE
90 PROOF (45 VOL.-%)
Seit 2001 auf dem Markt.

Farbe: Hellbronze mit goldgelben Reflexen
Nase: Vanille-, Minze- und Melassearoma
Körper: mittel
Gaumen: süße Noten von braunem Zucker und Gewürzen, Eiche, Leder, Toffee und Obst
Nachklang: lang, trocken und tief

BLANTON'S SINGLE BARREL
93 PROOF (46,5 VOL.-%)
Seit 1984 auf dem Markt; die erste kommerziell vertriebene Einzelfassabfüllung.

Farbe: dunkles Bernsteingelb
Nase: ausgewogen, süß, weiche Gewürze und Minze, Karamell
Körper: voll und fest, rund
Gaumen: Honigsüße, Gewürze und Vanille
Nachklang: süßes Karamell, Gewürze; ein Hauch Minze; nachhaltig

VAN WINKLE

VAN WINKLE SPECIAL RESERVE
12 JAHRE, 90,4 PROOF (45,2 VOL.-%)
Ein Wheated Bourbon.

Farbe: leuchtendes Goldgelb
Nase: süßer Honig, weiches Karamell und Eiche, zarte Vanille
Körper: voll, rund
Gaumen: ausgewogen, tiefe Noten von Karamell, Vanille, weichem Weizen und Toffee
Nachklang: zartsüß, ausgewogen, nachhaltig

PAPPY VAN WINKLE'S FAMILY RESERVE
15 JAHRE, 107 PROOF (53,5 VOL.-%)
Ein Wheated Bourbon.

Farbe: dunkles Goldgelb
Nase: tiefe Eichenaromen, schwere Süße, Holzkohle, Karamell, Vanille und weicher Weizen
Körper: voll, rund, geschmeidig
Gaumen: komplex; Vanillesüße und Toffee, Weizen
Nachklang: köstliche tiefe, süße Eichennoten von Karamell, Vanille und Toffee, Gewürze und duftende Orangennoten

PAPPY VAN WINKLE'S FAMILY RESERVE

KENTUCKY: LAWRENCEBURG

DIE WHISKEYS UND BRENNEREIEN IN LAWRENCEBURG SIND VOM STIL HER SEHR UNTERSCHIEDLICH: AUF DER EINEN SEITE DER AUSGESPROCHEN TRADITIONELLE UND KRÄFTIGE WILD TURKEY, AUF DER ANDEREN DER WEICHE UND GEFÄHRLICH SÜFFIGE FOUR ROSES.

Die Gebäude der Boulevard-Brennerei, in der Wild Turkey entsteht, sicherlich nicht die hübschesten in Kentucky, liegen auf dem Wild Turkey Hill in der kleinen Stadt Lawrenceburg.

Der Name Wild Turkey entstand den Quellen der Brennerei zufolge Anfang der 1940er-Jahre, als Thomas McCarthy, Chef des New Yorker Unternehmens Austin Nichols, aus dessen Lagerbeständen einen Straight Bourbon mit 101 Proof (50,5 Vol.-%) auswählte, um ihn auf eine Jagd nach wilden Truthühnern mitzunehmen. 1970 kaufte das Unternehmen die Brennerei; 1980 wurde es seinerseits von Pernod Ricard übernommen.

Wild Turkey gibt seine Zusammensetzung nicht preis, doch Jimmy Russell, Brennmeister, 50-jähriger Whiskeyveteran und ein echter Gentleman aus Kentucky sagt: »Von allen Brennereien verwenden wir die geringste Menge Mais für unseren Bourbon, sondern

WILD TURKEY *wird in stark angekohlten Fässern in traditionellen, mit Eisen verkleideten Lagerhäusern auf den Hügeln Kentuckys gelagert.*

BRENNEREIEN-STECKBRIEF

WILD TURKEY GEGRÜNDET: 1869.
BESITZER: Pernod Ricard USA. VERFAHREN: Säulenbrennverfahren. PRODUKTION: keine Angaben.

FOUR ROSES GEGRÜNDET: um 1860.
BESITZER: Kirin Brewery Co. VERFAHREN: Säulenbrennverfahren. PRODUKTION: 81 000 hl.

mehr Roggen und Gerstenmalz und nur Getreide erstklassiger Qualität. Wir verwenden mehr Roggen und Malz, um mehr Geschmack und Körper in den Whiskey zu bringen.«

Die vergorene Maische (Beer) mit 6,5 Vol.-% wird in eine 12 Meter hohe Säulenbrennanlage gepumpt; beide Brennröhren sind aus Kupfer. Die Beer wird über dem 18. der 19 Böden der Beer Still eingeleitet und zu einem Feinbrand mit 56–57,5 Vol.-% destilliert, der so mehr Geschmack und Körper erhält. Die Fässer werden – was ein sehr wichtiger Faktor ist – in der Böttcherei stark angekohlt.

WILD TURKEY: DIE WHISKEYS

Mit Ausnahme des Rye verbirgt sich hinter allen bunten Wild-Turkey-Etiketten dasselbe Rezept. Der Flaggschiffwhiskey ist Wild Turkey Kentucky Straight Bourbon mit 101 Proof (50,5 Vol.-%), ein traditioneller, voller, kompromissloser amerikanischer Whiskey, geschmeidig, mit schweren Vanille- und Karamellnoten in Geruch und Geschmack.

Der erstklassige Wild Turkey Rare Breed Straight Bourbon, seit 1991 auf dem Markt, hat einen noch höheren Alkoholgehalt: Er ist eine Mischung aus 6-, 8- und 12-jährigem Wild Turkey, die mit Fassstärke abgefüllt wird.

1995 kam Wild Turkey Kentucky Spirit heraus, ein erstklassiger Einzelfassbourbon, von Jimmy Russell handverlesen, damit er einen volleren Körper, einen vollen Vanillegeschmack und einen Hauch Süße bekommt.

Die Reihe der Wild Turkey Straight Bourbons mit 101 Proof (50,5 Vol.-%) wird durch den herrlichen 10-jährigen Russell's Reserve ergänzt, einen geschmeidigen, seidigen dunkelbernsteinfarbenen Whiskey mit intensiver Tiefe und Karamellgeschmack. Als eine von wenigen Brennereien in Amerika stellt Wild Turkey einen Rye Whiskey her, der bewundernswerterweise mit 101 Proof (50,5 Vol.-%) abgefüllt wird.

FOUR ROSES: DIE BRENNEREI

Auf der anderen Seite von Lawrenceburg liegt die Four Roses Distillery, eine der hübschesten Brennereien in Kentucky. Ihr fruchtiger, cremiger Whiskey ist der weiche Gegenpart des kräftigen Wild Turkey. 2002 erwarb das japanische Unternehmen Kirin die Brennerei von Seagram Americas. 2004 wurde der Bourbon mit einem neu gestalteten, aber immer noch markanten Etikett neu herausgebracht und die Brennerei erhielt ein Besucherzentrum.

FOUR ROSES: DIE WHISKEYS

Nach Informationen des Brennmeisters Jim Rutledge wird Yellow Label mindestens fünf, meist sechs Jahre gelagert. Er ist weich und süffig, weil dies der Stil der Familie Bronfman (Seagram) war, und diese Leichtheit und Geschmeidigkeit unterscheidet ihn von anderen Bourbons. Außerdem wird eine würzige, blumige und leicht trockene Einzelfassversion mit 86 Proof (43 Vol.-%) erzeugt und die Brennerei hat eine fünfjährige Lizenz für die Herstellung des Diageo-Bourbons Bulleit, in dem der Roggenanteil etwas höher ist als bei Four Roses.

Four Roses ist auch die einzige Brennerei, die fünf verschiedene Hefen und zwei Maischrezepte verwendet; eines davon sieht 60 Prozent Mais und 35 Prozent Roggen vor. Es wurden Hefen ausgewählt, die für einen weichen, geschmeidigen Geschmack wie in einem Blend sorgen. Die sich aus den verschiedenen Hefen und Maischrezepten ergebenden zehn Whiskeys werden außerdem nicht einzeln abgefüllt, sondern vermischt, um einen beständigen Geschmack zu erhalten.

Four Roses Bourbon reift in mittelstark angekohlten Fässern außerhalb des Geländes, in 20 niedrigen einstöckigen Lagerhäusern am Cox's Creek nördlich von Bardstown.

DIE GEBÄUDE *der Four Roses Distillery im kalifornischen »Missionsstil« wurden 1910 erbaut.*

VERKOSTUNG

DIE BEIDEN BRENNEREIEN in Lawrenceburg erzeugen zwei sehr verschiedene Bourbons: Wild Turkey kräftige, schwere, Four Roses weiche, leichte Whiskeys. Sie zeigen, wie groß das geschmackliche Spektrum von Whiskey aus Kentucky ist.

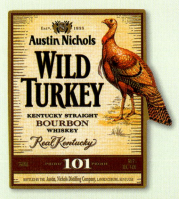

WILD TURKEY 101

WILD TURKEY

WILD TURKEY 101
101 PROOF (50,5 VOL.-%)

Farbe: kräftiges Bernsteingelb
Nase: Vanille und Karamell, Pfirsiche, Pfefferwürze und Leder
Körper: voll, kräftig, schwer
Gaumen: Bourbonnoten; Vanille, Gewürze, Eiche und Obst
Nachklang: angeröstete Eiche und Obst

WILD TURKEY RARE BREED
108,4 PROOF (54,2 VOL.-%)
Mischung aus 6-, 8- und 12-jährigen Lagerbeständen mit Fassstärke.

Farbe: kräftiges Bernsteingelb

WILD TURKEY RARE BREED

Nase: komplex, fruchtig, blumig, würzig und nussig
Körper: voll, reichhaltig
Gaumen: kräftig, geschmeidig, voll, Noten von Pfefferminze, Zitrusfrüchten, Tabak und Vanille
Nachklang: nachhaltig, würzig

FOUR ROSES

FOUR ROSES
80 PROOF (40 VOL.-%)

Farbe: Blassrotbraun
Nase: zart, fruchtig; Vanille, Muskatnuss und Zitrusfrüchte
Körper: mittel, rund
Gaumen: voll, cremig; Honig, Karamell und Eiche
Nachklang: weich, geschmeidig

FOUR ROSES SINGLE BARREL
86 PROOF (43 VOL.-%)

FOUR ROSES

Einzelfassabfüllung.

Farbe: rötliches Bernsteingelb
Nase: voll, reichhaltig; Weihnachtsgewürze, Vanille und Obst
Körper: voll, fruchtig
Gaumen: Obst und Geißblatt, Eiche und Vanille
Nachklang: nachdrücklich, würzig, mild

KENTUCKY: VERSAILLES

DER VOLLBLUTWHISKEY DER WOODFORD RESERVE
DISTILLERY WIRD INMITTEN DES PFERDEZUCHTGEBIETS
BLUEGRASS IN KUPFERNEN POT STILLS HERGESTELLT.

Im »Farming State« Kentucky findet im Herbst vorgezogene Bescherung statt: Der Mais wandert in Kocher und Maischbottiche, Tabak und Schinken werden in Holzscheunen zum Trocknen aufgehängt und in den Dörfern finden Feste und Jahrmärkte statt.

DIE WOODFORD RESERVE DISTILLERY

Die etwa einstündige Autofahrt von Louisville zur Woodford Reserve Distillery ist äußerst beschaulich. Die Landschaft ist mit großen Farmhäusern gesprenkelt; Vollblutpferde grasen auf den fruchtbaren Bluegrass-Weiden, die von Weißeichen, Ahornen und Hartriegeln eingefasst sind.

Mitten in diesem Pferdezuchtgebiet, am Ufer des Glenn's Creek, liegen die Sandsteingebäude der Woodford Reserve Distillery. Mit der am 17. Oktober 1996 wiedereröffneten Brennerei (die bis Oktober 2003 Labrot & Graham hieß) wollte der Besitzer Brown-Forman aus Louisville der Tradition der handgearbeiteten Bourbons in Kentucky Tribut zollen.

Die zurzeit kleinste Brennerei in Kentucky erzeugt 45–50 Fässer exklusiven Bourbon pro Tag. Sie ist die einzige Bourbon-Brennerei, die ausschließlich mit kupfernen

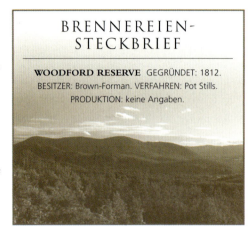

BRENNEREIEN-STECKBRIEF

WOODFORD RESERVE GEGRÜNDET: 1812.
BESITZER: Brown-Forman. VERFAHREN: Pot Stills.
PRODUKTION: keine Angaben.

Pot Stills arbeitet und in diesen das seltene Verfahren der dreifachen Destillation praktiziert. Die in Schottland gefertigten Pot Stills sind nur einer der vielen historischen Berührungspunkte zwischen den Whisk(e)ys aus Kentucky und Schottland in dieser Brennerei, die viele schottische und schottisch-irische Wurzeln hat.

DIE WIEGE DES BOURBON

Elijah Pepper, dessen Haus auf dem Hügel über der Brennerei liegt, begann 1812 am Glenn's Creek Whiskey zu erzeugen. 1797 war er mit seiner Brennkunst im Gepäck aus Virginia nach Versailles gekommen und hatte hinter dem Gerichtsgebäude eine Brennanlage errichtet. Als er große Mengen reines Wasser für seinen stetig wachsenden Betrieb brauchte, zog er an den Glenn's Creek um.

Die Brennerei wird als »Wiege des Bourbon« bezeichnet, vor allem wegen der bahnbrechenden Errungenschaften des schottischen Physikers und Chemikers James Christopher Crow, der in den 1830er-Jahren von Peppers Sohn Oscar als Chefbrenner angestellt wurde und fast sein ganzes Arbeitsleben damit zubrachte, in dieser Brennerei die Kunst der Bourbonherstellung zu vervollkommnen. Crow begriff, wie wichtig es ist, Produkte gleichbleibender Qualität herzustellen, entwickelte das heute von allen Bourbonherstellern angewandte Verfahren der Sauermaische und erkannte den Nutzen angekohlter Eichenfässer für die Reifung.

Es gibt einen Shop und ein Besucherzentrum, in dem man sich über Geschichte der Brennerei und des Bourbon aus Kentucky informieren kann, und die Brennerei ist zu einem beliebten Ziel nicht nur für Whiskeyliebhaber, sondern auch für Touristen und kulinarisch Interessierte geworden, doch die eigentliche Attraktion sind die Holz- und Sandsteingebäude unten am Glenn's Creek.

DREIFACHE DESTILLATION

Woodford Reserve besteht aus 72 Prozent Mais, 18 Prozent Roggen und 10 Prozent Gerstenmalz. Die gekochten Körner gären fünf bis sieben Tage in kleinen Zypressenholzbottichen mit fünf Zentimeter dicken Wänden zu einer Beer mit etwa 9 Vol.-%. Wenn man vom Gärraum die Stufen hinab in das weiträumige Brenngebäude tritt, geht nicht nur Malt-Liebhabern das Herz auf: In den drei von Forsyth aus dem schottischen Rothes gefertigten Pot Stills wird Amerikas einziger dreifach destillierter Whiskey erzeugt. Die Brennblasen, eine Beer Still, eine High Wines Still und eine Spirit Still, mit schlankem Hals sind fast fünf Meter hoch und werden durch eingeleiteten Dampf beheizt. Die meisten

NEUE FÄSSER *mit frisch gebranntem Whiskey werden in die Lagerhäuser von Woodford Reserve gerollt.*

schottischen Brenner wären mit dem Destillat der zweiten Brennblase, der High Wines Still, schon zufrieden, aber Woodford führt einen dritten Brennvorgang in der Spirit Still durch, deren Destillat mit 79 Vol.-% nur knapp unter dem gesetzlich erlaubten Höchstwert liegt.

Es wird mit destilliertem Wasser auf 55 Vol.-% verdünnt und in Fässer gefüllt, die dann in das nahe gelegene Lagerhaus der Brennerei gerollt werden. Dessen Sandsteinmauern sind knapp einen Meter dick und mit zahlreichen fossilen Wassertieren verziert – ein Andenken an das Binnenmeer, das sich hier einst erstreckte. Auf jedem der drei Stockwerke lagern auf Holzgestellen drei Fassreihen übereinander.

Woodford Reserve wird meist nach sechs bis sieben Jahren mit 90,4 Proof (45,2 Vol.-%) abgefüllt. Dieser Whiskey wird nun mit ausgewähltem Old Forester aus der Brown-Forman-Brennerei in Louisville verschnitten. Der kräftige Inhalt von »Honig«-Fässern aus den oberen Lagen und solchen, die dem Sonnenlicht ausgesetzt waren, wird in Woodford mit Wasser verdünnt und gereift. Woodford Reserve ist ein äußerst kräftiger, würziger Whiskey mit einer süßen, ahorntönigen Fülle und einem vergleichsweise langen Nachklang.

Ein Whiskey, der in der Bluegrass-Region neben Gestüten lagert, muss zwangsläufig etwas mit Rennpferden zu tun haben: Woodford ist der offizielle Lieferant der zwei wichtigsten Pferderennen in den USA, des Kentucky Derby und des Breeder's Cup. Ein Vollblutwhiskey eben.

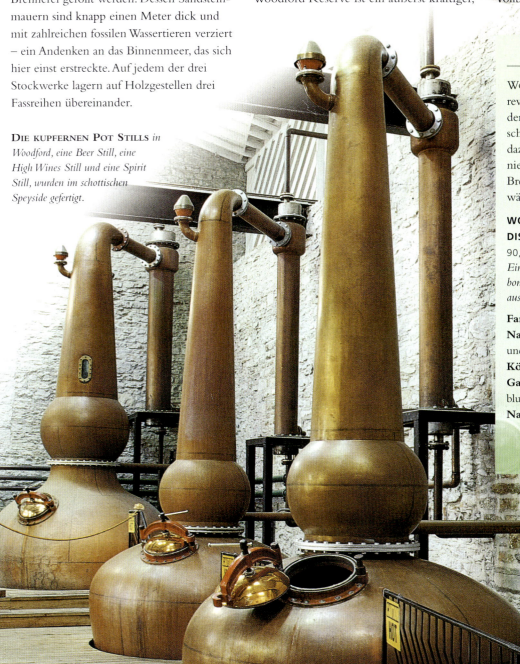

DIE KUPFERNEN POT STILLS *in Woodford, eine Beer Still, eine High Wines Still und eine Spirit Still, wurden im schottischen Speyside gefertigt.*

VERKOSTUNG

WOODFORD RESERVE ist insofern ein revolutionärer Whiskey, als er nicht mit dem Säulenbrennverfahren, sondern in schottischen Pot Stills erzeugt und noch dazu dreifach destilliert wird. Der Pionier der Whiskeyherstellung in dieser Brennerei, James Christopher Crow, wäre bestimmt beeindruckt.

WOODFORD RESERVE DISTILLER'S SELECT
90,4 PROOF (45,2 VOL.-%)
Eine Mischung aus dreifach destilliertem Bourbon von Woodford Reserve und Straight Bourbon aus der Brown-Forman-Brennerei in Louisville.

Farbe: weiches, goldenes Bernsteingelb
Nase: süß, Ahornfülle, ein Anflug von Vanille und Honig
Körper: voll und kräftig
Gaumen: komplex; Zitrusnoten, Gewürze, blumig, ausgewogen und rund
Nachklang: lang, würzig und geschmeidig

Kentucky: Bardstown

KENTUCKYS WHISKEYHAUPTSTADT IST ZWEIFELLOS BARDSTOWN, EINE GESCHICHTSTRÄCHTIGE STADT MIT LANGER BOURBONTRADITION UND EINEM FESTIVAL, AUF DEM DER MAISWHISKEY GEFEIERT WIRD.

Ein stattlicher Bau im Georgian Style, »My Old Kentucky Home«, ist die Hauptsehenswürdigkeit von Bardstown, einer Stadt mit rund 7000 Einwohnern südlich von Louisville am Blue Grass Parkway, der nach Lexington führt. Weitere Sehenswürdigkeiten sind Talbott's Tavern von 1785, das Oscar-Getz-Museum der Whiskeygeschichte und das Besucherzentrum der Heaven Hill Distillery. Am besten kommt man im September nach Bardstown, denn dann findet das einwöchige Kentucky Bourbon Festival statt, die größte Whiskeyveranstaltung in Amerika und ein Muss für jeden Bourbonliebhaber.

Whiskey ist der Lebensnerv von Bardstown und Nelson County, und diese Gegend kann sich wohl am ehesten als das Zentrum der Whiskeyherstellung in Kentucky bezeichnen, nicht nur geographisch, sondern auch historisch. In Nelson County gab es einst über 20 Brennereien und Whiskeyliebhaber finden in und um Bardstown eine ganze Reihe stillgelegter Betriebe.

Das Whiskeymuseum in einem ehemaligen College-Gebäude namens Spalding Hall, ein paar Häuserblocks vom Gerichtsgebäude entfernt, ist montags bis samstags ganztägig sowie am Sonntagnachmittag geöffnet. Zu sehen sind Whiskeyflaschen und dokumentarisches Material jedweder Art, u.a. alte Reklameschilder, zusammengetragen von Oscar Getz, dem Vorstand der Barton-Brennerei, in der sie früher ausgestellt waren.

HEAVEN HILL

Das Unternehmen Heaven Hill wurde 1935 von Gary, Ed, George, Mose und David Shapira gegründet und wird heute von deren Kindern und Enkeln geführt. Die Brennerei wurde bereits 1890 errichtet. Heaven Hill ist der größte Familienbetrieb in der amerikanischen Branntweinherstellungs- und

BRENNEREIEN-STECKBRIEF

HEAVEN HILL GEGRÜNDET: 1890.
BESITZER: Constellation Brands, Inc. VERFAHREN: Säulenbrennverfahren. PRODUKTION: keine Angaben.

BARTON GEGRÜNDET: 1890.
BESITZER: Constellation Brands, Inc. VERFAHREN: Säulenbrennverfahren. PRODUKTION: keine Angaben.

SÄMTLICHE HEAVEN-HILL-WHISKEYS werden heute in der 1999 erworbenen Bernheim-Brennerei in Louisville hergestellt.

VERKOSTUNG

HEAVEN HILL erzeugt hochprozentige ältere Whiskeys mit vollem Körper und würzig süßem Charakter, Barton jüngere, trockenere Bourbons.

BARTON BRANDS

VERY OLD BARTON
6 JAHRE, 90 PROOF (45 VOL.-%)

Farbe: Rotbraun
Nase: frisch, duftend, Beerenobst, Äpfel, Toffee, ein Hauch Pfeffer
Körper: mittel, geschmeidig
Gaumen: voll, Karamell-Eiche, Muskatnuss und Pfeffer, Orange und Äpfel
Nachklang: voll, würzig

KENTUCKY TAVERN
4 JAHRE, 80 PROOF (40 VOL.-%)

Farbe: Blassbernsteingelb
Nase: Apfelkuchen, Zitrus, Eiche, Honig
Körper: mittel, trocken
Gaumen: Honigeiche, Piment, Birnen und Roggen
Nachklang: mittel, spröde, warm

HEAVEN HILL

EVAN WILLIAMS BLACK LABEL
7 JAHRE, 86 PROOF (43 VOL.-%)

Farbe: kräftiges Goldgelb
Nase: komplex, süßes Karamellbonbon, Karamell, Vanille, Pfefferminze
Körper: mittel, ausgewogen
Gaumen: würzig, süße Vanille, angeröstete Eiche, Toffee
Nachklang: Leder und Tabak

EVAN WILLIAMS

ELIJAH CRAIG
12 JAHRE, 94 PROOF (47 VOL.-%)
Seit 1986 auf dem Markt. Nach Elijah Craig, einem Pionier des Kentucky-Bourbon, benannt.

Farbe: dunkles Goldgelb
Nase: Bourbon, Karamellsüße, Vanille, Gewürze und Obst
Körper: voll, herzhaft
Gaumen: voll, wärmend; Süße und Eiche, Karamell und Roggen in kraftvoller Harmonie
Nachklang: schwere Süße, Lakritz, Vanille und Gewürze; nachdrückliches Finale

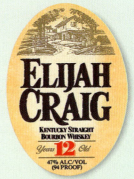

ELIJAH CRAIG

-vertriebsbranche und besitzt mit den über 600000 Fässern, die zurzeit in den traditionellen, mit Eisen verkleideten Lagerhäusern in und um Bardstown lagern, die zweitgrößten Whiskylagerbestände der Welt. Die Gebäude für Lagerung, Abfüllung und Vertrieb sowie die Büros der Verkaufs- und der Marketingabteilung stehen auf dem Bardstowner Gelände, das einst William Heavenhill gehörte. 1999 erwarb das Unternehmen die historische Bernheim-Brennerei in Louisville von Diageo. Nun entstehen sämtliche Bourbons in dieser Anlage, die ein Produktionsvolumen von 300 Fässern pro Tag hat.

DIE WHISKEYS VON HEAVEN HILL

Die Spezialität von Heaven Hill sind hochprozentige ältere Bourbons mit ausgeprägter Komplexität, einem vollen Körper und würzigem, süßem Charakter. Einige der zahlreichen angenehm erschwinglichen Spezialabfüllungen gehören in jede ernst zu nehmende Whiskeysammlung: Evan Williams Single Barrel wird jedes Jahr mit 86,6 Proof (43,3 Vol.-%) aus »Honig«-Fässern abgefüllt, die der Brennmeister Parker Beam auswählt.

Der 12-jährige Elijah Craig kam 1986 auf den Markt und ist eine echte Kostbarkeit: körperreich, honigtönig, mit Gewürz- und Honignoten.

Außerdem produziert Heaven Hill u.a. den 7-jährigen Evan Williams Black Label (der Bourbon mit den zweithöchsten Verkaufszahlen nach Jim Beam), den 10-jährigen Evan Williams 1783 (Parker Beams persönlicher Favorit), den 18-jährigen Elijah Craig Single Barrel, die Supreme-Ryes Rittenhouse und Pikesville, Fighting Cock, den 12-jährigen Very Special Old Fitzgerald, einen Wheated Bourbon, sowie den 10-jährigen Henry MacKenna Single Barrel.

DAS SCHILD ist schon ziemlich verwittert, aber die Brennerei eröffnete 2004 ein hochmodernes Bourbon Heritage Center in Bardstown.

DIE BARTON-BRENNEREI

Die Whiskeys von Barton sind bemerkenswert trocken und aromatisch. Die Hauptmarke auf dem Inlandsmarkt und die in der Branche hoch angesehene Spitzenmarke – mit einem sehr konkurrenzfähigen Preis – ist Very Old Barton, der als 6-Jähriger mit 90, 80 und 86 Proof (45, 40 und 43 Vol.-%) erhältlich ist. Daneben erzeugt Barton mehrere normale Straight Bourbons, u.a. den 4-jährigen Kentucky Gentleman mit 80 Proof und den 4-jährigen Kentucky Tavern mit 80 Proof. Der 4-jährige Tom Moore mit 80 Proof ist nach dem Mann benannt, der die Brennerei 1890 gründete.

Die heutige Brennerei entstand in den 1940ern und ist ein Backsteinfabrikgebäude im Stil jener Zeit. Sie verwendet ihre eigene Hefe in einer Sauermaische aus Destillationsrückständen, Malz und Roggen. Trotz ihres vollen Geschmacks sind die Whiskeys sehr rein, vielleicht weil sie zweifach destilliert werden.

Kentucky: Loretto

AMERIKAS ERSTE PREMIUM-BOURBONSPEZIALITÄT DER MODERNE, EIN WEICHER, SÜFFIGER WHISKEY, ENTSTEHT IN DER SANFT GEWELLTEN LANDSCHAFT VON MARION COUNTY. DIE BRENNEREI IST EINE DER ÄLTESTEN IN KENTUCKY.

Inmitten der sanften Hügel von Marion County steht in einer fruchtbaren Senke der Gebäudekomplex, zu dem auch die Maker's Mark Distillery gehört.

Die 1805 gegründete Brennerei ist einer der ältesten in Kentucky und nationales Kulturdenkmal. Die schwarzroten Gebäude liegen rechts und links des Hardin Creek, der mitten durch das idyllische Tal der Star Hill Farm fließt. Wenn man hinunter zum Fluss fährt, kommt man am »Quart House« vorbei, einem der ältesten noch erhaltenen Einzelhandelsgeschäfte in Amerika. Vor den dunklen Zeiten der Prohibition fuhren die Leute aus Marion County hier mit ihren Einspännern vor und ließen sich ihre Literkrüge aus den Fässern auffüllen.

Maker's Mark ist eine wahre Alchemistenküche, in der ein echter handgearbeiteter Whiskey entsteht, Amerikas erster Premium-Qualitätsbourbon der Moderne.

Die Vorfahren von Bill Samuels Junior, Bourbonhersteller in der siebten Generation

MAKER'S MARK *ist eine der wenigen Brennereien, die ihre Fässer in den mit Eisen verkleideten Lagerhäusern noch mühsam umräumen.*

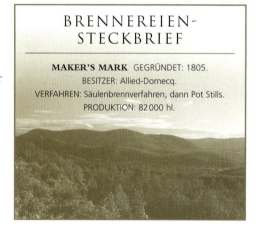

BRENNEREIEN-STECKBRIEF

MAKER'S MARK GEGRÜNDET: 1805.
BESITZER: Allied-Domecq.
VERFAHREN: Säulenbrennverfahren, dann Pot Stills.
PRODUKTION: 82 000 hl.

und Chef von Maker's Mark, waren schottisch-irische Einwanderer, furchtlose presbyterianische Pioniere, die sich an der Grenze zur Wildnis niederließen. Reverend Elijah Craig, einem zum Baptismus bekehrter Presbyterianer, wird oft das Verdienst zugeschrieben, in den 1780er-Jahren den Bourbon »erfunden« zu haben. Bill Samuels ist anderer Meinung: »Der Bourbon wurde nicht erfunden, sondern entstand nach und nach in diesen schottisch-irischen Siedlerfamilien. Elijah Craig war ein Nachbar meines Ur-Ur-Ur-Urgroßvaters Robert Samuels in Pennsylvania. Robert zog 1780 nach Kentucky und erzeugte als Farmer Whiskey für sich und seine Nachbarn.«

PREMIUM-BOURBON

1953 kaufte Bill Samuels Senior die Star Hill Farm, 80 Hektar fruchtbares Ackerland mit einer alten Brennerei und einem tiefen, durch Quellen gespeisten See auf dem Hügel. Da »Fußvolk«-Bourbon ihn nicht reizte, grub er das alte Familienrezept aus und machte sich daran, einen erstklassigen Bourbon für Connaisseure zu erzeugen.

»Das Ziel meines Vaters war es, einen raffinierten, süffigen, aber trotzdem schmackhaften Bourbon herzustellen«, erklärt Bill Junior, »ohne den für Bourbon typischen scharfen Nachgeschmack. Es ging ihm nicht um Geld, sondern darum, dem Bourbon einen guten Geschmack zu geben, und er dachte dabei vor allem an einen: sich selbst.« Bill Senior probierte verschiedene Getreide aus und entschied sich für eine Mischung aus Mais, Winterweizen (der weicher und zarter im Geschmack ist als Roggen) und Gerstenmalz.

Frau Samuels kam auf den Namen Maker's Mark (»Herstellerzeichen«), nach

Die Maker's-Mark-Brennerei ist mit ihrem glänzenden Kupfer und Holz eine der schönsten in Kentucky.

VERKOSTUNG

Maker's Mark verwendet Winterweizen statt Roggen im Maischrezept. Das Ergebnis ist ein weicherer, zarterer Whiskey. Der Feinbrand wird mit relativ geringem Alkoholgehalt (55 Vol.-%) ins Fass gefüllt.

MAKER'S MARK
90 PROOF (45 VOL.-%)
Der originale, handgefertigte Premium-Whisky ohne »e«.

Ein Wheated Bourbon.

Farbe: kräftiges Bernsteingelb
Nase: süß, Karamell, Vanille, Obst, rein
Körper: weich und rund, buttrig, nahtlose Mischung aus Süße, Vanille und Karamell
Nachklang: geschmeidig, rein, mit zartem Nachhall

MAKER'S MARK

dem Brauch englischer Zinngießer, die besten Stücke mit ihrem Stempel zu versehen. Bill Samuels' Zeichen ziert immer noch jede Flasche, genauso wie das Frau Samuels' Einfallsreichtum zu verdankende Wachssiegel.

1958 war das erste Fass von Maker's Mark Handmade Whisky (zum Gedenken an die schottischen Vorfahren der Samuels ohne »e« geschrieben) fertig. Zunächst wurden nur kleine Mengen in der Gegend selbst verkauft und unter Whiskeykennern in Kentucky mündlich weiterempfohlen. »1980 war Maker's Mark zu einem Symbol für Kentucky geworden«, sagt Bill Junior, »Im gleichen Jahr brachte das *Wall Street Journal* eine Titelgeschichte über uns und das Telefon stand nicht mehr still. Der Artikel war toll für uns. Er machte Kunden außerhalb Kentuckys auf uns aufmerksam und verlieh der Marke Glaubwürdigkeit.«

DIE HEUTIGE BRENNEREI

Mittlerweile ist die Kapazität der Brennerei, die sich nun im Besitz von Allied-Domecq befindet, voll und ganz ausgelastet. Das Getreide, darunter 70 Prozent Mais, 16 Prozent Weizen und 14 Prozent Gerstenmalz, wird in einer alten Walzmühle schonend geschrotet. Mit dem Verfahren der zweifachen Destillation – die Beer Still ist eine der kleinsten überhaupt – wird ein Feinbrand mit einem relativ niedrigen Alkoholgehalt (65 Vol.-%) erzeugt.

Die Reifung findet in zwei- bis sechsstöckigen, mit Eisen verkleideten Lagerhäusern statt. Maker's Mark ist eine der wenigen Brennereien, die die Fässer innerhalb der Lagerhäuser regelmäßig umräumen – ein sehr arbeits- und kostenintensiver Vorgang. Die Fassdauben werden neun Monate an der Luft getrocknet, wodurch ihr Gerbstoffgehalt verringert wird, und der Feinbrand wird mit 55 statt wie für Bourbon üblich mit 62,5 Vol.-% ins Fass gefüllt. Durch den niedrigeren Alkoholgehalt nimmt Maker's Mark mehr Geschmacksstoffe aus dem Holz auf.

Um dem Gedränge der Andenkenjäger in der Abfüllhalle abzuhelfen, wurde im Shop der Brennerei eine Siegelstation eingerichtet, an der Besucher der Star Hill Farm die gerade erworbenen Whiskeyflaschen selbst mit dem berühmten Siegel versehen können.

KENTUCKY: CLERMONT

DIE FAMILIE BEAM, EINE BOURBONDYNASTIE, BLICKT AUF EINE MEHR ALS
200-JÄHRIGE WHISKEYTRADITION IN NELSON COUNTY ZURÜCK. HEUTE IST
JIM BEAM DER WELTWEIT MEISTVERKAUFTE BOURBON.

Der Begründer der Beam-Dynastie war ein Deutscher namens Böhm, doch niemand scheint mehr zu wissen, woher er genau kam, wann er nach Maryland auswanderte und wann der Name zu Beam amerikanisiert wurde. Sicher ist nur, dass die Familie Beam in den letzten 200 Jahren Besitzer und Mitarbeiter für einige der berühmtesten Brennereien in den USA stellte.

Die amerikanische Heimat der Beams sind Bardstown in Nelson County und verschiedene Orte in angrenzenden Countys. Der erste Brenner in der Familie war Jacob Beam, der sich 1795 in Washington County niederließ. Sein Urgroßenkel David Beam gründete Mitte des 19. Jahrhunderts eine Brennerei in Clear Springs, ein Stück oberhalb der nach seinem Sohn Jim benannten Brennerei in Clermont, die 1933 nach dem Ende der Prohibition errichtet wurde. Das Unternehmen erwarb außerdem einen Betrieb im etwa 14 Kilometer entfernten Boston, Nelson County.

Die James B. Beam Distilling Company wurde 1967 von American Brands übernommen und ist heute im Besitz von Fortune Brands. Jim Beam ist der mit Abstand meistverkaufte Bourbon und eine der Spitzenmarken auf dem Spirituosenmarkt.

BRENNEREIEN-STECKBRIEF

JIM BEAM BRANDS CO. GEGRÜNDET: 1795.
BESITZER: Fortune Brands, Inc. VERFAHREN: Säulenbrennverfahren. PRODUKTION: 400 000 hl.

Die fabrikähnliche Brennerei in Clermont, eine halbe Autostunde südlich von Louisville, ist ein beliebtes Ziel für Touristen; in Jim Beam's American Outpost können sie alles über die Whiskeytradition der Beams erfahren und das Haus der Familie besichtigen. Jim Beam verwendet die eigene »süße« Hefe, einen großen Anteil Roggen in der Maische und Rückstand im Kocher sowie – in besonders großer Menge – in den Gärbehältern. Der Bourbon wird mit bemerkenswert niedrigem Alkoholgehalt destilliert und abgefüllt; Letzteres trägt maßgeblich zu seinem Geschmack bei.

JIM-BEAM-WHISKEYS

Die Standardversion ist der 4-jährige Jim Beam mit weißem Etikett und 80 Proof (40 Vol.-%), ein milder, weicher Whiskey mit mittlerem Körper, verhaltener Süße, Vanille und Gewürzen. Der 8-jährige Jim Beam Black mit 86 Proof (43 Vol. %) ist anders: markant, komplex, mit üppigen Eichen-, Vanille- und Fruchtnoten, nachhaltig und ausgewogen. Beam's Choice hat 86 Proof und wird nach dem Reifen durch Holzkohle filtriert.

Anfang der 1990er-Jahre brachte Jim Beam die Small Batch Bourbon Collection auf den Markt und begründete damit eine Unterkategorie von Bourbon, die der gesamten Branche Auftrieb gab. Die Reihe hatte das große Glück, Jim Beams Enkel Booker Noe als Fürsprecher zu haben, der 2004 verstarb, nachdem er die Herstellung von Jim-Beam-Whiskey 50 Jahre lang entscheidend mitgeprägt hatte.

1988 wurde unter Booker Noes Namen ein unverschnittener und nicht kalt filtrierter Bourbon mit natürlicher Stärke eingeführt; 1992 bekam der komplexe, eichentönige Booker's Gesellschaft von drei weiteren Bour-

NACH DER ZWEITEN DESTILLATION *kommt der Feinbrand in Fässer aus neuer Eiche, die in offenen Schobern extremen Temperaturschwankungen ausgesetzt werden.*

bons: dem nach Booker's Cousin Baker Beam benannten fruchtigen, toastigen 7-jährigen Baker's mit 107 Proof (53,5 Vol.-%), dem würzigen, pfeffrigen 8-jährigen Basil Hayden's mit 80 Proof und einem doppelten Anteil Roggen im Maischrezept und dem ausgewogenen, kräftigen 9-jährigen Knob Creek mit 100 Proof (50 Vol.-%). Außerdem wird ein ausgezeichneter 6-jähriger Rye Whiskey (ohne Altersangabe) mit 80 Proof und einem gelben Etikett erzeugt.

In den Brennereien in Clermont und Boston entstehen auch drei historische Kentucky-Bourbons, die allerdings nicht so im Rampenlicht stehen wie ihre Cousins von Jim Beam. Old Grand-Dad, auf dessen Etikett der Brenner Basil Hayden gewürdigt wird, ist ein herzhafter, würziger Whiskey mit 86 Proof und einem höheren Roggenanteil. Der nach dem Chemiker und Bourbonpionier James Christopher Crow benannte 4-jährige Old Crow wird mit 80 Proof abgefüllt. Das Rezept für den heutigen Old Crow, in dem Zitrus- und Gewürznoten dominieren, stammt aus den 1960ern und ist nicht das, um dessentwegen der Whiskey von vielen amerikanischen Dichtern gefeiert wurde. Old Taylor, ein traditioneller, kräftiger 6-jähriger Bourbon, ehrt Colonel Edmund Haynes Taylor jr., Whiskeymagnat und treibende Kraft bei der Verabschiedung des Bottled-in-Bond-Act von 1897, der garantierte, dass jede Flasche mit dem Siegel der Regierung mindestens vier Jahre gereift hatte und 50 Vol.-% besaß, und damit die Panscher jener Zeit in ihre Schranken verwies.

VERKOSTUNG

FÜR DIE MIT einem relativ geringen Alkoholgehalt abgefüllten Bourbons wird viel Roggen in der Maische und Rückstand im Gärbottich verwendet.

JIM BEAM WHITE LABEL
80 PROOF (40 VOL.-%)

Farbe: Strohgelb
Nase: weiche Noten von Vanille, süßem Karamell, Pfeffer und Piment
Körper: leicht bis mittel, weich
Gaumen: Vanilleeiche, Toffee- und Pimentnoten, Karamell
Nachklang: grasig, kurz

JIM BEAM WHITE LABEL

KNOB CREEK
9 JAHRE, 100 PROOF (50 VOL.-%)
Seit 1992 auf dem Markt. Nach Abraham Lincolns Geburtsort in Kentucky benannt.

Farbe: dunkles Mahagonibraun
Nase: geröstete Nüsse, Ahorn, Eiche, ausgewogen
Körper: voll, reichhaltig
Gaumen: klassische, kräftige Bourbonaromen; Eichensüße, Gewürze, Obst, Vanille
Nachklang: lang, voll, glühend

KNOB CREEK

Die Jim-Beam-Brennerei in Clermont ist eine Industrieanlage und sieht auch so aus. Zum Glück ist das Besucherzentrum um einiges ansprechender.

Kentucky: Louisville

LOUISVILLE IST DIE GRÖSSTE STADT IN KENTUCKY UND SEINE »DISTILLERY ROW«
ZÄHLTE EINST ZWÖLF BRENNEREIEN. IN DEN ZWEI NOCH BESTEHENDEN BETRIEBEN WIRD
IMMER NOCH GROSSARTIGER BOURBON HERGESTELLT.

Louisville ist eine geschäftige Hafenstadt am Ohio und wird oft als südlichste Stadt im Norden und nördlichste Stadt im Süden der USA bezeichnet. Zu Segelschiffzeiten wurden in Louisville Seile aus in Kentucky wild wachsendem Hanf hergestellt. Seinen Wohlstand verdankt es dem Handel mit Tabak, ganz zu schweigen vom Schinken. Am Flussufer wird auf einer Tafel Evan Williams gedacht, der 1783 der erste Brenner der Stadt und vielleicht sogar des Staates war.

Am Südwestrand der Stadt, jenseits von Churchill Dows und dem Dixie Highway, liegt das Gebiet namens »Distillery Row«. Die Brennereien in Louisville waren große Industrieanlagen, die während der goldenen 1950er-Jahre immer weiter wuchsen. Sechs Brennereien erzeugten konkurrenzfähigen Bourbon; davon sind heute nur noch zwei in Betrieb.

DIE BROWN-FORMAN-BRENNEREI

Brown-Forman, ehemals Early Times, ist der Hersteller von Old Forester Bourbon und Early Times Kentucky Whisky (ohne »e«).

1870 erkannte George Garvin Brown, Arzneimittelverkäufer in Louisville, dass es an einem Whiskey mit beständig hoher Qualität fehlte, der medizinischen Anforderungen genügte. Damals war Whiskey das beste Betäubungsmittel, das es gab, und wurde bei einer Vielzahl von Leiden verschrieben. Er wurde im Fass verkauft und daher oft von den Händlern gepanscht. Brown und sein Halbbruder J. T. S. Brown begannen daraufhin, ihren Old Forester Bourbon Whisky in versiegelten Glasflaschen zu verkaufen.

Die Marke Early Times entstand 1860 in einem anderen Teil Kentuckys und kam 1933 nach Louisville. Die Maische für Old Forester besteht aus 72 Prozent Mais, stattlichen 18 Prozent Roggen und 10 Prozent Gerstenmalz und wird mit 12 Prozent Destillationsrückstand fünf Tage lang vergoren. Early Times besteht aus 79 Prozent Mais, 11 Prozent Roggen und 10 Prozent Gerstenmalz. Die Maische wird mit 20 Prozent Rückstand drei Tage lang vergoren. Für jeden Whiskey wird ein anderer Hefestamm verwendet. Der Early-Times-Feinbrand ist körnig, mit etwas Würze und sehr wenig Frucht. Bei Old Forester sorgt die Hefe für einen kräftigen, fruchtigen Feinbrand mit Gewürz- und Zitrusaroma sowie Noten von reifen Kirschen.

Beide werden zuerst in einer Beer Still und dann in einem Thumper destilliert. Old Forester wird in angekohlte Fässer aus neuer Eiche gefüllt und ist daher ein Straight Kentucky Bourbon; Early Times wird hingegen zum Teil in gebrauchten Fässern gelagert und heißt deshalb »Kentucky Whisky«. Er reift mindestens drei Jahre und wird dann mit 5-, 6- und 7-jährigem Straight aus angekohlten neuen Fässern verschnitten. Dieser Whiskystil wurde 1981 als Konkurrenzprodukt für den leichteren kanadischen Whisky entwickelt. Straight Early Times Bourbon wird in Australien und auf einigen anderen ausländischen Märkten als 4-jähriger Yellow Label und 7-jähriger Brown Label verkauft.

DIE BROWN-FORMAN-WHISKEYS

Old Forester ist ein traditioneller, schön ausgebauter Bourbon mit viel Körper, Frucht in der Nase und am Gaumen und dem richtigen Maß an Vanille- und Eichennoten. Es gibt eine 6-jährige Abfüllung mit 86 Proof (43 Vol.-%), einen komplexen 8-jährigen mit knackigen 100 Proof (50 Vol.-%) und verschiedene Jahrgangsversionen, die, allesamt schön verpackt, anlässlich George Garvin Browns Geburtstag im September herauskommen. Der weiche, zum Mixen geeignete Early Times mit 80 Proof (40 Vol.-%) ist am Gaumen leichter als Old Forester.

BRENNEREIEN-STECKBRIEF

BROWN-FORMAN GEGRÜNDET: 1891.
BESITZER: Brown-Forman. VERFAHREN: Säulenbrennverfahren. PRODUKTION: keine Angaben.

BERNHEIM GEGRÜNDET: 1992.
BESITZER: Heaven Hill Distilleries, Inc.
VERFAHREN: Säulenbrennverfahren.
PRODUKTION: 85 000 hl.

DIE LAGERHÄUSER von Brown-Forman werden im Winter beheizt, um die Reifung zu beschleunigen.

DIE BRENNEREIEN in Louisville waren zu ihren besten Zeiten riesige Betriebe, wie die Säulenbrennanlage in Bernheim erahnen lässt.

DIE BERNHEIM-BRENNEREI

Drüben im zehnten Bezirk der Stadt liegt die Heaven-Hill-Brennerei mit einem Produktionsvolumen von 300 Fässern am Tag. Sie ist nach Isaac Wolfe Bernheim benannt, einem überaus angesehenen Whiskeyhändler, der Anfang des 20. Jahrhunderts I. W. Harper Bourbon, das sich in der Zwischenzeit im Besitz von Diageo befindet, begründete. Heaven Hill erzeugt zwar seine gesamte Whiskeyproduktion in dieser Brennerei, lagert ihn aber lieber in Nelson County als in den riesigen Backsteinlagerhäusern auf dem Bernheim-Gelände.

VERKOSTUNG

DER FRUCHTIGE Old Forester und der nussige Early Times werden zwar mit verschiedenen Maischrezepten, Gärzeiten und Hefen, aber in derselben Brennerei hergestellt.

OLD FORESTER
ÜBER 8 JAHRE, 100 PROOF (50 VOL.-%)

Farbe: poliertes dunkles Kupfer
Nase: komplex, reifes Obst, Vanille, Anis, Minze, Schokoladencreme
Körper: voll, cremig
Gaumen: Äpfel und Pfirsiche, Karamell, Eiche, ein Hauch Muskatnuss
Nachklang: süß, weiches Obst, nachhaltig

EARLY TIMES KENTUCKY WHISKY
80 PROOF (40 VOL.-%)
Der Whisky wird mindestens drei Jahre in gebrauchten Fässern gelagert und mit 5-, 6- und 7-jährigem Straight Whiskey aus angekohlter neuer Eiche verschnitten.

Farbe: Blassmahagonibraun
Nase: würzig, nussig, rein, süß
Nachklang: geschmeidig, mittel
Gaumen: weich, rein, Muskatnuss, Nüsse und Honig
Nachklang: süße Gewürze, kurz

TENNESSEE

TENNESSEE IST VON DER PROHIBITION GEZEICHNET: DER STAAT IST BIS AUF DREI COUNTYS IMMER NOCH »TROCKEN«, ABER ER HÄLT SEINE WHISKEYTRADITION AUFRECHT. JACK DANIEL'S UND GEORGE A. DICKEL ERZEUGEN DORT EINE BESONDERE ART VON SAUERMAISCHEWHISKEY.

Manche Whiskeys haben einen berühmten Namen, doch kaum jemand weiß, um welche Art von Whiskey es sich handelt – ein gutes Beispiel ist Jack Daniel's: Man bestellt einen Jack Daniel's, nicht einen Tennessee-Whiskey, und das hat auch seine Berechtigung, denn Jack Daniel's ist sozusagen der Inbegriff des Tennessee-Whiskey. Das Besondere an Tennessee-Whiskey ist, dass der Feinbrand, bevor er ins Fass gefüllt wird, durch Holzkohle aus Zuckerahorn gefiltert wird. Der Alkohol, der beim Reifen Geschmacksstoffe aus dem Fass extrahiert, erhält dadurch einen anderen, reineren Charakter und der Whiskey hat später ein ganz eigenes Gleichgewicht.

ZWEI BRENNEREIEN

Es gibt sechs Tennessee-Whiskeys aus zwei Brennereien: Jack Daniel's und George A. Dickel. Die Whiskeys von Jack Daniel's sind meist etwas schwerer und haben einen angenehmen, leicht öligen Körper, Dickel-Whiskeys sind leichter, sehr aromatisch und süß mit dem vom Fass stammenden typischen Vanillebukett sowie einem weichen Nachgeschmack. Jack Daniel's Hauptmarke Old No. 7 mit dem allseits bekannten schwarzen Etikett hat 86 Proof (43 Vol.-%),

DIE WALKING HORSES sieht man in der Heimat des Tennessee-Whiskeys häufig.

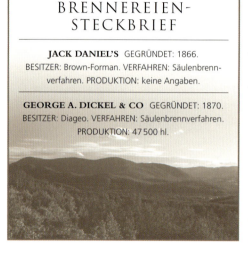

BRENNEREIEN-STECKBRIEF

JACK DANIEL'S GEGRÜNDET: 1866. BESITZER: Brown-Forman. VERFAHREN: Säulenbrennverfahren. PRODUKTION: keine Angaben.

GEORGE A. DICKEL & CO GEGRÜNDET: 1870. BESITZER: Diageo. VERFAHREN: Säulenbrennverfahren. PRODUKTION: 47 500 hl.

die Version mit grünem Etikett 80 Proof (40 Vol.-%); beide sind vier bis fünf Jahre alt, auf dem Etikett steht jedoch keine Altersangabe. Der weiche Gentleman Jack mit 80 Proof wird zweimal durch Holzkohle filtriert: einmal vor und einmal nach dem Reifen. Die Einzelfassabfüllung von Jack Daniel's mit 94 Proof (47 Vol.-%) ist körperreich und komplex. George Dickel No. 8 mit schwarzem Etikett und 80 Proof ist rein und süßlich; der aromatische, trockene No. 12 hat 90 Proof (45 Vol.-%) und ein Pergamentetikett. Für beide wird nach Informationen der Brennerei zurzeit über zehn Jahre alter Whiskey verwendet.

Beide Brennereien kann man besichtigen; sie liegen nur knapp 16 Kilometer auseinander und quasi auf dem Weg in die geschäftige Hauptstadt Nashville, das Mekka der Countrymusic. Außerdem gibt es hier viele Gestüte, in denen die berühmten Walking Horses gezüchtet werden. Obwohl dies die Urheimat des Tennessee-Whiskey ist, muss man oft mit einem Softdrink vorlieb nehmen, denn der Staat ist weitgehend »trocken« und auch ziemlich gläubig: In den kleinen Städten stehen überall baptistische Kirchen.

Die erste Brennerei soll 1825 in der Gegend entstanden sein, in der Jack Daniel später seinen Betrieb errichtete. In den 1890er-Jahren war Tennessee ein Zentrum der kommerziellen Brennerei, doch 1910, zehn Jahre bevor das Bundesgesetz in Kraft trat, wurde das in einigen Staaten bereits geltende Alkoholverbot auch auf Tennessee ausgeweitet. Erst 1938, fünf Jahre später als in den übrigen USA, wurde die Brennerei in Tennessee wieder erlaubt; verkauft werden durfte der Whiskey dort aber nicht. Tennessees Brennereien liegen in alkoholfreien Countys, in denen das Verbot allerdings hier und da aufweicht. Man kann Whiskey in den Städten Tullahoma und Manchester in Coffee County kaufen, aber nicht auf dem Land. Hergestellt werden darf Whiskey nur in drei der 95 Countys in Tennessee: Moore, Coffee und Lincoln.

In Kelso, Lincoln County, rund 20 Kilometer südlich von Lynchburg, erzeugt eine dritte, ziemlich kleine Brennerei Rum. Ihr Besitzer Phillip Prichards schmiedet aber schon Pläne in nicht allzu ferner Zukunft auch Whiskey zu brennen.

LYNCHBURG

Wenn man irgendwo den Namen Lynchburg liest, fehlt selten der Hinweis auf seine 361 Einwohner. Dies war die Bevölkerungszahl des Ortes, als er zum ersten Mal in der Jack-Daniel's-Werbung vorkam, und beide Seiten sind übereingekommen, dass sich daran, allen Geburten und Todesfällen sowie den veränderten Gemeindegrenzen zum Trotz, niemals etwas ändern wird. Lynchburg und Jack Daniel's haben sich gegenseitig bekannt gemacht – und sie brauchen einander.

Seit Jahrzehnten haben Menschen überall auf der Welt, wenn sie an Jack Daniel's denken, Szenen aus dem Alltag in Lynchburg vor Augen: Hier ist die Welt noch in Ord-

IN LYNCHBURG heißt es, eine göttliche Eingebung habe Jack Daniel dazu bewogen, seinem Whiskey den Beinamen »Old No. 7« zu geben.

BEI DER VERKOHLUNG in der Jack-Daniel's-Brennerei werden Ahornbalken mit reinem Alkohol in Brand gesetzt. Der Rauch wird abgesaugt, damit keine Rußpartikel in die Atmosphäre gelangen.

nung, hier nimmt man sich Zeit für die wichtigen Dinge des Lebens.

Lynchburg sieht aus wie fast alle anderen kleinen Südstaatenorte: ein paar Geschäfte, hauptsächlich aus den 1920er-Jahren, rund um das Gerichtsgebäude, ein hübscher Bau im Georgian Style mit einem Denkmal für die Gefallenen der Konföderierten Staaten im Sezessionskrieg.

Drei der Geschäfte bieten Jack-Daniel's-Souvenirs an; ein viertes, der Lynchburg Hardware & General Store, gehört der Brennerei und verkauft Markenkleidung, Whiskeyaccessoires, jede Menge Merchandising-Artikel für Golfsport und Barbecues (u.a. Holzspäne aus gebrauchten Fässern), Schnitzmesser (und das Holz dazu), Werkzeug, Küchenutensilien und eine große Auswahl an ländlichen Produkten. Jack Daniel's ist im Übrigen auch der Besitzer des White Rabbit Saloon, wo man Kaffee und Kleinigkeiten zu essen, aber keinen Alkohol bekommt.

DIE JACK-DANIEL'S-BRENNEREI

Lynchburg ist von hohen Hängen umgeben. In einer Felswand befindet sich eine etwa sechs Meter hohe und acht Meter breite Höhle, die sich schnell so verengt, dass man sich nur noch kriechend fortbewegen kann. Der Gang wurde bis in 1800 Meter Tiefe erforscht, aber die Quelle des Wassers, das Jack Daniel's für seinen Whiskey verwendet, wurde nicht gefunden. Wäre es ein unterirdischer Fluss, so hätte dieser ein bis zu 2000 Hektar großes natürliches Becken.

DER BRENNVORGANG

In dem Dampfdruckkocher wird etwas Destillationsrückstand verwendet. Auf die Hefe ist Jack Daniel's sehr stolz: ein sehr wirksamer zweizelliger Stamm, der bei jedem Gärvorgang wieder entnommen und in einem Gefäß auf Eis aufbewahrt wird. Die 16 Gärbehälter sind alle offen und aus Edelstahl; die Brennblase aus der Zeit vor der Prohibition steht neben vier Säulenbrennapparaten mit Doublern. Das Brennhaus, ein schmales siebenstöckiges Gebäude aus rotem Backstein, ist genauso wie das alte Filtriergebäude mit Efeu überwuchert. Die hölzernen Fil-

DIE HÖLZERNEN FILTERBEHÄLTER sind zwei Meter hoch mit Holzkohle gefüllt.

trierbehälter sind in den Boden eingelassen, mit einer Wolldecke ausgekleidet und drei Meter hoch mit Holzkohle gefüllt. Direkt darüber verlaufen kreuz und quer gelochte Kupferrohre mit einem Durchmesser von etwa zwei Zentimeter, durch die der Whiskey auf die Holzkohle tropft.

DIE VERKOHLUNG

Nach drei Monaten ist die Holzkohle nicht mehr brauchbar. Um immer ausreichend Holzkohle vorrätig zu haben, wird ein- bis zweimal in der Woche eine Ladung Ahornholz verkohlt. Dazu wird der Ahorn in etwa einen Meter lange Planken geschnitten, die sauber zu einem etwa zwei Meter hohen Stapel aufgeschichtet werden. Dann wird der Stapel in Brand gesetzt, und die Flammen steigen fauchend zum Abzug empor, der den Rauch und die Rußpartikel absaugt. Wenn die Flammen am höchsten sind und das Holz lodernd brennt, wird der Stapel mit reichlich Wasser getränkt. Das Feuer spuckt und qualmt gehörig, bevor es endlich ausgeht. Nach dem Auskühlen werden die schwarzen, bröckeligen Überreste der Planken zu etwas zerkleinert, das wie Holzkohle aussieht, und in die Behälter gefüllt, in denen sie dann mit Whiskey beträufelt werden.

In sicherem Abstand beobachten Besuchergruppen das beeindruckende Schauspiel. Hinter ihnen ragen die Lagerhäuser empor, in denen ganz langsam der Whiskey reift. Und irgendwie wirkt alles ein wenig inszeniert: die Stadt, die Brennerei, die Rituale, das Publikum.

Die Brennerei gehört Brown-Forman aus Louisville, Kentucky, aber die Atmosphäre ist nicht die eines Betriebs, der Teil eines großen Unternehmens ist. Als Eigentümer ist immer noch Jack Daniels Neffe Lem Motlow eingetragen und der Geist seiner Familie und seiner Freunde schwebt über dem Gelände.

EINE ROMANTISCHE GESCHICHTE

Die Geschichte von Jack Daniel's beginnt mit einer Romanze: Der Engländer Joseph Daniel, der als Kutscher für eine wohlhabende schottische Familie arbeitete, verliebte sich in die 15-jährige Tochter des Hauses. 1772 floh das Paar nach Amerika, wo Joseph im Unabhängigkeitskrieg gegen die Briten kämpfte;

das Paar lebte zuerst in North Carolina, dann in Tennessee. Ihr Enkel Jack Daniel, der jüngste von zehn Geschwistern, wurde um 1846 geboren, verstand sich jedoch nicht mit seiner Stiefmutter und zog daher schon in jungen Jahren zu einem Onkel. Er arbeitete für den 17-jährigen Dan Call, ein lutherischer Laienpriester und Farmer, der den Laden am Ort führte und in einer hölzernen Brennblase Maiswhiskey erzeugte.

Als Call sich ganz seinem Amt als Pfarrer widmete, verkaufte er das Whiskeygeschäft an den 14-jährigen Jack. Calls Brenner Nearest Green, ein Sklave, lehrte Jack die Kunst des Whiskeybrennens. Dieser verlegte die Anlage schließlich in die Cave Spring Hollow bei Lynchburg, das Gelände der heutigen Brennerei. Sie wurde 1866, nach dem Bürgerkrieg, offiziell angemeldet.

JACK DANIEL'S NO. 7

Es gibt verschiedene Versionen der Geschichte, wie der um 1887 eingeführte Jack Daniel's No. 7 zu seinem Namen kam; die wahrscheinlichste ist, dass Daniel den Erfolg eines jüdischen Händlers kopieren wollte, der eine Ladenkette mit sieben Niederlassungen eröffnet hatte. Er verwendete auch die Bezeichnung »Old« für seinen Whiskey. Wenn er ihn lagerte oder lagern ließ, war das ungewöhnlich – damals wurde Whiskey im Fass an Lokale geliefert, und das Lagern war dann deren Sache – und mag eine Art Gütezeichen gewesen sein.

Daniel verkaufte seinen Whiskey von Anfang an nicht im Laden, sondern fuhr ihn mit Pferdewagen selbst aus, was sicherlich zu seiner Bekanntheit beitrug. Doch der Durchbruch kam erst 1904, als er mit seinem Whiskey auf die Weltausstellung in Saint Louis, Missouri, reiste: Die Goldmedaille für den weltbesten Whiskey ging prompt an den »kleinen Kerl aus Tennessee mit dem Zylinder«.

Normalerweise trug Jack Daniels einen breitkrempigen Farmerhut und einen knielangen Rock; der nur 1,60 Meter große Dandy war der begehrteste Junggeselle in der Gegend, heiratete aber nie. Gegen Ende seines Lebens wurde er Baptist. Nach seinem Tod 1911 und der Prohibition, die in Tennessee 28 Jahre dauerte, war niemand daran interessiert, den Betrieb wieder aufzunehmen, aber Daniels bereits 69-jähriger Neffe Lem Motlow beschloss schließlich, die Brennerei zu erweitern und umzubauen. Er starb 1947 und vererbte die Brennerei an seine vier Söhne, die jedoch keinen Nachfolger fanden und die Firma 1956 an Brown-Forman verkauften.

TULLAHOMA

Wenn es ein historisches Zentrum der Whiskeyherstellung in Tennessee gibt, dann ist es die 17000-Seelen-Stadt Tullahoma, die Heimat Alfred Eatons, der 1825 die Holzkohlefiltration entwickelte. Damals wie heute war Tullahoma in Coffee County die größte Stadt weit und breit; Eatons Brennerei lag in der Senke, in der später Jack Daniel seinen Betrieb aufmachte.

Die Kleinstädte im Kernland der USA sind nach einem vorhersehbaren Schema angelegt: Entweder die Häuser gruppieren sich um das Gerichtsgebäude oder es gibt nur eine einzige Straße oder die Bahnlinie verläuft mitten durch die Hauptstraße, wie das heute noch in Tullahoma der Fall ist. Die Eisenbahn bot den Einwohnern von Coffee County und Moore County nicht nur eine direkte Verbindung nach Nashville

DIE HEUTIGE GEORGE A. DICKEL *Distillery wurde 1958 erbaut und wirkt im Vergleich zu ihrem Nachbar Jack Daniel's geradezu winzig.*

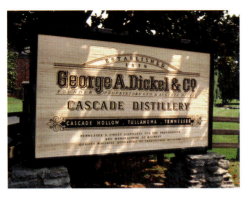

DIE DICKEL-BRENNEREI *liegt in der Cascade Hollow und hieß deshalb ursprünglich Cascade Distillery.*

und Chattanooga, sondern machte Tullahoma auch zu einem Urlaubsort: Die Bahn war schon an sich eine Attraktion, noch besser war es, wenn sich darum herum eine richtige Stadt erstreckte, und Tullamore verfügte zudem über ein Vorkommen an Kalksteinquellen.

GEORGE A. DICKEL

Einer der Zugereisten war George A. Dickel, ein erfolgreicher Händler deutscher Abstammung aus Nashville, der Tullahoma Ende der 1860er-Jahre mit seiner Frau besuchte und schließlich dort hinzog, um Whiskey herzustellen. Das Unternehmen George A. Dickel & Co. wurde 1870, die Cascade Distillery 1877 gegründet; der Vertrieb lief über die Nashviller Handelsfirma. 1888 erwarb Dickels Schwager und Geschäftspartner Victor Schwab die Mehrheitsanteile an der Cascade Distillery und das alleinige Recht, das Produkt der Brennerei, das damals Cascade Tennessee Whiskey hieß, abzufüllen und zu verkaufen.

Erst nach Dickels Tod 1894 wurde der Whiskey nach ihm benannt. Die Brennerei schloss wie einige andere in Tullahoma 1910, als das Alkoholverbot in Tennessee in Kraft trat, und Schwab verlegte das Unternehmen nach Louisville, Kentucky. 1937 wurden die Namen Dickel und Cascade vom nationalen Getränkekonzern Schenley erworben, der 1958 die Marke in ihre Heimat zurückführte und knapp einen Kilometer vom ursprünglichen Standort entfernt die heutige Brennerei errichtete. Sie liegt idyllisch in einem langen, gewundenen, von Bäumen gesäumten Tal, dessen Stille nur von Vogelzwitschern und dem Rauschen des Baches durchbrochen wird.

Ein Jahr später begann man mit der Produktion nach demselben Rezept und mit dem gleichen Wasser wie bei der Herstellung des ursprünglichen Cascade-Whiskeys. 1964 kamen die ersten Flaschen in die Regale. 1987 wurde George Dickel von Guinness übernommen, das inzwischen zur Diageo-Gruppe gehört.

DER BRENNVORGANG

Dickel verwendet einen Dampfdruckkocher und die eigene Hefe, eine von Schenley entwickelte, nur wenig Fuselöl produzierende Kultur. Die drei- und viertägige natürliche Gärung findet in Edelstahlbehältern statt; der Feinbrand wird zweifach destilliert und kommt flüssig in den Doubler. Vor der Holzkohlefiltrierung in Edelstahltanks wird er eisgekühlt.

DIE KALKSTEINQUELLEN *und die idyllische Landschaft machten Tullahoma zu einem Kurort. George Dickels Laden am rauschenden Bach gibt es heute noch.*

Die einstöckigen Lagerhäuser aus Holz und galvanisiertem Metall liegen 300 Meter hoch auf einem Hügel; Wände und Dach sind isoliert. Der Brennereimanager David Backus hält die Innentemperatur bei mindestens 12 °C.

Außerhalb der Brennerei ist der harte Zuckerahorn gestapelt, aus dem die Holzkohle gemacht wird. Da sie kleiner als ihr berühmter Nachbar ist (Dickel hat 29, Jack Daniel's 400 Mitarbeiter), wird dort weniger Holzkohle hergestellt, die jedoch in beiden Brennereien auf die gleiche Weise genutzt wird – Alfred Eaton in Tullahoma hätte das sicherlich gefreut.

VERKOSTUNG

ALLE TENNESSEE-WHISKEYS werden durch Holzkohle aus Zuckerahorn gefiltert. Dadurch werden einige der Fuselöle entfernt und man erhält einen reineren Feinbrand.

JACK DANIEL'S

JACK DANIEL'S
OLD NO. 7, 86 PROOF (43 VOL.-%)

Farbe: Mittelbernsteingelb
Nase: Balance zwischen Karamell, Vanille, Lakritz und Toffee
Körper: mittel, rund
Gaumen: Eiche mit Beeren, Apfelmus, Karamell und Vanille
Nachklang: trocken, Holzkohlerauch

GENTLEMAN JACK
80 PROOF (40 VOL.-%)
Zweifach holzkohlegefiltert, einmal vor und einmal nach dem Reifen.

Farbe: Hellbernsteingelb

Nase: Karamell und Obst (Schwarze Johannisbeere und Mandarine)
Körper: weich, seidig
Gaumen: zart, ausgewogen, noch mehr Karamell und Obst mit Vanille- und Rauchnoten
Nachklang: Rauch und Johannisbeeren

GEORGE DICKEL

GEORGE DICKEL NO. 8
80 PROOF (40 VOL.-%)

Farbe: weiches Bernsteingelb
Nase: süß, Vanille, Schokoladen- und Kakaonoten
Körper: ausgewogen, leicht bis mittel
Gaumen: ein Hauch Süße, rund, Äpfel, Birnen und Vanilleeiche
Nachklang: abrupt, Gewürz- und Holzkohlenoten

GEORGE DICKEL NO. 12
90 PROOF (45 VOL.-%)

Farbe: rötliches Bernsteingelb
Nase: aromatisch, weiche Vanille, schwindende Holzkohle
Körper: mittel, zart
Gaumen: voll, Schokolade, Beeren, Aprikosen
Nachklang: rein, frisch, fruchtig

JACK DANIEL'S SINGLE BARREL

Minibrennereien

»KLEIN, ABER FEIN« IST DAS MOTTO DER SO GENANNTEN MICRODISTILLERIES AN DER WESTKÜSTE. MIT TRADITIONELLEN EUROPÄISCHEN VERFAHREN UND EINER MODERNEN KULINARISCHEN PHILOSOPHIE PRODUZIEREN SIE KLEINE MENGEN ÄUSSERST INDIVIDUELLER WHISKEYS.

Ende der 1980er-Jahre regte sich bei den amerikanischen Verbrauchern ein wachsender Widerwille gegen Massenproduktion und Fastfood, sie begannen die Qualität und die Komplexität amerikanischer Whiskeys wiederzuentdecken und die Bourbonhersteller bekamen Gesellschaft von einer neuen »Alchemistenzunft«: den Minibrennereien an der Westküste.

Einige dieser handwerklich orientierten kleinen Brennereien folgten dem Beispiel innovativer Brauereien, brachen mit der Tradition und sorgten für eine kleine Revolution in der Branntweinherstellung: In Brennereien von Nantucket bis San Francisco und von Texas bis Vermont wurden Gin, Rum, Wodka, Grappa, Obstbrände und Whiskey neu definiert; die Abnehmer sind visionäre Restaurantbesitzer und gebildete Verbraucher in progressiven Städten wie San Francisco, Seattle und Portland. Heimatverbundenheit und nachhaltige Landwirtschaft sind integrale Bestandteile der Philosophie dieser Brenner und große Konzerne werden geflissentlich ignoriert. Klein, aber fein – das ist das Motto dieser neuen Kultur des guten Essens und Trinkens.

BRANNTWEINE VON ST GEORGE

Gründer und Brennmeister von St George Spirits, dem ersten Hersteller von *Eau de Vie* in den USA, ist Jörg Rupf, der 1982 mit der Produktion begann und zum Förderer und Berater für viele der neuen Minibrennereien wurde. Er wurde im Elsass geboren, wuchs im Schwarzwald auf und kam 1978 in die USA, um an der kalifornischen Berkeley-Universität Jura zu studieren, verzichtete jedoch auf die Karriere als Jurist, um sich der Brennereikunst zu widmen.

Für die Erzeugung seines *Eau de Vie* kombiniert Rupf die erfolgreichsten traditionellen europäischen

BRENNEREIEN-STECKBRIEF

KALIFORNIEN
ANCHOR DISTILLING CO., DOMAINE CHARBAY WINERY & DISTILLERY, ESSENTIAL SPIRITS ALAMBIC DISTILLERIES, SAINT JAMES SPIRITS, ST GEORGE SPIRITS

OREGON
CLEAR CREEK, MCMENAMIN'S EDGEFIELD

WEST VIRGINIA
ISAIAH MORGAN DISTILLERY, WEST VIRGINIA DISTILLING CO.

Verfahren mit den heutigen Möglichkeiten und diese Philosophie hat er auch auf den Single Malt der Brennerei übertragen: »Ich betrachte alles aus einer rein kulinarischen Perspektive.« Rupf und sein Brenner Lance Winters erzeugen sowohl *Eau de Vie* als auch Single Malt in kupfernen Pot Stills von Holstein, die ein Fassungsvermögen von 292 Liter haben.

Bevor Winters vor neun Jahren in der Brennerei in Alameda zu arbeiten begann, war er Braumeister in zwei Brauereien in der Bay Area. Der blumige, leichte und fruchtige Whiskey mit 86 Proof (43 Vol.-%) und ausgeprägten Orangenblütennoten wird aus einem ungehopften Bier aus gemälzter zweizeiliger Gerste gebrannt. 5 Prozent der Gerste wird stark gemälzt; ein Teil wird über Erlen- und Buchenholz geräuchert.

Um die blumigen Vordergrundnoten zu erhalten und Eiche- und Vanillenoten hinzuzufügen, werden 82 Prozent des Feinbrands für St George Single Malt in zum ersten Mal befüllten ehemaligen Bourbonfässern gelagert; 12 Prozent reift für Vanille und Mundgefühl in neuer französischer Eiche, 6 Prozent in Portweinfässern, um den Kakaoge-

DIE ESSENTIAL SPIRITS ALAMBIC DISTILLERY
stellt in einer Kupferbrennblase von Stupfler aus Bordeaux Branntwein her.

schmack zu betonen und dem Whiskey Tiefe und eine ansprechende Note zu verleihen. Die aktuelle Abfüllung (die vierte) wurde mehr als fünf Jahre gelagert.

ANCHOR DISTILLING CO.

Fritz Maytag stellt seit 1994 auf dem Potrero Hill Branntwein her, doch seine gastronomische Karriere begann schon 1965 mit dem Erwerb der renommierten Anchor Steam Brewery in San Francisco. Sein Vater produzierte Maytag-Blue-Käse auf der familieneigenen Farm in Newton, Iowa, und er selbst lebt in einem Weinberg am Rand der berühmten Weinbaugebiete Napa und Sonoma nördlich von San Francisco, wo er Wein und Portwein der Marke York Creek erzeugt und Oliven anbaut.

Die Brennerei im hinteren Teil der Brauerei erzeugt den köstlich aromatischen Gin Junipero, in Handarbeit und mit vielen Kräutern und Pflanzen, und zwei Pot-Still-Ryes mit Fassstärke, die beide zu 100 Prozent aus Roggenmalz bestehen. Der pfeffrige, ölige Old Potrero Single Malt Whiskey mit Minz- und Schokoladenoten reift ein Jahr in nicht angekohlter neuer Eiche, der würzige, buttrige und süße Old Potrero Single Malt Straight Rye Whiskey hingegen drei Jahre in angekohlten neuen Eichenfässern.

Die Brennerei ist auf sehr kleine Mengen traditionell hergestellter Branntweine vieler Art spezialisiert; mit den Pot-Still-Whiskeys knüpft Maytag an die ursprüngliche Tradition der amerikanischen Getreidewhiskeyproduktion an. »Anfangs war es nur ein Versuch und wir hatten ungefähr 1100 Flaschen«, erklärt er. »Unser erster Whiskey reifte bloß ein Jahr: Er kam am 9. Dezember 1994 ins Fass und im Februar 1996 auf den Markt. Der Old Potrero Single Malt ist unsere Hauptmarke im, wie wir sagen, Stil des 18. Jahrhunderts. Unsere Eiche beziehen wir aus einer Böttcherei, wo die Fässer über Eichenspänen mittelstark angeröstet werden. Der Straight Rye ist unser Whiskey im Stil des 19. Jahrhunderts. Nachdem die Prohibition aufgehoben worden war, mussten Bourbon und Rye laut Bundesgesetz in angekohlten neuen Eichenfässern gelagert werden. Wir lagern unseren drei Jahre lang und im Unterschied zu anderen Rye Whiskeys besteht er zu 100 Prozent aus Roggenmalz.

ESSENTIAL SPIRITS ALAMBIC DISTILLERIES

Dave Classicks Brennerei liegt zwischen Palo Alto und San Jose mitten im Silicon Valley, wo Dave und seine Frau Mirenda beschäftigt waren, als sie ihren Familienbetrieb gründeten. Dort entstehen zweierlei europäische Branntweine sowie Grappa von Cabernet-Sauvignon-Trauben. Der trockene, aromatische Classick Original American Bierschnaps wird aus dem eigenen leicht gehopften Paleale gebrannt, der blumige, würzige Sierra Nevada Bierschnaps aus dem stark gehopften Sierra-Nevada-Paleale der Brauerei im kalifornischen Chico. Der ganze Stolz von Essential Spirits ist die von Jean Louis Stupfler aus Bordeaux, einem der besten Brennblasenhersteller in Frankreich und Handwerker in der dritten Generation, handgefertigte Kupferbrennblase.

SAINT JAMES SPIRITS

Jim Busuttil, Brenner und Besitzer von Saint James Spirits im südkalifornischen Irwindale, stellt seit 1997 den süßen, mittelstark getorften Peregrine Rock California Pure Single Malt Whiskey her. Er wird in einer kupfernen Pot Still von Jacob Carl mit 150-Liter-Fassungsvermögen gebrannt und reift mindestens drei Jahre in Bourbonfässern.

DOMAINE CHARBAY

Der von der Familie Karakasevic auf der Domaine Charbay im Napa Valley hergestellte Charbay ist ein toastiger, kräuterwürziger, blumiger Whiskey, der mit Fassstärke und ungefiltert abgefüllt wird. 100 Prozent ungetorftes Malz aus zweizeiliger Gerste wird mit Hopfen vergoren, in einer kupfernen Charentais-Pot-Still mit einem Fassungsvermögen von 3000 Liter zweifach destilliert und in angekohlter neuer Eiche gelagert.

CLEAR CREEK DISTILLERY

Steve McCarthys vor 18 Jahren gegründete Clear Creek Distillery in Portland, Oregon, ist hauptsächlich für ihre traditionellen europäischen Branntweine, vor allem *Eau de Vie*, bekannt. Aber seit einigen Jahren destilliert er in seiner Holstein-Pot-Still eine getorfte, ungehopfte vergorene Würze aus der Widmer Brothers Brewery in Portland. McCarthy's Oregon Single Malt ist einer der ersten und kräftigsten von einer Minibrennerei hergestellten Whiskeys.

DIE EDGEFIELD-BRENNEREI liegt neben dem Golfplatz oberhalb von Kino, Brauerei und Kellerei.

WIE VIELE MINIBRENNEREIEN stellt Edgefield verschiedene ungereifte und gereifte Branntweine her.

ESSENTIAL SPIRITS arbeitet trotz seines Hightech-Standortes mit ausgesprochenen Lowtech-Methoden.

EDGEFIELD

McMenamin's Edgefield ist ein regelrechter Gourmettempel – eine Kombination aus Hotel, Brauerei, Kino und Kellerei – am Stadtrand von Portland. Die Besitzer Mike und Brian McMenamin, zwei engagierte, aber sehr relaxte Brauer und Wirte, errichteten vor einigen Jahren außerdem eine Brennerei und eine exklusive Bar beim Golfplatz, der ebenfalls ihnen gehört.

»Zu Anfang experimentierten wir viel mit Grappa und Brandy«, berichtet Lee Medoff, der seit Herbst 1998 als Brenner für Edgefield arbeitet, »doch in den letzten Jahren haben wir uns eher auf das besonnen, was wir besonders gut können und was zurzeit gefragt ist. Unser Gin heißt Vintners, er ist holländischer Art, mit aggressiveren Duft- und Geschmacksnoten als englischer Gin. Besonders begeistert bin ich allerdings von unserem Hogshead Whiskey, der aus 100 Prozent ungetorftem Gerstenmalz gemacht wird und in angekohlter amerikanischer Eiche reift. Wir produzieren in einer Pot Still von Holstein, die außerordentlich vielseitig ist.«

Die Whiskeys von Edgefield, Clear Creek und St George reifen schon nun fünf Jahre und diese verlängerte Fasslagerung macht sie zu ernst zu nehmenden Mitbewerbern auf dem Whiskeymarkt.

STILLWATER DISTILLERY

Überall in den USA reifen noch andere in kleinen Mengen hergestellte Whiskeys. Bei den meisten Minibrennereien sorgt die Produktion von ungereiftem Wodka, Gin und Rum für die nötige Liquidität.

Die Stillwater-Brennerei im nordkalifornischen Petaluma destilliert ungehopfte vergorene Würze aus der 24 Kilometer entfernten, zum selben Unternehmen gehörenden Moylan's-Brauerei in einer Brennblase mit einem Fassungsvermögen von 2250 Liter, einer Spezialanfertigung des renommierten Herstellers Vendome Copper and Brass Works in Louisville, Kentucky. Der Whiskey besteht zu 100 Prozent aus gemälzter zweizeiliger Gerste, die zum Teil über Erlen- und Kirschholz geräuchert wird, bevor sie zur gärenden Würze gegeben wird.

TRIPLE EIGHT

Am anderen Ende der USA, auf der kleinen Insel Nantucket in Massachusetts, nahm 2000 die Triple Eight Distillery ihren Betrieb auf. Die Kellerei des Unternehmens wurde 1981 gegründet, die Cisco-Brauerei erzeugt seit 1995 Ale und Lagerbier. Eines dieser Biere, Whale's Tail Pale Ale, wird in einer Pot Still von Holstein mit 780-Liter-Fassungsvermögen zu einem ungetorften Whiskey namens Notch gebrannt, der in Bourbonfässern reift.

COLORADO-WHISKEY UND WOODSTONE CREEK

In Denver, Colorado, verwendet man eine Brennblase von Vendome. Die vergorene Würze aus gemälzter und gerösteter Gerste, die aus der George Stranahans Brauerei Flying Dog nebenan stammt, wird vor dem Brennen gefiltert und der Feinbrand reift zurzeit in angekohlter neuer amerikanischer Eiche. Die 2004 eröffnete Brennerei war die erste in Colorado und produziert inzwischen rund drei Fässer pro Woche.

In Cincinnati, Ohio, lagert Donald Outterson in der 2000 gegründeten Woodstone Creek Distillery Whiskey verschiedenster Art, u.a. Corn Whiskey, Bourbon und Single Malt.

WEST VIRGINIA DISTILLING CO. UND ISAIAH MORGAN

Zwei Brennereien in West Virginia knüpfen an die Schwarzbrennertradition in den dortigen Bergen an und produzieren ungereiften Whiskey. Mountain Moonshine, ein mit neutralem Maisgetreidewhiskey verschnittener Maiswhiskey mit 100 Proof (50 Vol.-%), entsteht bei der West Virgina Distilling Co. in Morgantown.

Bei der um 2002 gegründeten Isaiah Morgan Distillery handelt es sich um eine echte Farmbrennerei in dem kleinen Bergort Summersville. In einer Säulenbrennanlage mit 225-Liter-Fassungsvermögen wer-

STEVE MCCARTHY, *ein Pionier der Branche, stellt bei Clear Creek seit über 18 Jahren Branntwein her.*

DIE POT STILLS *von Clear Creek wurden von der Familie Holstein in Europa hergestellt. Ein Drittel aller Minibrennereien benutzt diese vielseitigen Pot Stills.*

den der ungereifte Maisbranntwein Southern Moon und Rye Whiskey erzeugt. Der Besitzer Rodney Facemire betreibt seit 13 Jahren die Kirkwood-Kellerei.

MODERNE WHISKEYPIONIERE
All diese Branntweine werden nur in äußerst kleinen Mengen hergestellt und vertrieben. St George Spirits erzeugt rund ein Fass pro Tag, Anchor Distilling sogar noch weniger. Ein Großteil des Whiskeys wird in der Gegend selbst getrunken; nur wenige Flaschen gelangen nach New York, Washington D.C. und London. Ein landesweiter Vertrieb ist bei den kleinen Brennanlagen kaum möglich, doch daran sind die Minibrennereien auch gar nicht interessiert. Ihr vorrangiges Ziel ist es vielmehr, aus den von ihnen gewählten Zutaten exklusiven Branntwein möglichst hoher Qualität herzustellen und sich dabei nicht von der Tradition gängeln zu lassen, sondern immer wieder neue Verfahren auszuprobieren – wie echte Whiskey-Pioniere eben.

VERKOSTUNG

Weil die modernen Minibrennereien sich keiner Tradition verpflichtet fühlen, sind ihre Whiskeys eine geschmackliche Revolution.

ANCHOR DISTILLING CO.

OLD POTRERO SINGLE MALT WHISKEY
62,1 VOL.-%
100 Prozent Roggenmalz; ein Jahr in nicht angekohlter neuer Eiche gereift.

Farbe: Blassbraun
Nase: nussig, Vanille, Pfeffer und Zimt, blumig, grasig
Körper: mittelvoll
Gaumen: ölig, geschmeidig, süßer Honig

OLD POTRERO SINGLE MALT

Nachklang: pfeffriger Roggen, Honig, weiche Minzschokolade

OLD POTRERO SINGLE MALT STRAIGHT RYE WHISKEY
62,6 VOL.-%
100 Prozent Roggenmalz; drei Jahre in angekohlter neuer Eiche gereift.

Farbe: zartes Bernsteingelb
Nase: buttrig, Kastanien, Vanillesüße, Eiche und Pfefferwürze
Körper: voll, komplex
Gaumen: süß, würzig, etwas Öl
Nachklang: Karamell-Eiche, Roggenwürze, Süße

CLEAR CREEK

MCCARTHY'S OREGON SINGLE MALT WHISKEY
40 VOL.-%
Aus über dem Torffeuer gemälzter schottischer Gerste. Drei Jahre in alten Sherryfässern und in Eiche aus Oregon gereift.

Farbe: glänzendes Goldgelb
Nase: brennender Torf und Heide, Salz und Pfeffer, erdig, ein Hauch Schwefel sowie Honig-, Vanille- und Pflaumennoten
Körper: fest, mittel, fleischig
Nachklang: rein mit nachhaltigem Rauch, Anflug von Vanille und Karamell; ein Spritzer Salz

MCMENAMIN'S EDGEFIELD HOGSHEAD WHISKEY
46 VOL.-%
Aus ungehopftem, ungetorftem Hammerhead Ale (100 Prozent Gerstenmalz) zweifach destilliert. Mindestens drei Jahre in angekohlter neuer amerikanischer Eiche gereift.

Farbe: Blassgoldgelb
Nase: Geißblatt, grasig, blumig; Vanille- und Aprikosenoten

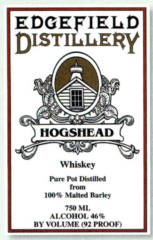
EDGEFIELD: HOGSHEAD

Körper: mittel
Gaumen: süßes Karamell, malzig, Vanille, eindeutige Ausgewogenheit zwischen Malz und Bourbon
Nachklang: wärmend, nachhaltiger Honig, blumig

ESSENTIAL SPIRITS ALAMBIC DISTILLERIES

CLASSICK ORIGINAL AMERICAN BIERSCHNAPS
40 VOL.-%
Aus leicht gehopftem kalifornischem Paleale gebrannt.

Farbe: klar
Nase: fruchtig, esterig, trocken und aromatisch
Körper: frisch, geschmeidig
Gaumen: leicht, fruchtig
Nachklang: nachhaltige Malz- und Hopfennoten

ST GEORGE SPIRITS

ST GEORGE SINGLE MALT
43 VOL.-%
Aus ungehopfter gemälzter zweizeiliger Gerste. Drei bis fünf Jahre in gebrauchten Bourbonfässern, neuer französischer Eiche und Portweinfässern.

Farbe: glänzendes Goldgelb
Nase: blumige Noten, Haselnüsse, Erdbeere, Toffee und Orangen, weiche Kaffeenoten, Vanille und Rauch im Hintergrund
Körper: leicht bis mittel
Gaumen: leicht und zart, süß, fruchtig, Haselnuss, Kakao/Schokolade; etwas Minze
Nachklang: ein Anflug von Rauch, süßes Geißblatt, Schokolade, nachhaltig

SAINT JAMES SPIRITS

PEREGRINE ROCK CALIFORNIA PURE SINGLE MALT WHISKEY
40 VOL.-%
In einer kupfernen Pot Still von Jacob Carl mit 150 Liter Fassungsvermögen gebrannt. Mindestens drei Jahre in Bourbonfässern gereift.

Farbe: Grüngoldgelb
Nase: blumig, Geißblatt, Aprikosen, Pfirsiche, rauchiges Prickeln
Körper: leicht, fruchtig
Gaumen: scharf, mehr Aprikose und Pfirsich, grasig, malzig und weicher Rauch
Nachklang: geerntetes Heu, süßes Malz, Anflug von Rauch

JAPAN

Das Land des Lächelns liefert nicht nur Autos, Computer und Kameras,
sondern auch Whisky einer neuen Art

JAPAN
Michael Jackson

WHITE LABEL
Dank Tommy Dewars PR-Talent wurde Dewar's White Label zum internationalen Verkaufsschlager. Suntory nahm sich den Blend in den 1930er-Jahren zum Vorbild für seine ersten Whiskys. Vertreter dieser Art gibt es in Japan immer noch. Die Etiketten heutiger Exportprodukte sehen allerdings etwas anders aus (siehe S. 253).

Und wieder einmal bestätigt sich die Macht der (bewegten) Bilder: Von japanischem Whisky erfuhren viele Amerikaner und Europäer zum ersten Mal durch einen Kinofilm. Die Rahmenhandlung von Sofia Coppolas *Lost in Translation* war die Produktion eines Werbespots für Suntory-Whisky. Bevor der Film 2003 in die Kinos kam, war Suntory selbst bei Barkeepern hauptsächlich für seinen Melonenlikör Midori bekannt, nur eines von vielen Produkten des Unternehmens.

EIN NEUES SELBSTBEWUSSTSEIN

Suntory ist einer der größten Getränkekonzerne der Welt, seit mehr als 100 Jahren im Geschäft und seit rund 75 Jahren als Whiskyhersteller tätig. Der Film macht Japaner und Amerikaner zur Zielscheibe des Spottes. Suntory riskierte durch seine Beteiligung einen Gesichtsverlust – was in Japan fast schlimmer ist als der Tod. Dass das Unternehmen bereit war, dieses Risiko einzugehen, zeugt von einem neuen Selbstbewusstsein, und es war kein Zufall, dass zeitgleich mit dem Film in Großbritannien, den USA und anderen Ländern Whiskys aus Suntorys zwei Malt-Brennereien, Yamazaki und Hakushu, auf den Markt kamen.

VOM FUJI AUSGEZOGEN, UM DIE WELT ZU EROBERN

Obwohl die meisten japanischen Whiskys getreu nach schottischem Vorbild hergestellt werden, muten die Flaschen dieser beiden Brennereien ganz und gar nicht

schottisch an, sondern bestechen durch die dicken schwarzen Schriftzeichen auf dem Etikett. In Aroma und Geschmack sind sie verhalten, aber komplex. Erstmals weist Suntory explizit auf die tropischen Gewürznoten hin, die dadurch entstehen, dass neben amerikanischer und spanischer auch japanische Eiche verwendet wird. Diese Noten sind nicht so markant, dass man japanischen Malt deshalb als eigene Kategorie ansehen könnte, aber sie verleihen ihm eine deutlichere regionale Prägung.

Das Unternehmen füllt seit 20 Jahren Single Malts ab, die in Amerika und Europa jedoch vorwiegend in japanischen Lokalen und Läden erhältlich sind. In der ihnen eigenen Bescheidenheit wussten die Japaner, dass ihr Whisky gut war und trotzdem nie an die Malts aus Speyside und von den Inseln heranreichen würde – genauso wie ein weißer Jazzmusiker, so berühmt er auch sein mag, nie vergisst, dass er sich in einer Domäne der Schwarzen bewegt.

DAS BESTE VOM BESTEN

2001 erwies sich das neue Selbstbewusstsein der japanischen Brennereien als gerechtfertigt: Ein Single Malt des Suntory-Konkurrenten Nikka wurde bei einer internationalen Verkostung des *Whisky Magazine*

DIE MACHT DER PAGODE
Buddhistische Tempel wie der im Jahr 730 erbaute Yakushiji bei Yamazaki waren das Vorbild für die in den 1890er-Jahren von Charles Chree Doig entworfenen Pagodendächer schottischer Darren.

BRENNEREIEN IN JAPAN

MIT AUSNAHME VON YOICHI, das an der Küste der Nordinsel Hokkaido liegt, befinden sich alle japanischen Brennereien auf der größten Insel Honshu, drei davon in den Bergen rund um Tokio.

SCHOTTISCHES LAGERHAUS
Yoichis Dunnage Warehouses sind nur ein Teil der erstaunlich traditionellen, ja fast schottisch anmutenden Ausstattung dieser schönen Brennerei.

SÜSSER SENDAI
Dank ihrer geschützten Lage ist es in der Sendai-Brennerei wärmer und feuchter – und die Whiskys sind süßer.

YAMAZAKI-VARIATIONEN
Suntory hält seinen Feinbrand und die Blendzutaten nicht mehr so geheim wie früher. Rund 120 kann man probieren.

ROT STATT GRÜN
Die roten Dächer wollen nicht recht zum sonst sehr schottischen Stil der Yoichi-Brennerei passen. Waren sie früher mit Grünspan überzogen?

als »Best of the Best« eingestuft. Über drei Jahre hinweg wurden 100 Whiskys bei Verkostungen durch Jurys in Schottland, Kentucky und Japan als beste Vertreter ihrer Art gekürt.

Das Ergebnis war nicht ganz so dramatisch wie das der Pariser Weinprämierung 1976, bei der kalifornische Cabernets einige der berühmtesten Premiers Crus aus Bordeaux ausstachen (auch wenn manch einer sich daran erinnert fühlte), weil nur Whiskys aus ein und demselben Gebiet gegeneinander antraten, doch Yoishi erreichte die beste Wertung überhaupt. Kurz darauf wurde eine ähnliche Yoishi-Abfüllung von der Scotch Malt Whisky Society zum Whisky des Monats gewählt.

DER BEGINN EINER GROSSEN LIEBE

Die Regel »Je kälter und nördlicher das Land, desto beliebter der Alkohol« trifft auch auf Japan zu: Die nördlichste Insel Hokkaido wird oft mit Schottland verglichen; die Hauptinsel Honshu, auf der alle Brennereien bis auf eine liegen und mit Abstand die meisten Menschen leben, ist sehr gebirgig. Nur das vulkanische Kyushu und das fast mediterrane Shikoku fallen etwas aus dem Rahmen.

Als Getreideanbauland hat Japan seine eigenen traditionellen aus Getreide hergestellten Getränke. Reis wird zu Sake vergoren und zu Shochu destilliert; auch Buchweizen und Süßkartoffeln werden zu Shochu verarbeitet.

Getränke aus Gerstenmalz gelangten erst in der Ära der Dampfschiffe nach Japan, als

BAMBUS & CO.
Die Yamazaki-Brennerei liegt inmitten eines Bambuswäldchens auf einem Hügel und ist von Platanen umgeben. Unten im Tal wachsen Kirschbäume, Ginkgos und Magnolien.

ZAUBERHUT
Die seltsam spitz zulaufende Brennblase in Yamazaki sieht aus wie der Hut eines Zauberlehrlings, hat aber all seine Zauberkraft eingebüßt und wird bald ersetzt.

westliche Länder sich im Pazifikraum nach neuen Märkten umzusehen begannen. Der »Besuch« eines amerikanischen Geschwaders 1853 führte zu einem Handelsabkommen zwischen beiden Ländern. Einige Jahre danach wurde in Yokohama eine amerikanische Brauerei gegründet, die später zu einem japanischen Unternehmen namens Kirin wurde.

Noch stärker öffnete sich Japan dem Westen, als 1868 ein neuer Kaiser an die Macht kam und die Meijireform begann. Während die USA als kompromisslose Erneuerer bewundert wurden, schätzte man westeuropäische Länder wie Großbritannien, die Niederlande und Deutschland für ihre Kultur – vielleicht galten die USA und Großbritannien in Japan sogar als eine Art Rom und Athen der Moderne. Auch wenn man sie kaum mit griechischen Tragödien vergleichen kann, üben die Werke des schottischen Sherlock-Holmes-Erfinders Arthur Conan Doyle eine genauso große Faszination auf die Japaner aus wie Rugby. Mehr als alle anderen lieben sie das schottische Nationalspiel Golf. Fehlt also nur noch der Whisky.

Die ersten Versuche der Japaner waren außerordentlich frustrierend: Egal, welche Kräuter und Gewürze sie auch verwendeten, es gelang ihnen einfach nicht, Whisky mit dem »echten« Duft und Geschmack zu erzeugen.

GESCHICHTE

Das Geheimnis des echten Whiskys wurde schließlich von Masataka Taketsuru gelüftet, dem 25-jährigen Sprössling einer Familie von Sakeherstellern. Er studierte in Glasgow, arbeitete in der Hazelburn-Brennerei in Campeltown und bei Longmore in Speyside, lebte bei einer Arztfamilie in Kirkintilloch und freundete sich mit der Tochter Rita an, deren Verlobter gerade im Ersten Weltkrieg gefallen war. Masataka schenkte ihr ein Parfüm und sie revanchierte sich mit Gedichten von Robert Burns. Kurz darauf heirateten sie und zogen nach Japan, wo Rita als Englischlehrerin arbeitete und über ihre Schüler viele Kontakte knüpfte, die der Karriere ihres Mannes förderlich waren.

GEGENWART

Masataka Taketsuru verhalf Suntory zur ersten Whiskybrennerei und gründete dann seine eigene, Nikka in Yoichi, heute im Besitz der Brauerei Asahi. Die Kirin-Brauerei besitzt ebenfalls eine Brennerei in Gotemba in der Nähe des Fuji. Das Weinunternehmen Mercian betreibt eine Malt-Brennerei in den Bergen bei Karuizwa; daneben gibt es noch eine Reihe weiterer kleinerer Betriebe.

TAKETSURUS TRAUM
Im ersten Licht des Morgens sieht die Yoichi-Brennerei aus wie ein Traumbild. Sie ist jedoch äußerst real und erzeugt echten Whisky.

FEATURE

MASATAKA TAKETSURU

Ein Mann verwirklichte den japanischen Traum vom eigenen Whisky. Nachdem er in Schottland studiert und gearbeitet hatte, verfügte Masataka Taketsuru über das nötige Wissen, um Suntory bei der Errichtung von Japans erster echter Whiskybrennerei Yamazaki auf der Insel Honshu zu beraten. Einige Jahre später gründete er seine eigene Brennerei Nikka in Yoichi und spielte eine tragende Rolle bei der Entstehung der beiden größten Whiskyhersteller in Japan.

YAMAZAKI

JAPANS ERSTE ECHTE WHISKYBRENNEREI IST LÄNGST EINE FESTE INSTITUTION.
ERFAHREN, ABER KEINESWEGS AUF EINGEFAHRENEN GLEISEN, ROLLT SIE VORAN – NICHT
SO SCHNELL WIE DER SHINKANSEN, SONDERN MIT BUDDHISTISCHER GELASSENHEIT.

Das bekannteste Symbol japanischer Technologie, der Hochgeschwindigkeitszug Shinkansen, fährt direkt an der ersten Whiskybrennerei des Landes in Yamazaki vorbei. Dafür dass es zwischen zwei der größten Ballungsgebiete der Erde (Tokio-Yokohama und Kyoto-Osaka-Kobe) liegt, ist Yamazaki erstaunlich ländlich.

DER STANDORT DER BRENNEREI

Die Absatzmöglichkeiten müssen vielversprechend gewesen sein, als Suntory Anfang der 1920er-Jahre seine Brennerei plante. Ein weiterer Pluspunkt für den Standort war die Nähe zu Osaka, Japans zweitwichtigstem Wirtschaftszentrum und Heimat von Suntory. Der Gründer Shinjiro Torri war ein Kind der Meijireform: Er importierte zunächst spanischen Wein und baute dann ein erfolgreiches Unternehmen für Dessertgetränke aus japanischen Pflaumen auf. 1923 wurde mit dem Bau der Yamazaki-Brennerei

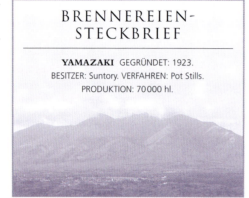

BRENNEREIEN-STECKBRIEF

YAMAZAKI GEGRÜNDET: 1923.
BESITZER: Suntory. VERFAHREN: Pot Stills.
PRODUKTION: 70000 hl.

begonnen; der erste Whisky kam 1929 auf den Markt.

Fotos aus der Anfangszeit zeigen eine irgendwie schottisch anmutende, aber recht nüchterne Industrieanlage. Die heutigen Backsteingebäude sind im Stil der 1950er-Jahre gehalten und das vergoldete Suntory-Logo auf der Fassade vermittelt einen Eindruck von dieser Zeit. Die hinter dem Hauptgebäude aufragenden Öfen der ehemaligen Darren sehen aus wie die Lautsprecher eines riesigen Art-déco-Radios.

Wie bei nahezu allen Brennereien in Japan ist das Gelände von Blumenbeeten und Sträuchern umgeben; bei jeder Pflanze ist im Übrigen der japanische und der lateinische Name vermerkt.

Es kommt selten vor, dass man bei einer Brennereibesichtigung keinen Gruppenführungen, auch Schulklassen, begegnet, und sobald es auch nur ein bisschen regnet, werden Regenschirme verteilt. Suntory hat erkannt, wie wichtig diese Führungen sind, um die Verbraucher von der Qualität der Produkte zu überzeugen. An den Wänden des Besucherzentrums in Yamazaki sind Malts verschiedener Jahrgänge aufgereiht;

ZUM FÄSSERROLLEN *braucht man Kraft: Dieser Kellermeister verleiht in Yamazaki japanischer Eiche Schwung.*

ART-DÉCO-RADIO? Selbst die Einheimischen sagen, dass die Yamazaki-Brennerei aussieht wie ein riesiges Radio mitten im Wald.

man kann daran riechen und sie kosten, um dem Geheimnis des Blendings auf die Spur zu kommen.

MALZ UND MALT WIRD IMPORTIERT

Ein wenig Gerste wird auch in Japan angebaut, doch ein Großteil des Malzes wird importiert, vorwiegend aus Australien, aber auch aus Nordamerika und Schottland. Gelegentlich wird Torf aus Japan oder Schottland verwendet, meistens wird indes bereits getorftes Malz eingekauft. Suntory-Whisky ist im Allgemeinen nur sehr leicht getorft.

Seit 1971 mälzt Yamazaki nicht mehr selbst, das Wasser, das hinsichtlich seines Mineralstoffgehalts dem von Glenmorangie ähnelt, kommt jedoch nach wie vor aus Quellen auf den mit Bambus bewachsenen Hügeln hinter der Brennerei. Einst erhob sich dort ein Tempel und auf dem Brennereigelände steht noch heute ein Schrein – mit zwei Whiskyfässern als Opfergabe für die Götter.

Wie in Schottland stellten die Brennereien in Japan lange Zeit hauptsächlich Malt für Blends her. Seit Jahrzehnten sind japanische Blends von ausgezeichneter Qualität, es fehlt ihnen jedoch an Komplexität, weil es in Japan zu wenige Malt-Brennereien gibt und es kaum mit der japanischen Geschäftsethik vereinbar ist, dass Konkurrenzunternehmen sich gegenseitig ihren Malt zur Verfügung stellen, wie dies in Schottland üblich ist. Als erste Malt-Brennerei in Japan konnte Yamazaki ihren Blends nur mit importiertem schottischem Malt Komplexität verleihen.

KOMPLEXITÄT AUS DEM EIGENEN HAUS

Es wird nach wie vor ein gewisser Anteil Scotch verwendet, aber Suntory geht immer mehr dazu über, mit eigenen Mitteln für Komplexität zu sorgen. Von ihrer Ausstattung her ist die Brennerei sehr vielseitig nutzbar. So verfügt sie z. B. sowohl über traditionelle Maischbottiche als auch über Läuterbottiche, die Gärung wird teils in Holzbottichen, teils in Edelstahltanks durchgeführt und es wurden verschiedene Hefen ausprobiert.

Diese Vorgehensweise ist nicht ungewöhnlich, doch Anfang der 1990er-Jahre wendete sich Suntory dem Thema Brennblasen zu. Wo früher 14 Pot Stills in holder Symmetrie paarweise zusammenstanden, herrscht heute ein buntes Durcheinander von Formen und Größen. Jedes Paar erzeugt einen etwas anderen Whisky und mit einem Partnertausch hier und da ließe sich die Vielfalt noch weiter steigern.

Variationsmöglichkeiten bieten im Übrigen auch die Fässer: Suntory verwendet nicht nur spanische und amerikanische, sondern auch japanische Eiche und Fässer in zwei verschiedenen Größen. Indem sie die Fässer zum ersten, zweiten und dritten Mal befüllen und zwischendurch neu ankohlt, erhält die Yamazaki-Brennerei eine beträchtliche Auswahl an gereiften Whiskys, die in Blends eingehen und in zunehmendem Maße auch als Single Malt abgefüllt werden. Seit 1980 liefert Hakushu zusätzliche Malt-Varianten.

In Japan ist es üblich, Entscheidungen einvernehmlich zu treffen und schrittweise umzusetzen – das ändert sich nun. Außenstehenden mag der Wandel zaghaft erscheinen, doch für die Japaner hat sich vieles grundlegend verändert, vor allem seit das postindustrielle Zeitalter über sie hereingebrochen ist. Durch Harmonisierungsbestrebungen bei Steuer- und Zollbestimmungen genießen die traditionellen japanischen Whiskys seit Ende der 1980er-Jahre keine Preisvorteile mehr auf dem Inlandsmarkt. Aber seitdem Yamazaki mit der neuen, flexibleren Brennanlage eine größere Vielfalt von Malts erzeugt und auch Hakushu einige Abfüllungen beisteuert, etablieren sich, vor allem auf dem Exportmarkt, neue Blends, z. B. Hibiki.

VERKOSTUNG

DER 12-JÄHRIGE Yamazaki war Wegbereiter für eine Reihe von anderen Malts, u.a. den 18-jährigen mit einem saftigen Überzug aus zum ersten Mal befüllten Dry-Oloroso-Fässern, den in japanischer Eiche gereiften 1980er mit Zedern-, Orangen- und Ahornsirupnoten und die unten beschriebene kräftige, aber elegante Jubiläumsabfüllung.

YAMAZAKI SINGLE MALT WHISKY
12 JAHRE, 43 VOL.-%
War anfangs artig und zart, wie um niemandem zu nahe zu treten, wirkt jetzt aber intensiver, selbstbewusster und eleganter.

Farbe: leuchtendes, warmes Blassgelb
Nase: blumig; frische Kräuter; weich
Körper: geschmeidig; leicht sirupartig
Gaumen: ansatzweise rein und süß; honigtönig; intensiv
Nachklang: geballte, konzentrierte, duftende Süße, ausgeglichen durch trockenere Getreidenoten und japanische Eiche

12 JAHRE ALTER YAMAZAKI

YAMAZAKI 80TH ANNIVERSARY
43 VOL.-%

Farbe: dunkles, warmes Goldgelb bis Bronze
Nase: Pralinengeschäft; die Pralinen sind alle in Schachteln verpackt, aber das Aroma von Fondant, Schokolade, Minze und Parmaveilchen hängt in der Luft
Körper: fest, geschmeidig, rund
Gaumen: honigtönig; angebranntes Toffee; Butterkekse
Nachklang: blumige Trockenheit

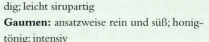

HAKUSHU

BEI VOLLER AUSLASTUNG DIE GRÖSSTE MALT-BRENNEREI DER WELT,
HÖHER GELEGEN UND EINSAMER ALS ALLE IN SCHOTTLAND
IN EINEM VOGELSCHUTZGEBIET MIT ÜBER 60 ARTEN.

In den 50 Jahren, in denen sie Suntorys einzige Brennerei war, musste Yamazaki eben möglichst vielfältige Zutaten für Blends wie Suntory White Label, Reserve, Royal und Old liefern. Als in der Nachkriegszeit die Nachfrage nach diesen Blends stieg, beschloss Suntory, eine zweite Malt-Brennerei in Hakushu zu errichten.

EINE PARADEBRENNEREI

Suntory hatte Großes vor: Hakushu sollte ein Paradestück und die größte Malt-Brennerei der Welt werden, spektakulär in der Mitte eines Plateaus zwischen den so genannten Japanischen Alpen gelegen, drei Gebirgsketten, die sich nördlich und westlich des Fuji, heiliger Berg und Wahrzeichen Japans, erstrecken.

Die Brennerei entstand in den 1970er-Jahren nach Plänen aus den 1960ern. Nach rein geographischen Gesichtspunkten könnte man Yamazaki als Lowland- und Hakushu als Highland-Brennerei bezeichnen, und so erwartete man bei Suntory denn auch, dass Hakushu einen leichteren Partner für die honigtönigen Whiskys von Yamazaki liefern würde. Das Wasser ist viel weicher und es wurden kleinere, schlankere Pot Stills eingebaut.

BRENNEREIEN-STECKBRIEF

HAKUSHU GEGRÜNDET: 1970.
BESITZER: Suntory. VERFAHREN: Pot Stills.
PRODUKTION: 60 000 hl.

TERROIR-EINFLUSS?

Der Whisky hat tatsächlich einen leichten Körper, ist aber sehr fest und voll im Geschmack, ohne dass man sich das genau erklären könnte. Allerdings hatte man mit einigen Gegebenheiten, etwa der Höhe, der Entfernung vom Meer und der Landschaft, einfach keine Erfahrung, weil sie von denen aller anderen Brennereien abwichen.

Im Hinblick auf die Entlegenheit übertrifft Hakushu alles, was Schottland zu bieten hat. Die Anfahrt von Tokio (und jedem anderen Ort an der Küste) dauert etwa drei Stunden – keine schottische Brennerei ist mehr als eine Stunde vom Meer entfernt. Die Landschaft ist von flachen Flüssen mit einem Bett aus Sand, Geröll und großen Kieseln durchzogen, die in der Sonne weiß leuchten – Hakushu heißt so viel wie »weiße Sandbank« und spielt auf die Wasserquelle an. Die Flüsse bedecken das örtliche Granitgestein mit Ablagerungen, aber anders als in Schottland gibt es hier keinen Torf.

IN HAKUSHU *steht zwischen lauter dicken Pot Stills eine kleinere mit abwärts geneigtem Lyne Arm.*

DIE DARREN *in Hakushu hatten immer eine rein dekorative Funktion. Sie beherbergen ein kleines Museum, in dem man viel über die Geschichte des Unternehmens Suntory und des Whiskys lernen kann.*

Hakushu liegt auf einer Höhe von 700 Metern und damit doppelt so hoch wie die höchste schottische Brennerei und höher als die beiden Brennereien der Konkurrenz in Karuizawa und Gotemba.

Bei der Gründung der Brennerei erwarb Suntory zugleich auch weite Teile des Waldes, der sie umgibt, um – so die offizielle Erklärung – das Wasser und die Umwelt vor Verschmutzung zu bewahren. Der Wald ist dicht mit japanischen Fichten, Kiefern, Ahornen und Eichen bewachsen und der Whisky schmeckt und riecht, als hätten ihn die teerartigen Fichtennoten sowie das harzige, laubartige, und kräuterwürzige Waldbodenaroma während des Reifens durchdrungen.

PRODUKTIONSMETHODEN

Bei Hakushu verwendet man einen traditionellen Maischbottich mit Kupferdeckel, hölzerne Gärbehälter und durch offene Feuer beheizte Pot Stills. Da die Höhenlage sich auch auf Temperatur und Luftdruck auswirkt und dadurch der Kühler anders arbeitet, ist der in Hakushu erzeugte Feinbrand womöglich noch um einiges reiner und sahniger als der aus den schottischen Bergbrennereien.

Als die Brennerei gebaut wurde, war sie mit ihren zwei Brennanlagen der größte Malt-Hersteller der Welt; bald darauf wurde sie durch den Anbau einer zweiten Brennerei, die anfangs »Hakushu East« hieß, noch weiter ausgebaut. Zurzeit ist allerdings nur diese zweite Brennerei in Betrieb und der Beiname »East« wurde fallen gelassen. Wie in Yamazaki wurden die ursprünglich einheitlichen Brennanlagen umgestaltet, um die Vielfalt der Geruchs- und Geschmacksnoten zu steigern.

VERKOSTUNG

YAMAZAKIS FAST 50-jährigen Vorsprung kann Hakushu natürlich nicht so leicht aufholen, doch dem 12-jährigen Single Malt werden bald andere folgen.

HAKUSHU SINGLE MALT WHISKY
12 JAHRE, 43 VOL.-%
Ein strukturierter, ansprechender Whisky. Aus dem interessanten Wettstreit zwischen Süße und Trockenheit geht Letztere als Sieger hervor.

Farbe: kräftiges Goldgelb
Nase: Honig, Heide, Kamille; duftend; etwas Vanille
Körper: leicht bis mittel; etwas zähflüssig
Gaumen: fest; honigartig; heidetönig; ein zarter Hauch von Torf
Nachklang: lang, wärmend; Marshmallows; Süßgras; Zitrone

12-JÄHRIGER HAKUSHU

SUNTORY HIBIKI
21 JAHRE, 43 VOL.-%
Durch den Bau der zwei Brennereien in Hakushu und die Neugestaltung der Brennanlagen wurde die Palette der dem Blender zur Verfügung stehenden Geruchs- und Geschmackseigenschaften beträchtlich erweitert und es entstand u.a. Hibiki (»Harmonie«), ein schöner Exportblend. Insbesondere der 21-jährige ist ein Klassiker.

Farbe: zarte Bronze
Nase: Pralinen in einer Zedernholzschachtel
Körper: sahnig; ölig
Gaumen: die Geschmacksnoten verschmelzen; bittersüße Schokolade, Orangenblütenwasser, Akazienhonig
Nachklang: Passionsfrucht; stahlig; fest; lang

YOICHI

DIE FÜR IHRE SCHÖNHEIT BEKANNTE BRENNEREI WESTLICH VON SAPPORO
TAUCHT AUS IHRER ROMANTISCHEN VERGANGENHEIT AUF UND ERHÄLT BESTNOTEN
FÜR IHREN TORFIGEN WHISKY DER WELTKLASSE.

Japanische Whiskyliebhaber weisen gerne darauf hin, dass die Nordinsel Hokkaido fast exakt die gleiche Fläche und die gleiche Bevölkerungszahl wie Schottland hat; ähnlich ist auch das Wetter: windig, kalt, häufig Schnee. In vielem anderen ist Hokkaido eher mit dem Nachbarn Alaska vergleichbar. In der langen Geschichte Japans wurde diese Insel erst relativ spät, nämlich größtenteils erst nach der Meijireform besiedelt.

Selbst für japanische Verhältnisse verfügt Hokkaido über eine lange Küste und damit nicht nur über das angeblich beste Sushi, sondern auch über den markantesten japanischen Küstenwhisky (der gleichzeitig auch ein Inselwhisky ist). Da Sushi und Whisky sehr gut miteinander harmonieren, spricht einiges dafür, sie in ihrer Heimat zu genießen. Die Hafenstadt Yoichi hat knapp 20000 Einwohner, sieht inzwischen auch etwas städtischer aus, ist aber auf jeden Fall einen Besuch wert.

Die Kontroverse darüber, ob der schottische Whisky adoptiert oder adaptiert werden sollte, war einer der Gründe dafür, dass Masataka Taketsuru Suntory verließ und die Nikka-Brennerei in Yoichi errichtete. Die beiden Brennereien heben sehr auf ihren unterschiedlichen Stil ab. Suntorys adaptierte Whiskys haben eine offene Frische sowie einen luftigen Duft und Geschmack und sollen eher japanisch als schottisch sein (auch wenn sie bei Blindverkostungen mit schottischem Whisky meist nicht erkannt werden). Nikka-Whisky war ursprünglich kräftiger und torfiger, hatte einen festeren Malzton und ausgeprägtere Esternoten und auch der als »Best of the Best« ausgezeichnete Whisky war so, aber die in größeren Mengen produzierten Abfüllungen sind inzwischen etwas weniger intensiv.

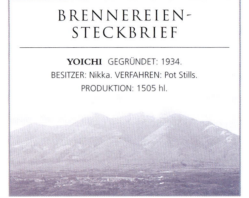

BRENNEREIEN-STECKBRIEF

YOICHI GEGRÜNDET: 1934.
BESITZER: Nikka. VERFAHREN: Pot Stills.
PRODUKTION: 1505 hl.

DIE BRENNEREI

Der erste Blick auf die schönste und markanteste japanische Brennerei ist ein besonderes Erlebnis. Unter dem Torhausbogen hindurch schlängelt sich ein von Zwergkiefern gesäumter Weg; rechts und links reihen sich, leicht zurückgesetzt, kleine, hübsche Gebäude mit (sehr unschottischen) roten Pagodendächern, von denen jedes eine spezielle Funktion im Whiskyherstellungsprozess erfüllt(e): Einweichen, Keimen, Darren, Mahlen, Maischen, Gären, Brennen und Reifen. In einem der Gebäude lebten Masataka und Rita in der Zeit, als er die Brennerei leitete.

DER HERSTELLUNGSVORGANG

Ein Torfstapel erinnert daran, dass die Trockenöfen der 1970 stillgelegten Mälzböden mit Torf aus Hokkaido befeuert wurden; heute wird das Malz aus Schottland importiert und kommt zusammen mit dem äußerst weichen Wasser aus einer Quelle auf dem Brennereigelände in einen traditionellen Maischbottich, der 2000 mit einem neuen Deckel ausgestattet wurde. Die vier Wash Stills werden mit Kohlenfeuern, die drei Spirit Stills mit Dampf beheizt; alle sind vergleichsweise massig. In den Lagerhäusern schottischen Stils liegen Bourbonfässer und leicht angekohlte Fässer aus japanischer Eiche.

YOICHIS GESCHICHTE

Wie es überhaupt dazu kam, dass in Yoichi ein Stück Schottland neu entstand, ist eine sehr ergreifende Geschichte. Der Brennereigründer Masataka Taketsuru lebte während seines Aufenthalts in Schottland bei einer Arztwitwe in Kirkintilloch und verliebte sich unsterblich in deren Tochter Rita; die beiden heirateten 1920 ohne die Einwilligung ihrer Familien. Der gebildete, gut aussehende, aus einer wohlhabenden Familie stammende Masataka hätte eigentlich eine für ihn ausgewählte Braut ehelichen sollen und Rita hatte keine Ahnung von der Rolle

YOICHI *hat eine eigene Fassreparaturwerkstatt. Die Gesamtzahl der Fässer beläuft sich auf 20000.*

der Frau in Japan und sprach kein Wort Japanisch. Das Paar bemühte sich zwar nach Kräften, diese Probleme in den Griff zu bekommen, doch die Jahre in Yoichi waren eine schwierige Zeit.

Als Japan in den Krieg mit China und bald darauf mit den westlichen Verbündeten eintrat, lebte Rita auf einmal in einem Land, das mit dem ihren verfeindet war. Außerdem wurden die Vorräte knapp und auch Gerste wurde rationiert. All das stellte das Paar auf eine harte Probe, als Masataka gerade dabei war, seinen Traum von einer eigenen, echten Whiskybrennerei in Japan zu verwirklichen, und als die Anfangsschwierigkeiten schließlich überwunden waren, wurde Rita krank. Sie starb Anfang der 1960er-, Masataka Ende der 1970er-Jahre. Der Bungalow, in dem sie auf dem Brennereigelände wohnten, hält die Erinnerung an die beiden aufrecht.

Ihr Neffe Takeshi, den sie als Sohn adoptiert hatten, führte die Brennerei noch eine Weile mit Unterstützung der Brauerei Asahi weiter, bis der Konzern sie schließlich ganz übernahm.

VERKOSTUNG

NIKKA BEGANN erst spät Single Malt zu erzeugen, doch das Warten lohnte sich. Die beiden hier beschriebenen sind Teil einer Reihe, die vor kurzem auf den Markt kam.

NIKKA SINGLE MALT »YOICHI«
10 JAHRE, 43 VOL.-%
Wie wenn man an einem Lagerfeuer Pralinen isst. Mit zehn Jahren ein herrlicher Whisky; ich mag ihn am liebsten, wenn die Geschmacksnoten so lebhaft miteinander wetteifern – andere finden es vielleicht besser, wenn sie nach längerer Reife miteinander verschmelzen.

Farbe: kräftiges Goldgelb mit einem Hauch Bronze
Nase: ausgeprägte, erstaunlich frische, trockene Torfnoten; ansprechend
Körper: mittel
Gaumen: Minzcreme, dann orangenartig
Nachklang: nach der Cremigkeit kommt der Torf wieder zum Vorschein; reiner, süßlicher, weicher Rauch

NIKKA SINGLE MALT YOICHI
15 JAHRE, 45 VOL.-%
Cremiger als der 10-jährige, aber dadurch wird das Torfaroma weicher. Ich mag den 10-jährigen lieber.

Farbe: kräftiges Goldgelb mit einem Hauch Bronze
Nase: Eiche, rauchig
Körper: fest, ölig, sahnig
Gaumen: Malz; körnig
Nachklang: ein frischeres Torfaroma

EIN REGENTAG IN YOICHI: *Sogar das Wetter ist wie in Schottland. Vorne rechts sieht man die Mälzböden mit zwei Trockenöfen, dahinter das Maisch- und das Gärgebäude. Links steht das Brenngebäude.*

SENDAI

UND NOCH EINMAL LÄSST SCHOTTLAND GRÜSSEN: ES SIEHT AUS WIE IN SPEYSIDE, ABER DIE WHISKYS SCHMECKEN EHER WIE DIE AUS DEN LOWLANDS. SIE SIND MALZIG UND SÜSS UND HÄTTEN MEHR BEACHTUNG VERDIENT.

Die romantische Entstehungsgeschichte, das wunderschöne Gelände und die herrliche Lage der Yoichi-Brennerei drängen die zweite Brennerei von Nikka in Sendai leider etwas in den Hintergrund. Auch Sendai liegt im Norden Japans, aber auf der Hauptinsel Honshu, und ist zwar nicht so berühmt für seine Haute Cuisine wie Kyoto, hat aber kulinarisch dennoch einiges zu bieten; besondere Spezialitäten sind Austern und Plattfisch.

Das im Ausland kaum bekannte Sendai ist eine der größten Städte Japans. Aus der 1602 erbauten Burg wurde während der Meijireform eine Stadt, die im Zweiten Weltkrieg weitgehend zerstört und danach mit einem neuen Hafen wiederaufgebaut wurde. Sendai liegt etwa auf halber Strecke zwischen Tokio und der Nordspitze Honshus, hat mehr als eine Million Einwohner, ist ein kulturelles Zentrum und die Hauptstadt einer großen Präfektur und hat im Laufe der Jahre sechs umliegende Ortschaften geschluckt.

Die Brennerei gehört noch zur Stadt, liegt jedoch eine halbe Stunde westlich des Zentrums in dem breiten, bewaldeten Hirose-

BRENNEREIEN-STECKBRIEF

SENDAI GEGRÜNDET: 1969
BESITZER: Nikka. VERFAHREN: Pot Stills und Säulenbrennverfahren. PRODUKTION: 20 000 hl.

Tal, das an Speyside erinnert. Die in den Ou-Bergen entspringenden Flüsse fließen zwischen Hügeln hindurch und über Ebenen hinunter zum Pazifik.

DER STANDORT DER BRENNEREI

Masataka Taketsuru sah sich in der Gegend drei Jahre lang nach einem geeigneten Standort um. Den Ausschlag gab angeblich das Wasser des Nikkawa; eine Gedenktafel markiert die Stelle, an der er den entscheidenden Schluck davon kostete. Außerdem war Taketsuru der Ansicht, die den Flüssen der Umgebung zu verdankende feuchte Luft sei der Reifung zuträglich. Wie die ein Jahr später gegründete Hakushu-Brennerei sollte Sendai große Mengen eines leicht malzigen Whiskys für die Blends von Nikka liefern. Die Brennerei wurde 1969 errichtet und in den Jahren 1979 und 1989 vergrößert.

Wie in Yoichi stand auch hier die Bauweise schottischer Brennereien Modell. Da die Sendai-Brennerei größer ist und später entstand, sieht sie mehr wie eine Industrieanlage aus, aber es ist nicht zu verkennen, dass man mit allen Mitteln die schottische Tradition und die ländliche Atmosphäre zu bewahren versuchte. Von dem imposanten Eingang etwas abseits der Straße geht es eine mit Eichen gesäumte Einfahrt hinab; ein grasbewachsener Hang führt zu einem Schwanenteich hinunter.

Die Brennerei selbst ist ein schöner massiver dunkelroter Backsteinbau mit einem dekorativen traditionellen Trockenofen. Nach den leuchtend roten Dächern in Yoichi wirkt Sendais Rotbraun sehr dezent.

DIE PRODUKTIONSMETHODEN

Pot Stills und Säulenbrennanlage stehen in verschiedenen Gebäuden. In Ersteren wird, wie nicht anders zu erwarten, Malt erzeugt, und zwar verschiedene Varianten, damit der Blender Auswahl hat; die Säulenbrennanlage liefert ebenfalls Malt für Blends, aber in erster Linie Grain Whisky.

In den beiden Läuterbottichen der Malt-Brennerei entsteht Würze unterschiedlicher Klarheit, je nachdem was für ein Whisky damit hergestellt werden soll. Für die Gärung in Edelstahltanks werden mehrere Hefen verwendet. Ursprünglich standen jeweils zwei mal zwei der bauchigen Pot Stills mit Miltonball, dickem Hals und kurzem Kühler zusammen auf einer Backsteinplattform auf dem Marmorboden des Brenngebäudes; beim Ausbau wurde diese Anordnung beibehalten.

Die Grain-Brennerei ist gut durchdacht und hübsch anzusehen: In einem quadratischen Turm, dessen Galerien mit leuchtend

LÄNDLICH ODER STÄDTISCH? *Jährlich kommen 200 000 Besucher nach Sendai.*

grünen Geländern versehen sind, stehen eine Trennsäule, zwei Rektifikationskolonnen sowie weitere Brennröhren zur Erzeugung von neutralem Alkohol. In den mehr als 20 Lagerhäusern, darunter einige Dunnage Warehouses, reift der Whisky in verschieden großen Fässern aus amerikanischer Eiche und in Sherryfässern, die in zwei Lagen übereinander stehen.

DIE WHISKYS

Die Sendai-Malts zeichnen sich durch eine schöne Getreidenote, eine bemerkenswerte honigartige Süße und eine gewisse esterige Blumigkeit aus. Trotz ihrer nördlichen Heimat und deren Ähnlichkeit mit Speyside erinnern sie in Bestform eher an Whisky aus den schottischen Lowlands.

STRAMM WIE WACHSOLDATEN stehen die blank polierten, wohl geformten Pot Stills da. In der kugelförmigen Ausbuchtung zwischen bauchigem Kessel und Hals werden die Dämpfe etwas abgekühlt, sodass die schwereren Stoffe zurückfließen. Auch deshalb ist Sendai-Whisky so zart.

VERKOSTUNG

SENDAI ERZEUGT einen leichten, frischen, klaren und einen kräftigeren, öligeren Grain Whisky. Einige der älteren Malts aus Sherryfässern sind sahnig, blumig und rauchig.

NIKKA SINGLE MALT SENDAI
12 JAHRE, 45 VOL.-%
Ganz anders als die Yoichi-Malts. Ein sehr süffiger, süßer Drink – vielleicht nach einer Golfpartie?

Farbe: kräftiges Goldgelb; ein ganz feiner Hauch von Bronze
Nase: schwacher Tabak; Herbstblätter; eine Spur Kiefer
Körper: sehr sahnig und ölig
Gaumen: süß; Getreidekörner; fast wie wenn man auf Malz kaut
Nachklang: sehr süß; keksartig; leichte, duftende Trockenheit

THE NIKKA WHISKY
34 JAHRE, 43 VOL.-%
Hat viel von Sendais grasigem, körnigem, nussigem Malzaroma.

Farbe: kräftiges Bernsteinrot
Nase: saftig; kraftvoll
Körper: Ahornsirup
Gaumen: gemahlene Mandeln; Marzipan; kuchenartig
Nachklang: bitter und körnig; dunkles Gras; ein ganz feiner Hauch von Torf

GOTEMBA, KARUIZAWA & TOA SHUZO

KIRINS DRACHENPFERD TRABT NACH KENTUCKY, TOA SHUZOS
GOLDENES PFERD GEHT AN DEN START UND KARUIZAWA SETZT
AUF JAHRGANGSWHISKY.

Neben den zwei großen gibt es auch noch drei kleinere Brennereien in Japan. Eine ist der Ableger einer großen Brauerei, eine entstand aus einem Weinbauunternehmen und die dritte hat ihren Ursprung in der Sakeherstellung.

GOTEMBA

Der wichtigste Ausgangspunkt für die Besteigung des Fuji ist die Stadt Gotemba, in der 1973 eine Brennerei gegründet wurde, ein Gemeinschaftsprojekt des kanadischen Getränkeriesen Seagram und des japanischen Brauereiunternehmens Kirin, das bei Bierliebhabern wegen seines Drachenpferdlogos bekannt ist.

Zu Zeiten des Jointventures besaß Seagram auch einige der berühmtesten schottischen Brennereien und Blends (z. B. The Glenlivet und Chivas Regal) sowie Four Roses in Kentucky. Kirin verbreitete einige dieser Whisk(e)ys in Japan und profitierte dafür von Seagrams Erfahrung im Brennen und Verschneiden von Whiskys.

BRENNEREIEN-STECKBRIEF

GOTEMBA GEGRÜNDET: 1973.
BESITZER: Kirin. VERFAHREN: Pot Stills und Säulenbrennverfahren PRODUKTION: 73 000 hl.

KARUIZAWA GEGRÜNDET: 1955.
BESITZER: Mercian. VERFAHREN: Pot Stills.
PRODUKTION: 1500 hl.

TOA SHUZO GEGRÜNDET: 1941.
BESITZER: Kazuki Onishi VERFAHREN: Pot Stills.
PRODUKTION: Zurzeit keine Produktion.

Four Roses war in Japan ganz besonders erfolgreich und wurde, als Seagram sich aus dem Whiskymarkt zurückzog, von Kirin erworben; seitdem sind die Japaner an amerikanischem Whiskey beteiligt. Kirin wurde außerdem alleiniger Besitzer der Gotemba-Brennerei, die in Pot Stills und mit dem Säulenbrennverfahren Malt und Grain Whisky herstellt.

Verschieden stark getorftes Malz wird aus Irland und Schottland importiert. Das Hauptziel ist, eine möglichst klare vergorene Würze zu produzieren. Der Maischbottich mit einem besonders hohen Deckel und alle Gärbehälter sind aus Edelstahl. Die Wash Stills sind birnenförmig, die Spirit Stills verfügen über einen Miltonball und der Lyne Arm verläuft bei beiden leicht aufwärts. Die sehr großen Kühler befinden sich innerhalb des Brenngebäudes. In einem angrenzenden Brenngebäude wird in einer kupfernen Beer Still und zusätzlichen Kolonnen zur Abtrennung von Aldehyden und zur Rektifikation des Destillats Grain Whisky hergestellt.

Der Feinbrand von Gotemba ist rein mit Noten von süßen Pflaumen und Orangenblütenwasser und reift hauptsächlich in Bourbonfässern in modernen Lagerhäusern. Nun, da die Brennerei in japanischem Besitz ist, kann man auf die neuen Produkte gespannt sein.

VERKOSTUNG

Hier einige repräsentative Beispiele aus dem umfassenden Angebot der drei Brennereien.

GOTEMBA

FUJI GOTEMBA PURE MALT
KEINE ALTERSANGABE, 43 VOL.-%
Dieser reine Malt entsteht aus zwei verschiedenen Feinbränden: Der eine wird auf die herkömmliche Weise in Pot Stills erzeugt, der andere in der Säulenbrennanlage der Brennerei.

Farbe: Dunkelgoldgelb
Nase: fruchtig; Äpfel und Orangen; die Äpfel dominieren
Körper: leicht, aber fest
Gaumen: malzbetont; das Malzaroma ist gleichzeitig trocken und süß, zwischen beiden Komponenten entsteht ein interessantes Wechselspiel
Nachklang: zart trocken; polierte Eiche

KARUIZAWA

KARUIZAWA SINGLE MALT
17 JAHRE, 40 VOL.-%
Dieser Single Malt ist ansprechend wie ein Dessertwhisky, aber leider fehlt es ihm an Komplexität.

KARUIZAWA SINGLE MALT

Farbe: Braunorange; leuchtend
Nase: öffnet sich langsam; erdig; Riesling; Leinsamenöl; Birnen, Erdbeeren, Gummibärchen
Körper: geschmeidig
Gaumen: süßlich; schokoladig; geröstete Mandelblättchen
Nachklang: wärmend; beruhigend

TOA SHUZO

GOLDEN HORSE CHICHIBU SINGLE MALT
12 JAHRE, 50 VOL.-%
Bittersüß und raffiniert.

Farbe: merklich kräftiger; Goldgelb bis Blassorange; reife (aber nicht getrocknete) Feigen
Nase: fruchtiger; Orange; geronnene Sahne; Vanille; Biskuit
Körper: kuchenartig; körnig
Gaumen: kandierte Zitrusfrucht; Orangen- und Zitronenschale
Nachklang: bitter wie Orangenmarmelade; raffiniert

MERCIAN KARUIZAWA

Karuizawa ist von allen Urlaubsorten in der Nähe des Fuji im Landesinneren der nobelste; hier erholt sich die Tokioter Finanzwelt von ihrem aufreibenden Arbeitsleben. Das Weinbauunternehmen Mercian besitzt die Karuizawa-Brennerei seit Jahrzehnten, benutzt seinen Namen jedoch erst seit den 1990er-Jahren für die Whiskys. Der ursprüngliche Name Sanraku Ocean erscheint noch bei preiswerteren Produkten.

Das älteste Gebäude der Brennerei gehörte zu einem Weingut, bevor Ende der 1950er-Jahre mit dem Brennen begonnen wurde. Die ersten Whiskys waren Blends, heute gibt es auch Vattings, und Whiskys der Jahrgänge 1970 bis 1989 werden auf Bestellung per Internet abgefüllt – aber man verpasst etwas, wenn man die Brennerei nicht besucht: Sie hat einen rustikalen Charme und vergleicht sich gern selbst mit Edradour, der kleinsten Brennerei in Schottland.

Der japanische Maischbottich ist mindestens 40 Jahre alt. Die Gärbottiche sind aus Oregon-Kiefer und die Pot Stills wurden von jeher mit Dampf beheizt, haben aber trotzdem einen Unterbau für das Kohlenfeuer. Karuizawa-Whiskys haben meist ein festes Malzaroma mit zedern- und zitrustöniger Süße.

Die Toa-Shuzo-Brennerei ist eher zweckmäßig als schön und die städtischste aller japanischen Whiskybrennereien.

TOA SHUZO

Toa begann im 17. Jahrhundert in Chichibu nordwestlich von Tokio als Sakehersteller und eröffnete im nahe gelegenen Hanyu eine Shochu-Brennerei, in der seit Ende des Zweiten Weltkriegs auch Whisky erzeugt wird. Das Unternehmen wird zurzeit von der 21. Generation der Familie Toa geführt; sein bekanntester Whisky, Golden Horse, kam 1999 auf den Markt.

Ursprünglich wurde die erste und die zweite Destillation in ein und derselben Pot Still durchgeführt; 1981 wurde eine Anlage mit zwei Brennblasen in Betrieb genommen. Sobald sie einwandfrei lief, wurde der Feinbrand eingelagert; die ersten Whiskys konnte man somit in den 1990er-Jahren kaufen.

Die Brennerei in Hanyu, die Shochu und Whisky erzeugte, bis sie vor kurzem stillgelegt wurde, sieht ganz anders aus als die anderen Malt-Brennereien in Japan, eher nüchtern als malerisch.

Der Whisky wird aus leicht bis mittelstark getorftem britischem Malz und Wasser aus einer nahe gelegenen Quelle hergestellt. Die mit Kühlmänteln ausgestatteten Gärtanks aus Stahl wurden früher für Sake verwendet. Die Pot Stills haben eine Einschnürung zwischen Kessel und dickem Hals und einen leicht abwärts geneigten Lyne Arm. Die Whiskys der Golden-Horse-Reihe sind Single Malts mit einem Hauch Torf und grasigen, pflanzlichen, süß-fruchtigen Noten.

In diesen beiden Pot Stills, die seit 1981 bei Toa Shuzo stehen, wird Golden Horse Single Malt erzeugt.

DIE ÜBRIGE WELT

Findige Newcomer zwischen Finnland und Australien
vergrößern das weltweite Whiskyspektrum

EUROPA

Jürgen Deibel

DIE KELTISCHEN VERWANDTEN DER SCHOTTEN IN DER BRETAGNE UND ANDERE BRANNTWEINBEGEISTERTE EUROPÄER HABEN BEWIESEN, DASS SIE AUCH WHISKY HERSTELLEN KÖNNEN.

Nach einem etwas zaghaften Beginn hat sich mittlerweile eine beträchtliche Anzahl von Whiskybrennereien auf dem europäischen Festland etabliert.

DEUTSCHLAND

Jahrhundertelang war Deutschland vor allem für seine ausgezeichneten Biere und Weine bekannt. Gebrannt wurde nur Korn und Obstwasser. Nach dem Zweiten Weltkrieg wurde jedoch in der Bundesrepublik immer mehr schottischer, irischer und amerikanischer Whisk(e)y verkauft und das Interesse wuchs. In den späten 1950er-Jahren wurde ein von A. Racke in Bingen erzeugter Blend namens Racke Rauchzart sehr beliebt: Ende der 1960er wurden davon bis zu 3 Millionen Flaschen im Jahr verkauft.

Einige weitere Whiskys, z.B. Jacob Stück, eine Marke mit dem schlichten Namen Whisky und Private Whisky, verschwanden fast genauso schnell wieder von der Bildfläche, wie sie aufgetaucht waren. Auch in der DDR gab es Whiskybrennereien, u.a. der VEB Edelbrände in Luckenwalde, Hersteller von Der Falckner, doch der Betrieb wurde nach dem Fall der Mauer eingestellt.

Der wahre Boom setzte aber in den Jahren nach 1984 ein, als Robert Fleischmann aus Eggolsheim bei Bamberg mit der Produktion begann. Sein erster Whisky kam 1994 unter dem Namen Piratenwhisky auf den Markt und sollte eigentlich nur in kleinem Rahmen vertrieben werden, genoss aber schon bald außerordentlich großes Ansehen. Er wurde nach schottischen Verfahren aus Gerstenmalz hergestellt. Heute erzeugt Fleischmann die Whiskymarken Spinnaker, Krottentaler, Grüner Hund und andere Malts.

Ein Besuch in Schottland brachte das Ehepaar Inge und Christian Gruel aus Owen/Teck bei Stuttgart auf die Idee, die Produktion eines so genannten Schwäbischen Whiskys, eines Single Grain, aufzunehmen. Dieser einzige in Deutschland hergestellte Grain Whisky wird ungewöhnlicherweise in Weinflaschen verkauft und erhielt bereits zahlreiche Auszeichnungen.

1990 produzierte Rainer Mönks in Witten in Nordrhein-Westfalen anlässlich des 125. Jubiläums der Brennerei Sonnenschein einmalig einen Single Malt aus schottischem Malz, der zehn Jahre in schottischen Whiskyfässern und danach weitere zwei Jahre in Sherryfässern reifte.

Der im oberbayrischen Schliersee aus Gerstenmalz erzeugte Malt Slyrs kam 2002 nach der gesetzlich vorgeschriebenen Reifezeit von drei Jahren auf den Markt und stößt auf immer größeres Interesse. Weitere bekannte Whiskys aus Deutschland sind Ammertaler aus Tübingen, Zaisers Schwäbischer

---

BRENNEREIEN

DEUTSCHLAND
BLAUE MAUS DESTILLERIE, GRUEL, LANTENHAMMER, VOLKER THEURER, ZAISER, ERICH SIEGEL, WEINGUT MÖSSLEIN.

ÖSTERREICH
REISETBAUER, WEIDENAUER, WALDVIERTLER ROGGENHOF, SIGGI HERZOG, WOLFRAM ORTNER.

SCHWEIZ
HOF HOLLE, BRENNEREIZENTRUM BAUERNHOF

FRANKREICH
WARENGHEM, CLAEYSSENS, MENHIRS, GUILLON.

OSTEUROPA
TSCHECHISCHE REPUBLIK: OLOMOUC (1 & 2).
POLEN: ZIELONA GÓRA.

SLYRS MALT WHISKY *entsteht in Schliersee am gleichnamigen oberbayrischen See.*

SLYRS *wurde 2002 von der deutschen Brennerei Lantenhammer eingeführt und ist sehr erfolgreich.*

Whisky, Dettinger Whisky und Fränkischer Whisky, von denen die meisten aus einer Getreidemischung hergestellt werden. Eine interessante Neuentwicklung sind die so genannten Bierbrände, aber da sie nicht lange genug reifen, sind sie streng genommen (noch) keine Whiskys.

ÖSTERREICH

1995 füllte die Brennerei Reisetbauer in Axberg bei Linz fast 1000 Flaschen ihres ersten Whiskys ab, der aus ungetorftem örtlichem Gerstenmalz hergestellt wird und sechs Jahre in Chardonnay- und Trockenbeerenauslesefässern reift. Er war ein großer Erfolg und schnell ausverkauft. Weitere Jahrgänge folgen dem ersten Erfolg.

Ein neues Produkt der schon 1838 gegründeten Brennerei Weidenauer ist Waldviertler Haferwhisky, der zweifach destilliert wird und in ausgewählten, mittelstark angerösteten Eichenfässern reift. Hafer wurde vermutlich für die ersten schottischen Whiskys verwendet, ist heute aber kaum mehr gebräuchlich.

Johann Haider erzeugt in seiner Brennerei Waldviertler Roggenhof in der Wachau u.a. einen Roggenwhisky, zwei Roggen-Malzwhiskys, davon einen namens Nougat, und zwei Malts, von denen einer Karamell heißt – die Namen verweisen auf die jeweilige Hauptgeschmacksnote. Sie reifen auf dem Gelände in ausgewählten Fässern aus Manhartsberger Sommereiche und sind allesamt Einzelfassabfüllungen.

Siggi Herzog aus Saalfelden erzeugt einen speziellen Whisky aus Dinkel, Wolfram Ortner aus Bad Kleinkirchheim einen Whisky namens Nock-Land.

SCHWEIZ

Der Pionier der schweizerischen Whiskyherstellung ist Ernst Bader, der 1999, sofort nachdem Gerste für die Branntweinproduktion zugelassen wurde, in seiner Brennerei Hof Holle in Lauwil bei Basel Single Malt zu erzeugen begann. Er besteht aus süddeutschem Gerstenmalz und reift in Burgunder Weißweinfässern. Das bei der Herstellung verwendete Wasser stammt aus der Gegend und ist besonders für seine Weichheit bekannt.

Edi Bieri und Kurt Uster vom Brennereizentrum Bauernhof in Baar stellen Swissky und St. Moritzer Single Malt aus Rauchmalz, einem traditionellen Gerstenmalz aus dem fränkischen Bamberg, her.

FRANKREICH

Der bekannteste Whisky aus dem Wein-, Kognak- und Champagnerland ist wohl Armorik von Warenghem in Lannion in der Bretagne, die überaus stolz auf ihre keltischen Traditionen sind. Armorik, seit 1999 auf dem Markt, ist ein nach schottischem Vorbild hergestellter und gereifter Single Malt, leicht und fruchtig und etwas holzig und trocken im Mund. Daneben erzeugt Warenghem den ähnlich leichten Blend Whisky Breton mit ausgeprägtem Vanilleduft.

Die Distillerie des Menhirs im bretonischen Plomelin verwendet einen gewissen Anteil Buchweizenmalz für ihren nach dem bretonischen Wort für Buchweizen benannten Eddu mit deutlichen fruchtigen Beerennoten in der Nase.

Die Brennerei Claeyssens im nordwestfranzösischen Warmbrechies stellt ihren Warmbrechies Single Malt mit einer Kombination aus Pot Stills und Säulenbrennverfahren her. Er ist trocken mit sehr kräftigem Duft und kein typischer Whisky.

Der allererste Single Malt der Brennerei Guillon in der Champagne kam 2002 auf den Markt. Er wird in einem kleinen *Eau-de-Vie*-Brennapparat hergestellt; das Gerstenmalz für diesen Whisky wird über brennenden Buchen- und Eichenblättern getrocknet.

OSTEUROPA

In vielen osteuropäischen Ländern war »Whisky« lange Zeit ein künstlich eingefärbter neutraler Branntwein, der nun, da auch hier die EU-Bestimmungen gelten, nach und nach durch richtigen Whisky ersetzt wird.

Die Tschechische Republik begann als erstes osteuropäisches Land in den 1970er-Jahren Whisky zu erzeugen. Bei Olomouc (Olmütz) stellen zwei Brennereien Malt und Blends her. Die Single Malts King Barley (verwirrenderweise auch als Blend erhältlich) und Gold Cock reifen beide sechs Jahre; die übrigen Marken sind vorwiegend Blends.

Obwohl das polnische Nationalgetränk Wodka ist, produziert die Brennerei in Zielona Góra Dark Whisky and Old Family Whisky; bei Ersterem handelt es sich um einen außerordentlich leichten Blended Whisky mit fruchtigen Noten und einem weichen, samtigen Gaumen.

ROGGEN IST DIE *Hauptzutat in Haiders Whiskys, die drei bis sechs Jahre in Eichenfässern reifen.*

ERNST BADER, *einer der Pioniere der Schweizer Whiskyherstellung, in seiner Brennerei Hof Holle.*

REISETBAUER

ASIEN, AUSTRALIEN & NEUSEELAND

WILLIE SIMPSON

JAPAN MACHTE DIE WHISKYHERSTELLUNG ZU BEGINN DES 20. JAHRHUNDERTS IN ASIEN HEIMISCH. ANDERE ASIATISCHE LÄNDER SOWIE AUSTRALIEN UND NEUSEELAND FOLGTEN SPÄTER.

Dass in Asien, Australien und Neuseeland Whisky hergestellt wird, liegt zum Teil am historischen Einfluss Großbritanniens, doch jedes Land entwickelte seinen eigenen Stil.

PAKISTAN

Da Pakistan eines der islamischen Länder ist, in denen die Herstellung alkoholischer Getränke »für Besucher« erlaubt ist, konnte 1861 bei Rawalpindi im Pandschab die Brauerei Murree gegründet werden, die seit den 1960er-Jahren in Pot Stills Malt Whisky herstellt. Murree Single Malt (ohne Altersangabe) reift acht bis zehn Jahre, hat 43 Vol.-% und einen zuckerbonbonartigen Charakter mit blumigem Aroma und Nachklang.

INDIEN

Die erste Whiskybrennerei in Indien, die sich auf dem Weltmarkt einen Namen machen konnte, war Amrut bei Bangalore in dem in Hinblick auf Alkohol recht liberalen Bundesstaat Karnataka.

Der nach einem mythologischen Lebenselixier benannte Amrut Single Malt wird aus Gerste hergestellt, die in den Himalaya-Ausläufern im Pandschab angebaut und im nordwestindischen Jaipur ohne Torf gemälzt wird, und reift in Bourbonfässern und in neuer Eiche. Er wird ohne Altersangabe mit 40 Vol.-% abgefüllt und hat ein frisches, grasiges Aroma mit roten Äpfeln, Getreidekörnern und Toffee-Äpfeln am Gaumen.

Aufgepasst: Manchmal wird auch billiger indischer Arrak aus Melasse als »Whisky« ausgewiesen und in »Blended Malt Whisky« muss nur vier Prozent Malt enthalten sein. Ein Pure oder Single Malt muss hingegen wirklich »rein« sein.

THAILAND

Die thailändische Familie Khun Charoen, Mehrheitseigner des schottischen Unternehmens Inver House, kann diesem durchaus Konkurrenz machen: Der Inlandsmarktanteil ihres Mekhong beträgt 89 Prozent. Er hat süße Sahne-Toffee-Noten, die z.T. auf die großzügige Verwendung neuer amerikanischer Eiche zurückzuführen sind, und ein würziges Aroma. Die Familie besitzt auch eine neue Brennerei schottischen Stils in Thailand, die jedoch noch keinen Whisky auf den Markt gebracht hat.

AUSTRALIEN

Mitte der 1980er-Jahre erkannten Bill und Lyn Lark, dass eigentlich nichts dagegen sprach, in Tasmanien erstklassigen Single Malt zu erzeugen: Es gab ausreichend klares Bergwasser, eine speziell für den Anbau in kühlem Klima gezüchtete Gerste und Torf im zentralen Hochland. Nachdem sie eine alte kleine Brennblase erworben hatten, machten die Larks eine Eingabe bei ihrem Parlamentsabgeordneten, denn der Commonwealth Distillation Act von 1901 erlaubte nur Großbetriebe, deren Wash Still mindestens 2700 Liter fasste. Binnen wenigen Wochen wurde das Gesetz geändert und die Larks erhielten eine Brennereilizenz – die erste, die seit den 1830ern in Tasmanien erteilt wurde. Der erste Single Malt kam 1998 auf den Markt und war schnell ausverkauft; mit den seither produzierten Mengen kann die Nachfrage kaum befriedigt werden. Rund 20 Prozent des Gerstenmalzes werden über Torffeuer getrocknet; der

---

BRENNEREIEN

PAKISTAN
MURREE.

INDIEN
AMRUT.

THAILAND
MEKHONG.

AUSTRALIEN
LARK, TASMANIA, WHISKY TASMANIA, BAKERY HILL, SMITH'S.

NEUSEELAND
WILSON.

DAS WASSER *aus den neuseeländischen Bergen (hier in der Nähe des Porter's Pass auf der Südinsel) ist so klar, dass es sich für die Whiskyherstellung geradezu anbietet.*

DIE LARK DISTILLERY liegt am Hafen der tasmanischen Hauptstadt Hobart, deren kühles Klima eher dem in Schottland als dem auf dem australischen Festland ähnelt.

Whisky reift mindestens fünf Jahre in 100-Liter-Fässern, wird mit 43 Vol.-% abgefüllt und ist komplex und vollmundig mit ausgeprägtem rauchigem Pfefferaroma.

Die Brennerei Tasmania, ebenfalls auf der Insel, wurde 1994 wiedereröffnet und produziert in der Nachbildung einer Pot Still von 1860. Sullivan's Cove Premium Whisky, der erstmals 1997 nach weniger als drei Jahren Reife verkauft wurde, fehlte es meist an Finesse. Nach zwei Besitzerwechseln wurde der Betrieb 2002 eingestellt. Die Ausrüstung wurde 2004 (zusammen mit einem großen Bestand an gereiftem Whisky) in ein Lagerhaus im rund 20 Kilometer von Hobart entfernten Cambridge verbracht. 2005 will man den Brennereibetrieb wieder aufnehmen und der gereifte Whisky soll als Hobart Single Malt und Old Hobart Cask Strength auf den Markt kommen.

Whisky Tasmania, das ehrgeizigste neue Whiskyunternehmen in Australien und Neuseeland, hat zurzeit mehr als 2500 Fässer (5000 Hektoliter) Whisky im Zolllager. Der im Januar 1999 produzierte erste Feinbrand reift in Bourbonfässern und wird, einer Fassprobe nach zu urteilen, ein leichter, grasiger Whisky nach irischer Art werden. Er soll in verschieden stark getorften Versionen angeboten werden.

Die Bakery Hill Distillery in Melbourne produzierte in ihren ersten drei Betriebsjahren umgerechnet nur 5000 Flaschen, doch der seit 2004 verkaufte Whisky erntet überall Beifall. David Baker verwendet einen gewissen Anteil getorftes Malz, und der Whisky reift in 50- und 100-Liter-Fässern, die aus alten Bourbon- sowie aus Portweinfässern aus französischer Eiche gefertigt werden; die Lagerzeit beträgt zwar weniger als drei Jahre, aber der Reifeprozess wird durch die kleinen Fässer erheblich beschleunigt. Die Whiskys von Bakery Hill sind nicht gefiltert und werden mit 46 Vol.-% abgefüllt. Classic Malt ist süßlich mit Vanillin sowie Gewürz- und Ingwernoten, Double Wood dunkelgoldgelb und malzig mit einem trockenen, pfeffrigen Nachklang, Peated Malt fruchtig und komplex mit Jod- und Algennoten.

Für Smith's Angaston Whisky, der 2004 nach sieben Jahren Reife auf den Markt kam, hatte die Cooper's Brewery in Adelaide mit Cooper's-Ale-Hefe und Franklin-Gerste einmalig 180 Hektoliter vergorene Würze hergestellt, die dann in der Kellerei S. Smith & Sons' Angaston im Barossa Valley in einer alten Pot Still (für Brandy) zweifach destilliert wurde. Auf ähnliche Weise waren bereits 1998 und 2000 zwei Whiskys in limitierter Auflage entstanden. Der 7-jährige Angaston ist mittelgoldgelb, rein, ungetorft und süßlich mit Noten von Heu, Toffee und Vanille.

NEUSEELAND

Wilson, die erste neuseeländische Brennerei, eröffnete 1974 in Dunedin und produzierte zunächst die zwei Blends Wilson's und 45 South; 1984 kam der Single Malt Lammerlaw hinzu.

Die Brennerei wurde in den 1980er-Jahren von Seagram übernommen, stellte jedoch 1997 den Betrieb ein. Lammerlaw ist noch in einigen Whiskyhandlungen in Neuseeland erhältlich, wird aber zusehends rarer. Ein großer Bestand an gereiftem Whisky wurde 1993 von der New Zealand Malt Whisky Co., einem unabhängigen Spirituosenvertrieb, erworben und wird zurzeit als 10-, 12- und 16-jähriger Milford Single Malt verkauft.

AMRUT SINGLE MALT ist nach indischen Produktionsvorschriften ein Whisky aus 100 Prozent Gerstenmalz.

WHISKY GENIESSEN

WHISKYCOCKTAILS

DALE DEGROFF

SEIT 1830 ENTSTANDEN ALLE MÖGLICHEN ARTEN VON COCKTAILS – UND VIELE DAVON ENTHALTEN WHISKY.

NEW YORK BY NIGHT
Die flinken und freundlichen New Yorker Barkeeper haben die Manhattan Bar zu einem beliebten Ziel für Reisende jeden Alters gemacht.

ZUBEHÖR
Zum Cocktailmixen benötigt man einen langstieligen Barlöffel, einen dreiteiligen Shaker, einen Messbecher und ein Barsieb.

LÖFFEL UND SHAKER
Barlöffel, Shaker und Messbecher gehören zur Grundausstattung eines jeden Cocktailmixers.

BARSIEB
Mit dem Barsieb (auch Strainer genannt) werden Kräuter und Früchte abgeseiht.

Die ersten Cocktails kamen Anfang des 19. Jahrhunderts auf und waren recht einfach: Gin, Brandy oder Whisky wurde mit Bitterlikör gewürzt und mit Curaçao gesüßt. Die erste in den Annalen verzeichnete Cocktailparty fand in den 1830er-Jahren in Antoine Amadée Peychauds Apotheke in New Orleans statt. Peychaud stellte aus Kräutern, Gewürzen und Alkohol einen Bitterlikör her, den er Peychaud's Bitters nannte und den es heute noch gibt. Er mixte ihn mit Sazerac-Weinbrand und servierte das Getränk in einem doppelten Eierbecher *(coquetier)* – der Cocktail Sazerac war geboren. Dass sich das englische Wort *cocktail* von *coquetier* ableitet, ist eine Legende, denn das Wort *cocktail* wurde nachweislich bereits 1806 verwendet, als Peychaud gerade drei Jahre alt war.

Bis 1803 gehörte Louisiana und mit ihm New Orleans zu Frankreich und so erklären sich auch die französischen Namen Peychaud und Sazerac. Die Wortendung *-ac*, ein Vermächtnis der römischen Eroberer, hat Sazerac mit vielen französischen Weinbränden – Armagnac, Cognac, Jarnac und Polignac – gemeinsam.

WHISKEY AUF DEM VORMARSCH
Mitte des 19. Jahrhunderts wurde der Cocktail Sazerac bereits mit amerikanischem Rye Whiskey statt mit französischem Weinbrand gemixt. Nach dem Verkauf von Louisiana an die USA lockerten sich die Beziehungen zu Frankreich, der Handel mit den übrigen Staaten der Union nahm zu und deshalb war amerikanischer Rye in New Orleans bald leichter und günstiger zu bekommen als französischer Kognak.

Zwar entstand Rye Whiskey weiter im Norden, in Maryland und Pennsylvania, und der Transport über Land war, bevor die Eisenbahn gebaut wurde, selbst innerhalb eines Staates mühsam, aber mit Lastkähnen konnten Whiskeyfässer problemlos über die großen Flüsse zu den Häfen im Süden verschifft werden, und so wurde New Orleans zu der Cocktailhauptstadt, die es heute noch ist.

> **IN DER RYE-STADT NEW YORK TRANK ALLE WELT MANHATTAN**

Mit der industriellen Revolution kamen die Dampfschiffe, die nicht nur flussabwärts, sondern auch gegen die starke Strömung flussaufwärts fahren konnten, ein stetig wachsendes Eisenbahnnetz und ein weit verzweigtes Kanalsystem im Nordosten, sodass auch die großen Städte an der Ostküste, etwa New York und Boston, für die Whiskeyhersteller im Westen erreichbar wurden und der Markt sich vergrößerte.

DIE BLÜTEZEIT DER COCKTAILS
Zwischen 1880 und 1912 erlebten die Cocktails ihr goldenes Zeitalter und die Whiskeymixgetränke wurden immer ausgefallener. Der Whiskey Daisy aus Harry Johnsons Barkeeperhandbuch von 1882 war ein mit Chartreuse veredelter und reichlich frischem Obst garnierter Whiskey Sour. New York war zu jener Zeit eine Rye-Stadt und alle Welt trank Manhattan: nach dem Originalrezept Rye Whiskey mit Wermut und Angostura sowie einem Schuss Absinth oder Curaçao. Ende der 1880er-Jahre erfanden Mitglieder des exklusiven Pendennis Club in Louisville, Kentucky, die sich nach der Einfachheit der klassischen Cocktails zurücksehnten, zu Ehren des Clubmitglieds Colonel James E. Pepper, Eigentümer eines berühmten Whiskeys der damaligen Zeit, den Bourbon Old Fashioned.

EINE NEUE ZUTAT: SCOTCH
Ende des 19. Jahrhunderts wurde Scotch in viele Cocktailrezepte aufgenommen. Durch die Reblausplage in Frankreich brach der Handel mit französischem Kognak, dem Lieblingsgetränk der Engländer, ein, und die Schotten sprangen in die Bresche, indem sie den starken schottischen Malt mit anderem Whisky verschnitten. Die milderen Blends schmeckten nicht nur den Englän-

dern, sondern auch den Amerikanern, und so fand Scotch Eingang in die Cocktails der USA, vor allem in heiße Whiskymixgetränke, wie Blue Blazer, Hot Whiskey Sling und Hot Scotch Whisky Punch. Die meisten dieser Getränke waren eine Art Grog mit heißem Wasser oder Tee, Zitrone, Zucker und Muskatnuss.

Der Scotchcocktail Blood and Sand entstand als Werbung für den gleichnamigen Stummfilm mit Rudolph Valentino und war eine Art Manhattan mit Scotch, Benedictine und Wermut. Andere Scotchmixgetränke, z.B. Rusty Nail, dienten dazu, den Whiskylikör Drambuie und andere neue Produkte bekannt zu machen.

SCOTCH ODER AMERICAN?

Heute ist das bei Single-Malt-Liebhabern so geschätzte markante Rauch- und Torfaroma des Scotch eine echte Herausforderung für jeden Cocktailmixer, weil diese Noten sich nie harmonisch in einen Cocktail einfügen, sondern immer herausstechen. Anstatt sie durch andere ausgeprägte Geschmacksnoten zu überdecken, sollte man nach Zutaten Ausschau halten, die ihre Wirkung angenehm verstärken.

Amerikanischer und irischer Whiskey ist süßer und bietet mehr Möglichkeiten beim Mixen. Selbst amerikanischer Straight Rye Whiskey passt mit seinem pfefferigen Sauermaischecharakter gut zu Cocktails, wie John Collins und Belmont Breeze.

FEATURE

DER PERFEKTE IRISHCOFFEE

Für einen wirklich guten Irishcoffee vermischt man starken, süßen Kaffee mit einem ordentlichen Schuss Whiskey und schlägt die Sahne leicht an – ist sie zu flüssig, löst sie sich in dem heißen Getränk auf, ist sie zu steif, geht sie unter. Am besten geeignet ist ein kurzstieliges Kelch- oder Becherglas, das 180–240 ml fasst.

COCKTAILS
Die erstmals auf der Art-déco-Ausstellung 1921 in Paris vorgestellte klassische Cocktailschale verleiht heute der Fantasie einer neuen Generation von Cocktailtrinkern Flügel.

MIXTECHNIKEN

Das Mixen perfekter Cocktails erfordert genauso viel Aufmerksamkeit und Sorgfalt wie die Zubereitung eines exklusiven Mahls. Man sollte das Rezept genau befolgen, frische Zutaten und Qualitätsspirituosen verwenden – und vorher üben.

AUSPRESSEN
Nichts geht über frischen Zitronen- oder Limonensaft. Die Früchte sollten nicht kalt sein, denn sonst erhält man nur wenig Saft.

ZERREIBEN
Durch Zerreiben kommt man nicht nur an den Saft von Zitrusfrüchten, sondern auch an das Öl aus der Schale heran.

EASY DRINKING

Im French Quarter in New Orleans hat sich in den letzten 150 Jahren nicht sehr viel verändert: Aufgrund der liberalen Alkoholgesetze wird hier das ganze Jahr über jede Nacht gefeiert. Und die Zeit ist auch in der Apotheke in 437 Royal Street stehen geblieben, in der Antoine Amedée Peychaud bis zu seinem Tod in den 1880er-Jahren seinen Bitters verkaufte, die geheime Zutat im legendären Sazerac-Cocktail.

Heute betreiben Steve Cohen und sein Sohn Barry hier einen Antiquitätenladen, doch sie kramen jederzeit gerne die originalen Bitterlikörflaschen hervor, um ihrem berühmten Vorgänger Tribut zu zollen.

Eine Nacht im French Quarter kann einem durchaus einen dicken Kopf bescheren. Man sollte nie mehr als einen von Pat O'Briens Hurricanes trinken, einem scheinbar harmlosen Mix aus weißem und braunem Rum und verschiedenen Fruchtsäften, und sich vom Hand Grenade im Tropical Isle an der Bourbon Street fern halten – er wird aus Getreidebranntwein mit furchterregenden 190 Proof (95 Vol.-%) zubereitet! Vorsicht ist auch bei den Daiquiri Shops geboten, wo sogar die Kopfschmerzmittel alkoholisch sind.

REZEPTE FÜR WHISKYCOCKTAILS

DIESE Rezeptauswahl zeigt, was für eine vielfältige Cocktailzutat Whisky ist. Belmont Breeze, Port Whiskey Punch, Whiskey Peach Smash und Dubliner sind meine eigenen Erfindungen.

WHISKEY SOUR
Hier kommt der frische Zitronensaft vollendet zur Geltung.

ZUTATEN
5 cl beliebiger Whiskey
2 cl frischer Zitronensaft
2,5 cl Zuckersirup (Zucker und Wasser im Verhältnis 1:1 erhitzen, bis sich der Zucker aufgelöst hat)

ZUBEREITUNG
Alle Zutaten mit Eis im Shaker schütteln und in ein Sour-Glas oder einen Tumbler abseihen. Mit einer Kirsche und einer Orangenscheibe garnieren.

MINT JULEP
Dieser amerikanische Klassiker stammt aus dem 18. Jh. Damals wurde er aus Weinbrand und Pfirsichwasser gemixt.

ZUTATEN
1,5 cl Zuckersirup
2 Minzezweige (zarte, junge Zweige verwenden – sie halten länger und sehen im Glas besser aus)
6 cl Bourbon

ZUBEREITUNG
Einen Minzezweig in einem Mixglas mit dem Zuckersirup zerreiben. Den Bourbon zugeben und in ein mit zerstoßenem Eis gefülltes Longdrinkglas abseihen. Mit dem Barlöffel verrühren, bis das Glas an der Außenseite beschlägt. Mit dem anderen Minzezweig garnieren.

MINT JULEP

BELMONT BREEZE
Das offizielle Getränk beim Pferderennen in Belmont.

ZUTATEN
5 cl Seagrams 7
2 cl Harveys Bristol Cream Sherry
2 cl frischer Zitronensaft
2 cl Zuckersirup
5 cl frischer Orangensaft
5 cl Preiselbeersaft

ZUBEREITUNG
Alle Zutaten mit Eis im Shaker schütteln und mit Limonade und Sodawasser zu gleichen Teilen (jeweils ca. 3 cl) auffüllen. Mit frischen Erdbeeren, einem Minzezweig und einer halben Zitronenscheibe garnieren.

DUBLINER
Diesen Cocktail habe ich für Molly Malones Restaurant in der Tschechischen Republik kreiert.

ZUTATEN
3 cl irischer Whiskey
3 cl Irish Mist (Likör)
Leicht geschlagene ungesüßte Sahne

ZUBEREITUNG
Whiskey und Likör in einem Mixglas mit Eis verrühren. In ein kleines Weinglas abseihen und 2,5 cm hoch mit Sahne auffüllen.

OLD FASHIONED
Dieser Klassiker entstand im Pendennis Club in Louisville, Kentucky.

ZUTATEN
6 cl Bourbon
6 Dash Angostura
1 TL Zucker
2 Orangenscheiben
2 Maraskakirschen
1 Spritzer Sodawasser

Wenn es so etwas wie eine örtliche Spezialität gibt, dann ist es wohl Southern Comfort, dessen Originalversion namens Cuff and Buttons der Wirt M. W. Heron im 19. Jahrhundert erfand: Er zog den Spund aus dem Deckel eines Whiskyfasses, füllte zerkleinerte süße Pfirsiche hinein und gab Nelkenhonig und eine spezielle Gewürzmischung hinzu.

Sazerac ist der ultimative New Orleans'sche Whiskycocktail und Ramos Gin Fizz ist die ebenso ultimative New Orleans'sche Katermedizin. Im leichtlebigen New Orleans gibt es sehr wenige Vorschriften und mit diesen wenigen Vorschriften nimmt man es auch nicht so genau. Die Lokale dürfen sieben Tage in der Woche 24 Stunden am Tag geöffnet haben – glaubt man den Einheimischen, so gibt es in New Orleans die besten Politiker, die man mit Geld kaufen kann – und Leberzirrhose wird auf dem Totenschein als »natürliche Todesursache« bezeichnet.

New Orleans ist ein Paradies für Musiker, Künstler und all diejenigen, die gern tun und lassen, was sie wollen. Leben und leben lassen, das ist hier die Devise, und es gibt nur eine Regel: Sei du selbst, aber komm mir dabei nicht in die Quere.

CRUSTARAND
Man befeuchtet den äußeren Rand des Glases mit Zitronensaft oder Sirup und taucht ihn dann in Zucker oder Salz.

ZUBEREITUNG
In einer Cocktailschale Zucker, Angostura, eine Orangenscheibe, eine Kirsche und Sodawasser sorgfältig zerreiben. Orangenschale entfernen und Bourbon, Eis und Soda- oder stilles Wasser zugeben. Mit einer Orangenscheibe und einer Kirsche garnieren.

MARK TWAIN COCKTAIL
Wie ihn der Schriftsteller 1874 in einem Brief aus London an seine Frau beschrieb.

ZUTATEN
5 cl Scotch
2 cl frischer Zitronensaft
3 cl Zuckersirup
2 Dash Angostura

ZUBEREITUNG
Mit Eis im Shaker schütteln und in ein gefrostetes Cocktailglas abseihen.

SCOTCH WHISKY

SAZERAC
Der Cocktail ist nach dem Weinbrand benannt, mit dem er in der Originalversion zubereitet wurde.

ZUTATEN
2 Dash Peychaud's Bitters
5 cl Rye Whiskey
1 Spritzer Ricard oder Herbsaint
½ TL Zucker

ZUBEREITUNG
Einen Tumbler frosten. In der Zwischenzeit in einem anderen Zucker und Bitters verrühren, bis sich der Zucker aufgelöst hat. Rye Whiskey und mehrere Eiswürfel dazugeben und verrühren. Den gefrosteten Tumbler mit einem Spritzer Ricard oder Herbsaint ausschwenken, übrige Flüssigkeit abgießen. Cocktail in dieses Glas abseihen und mit Zitronenschale garnieren.

BLOOD AND SAND
Ein Werbegag zum Start des gleichnamigen Films mit Rudolph Valentino (1922).

ZUTATEN
2 cl Scotch
2 cl Cherry Heering
2 cl süßer Wermut
2 cl Orangensaft

ZUBEREITUNG
Alle Zutaten mit Eis im Shaker schütteln und in eine Cocktailschale abseihen. Mit Orangenschale garnieren.

WHISKEY PEACH SMASH
Diesen köstlichen Cocktail genießt man am besten im Hochsommer, wenn die Pfirsiche richtig schön reif sind.

ZUTATEN
6 cl Bourbon
4 kleine Pfirsichviertel
3 Minzeblätter
1 Minzezweig
2 Zitronenschnitze
3 cl Zuckersirup

JIM BEAM

ZUBEREITUNG
Alle Zutaten außer Whiskey in einem Barglas zerreiben. Whiskey dazugeben und mit Eis im Shaker schütteln. In einen mit Eis gefüllten Tumbler abseihen und mit Minze und einer Pfirsichscheibe garnieren.

PORT WHISKEY PUNCH
Bowleartige Whiskeycocktails mit Portwein waren im 19. Jh. sehr beliebt.

ZUTATEN
5 cl Jack Daniel's
2 cl frischer Zitronensaft
2,5 cl Zuckersirup
5 cl frischer Orangensaft
5 cl Preiselbeersaft
3 cl Ruby-Portwein

ZUBEREITUNG
Alle Zutaten mit Eis im Shaker schütteln und in ein mit Eis gefülltes Longdrinkglas gießen. Mit Portwein auffüllen und mit einer Orangenscheibe garnieren.

MANHATTAN
Anstatt des ursprünglich üblichen Rye Whiskeys verwenden viele Mixer heute einen guten Bourbon.

ZUTATEN
6,5 cl Blended Whiskey
2 cl süßer italienischer Wermut
2 Dash Angostura

ZUBEREITUNG
Mit Eis verrühren und in ein gefrostetes Cocktailglas abseihen. Mit einer Kirsche garnieren.

MANHATTAN

Whisky zum Essen

Martine Nouet

WENN MAN EINIGE REGELN BEACHTET, KANN WHISKY DEN VERSCHIEDENSTEN SPEISEN NEUE GERUCHS- UND GESCHMACKSNOTEN ENTLOCKEN.

Perfekte Partner
Whisky passt hervorragend zu Haggis, dem schottischen Schafsmagen, und zwar nicht nur als Begleiter. Hier ein Tipp aus den Highlands: Das dampfend heiße Haggis mit einem farbenprächtigen Blend oder einem jungen Malt übergießen – dies schmeckte immerhin schon Robert Burns höchstpersönlich.

Die Entscheidung, welchen Whisky man zum Essen servieren kann, läuft nicht anders ab als die Wahl des richtigen Weins: Man braucht einige Informationen über den Whisky, etwas Erfahrung und einen einigermaßen geschulten Gaumen; alles Weitere ist Geschmackssache.

Single Malt, Pot-Still-Whisky, Bourbon und Rye bieten ein genauso großes Spektrum an Aromen wie Wein; es gibt keinen Grund, Whisky vom Essen auszuschließen. Die von Verkostern beschriebenen Geschmacksnoten – u.a. Bückling, Pfeffermakrele, Speck, Fleisch, Apfelkuchen, Crème brûlée – decken ein ganzes Menü ab, und es drängt sich geradezu auf, die entsprechenden Whiskys zum Essen zu trinken. Jeder Whisky und jede Speise hat einen ganz eigenen Geschmack, und wenn man beides geschickt kombiniert, kommen neue Geschmacksnuancen hinzu und der Genuss wird noch gesteigert.

Mit der Kombination von Lieblingswhisky und Lieblingsgericht ist es allerdings nicht getan: Wenn man einen außerordentlich medizinischen Single Malt – etwa Laphroaig – zu Apfelkuchen trinkt, kann man weder den Whisky noch den Kuchen genießen. Für die richtige Zusammenstellung gibt es einige einfache, aber grundlegende Regeln: Man muss sich über die wichtigsten Aromen des Whiskys klarwerden und dann überlegen, welche Gerichte diese aufnehmen und ergänzen könnten. Man kann natürlich auch auf die Gegensätze abheben: süß zu bitter oder sauer, mild zu scharf.

EINE SCHOTTISCHE TRADITION?

Seltsamerweise hat Whisky in Schottland den meisten Historikern zufolge keine feste und einheitliche Tradition als Tafelgetränk, auch wenn in manchen Quellen vom Genuss großer Mengen von *uisge*

beatha zu Mahlzeiten die Rede ist. Die Trinkgewohnheiten waren wohl je nach sozialer Herkunft und Gegend unterschiedlich: In den Lowlands trank ein Gentleman Bordeaux oder Punsch zum Essen, ein armer Arbeiter puren Whisky. In den Highlands war Whisky über die sozialen Grenzen hinweg ein wärmendes Getränk für jede Gelegenheit. Elisabeth Grant of Rothiemurchus vermerkte zu Anfang des 19. Jahrhunderts in ihrem *Journal of a Highland Lady*: »In unserem Haus wurde die Whiskyflasche jeden Morgen mit kaltem Fleisch auf den Serviertisch gestellt. In der Speisekammer war eine Flasche Whisky die tägliche Ration, mit Brot und Käse nach Belieben.« Sie schrieb auch, dass eine feine Dame den Tag mit Whisky begann!

Whisky zum Frühstück bot auch die Glenfarclas Distillery in einem Jahr beim Speyside Whisky Festival an, doch es gab den Whisky weder dazu, noch wurde er im eigentlichen Sinn zum Kochen verwendet, sondern die Besucher bekamen einen Schuss Glenfarclas 105 (60 Vol.-%) in ihren Porridge – eine schmackhafte Kombination zweier schottischer Spezialitäten. Danach gab es Bückling, geräucherten Schellfisch und Speck, was alles ebenfalls bestens mit dem Whisky harmoniert.

JE NACH JAHRESZEIT

Ein voller, sahniger, intensiv aromatischer Whisky passt besonders gut zu Herbstgerichten mit Ente, Rindfleisch, Foie gras, Pastinaken, Lauch, Rosinen, Äpfeln, Feigen, Ingwer oder Zimt, verträgt sich hingegen überhaupt nicht mit leichten Salaten, roten Früchten, Kammmuscheln oder Kalbfleisch. Jüngeren, leichteren oder in Bourbonfässern (und nicht in Sherryfässern!) gereiften Single Malt kann man zu Frühjahrs- und Sommergerichten mit Fisch (Lachs, Rote Meerbarbe), Schalen- und Krustentieren, Kräutern (Basilikum und Koriander), dicken Bohnen, Artischocken, Spinat, Fenchel, Rhabarber, Roten Johannisbeeren und Brombeeren servieren.

Viele Maltliebhaber kombinieren geräucherte Speisen mit torfigen Single Malts, aber das ist nicht besonders empfehlenswert, weil das Raucharoma des Malt sich mit dem Essen beißt und es übertönt; die bessere Wahl ist in diesem Fall ein honigtöniger, malziger Malt.

MORGENS, MITTAGS UND ABENDS WHISKY

WHISKY UND SUSHI

Heutzutage bieten Restaurants und Supermärkte eine faszinierende Auswahl internationaler Spezialitäten feil, z.B. Sushi – Whisky und Sushi sind perfekte Partner, insbesondere wenn der Whisky leicht gekühlt ist. Am besten eignet sich japanischer Whisky: Fruchtige Blends und minzige oder malzige Single Malts machen sich hervorragend zu Maki, Sashimi oder Shushi.

GEKÜHLT ODER UNGEKÜHLT?

Auch die Serviertemperatur spielt eine Rolle. Zu Meeresfrüchten und geräuchertem Fisch sollte der Whisky gekühlt oder in einem gefrosteten Glas serviert werden. Zunächst machen sich die fruchtigen und blumigen Noten bemerkbar; der malzige Geschmack entfaltet sich nach und nach, während sich der Whisky auf Zimmertemperatur erwärmt.

DAS RICHTIGE MASS

Wer zum ersten Mal Whisky zum Essen vorgesetzt bekommt, macht sich vielleicht Gedanken über den Alkohol, der sich im Laufe eines mehrgängigen Menüs in seinem Blut ansammelt. Keine Sorge: Erstens wird zu jedem Gericht nur wenig Whisky (höchstens 2,5 cl) serviert, zweitens kann dieser gerade zum Essen gut mit Wasser verdünnt werden und drittens kann man zwischendurch jederzeit seinen Durst mit Wasser löschen. Auf jeden Fall gilt es Maß zu halten, um den Genuss nicht zu schmälern.

GESCHMACK

Das komplexe Zusammenspiel der Whiskyaromen steigert das Geschmackserlebnis beim Essen. Wichtig ist, dass keine Note die andere übertönt.

MUSCHELN
Meeresfrüchte passen sehr gut zu süßem, leichtem, vanilletönigem, in Bourbonfässern gereiftem Malt.

ZIMTSTANGEN
Zimt, Ingwer, Pfeffer und Sternanis stellen eine Gewürzverbindung zwischen Essen und Whisky her.

BASILIKUM
Grasiger Malt kommt mit Kräutern (Basilikum, Estragon, Minze, Thymian) besser zur Geltung.

ROTE JOHANNISBEEREN
Sommerobst passt zu malzigem Lowland-Whisky, Zitrusfrüchte eher zu torfigem Islay-Malt.

EINMAL SUSHI, BITTE!
In Sushi-Bars wie dem links abgebildeten Sushi Hatsu in Florida wird man schnell feststellen, dass japanischer Whisky eine echte Alternative zu Sake ist. Wie wäre es mit einem leichten, süßen Blend zum Sushi? Tunfisch, Lachs und Garnelen passen sehr gut zu japanischem Whisky.

Whisky in der Küche
Martine Nouet

SUPPEN UND SAUCEN, FLEISCH UND GEMÜSE, BACKWERK UND SÜSSSPEISEN ERHALTEN DURCH WHISKY EINE BESONDERE NOTE.

Suppe mit Schuss
Ein bisschen Whisky in der Suppe schadet nicht! Martine Nouet rundet ihre Kartoffelcremesuppe gerne mit einigen Teelöffeln 10-jährigem Aberlour ab: Die sonst eher milde Suppe erhält dadurch mehr Pep.

Wenn man einmal Whisky zum Essen getrunken hat, kann man auch noch einen Schritt weiter gehen und Whisky beim Kochen verwenden: Was sich bei Tisch bewährt hat, kann in der Küche nicht falsch sein!

Merkwürdigerweise taucht Whisky in schottischen Kochbüchern außer in einigen süßen Rezepten und der Anekdote über Robert Burns' Angewohnheit, das Haggis mit Whisky zu übergießen, nicht als Zutat auf. Wenn Alkohol verwendet wird, dann in den meisten Fällen Kognak, Sherry oder Portwein – die Frage ist warum. War Whisky so kostbar, dass es ein Sakrileg gewesen wäre, die Rehbratensauce damit zu würzen? Oder hatten die Köche im Gegenteil Angst, der strenge Geschmack könnte ihr feines Süppchen verderben?

Heutzutage hat man weniger Bedenken, in der Küche ein wenig mit Whisky zu experimentieren, und den Segen der Whiskyhersteller dazu: Restaurants in Brennereien wie Ardbeg, Arran und Glenturret haben ebenso wie Spitzenrestaurants in Glasgow und Edinburg Whiskygerichte auf ihrer Tageskarte. In Kentucky hat Jim Beam eine Bourbon-Kochschule ins Leben gerufen, deren Schüler jeden September auf dem Kentucky Bourbon Festival ihre Künste zur Schau stellen.

GUT KOMBINIERT IST HALB GEWONNEN

DIE HOHE WHISKY-KOCHKUNST

Natürlich kann man nicht einfach jedes Gericht mit einem Schuss Whisky verfeinern. Ebenso wie wenn man Whisky zum Essen serviert, muss man auch beim Kochen darauf achten, dass Geschmack und Beschaffenheit harmonieren. Genauso wichtig wie das geschmackliche Gleichgewicht – oder sogar noch wichtiger – ist, wie der Whisky sich mit der Speise verbindet. Der Koch muss den Whisky so verarbeiten, dass der Geschmack erhalten bleibt und der Alkohol verdampft.

Single Malt ist besonders gut zum Kochen geeignet, weil er durch seine Aromavielfalt jeglicher

Malt-Gemüse
Pilze, Karotten, Sellerie, Zwiebeln, Sojabohnen und rote Paprika in einem Wok mit Sesamöl anbraten. Zitronengras, Basilikum, Ingwer, Cayennepfeffer und ein halbes Glas leichten, jungen Malt dazugeben. Mit Nudeln und sautierten Meeresfrüchten servieren.

Speyside-Marinade
Aus geriebenem Ingwer, Limonensaft, Knoblauch, zerstoßenen Erdnüssen, Gewürzen und etwas Speyside-Malt eine Marinade zubereiten. Hähnchenstücke 15 Minuten lang darin marinieren und beim Grillen immer wieder mit der Marinade bestreichen.

Obstsalat
Whisky verleiht ganz normalem Obstsalat eine besondere Note. Etwas Orangenmarmelade in der Mikrowelle schmelzen, einen guten Schuss getorften Single Malt dazugeben und mit Orangen-, Grapefruit- und Kiwischnitzen vermischen.

WHISKY IN DER KÜCHE

WHISKY SÜSS
Gebäck und Süßspeisen mit Trockenobst, Sirup, Honig oder braunem Zucker passen gut zu Malt mit ausgeprägtem Sherryaroma. Man kann z.B. Rosinen für Früchtebrot gut einige Tage lang in Whisky einweichen.

Art von Gerichten äußerst interessante Noten verleiht. Irischer Whiskey und Bourbon sind zwar weniger vielfältig, sorgen jedoch ebenfalls für einen markanten Geschmack.

Beim Thema »Kochen mit Alkohol« fällt einem wohl als Erstes das Flambieren ein, bei dem jedoch nicht nur der Alkohol, sondern auch viel Geschmack verloren geht. Deshalb sieht ein flambiertes Gericht zwar überaus schön aus, schmeckt aber in keiner Weise besonders.

Man hat viel mehr vom Whisky, wenn man ihn zum Bestreichen benutzt. So kann man z.B. sautierte Kammmuscheln oder Garnelen, sofort nachdem man sie vom Herd genommen hat, mit einigen Löffeln Islay-Malt und der gleichen Menge Zitronensaft und Honig einpinseln; auf diese Weise bleiben sie saftig und der Alkohol verdampft trotzdem. Bei gegrilltem Kalbfleisch kann nach dem Bestreichen mit Whisky ein wenig Crème fraîche zugegeben werden; das Fett wirkt als Geschmacksverstärker.

MARINADEN
Mit Fisch oder Fleisch (vor allem in rohem Zustand) lässt sich Whisky auch sehr gut in Form einer Marinade kombinieren. Wichtig ist, dass man die Marinade nur kurz einwirken lässt, denn nach 15 Minuten greift der Alkohol das Fleisch an und verleiht ihm eine graue Färbung. Whisky macht Fleisch zart, kann jedoch bei übermäßigem Gebrauch die Fasern zerstören und z.B. ein Steak allzu weich werden lassen.

Neben Whisky kann man für die Marinade Zitrone, Olivenöl, Gewürze, Kräuter und eventuell Teriyaki- oder Worcestersauce verwenden. Auch frischer Ingwer, Honig, Orangenmarmelade und Balsamico-Essig eignen sich als Zutaten für Whiskymarinaden. Und weil sich der Geschmack in Marinaden so wirkungsvoll entfaltet, braucht man gar nicht viel Whisky dafür.

Am besten kommen Marinaden aber bei süßen Gerichten zur Geltung. Obst, z.B. Birnen oder Äpfel, können vor dem Kochen in Whisky und Honig eingelegt werden. Kandierte oder getrocknete Früchte – egal, ob Rosinen, Datteln, Feigen oder Aprikosen – lassen sich auch sehr gut in Whisky einweichen.

EIN SCHUSS WHISKY
Eine weitere Möglichkeit, Whisky beim Kochen zu verwenden, sind Pfannengerichte: schnell zubereitet, leicht und schmackhaft – typische Merkmale der asiatischen Küche, zu der Whisky so außerordentlich gut passt. So kann man z.B. Gemüse mit Garnelen oder Hühnchen und einem Schuss Whisky im Wok anbraten.

Whisky leistet darüber hinaus auch beim Abschmecken gute Dienste und ist oft entscheidend für die geschmackliche Balance. Weil beim Erhitzen Aromen verloren gehen, gibt man ihn am besten kurz vor dem Servieren zu, etwa indem man gebratenen oder gedünsteten Fisch damit beträufelt; dasselbe gilt für Süßspeisen.

Wie viel Whisky man verwendet, hängt in erster Linie von seiner geschmacklichen Zusammensetzung ab, und aus diesem Grund eignet sich Single Malt auch besser zum Abschmecken als Blends. Mit leichtem, zartem Malt muss man nicht unbedingt sparsam sein, von stark getorftem oder sherrytönigem Malt genügt hingegen schon ein Spritzer. Es ist alles eine Frage der Chemie, aber das ist ja beim Kochen immer so. Guten Appetit!

FEATURE

WHISKYGLASUR
Lachsfilets kann man vor dem Garen mit einer Mischung aus Olivenöl und Whisky oder nach dem Garen mit einer Honig-Whisky-Tunke bestreichen. Auch Schokoladenkuchen lässt sich so verfeinern: Bevor man ihn mit Puderzucker bestäubt, pinselt man den frisch gebackenen (und noch sehr warmen) Kuchen mit einem vollen, fruchtigen Highland-Malt ein.

Weiterführende Literatur

BÜCHER AUF DEUTSCH

Malt Whisky
Michael Jackson u.a.
DK Verlag, München, 2016.
Der Malt Whisky-Führer schlechthin.

Das große Whiskybuch
DK Verlag, München, 2013.
Porträts von knapp 200 Destillerien weltweit sowie Verkostungsnotizen zu über 500 besonders interessanten Abfüllungen.

Whiskys der Welt
Charles MacLean (Hrsg.)
DK Verlag, München, 2010.
Über 700 Whiskys mit Verkostungsnotiz und Foto, Tourempfehlungen durch berühmte Whiskyregionen sowie bekannte Destillerien im Porträt.

Kompakt & Visuell Whisky
Charles MacLean (Hrsg.)
DK Verlag, München, 2008.
Detaillierte Profile von über 300 Brennereien sowie zahlreiche Verkostungsnotizen – zusammengestellt von Whiskyexperten aus aller Welt. Zudem alles Wissenswerte über die Geschichte und Herstellung des Kultgetränks.

Das Whiskylexikon
Walter Schobert
Fischer Taschenbuchverlag,
Frankfurt/M., 2005.
Marken, Brennereien und Fachbegriffe von A bis Z.

BÜCHER AUF ENGLISCH

Appreciating Whisky
Phillip Hills
HarperCollins, Glasgow, 2002.
Physiologische, psychologische und chemische Aspekte des Geschmacks.

The Island Whisky Trail
Neil Wilson
Angel's Share, Glasgow, 2003.
Ein illustriertes Verzeichnis aller Brennereien auf den Hebriden.

The Joy of Mixology
Gary Regan
Clarkson Potter, New York, 2003.
Ein Cocktailhandbuch von einem berühmten Barkeeper und erklärten Whiskyfreund.

The Making of Scotch Whisky
John R. Hume und Michael S. Moss.
Canongate, Edinburgh, 2000.
Ein von angesehenen Wissenschaftlern verfasstes Standardwerk zur Geschichte des Scotch Whisky.

*Peat, Smoke and Spirit:
A Portrait of Islay and Its Whiskies*
Andrew Jefford
Headline, London, 2004.
Ein anregend geschriebenes Porträt der Whiskyinsel Islay.

Scotch Missed
Brian Townsend
Angel's Share, Glasgow, 2004.
Ein Überblick über stillgelegte schottische Brennereien.

The Scotch Whisky Book
Tom Bruce-Gardyne
Lomond Books, Edinburgh, 2002.
Eine interessant beschriebene Rundreise durch schottische Brennereien.

The Scotch Whisky Industry Record
Charles Craig
Index Publishing Limited, Dumbarton, 1994.
Ein im Jahr 1494 beginnender chronologischer Report über Scotch Whisky.

The Scotch Whisky Industry Review
Alan S. Gray.
Sutherlands, Edinburgh (erscheint jährlich).
Eine kommentierte Produktions- und Finanzstatistik.

Vintage Spirits and Forgotten Cocktails
Ted Haigh
Quarry Books, New York, London, 2004.
80 seltene Cocktailrezepte von berühmten Barkeepern der Vergangenheit.

The Whiskeys of Ireland
Peter Mulryan
O'Brien, Dublin, 2002.

Whisky
Aeneas Macdonald
Angel's Share, Glasgow, Reprint Maclehose, Glasgow, 1930.
Eines der ersten Standardwerke.

Jim Murray's Whisky Bible 2010
Jim Murray
Dram Good Books, London, 2009.
Über 3500 Whiskys mit aktuellen Verkostungsnotizen und Bewertungen.

The Whisky Distilleries of the United Kingdom
Alfred Barnard
Rasch-Ed., Osnabrück,
Reprint London, 1887.
Der erste umfassende Überblick über Brennereien in Großbritannien.

*Whisky: Technology, Production and Marketing
(Alcoholic Beverages Handbook)*
Inge Russell (Hrsg.)
Academic Press, Oxford, 2003.
Ein detaillierter Überblick über die Whiskyherstellung.

ZEITSCHRIFTEN UND INTERNETSEITEN

Whisky.de
Online-Magazin, das ein umfangreiches Händlerverzeichnis, Informationen und verschiedene Diskussionsforen über Whisky bietet.
www.whisky.de

Malt Advocate (USA)
www.maltadvocate.com

Whisky Magazine (Großbritannien)
www.whiskymag.com

Der Whisky-Botschafter
Webseite des Schweizer Fachmagazins, mit Tipps und Veranstaltungshinweisen rund um Whisky.
www.whiskybotschafter.com

Ulf Buxrud
Die Homepage des schwedischen IT-Unternehmers und Macallan-Fans Ulf Buxrud ist eine unerschöpfliche Fundgrube für Whiskyliebhaber: Pressemitteilungen, Literatur zum Thema, nützliche Adressen und viele weitere Informationen.
www.buxrud.se/whisky.htm

Jürgen Deibel
Mitautor des vorliegenden Werkes.
www.deibel-consultants.com

Stuart Ramsay
Mitautor des vorliegenden Werkes.
www.ramsaysdram.com

ADRESSEN DER BRENNEREIEN

SCHOTTLAND

Aberfeldy
Perthshire,
PH15 2EB
Tel.: 0044-1882 822010
www.dewarswow.com

Aberlour
Banffshire,
AB38 9RX
Tel.: 0044-1340 871285
www.aberlour.co.uk

Ardbeg
Port Ellen,
Islay, Argyll,
PA42 7EA
Tel.: 0044-1496 302244
www.ardbeg.com

Ardmore
Kennethmont
(bei Huntly),
Aderdeenshire,
AB54 4NH
Tel.: 0044-1464 831213

Auchroisk
Mulben,
Banffshire,
AB55 6XS
Tel.: 0044-1542 885000
www.malts.com

Aultmore
Keith, Banffshire,
AB55 6QY
Tel.: 0044-1542 881800

Balvenie
Dufftown, Banffshire,
AB55 4BB
Tel.: 0044-1340 820373
www.thebalvenie.com

Benrinnes
Aberlour, Banffshire,
AB38 9NN
Tel.: 0044-1340 872500

Benromach
Invererne Road,
Forres, Moray,
IV36 3EB
Tel.: 0044-1309 675968
www.benromach.com

Blair Athol
Perth Road,
Pitlochry, Perthshire,
PH16 5LY
Tel.: 0044-1796 482003
www.discovering-distilleries.com

Brackla
Cawdor, Nairn,
Inverness-shire,
IV12 5QY
Tel.: 0044-1667 402002

Bruichladdich
Islay, Argyll,
PA49 7UN
Tel.: 0044-1496 850221
www.bruichladdich.com

Bunnahabhain
Port Askaig,
Islay, Argyll,
PA46 7RP
Tel.: 0044-1496 840646
www.blackbottle.com

Caol Ila
Port Askaig, Islay,
PA46 7RL
Tel.: 0044-1496 302760
www.discovering-distilleries.com

Cardhu
Aberlour, Banffshire,
AB38 7RY
Tel.: 0044-1340 872555
www.discovering-distilleries.com

Clynelish
Brora, Sunderland,
KW9 6LR
Tel.: 0044-1408 623003
www.discovering-distilleries.com

Cragganmore
Ballindalloch,
Banffshire,
AB37 9AB
Tel.: 0044-1479 874700
www.discovering-distilleries.com

Craigellachie
Aberlour, Banffshire,
AB38 9ST
Tel.: 0044-1340 872971

Dailuaine
Carron,
Aberlour,
Banffshire,
AB38 7RE
Tel.: 0044-1340 872500

Dalwhinnie
Inverness-shire,
PH19 1AB
Tel.: 0044-1540 672219
www.discovering-distilleries.com

Deanston
Perthshire,
FK16 6AG
Tel.: 0044-1786 841422
www.burnstewartdistillers.com

Dufftown
Keith, Banffshire,
AB55 4BR
Tel.: 0044-1340 822100
www.malts.com

Edradour
Pitlochry, Perthshire,
PH16 5JP
Tel.: 0044-1796 472095
www.edradour.co.uk

Girvan
Ayrshire,
KA26 9PT
Tel.: 0044-1465 713091

Glen Grant
Rothes, Morayshire,
AB38 7BS
Tel.: 0044-1340 832118
www.maltwhiskydistilleries.com

Glen Elgin
Longmorn, Elgin,
Moray, IV30 8SL
Tel.: 0044-1343 862000

Glen Moray
Bruceland Road,
Elgin, Morayshire,
IV30 1YE
Tel.: 0044-1343 542577
www.glenmoray.com

Glen Ord
Muir of Ord, Ross-shire,
IV6 7UJ
Tel.: 0044-1463 872004
www.discovering-distilleries.com

Glen Spey
Rothes, Aberlour,
Banffshire, AB38 7AU
Tel.: 0044-1340 832000

Glenburgie
Forres, Morayshire,
IV36 0QX
Tel.: 0044-1343 850258

Glencadam
Brechin, Angus,
DD9 7PA
Tel.: 0044-1356 622217

Glendronach
Forgue,
Aberdeenshire,
AB5 6DB
Tel.: 0044-1466 730202

Glendullan
Dufftown, Banffshire,
AB55 4DJ
Tel.: 0044-1340 822100

Glenfarclas
Ballindalloch,
Banffshire,
AB37 9BD
Tel.: 0044-1807 500257
www.glenfarclas.co.uk

Glenfiddich
Dufftown,
Banffshire,
AB55 4DH
Tel.: 0044-1340 820373
www.glenfiddich.com

Glengoyne
Dumgoyne,
Stirlingshire,
G63 9LB
Tel.: 0044-1360 550254
www.glengoyne.com

Glenkinchie
Pencaitland,
Tranent, East Lothian,
EH34 5ET
Tel.: 0044-1875 342005
www.discovering-distilleries.com

Glenlivet
Ballindalloch, Banffshire,
AB37 9DB
Tel.: 0044-1340 821720
www.theglenlivet.com

Glenlossie
Birnie (bei Elgin),
Moray,
IV30 8SF
Tel.: 0044-1343 862000

Glen Moray
Tain, Ross-shire,
IV19 1PZ
Tel.: 0044-1862 892477
www.glenmorangie.com

Glenrothes
Burnside Street,
Rothes, Aberlour,
AB38 7AA
Tel.: 0044-1343 555111
www.glenrotheswhisky.com

Glentauchers
Mulben, Keith,
Banffshire,
AB5 2YL
Tel.: 0044-1542 860272

Glenturret
Crieff, Perthshire,
PH7 4HA
Tel.: 0044-1764 656565
www.famousgrouse.co.uk

Highland Park
Kirkwall,
Orkney,
KW15 1SU
Tel.: 0044-1856 874619
www.highlandpark.co.uk

Inchgower
Buckie,
Banffshire,
AB56 5AB
Tel.: 0044-1542 836700

Knockando
Aberlour, Banffshire,
AB38 7RT
Tel.: 0044-1340 882000

Lagavulin
Port Ellen,
Islay, PA42 7DZ
Tel.: 0044-1496 302730
www.discovering-distilleries.com

Laphroaig
Port Ellen,
Islay, Argyll,
PA42 7DY
Tel.: 0044-1496 302418
www.laphroaig.com

Linkwood
Elgin, Moray,
IV30 8RD
Tel.: 0044-1343 862000

Loch Lomond
Lomond Estate,
Alexandria, G83 0TL
Tel.: 0044-1389 752781
www.lochlomonddistillery.com

Lochnagar
Crathie, Ballater,
Aberdeenshire,
AB35 5TB
Tel.: 0044-1339 742716
www.discovering-distilleries.com

Longmorn
Elgin, Morayshire,

IV30 3SJ
Tel.: 0044-1542 783042

Macduff
Banff,
Banffshire,
AB45 3JT
Tel.: 0044-1261 812612

Mannochmore
Birvie (bei Elgin),
Moray, IV30 8SF
Tel.: 0044-1343 862000
www.malts.com

Miltonduff
Elgin, Moray,
IV30 3TQ
Tel.: 0044-1343 547433

Mortlach
Dufftown, Banffshire,
AB55 4AQ
Tel.: 0044-1340 822100
www.malts.com

Oban
Argyll, PA34 5NH
Tel.: 0044-1631 572004
www.discovering-distilleries.com

Scapa
St Ola, Kirkwall, Orkney,
KW15 1SE
Tel.: 0044-1856 872071

Springbank
Campbeltown, Argyll,
PA28 6ET
Tel.: 0044-1586 552085
www.springbankwhisky.com

Strathisla
Seafield Avenue, Keith, Banffshire,
AB55 3BS
Tel.: 0044-1542 783044
www.maltwhiskydistilleries.com

Strathmill
Keith, Banffshire,
AB55 5DQ
Tel.: 0044-1542 885000
www.malts.com

Talisker
Carbost, Skye,
IV47 8SR
Tel.: 0044-1478 614308
www.discovering-distilleries.com

Tamdhu
Knockando, Aberlour,
Banffshire,
AB38 7RP
Tel.: 0044-1340 810 486

Teaninich
Alness, Ross-shire,
IV17 0XB
Tel.: 0044-1349 885001

Tobermory
Mull, PA75 6NR
Tel.: 0044-1688 302645
www.burnstewartdistillers.com

Tomintoul
Ballindalloch, Banffshire,
AB37 9AQ
Tel.: 0044-1807 590 274

Tormore
Advie by Grantown-on-Spey,
Morayshire PH26 3LR
Tel.: 0044-1807 510244

IRLAND
Cooley
Dundalk, County Louth,
Ireland
Tel.: 00353-42 937 6102
www.cooleywhiskey.com

Midleton
County Cork,
Ireland
Tel.: 00353-21 463 1821
www.jameson.ie

Old Bushmills
County Antrim,
BT57 8XH
Tel.: 0044-28 2073 1521
www.bushmills.com

KANADA
Alberta
Calgary, Alberta,
T2G 1V9
Tel.: 001-403 265 2541
www.albertadistillers.com

Black Velvet
Lethbridge, Alberta,
T1H 5E3
Tel.: 001-403 317 2100
www.bartonbrands.com

Canadian Club
Walkerville, Windsor,
Ontario, N8Y 4S5
Tel.: 001-519 254 5171
www.canadianclubwhisky.com

Canadian Mist
Collingwood, Ontario,
L9Y 4J2
Tel.: 001-705 445 4690
www.canadianmist.com

Gimli
Manitoba,
R0C 1B0
Tel.: 001-204 642 5123
www.diageo.com

Glenora
Glenville, Inverness County,
Nova Scotia.
Tel.: 001-902 258 2662

Highwood
High River, Alberta,
T1V 1M7
Tel.: 001-403 652 3202
www.highwood-distillers.com

Kittling Ridge Estate
Wines & Spirits
Grimsby, Ontario,
L3M 1Y6
Tel.: 001-905 954 9225
www.kittlingridge.com

Maple Leaf
Winnipeg, Manitoba,
R3J 3C7
Tel.: 001-204 940 7000
www.mapleleafdistillers.com

Potter's (Cascadia)
Kelowna,
British Columbia,
V1Y 2K6
Tel.: 001-250 762 3332
www.centuryreserve.ca

Unibroue
Des Carrieres,
Chambly,
Quebec,
J3L 2H6
Tel.: 001-450 658 7658
www.unibroue.com

Valleyfield
Salaberry-De-Valleyfield,
Quebec,
J6T 2G9
Tel.: 001-450 373 3230
www.bartonbrands.com

USA
Barton
Bardstown,
KY 40004
Tel.: 001-502 348 3991
www.bartonbrands.com

Bernheim
West Breckenridge,
Louisville,
KY 40210
Tel.: 001-502 585 9186
www.heaven-hill.com

Boulevard
Lawrenceburg,
KY 40342
Tel.: 001-502 839 4544
www.wildturkeybourbon.com

Brown-Forman
Louisville,
KY 40201-1105
Tel.: 001-502 774 2960

Buffalo Trace
Franklin County,
KY 40602
Tel.: 001-502 223 7641
www.buffalotrace.com

Clear Creek
Portland
OR 97210
Tel.: 001-503 248 9470
www.clearcreekdistillery.com

Four Roses
Lawrenceburg,
KY 40342-9734
Tel.: 001-502 839 3436
www.FourRosesbourbon.com

George A. Dickel & Co.
Tullahoma,
TN 37388
Tel.: 001-931 857 3124
www.GeorgeDickel.com

Heaven Hill
Bardstown
KY 40004
Tel.: 001 502 348 3921
www.heaven-hill.com

Jack Daniel's
Lynchburg,
TN 37352
Tel.: 001-931 759 6183
www.jackdaniels.com

Jim Beam
Clermont, KY 40110
Tel.: 001-502 543 2221
www.jimbeam.com

Maker's Mark
Loretto,
KY 40037
Tel.: 001-270 865 2881
www.makersmark.com

Stranahan's Colorado Whiskey
Denver, CO 80205
Tel.: 001-303 296 7440
www.stranahanscoloradowhiskey.com

Triple Eight
Nantucket, MA 02554
Tel.: 001-508 325 5929
www.tripleeight.com

Woodford
Versailles,
KY 40383
Tel.: 001-859 879 1812

Woodstone Creek
Cincinnati,
OH 45207
Tel.: 001-513 569 0300
www.woodstonecreek.com

MINIBRENNEREIEN IN DEN USA
Anchor
San Francisco,
CA 94107
Tel.: 001-415 863 8350
www.anchorbrewing.com

Charbay
St Helena, Napa Valley,
CA 94574
Tel.: 001-800 634 784527
www.charbay.com

Edgefield
Troutdale,
OR 97060
Tel.: 001-503 669 8610
www.mcmenamins.com

Essential Spirits Alambic
Mountain View,
CA 94040
Tel.: 001-650 962 0546

Isaiah Morgan
Summersville,
W Virginia
Tel.: 001 304 872 7332

St. George Spirits
Alameda,
CA 94501
Tel.: 001-510 769 1601
www.stgeorgespirits.com

Saint James Spirits
Irwindale,
CA 91706
Tel.: 001-626 856 6930
www.saintjamesspirits.com

West Virginia Distilling Co
Morgantown,
W Virginia 26505
Tel.: 001-304 599 0960
www.mountainmoonshine.com

JAPAN
Hakushu
Kita-Koma-gun,
Yamanashi 408-0316
Tel.: 0081-551 35 0316
www.suntory.co.jp

Fuji-Gotemba
Shizuokaken Gotemba
Shibanuta 970
Tel.: 0081-550 89 3131
www.kirin.co.jp

Miyagikyo
Miyagiken Sendaishi,
Aoba, Nikka 1
Tel.: 0081-22 395 2111
www.nikka.com

Yamazaki
Shimamoto-cho,
Mishima-gun,
Osaka 618-0001
Tel.: 0081-75 961 1234
www.suntory.co.jp

Yoichi
Yoichigun, Yoichimachi,
Kurokawacho 7-6
Tel.: 0081-135 23 3131
www.nikka.com

EUROPA
WALES
Gwalia
Penderyn,
CF44 OSX
Tel.: 0044-1685 813300
www.welsh-whisky.co.uk

DEUTSCHLAND
Privatbrennerei Sonnenschein
Alter Fährweg 8,
58456 Witten-Heven
Tel.: 02302 56006
www.sonnenscheiner.de

Whiskydestillerie Blaue Maus
Robert Fleischmann
Bamberger Straße 2,
91330 Eggolsheim-Neuses
Tel.: 09545 7461
www.fleischmann-whisky.de

ÖSTERREICH
Destillerie Weidenauer
Leopolds 6,
3623 Kottes
Tel.: 0043-2873 72 76
www.weidenauer.at

Reisetbauer
Zum Kirchdorfergut 1,
4062 Axberg
Tel.: 0043-7221 63 690
www.reisetbauer.at

FRANKREICH
Claeyssens
59118 Wambrechies
Tel.: 0033-3 20 14 91 91
www.wambrechies.com

Guillon
Hameau de Vertuelle,
51 150 Louvois
Tel.: 0033-3 26 51 87 50

Menhirs
Pont Menhir,
29700 Plomelin
Tel.: 0033-2 98 94 23 68
www.distillerie.fr

Warenghem
Route de Guingamp,
22300 Lannion
Tel.: 0033-2 96 37 00 08
www.distillerie-warenghem.com

POLEN
Lubuska Wytwornia Wodek Gatunkowych
65-018 Zielona Góra,
Ul. Jednosci 59
Tel.: 0048-68 3254 841
www.polmos.zgora.pl

TSCHECHISCHE REPUBLIK
Kojetin
Olomouc 772 48,
Hodolanska 32, PSC 772 48
Tel.: 0042-0-64 1753 111
www.lihovar.com

Kuba MBC
Lubika 14/83,
772 D0, Olomouc

ASIEN
Pakistan
Murree
Hattar
Tel.: 0092-995 617013

Indien
Amrut
Bangalore, S60 027
Tel.: 0091-80 227 6995

AUSTRALIEN
Bakery Hill
Balwyn North,
Victoria 3104
www.bakeryhilldistillery.com.au

Lark
Hobart, Tasmania 7000
Tel.: 0061-3 6231 9088
www.larkdistillery.com.au

Tasmania
Cambridge, Tasmania 7170
Tel.: 0061-3 6248 5399
www.tasdistillery.com.au

Whisky Tasmania
Burnie, Tasmania 7320
Tel.: 0061-3 6433 0439

Dank & Bildnachweis

DANK DES AUTORS

Der Autor und die Mitautoren bedanken sich bei folgenden Personen für ihre Auskünfte:
Waqar Ahmed, Russell Anderson, Elaine Bailey, Liselle Barnsley, Micheal Barton, Bill Bergius, Jim Beveridge, David Boyd, Neil Boyd, James Brosnan, Derek Brown, Lew Bryson, Stephen Camisa, Alec Carnie, Catherine O'Grady, Neil Clapperton, Paula Cormack, Isabel Coughlin, Simon Coughlin, Bill Crilly, Katherine Crisp, Barry Crockett, Jim Cryle, Bob Dalgarno, Ed O'Daniel, Douglas Davidson, Jonathan Driver, Gavin J. P. Durnin, Duncan Elphick, Kate Ennis, Campbell Evans, Harold Fergusson, Robert Fleming, Gary M. Gillman, John Glaser, Alan Gordon, Lesley Gracie, Alan S. Gray, Natalie Guerin, John Hall, Tish Harcus, The Heather Society, Ian Henderson, Stuart Hendry, Robert Hicks, Sandy Hislop, David Hume, Bill Jaffrey, Neelakanta Rao R. Jagdale, Brigid James, Larry Kass, Shawn Kelly, Eily Kilgannon, Mark Kinsman, Malcolm E. Leask, Christine Logan, Jim Long, Bill Lumsden, Lauchie MacLean, Iseabail Mactaggart, Luc Madore, Fritz Maytag, Jim McEwan, Frank McHardy, Sharon Mclaughlin, Claire Meikle, Marcin Miller, Euan Mitchell, Matthew Mitchell, Shuna Mitchell, Mike Miyamoto, Brendan Monks, Nicholas Morgan, Chris Morris, Malcolm Mullin, Nuala Naughton, Margaret Nicol, B. A. Nimmo, Richard Paterson, Lucy Pritchard, Annie Pugh, John Ramsay, Stuart Ramsay, Kirsty Reid, Mark Reynier, Rebecca Richardson, Dave Robertson, Geraldine Roche, Dominic Roskrow, Colin Ross, Colin Scott, Jacqui Seargeant, Catherine Service, Raj Singh, Sukhinder Singh, David Stewart, David Stirk, Andrew Symington, Rachel Barrie, Jens Tholstrup, Graeme Thomson, Margaret Mary Timpson, Hide Tokuda, The Urquhart Family, Alistair Walker, Barry Walsh, Jan Westcott, Amy Westlake, David Williamson, Graeme Wilson, Alan Winchester, Julian van Winkle, Gordon Wright, Kate Wright, Vanessa Wright.

DANK DES VERLAGES

Der Verlag dankt folgenden Fotografen und Institutionen für die freundliche Genehmigung zum Abdruck ihrer Bilder:
(Die Abkürzungen bedeuten: o=oben, u=unten, m=Mitte, l=links, r=rechts)

Umschlag: Cover und Buchrücken: Ian O'Leary; Back Cover: Corbis (Hintergrund); Ian O'Leary (mll,mrr); Steve Gorton (mr); Suntory (ml); 10: Karsten Davideit (Jürgen Deibel); 11: Nick Osborne (Willie Simpson), Finlandia Vodka (Ian Wisniewski); 14: akg-images (o); 16: Corbis/Hulton-Deutsch Collection (u), Courtesy of the Trustees of the V&A (o); 20: Corbis/Bettmann (u), Hulton Archive/Getty Images (o); 21: Corbis/Hulton-Deutsch Collection (u), Courtesy of The National Library of Ireland (or), Ronald Grant Archive/United Artists (ol); 22-23: Getty Images/Andrew Sacks; 28: Corbis/Raymond Gehman (ur); 29: Corbis/Kevin R.Morris (l); 30: Getty Images/Foodpix (o); 35: courtesy of Nova Scotia Tourism, Culture and Heritage (l); 36-37 Corbis/Bob Rowan (u); 36: The Art Archive/Dagli Orti (o); 39: www.agripicture.com (mr), Doug Houghton Photography (ur), Holt Studios International (or), 40-41: Corbis/Niall Benvie (ul); 42: Corbis/Fritz Polking/Frank Lane Picture Agency (ol), Corbis/Niall Benvie (mlo), Corbis/Yogi Inc. (mlu), Garden and Wildlife Matters (ul), Corbis/Niall Benvie (ur) 50: Simpson's Malt (o); 58: The Art Archive/Archaeological Museum, Florence/Dagli Orti (o); 80: Whisky Magazine (u); 81: Whisky Magazine (o); 82: Corbis/Macduff Everton (ur); 90: Corbis/Sandro Vannini (o); 128: Corbis/Adam Woolfitt (u); 129: Glyn Satterley Photography (l); 130-131: Scottish Viewpoint (u); 131: Corbis/Lawson Wood (ol); 138: Scottish Viewpoint (ul); 180: Corbis/Patrick Ward (u); 186: Robert Harding Picture Library/Medio Images (u); 202: Corbis/Paul A.Souders; 203: Anthony Blake Photo Library/Bear Images; 206: courtesy of Nova Scotia Tourism, Culture and Heritage (u); 207: Alamy Images/Jenny Andre (o); 246: Corbis; 263: Corbis/Macduff Everton; 268-269: Alamy Images/Ferruccio; 270: Anthony Blake Photo Library/Rob Lawson (mr); 274: Anthony Blake Photo Library/Joff Lee (o); 277: Anthony Blake Photo Library/Sian Irvine (o).

Der Verlag bedankt sich auch bei folgenden Unternehmen für ihre Unterstützung bei der Beschaffung von Bildern:
Allied Domecq, Burn Stewart Distillers Ltd, Chivas, Clear Creek Distillery, Diageo, The Easy Drinking Whisky Company, Edgefield Distillery, The Edrington Group, Four Roses Distillery, The Essential Spirits Alambic Distillery, Glenora Distillery, George Dickel Distillery, Glenmorangie plc, Heaven Hill Distilleries, Highland Park, John Dewar and Sons Ltd, Lark Distillery, Morrison Bowmore, Reisetbauer Distillery, Slyrs, Suntory, London, Tobermory Distillery, Buffalo Trace, Van Winkle Distillery, Richard Paterson/Whyte and Mackay, William Grant and Sons.

Für alle anderen Bilder © Dorling Kindersley.
Weitere Informationen unter www.dkimages.com

Dorling Kindersley dankt darüber hinaus Becky Alexander für die Redaktion der Texte, Chris Bernstein für die Erstellung des Registers, Sarah Barlow für das Korrekturlesen, Jane Laing, Caroline Reed und Carla Masson für die redaktionelle Unterstützung und Ruth Hope für die gestalterische Unterstützung. Unser Dank geht auch an Olaf Henricson-Bell und Katharine Tuite für ihre Hilfe.

REGISTER

A
Aberfeldy 174f.
Aberlour 26, 156f.
Ägypten 36, 58
A.H. Hirsch Reserve 220
Alberta 212f.
Algen 34f., 49
Alkohol 56, 58
Alkoholgehalt 19, 25, 30f., 56
Allan, A.G. 127
Allied Distillers 115
    Ardmore 168f.
    Glenburgie 144f.
    Glendronach 168f.
    Glentauchers 150f.
    Imperial 154f.
    Laphroaig 114, 116f.
    Miltonduff 146f.
    Tormore 156f.
Allied-Domecq 136, 151, 155, 169, 190
    Hiram Walker 210f.
    Maker's Mark 230f.
    Scapa 128, 130f.
Allt-a-Bhainne 93, 162
Ammertaler 265
Amrut 266f.
An Cnoc 168f.
Ancient Age 223
Anchor Distilling 243, 245
Anderson, John 218
Angaston 27
Angus Dundee
    Glencadam 170f.
    Tomintoul 160f.
Ankohlung 75
Annandale 102
Antique Whiskey Collection (Buffalo Trace) 223
Antrim, County 196ff.
Ardbeg 11, 40, 43, 62, 114f., 117
Ardmore 168f., 173
Armorik 265
Armstrong, Raymond 102f.
Aroma, blumiges 25, 32f., 85
Arran 108f., 113, 127
Artisan Cask (Glenmorangie) 74
As We Get It Vatted Malt 176
Asahi 251, 257
Ascot Malt Cellar 176
Asien 266
Auchentoshan 100, 104f.
Auchnagie 174
Auchroisk 150f.
Auffangbehälter 61, 79
Aultmore 166f.
Austin Nichols 224
Australien 266f.
Avon, River 160

B
Bacardi 144, 167f., 175
Backus, David 240
Bader, Ernst 265
Baker, David 267
Baker's 233
Bakery Hill 267
Balblair 44, 132, 136f.
Ballantine
    Blends 130, 132, 145, 146
    Finest Blend 178, 180f.
    Pure Malt 176, 177
Ballantine, George 179
Ballechin 173f.
Balmenach 158f.
Balvenie 39, 46, 162f.
Banff 168
Bardstown, Kentucky 9, 228f., 232
Barnard, Alfred 105, 124, 131, 141f., 152, 166, 172
Barton Brands
    Barton Distillery 228f.
    Black Velvet 212
    Schenley 208f.
Basalt 26ff.
Basil Hayden's Bourbon 233
Beam, Familie 229, 232
    siehe auch Jim Beam Brands
Begg, John 170
Belfast 184
Bell, Arthur 174
Bell's 102, 174
    Blends 82, 165, 174, 178, 180f.
    Special Reserve Vatted Malt 176
Belmont Breeze 271f.
Ben Nevis 94, 106f., 194
Ben Rinnes 26, 156, 162
Ben Wyvis 138, 140
Benriach 146ff., 167
Benrinnes 156f., 164, 167
Benromach 39, 48, 109, 144f., 152, 173
Bere-Gerste 37, 39, 130
Bernheim 66, 220, 229, 234f.
Bernheim, Isaac Wolfe 235
Berry Brothers & Rudd
    Cutty Sark Blend 148, 180
Berwick-upon-Tweed 98
Bielenberg, Andrew 191
Bier 14, 16, 37, 58
Bierbrände 265
Bierhefe 56
Bieri, Edi 265
Bio-Whisky 39, 144
Black & White 159, 180
Black Barrel 102
Black Bottle 121, 181
Black Bush 81, 196, 199ff.
Black Isle 38, 140f.
Black Velvet 208, 212f.
Bladnoch 102f.
Blair Athol 37, 91, 94, 174f.
Blanton, Col. Albert Bacon 222
Blanton's 222f.
Blends 77, 80f.
    Grain Whisky 66
    in Cocktails 270f.
    japanische 82, 179f., 253
    kanadische 15, 53, 204
    Scotch 14f., 52, 73, 80f., 83, 96, 178ff.
    siehe auch Vatted Malts
Blood and Sand 271, 273
Blue Hanger 176
Booker's 232
Borders 98f.
Boston, Kentucky 220, 232f.
    Abfüllen 82
    unabhängige Abfüllunternehmen 173
Bourbon 8, 15, 20, 205, 216ff., 222ff.
    Gerstenmalz 37
    Getreide 52f.
    in kleinen Mengen produzierter 15, 18, 232f.
    Maischrezept 64
    Wasser 28, 31
Bourbonfässer 33, 73ff., 80, 189
Bourbon Old Fashioned 270, 272
Bowmore 46f., 118f., 120
Braes of Glenlivet 160f.
Braeval 161
Brechin 170
Brennapparate 96, 185, 188f., 253
    Coffey Still 63f.
    Doubler 66
    Lomond Still 62f., 131
    Pot Still 58ff., 79
    Säulenbrennverfahren 64ff., 205
    Thumper 66
Brennereien
    Architektur 48f.
    Aufbau 78f.
Brennereizentrum Bauernhof 265
Brauen 16
Brittany 265
Bronfman, Familie 208, 209, 225
Broom, Dave 10
Brora 135
Brown, George Garvin 234
Brown-Forman
    Brown-Forman Distillery, Louisville 227, 234f.
    Canadian Mist 204, 210f.
    Jack Daniel's 236ff.
    Woodford Reserve 226f.
Bruichladdich Distillery Co.
    Bruichladdich 37, 39, 63, 82, 118ff., 173
    Octomore 43, 118
    Port Charlotte 118
Buchanan, James 151, 180
Buchanan 159, 176, 180
Buckie 150
Buffalo Trace 66, 218f., 220ff.
Bulleit Bourbon 225
Bunnahabhain 43, 94, 120f., 148
Burn Stewart Distillers
    Bunnahabhain 120f.
    Deanston 174f.
    Ledaig 125
    Tobermory 124f.
Burns, Robert 20, 102, 141, 274
Bushmills 28, 185, 188f., 196ff.
    Blends 196, 199, 201
Busuttil, Jim 243

C
Cadenhead 113
Cairns, Eadie 104
Caledonian 100
Call, Dan 239
Cambus 100
Cameronbridge 66
Campbell, Archibald 122
Campbell, Daniel 120
Campbell Distillers 172
Campbeltown 96, 110ff.
Campbeltown Loch Blend 113
Canadian Club 205, 210f.
Canadian Mist 204, 211
Cantrell & Cochrane 190
Caol Ila 55, 116, 120f., 173
Cape Breton 8, 28, 109, 206f.
Caperdonich 148, 167

Cardhu 18, 28, 49, 154f.
    Vatted Malt 125, 155, 177
Carl, Jacob 243
Cascade 240
Century Reserve 213
Charbay Winery & Distillery 243
Charter Proprietor's Rerserve 223
Chase, Jefferson 10f.
Chivas 130, 178ff.
    12–jähriger 178, 180f.
    Regal 167, 180, 260
    Royal Salute 82
Chivas Brothers 179
    Aberlour 156f.
    Glen Grant 148f.
    Glenallachie 156
    Glenlivet 160f.
    Longmorn 146f.
    Strathisla 166f.
Christie, George 159
Cincinnati, Ohio 244
Claeyssens 265
Clan Campbell 178, 180f.
Clan MacGregor 178, 180
Classic Malts (Diageo) 100, 116, 157, 159, 176
Classick, Dave 243
Clear Creek 243ff.
Clermont, Kentucky 220, 232f.
Clontarf 195
Clydeside 102ff.
Clynelish 134f., 165, 176
Cobbett, William 99
Cockburn, John 99
Cocktails 10, 216, 270ff.
Coffey, Aenas 64, 185
Coffey Still 63, 64
Coleraine 199
Colorado 244
Commonwealth Distillation Act (1901) 266
Compass Box 176f.
Connacher, Alexander 174
Connemara 185, 195
Constellation Brands
    Barton 228f.
    Heaven Hill 228f.
Convalmore 165
Cooley 28, 64, 66, 185, 191, 194f., 200
Cooper's Brewery, Adelaide 267
Cor, Bruder John 98, 110
Corby 210f.
Cork 19, 50, 184, 186, 189
Cork Distillers Company 190
Cragganmore 156f.
Craig, Reverend Elijah 230
Craigellachie 28, 150f., 167

Crested Ten 186
Croftengea 106
Crow, James Christopher 57, 226, 233
Crown Royal 208, 212f.
Cumming, John und Helen 155
Cunningham, Alistair 62
Currie, Harold 108
Cutty Sark 148, 178, 180f.

D

Dailuaine 48f., 127, 156f.
Dallas Dhu 144, 173
Dalmore 138
Dalwhinnie 96, 158f.
Daly, Familie 190
Dangler, Joe 219
Daniel, Jack 239
    siehe auch Jack Daniel's
Daniel, Joseph 238f.
Dark Whisky 265
Darren 45, 47, 51
DDR 264
DCL, siehe Distillers Company Ltd.
Deanston 174f.
Deckenmoore 41f.
Deeside 170f.
DeGroff, Dale 10
Deibel, Jürgen 10f.
Delmé-Evans, William 122
Denver, Colorado 244
Der Falckner 264
Destillation 16f., 31, 33, 58, 92ff.
    dreifache 14, 63, 100, 104f., 184, 188, 198f., 226
    kontinuierliche 64ff.
    zweifache 61ff., 184
Dettinger 265
Deutschland 264f.
Dewar, John, & Sons 141, 174, 179
    Aberfeldy 174f.
    Aultmore 166f.
    Craigellachie 150f.
    Macduff 168
Dewar, Tommy 175, 180
Dewar's 130, 175, 178, 180
    White Label 178, 180f., 248
    World of Whiskies 175
Diageo 50, 144, 151, 229
    Auchroisk 150f.
    Benrinnes 156f.
    Blair Athol 174f.
    Bulleit Bourbon 225
    Caol Ila 120f.
    Cardhu 125, 154f.
    Classic Malts 100, 116, 157, 159, 176
    Clynelish 134f.

    Cragganmore 156f.
    Dailuaine 156f.
    Dalwhinnie 158f.
    Dufftown 164f.
    George A. Dickel 236, 240
    Gimli 208, 212
    Glen Elgin 146f.
    Glen Spey 148f.
    Glendullan 164f.
    Glenkinchie 98f., 100, 116
    Glenlossie 146f.
    Hidden Malts 141
    I. W. Harper Bourbon 235
    Inchgower 150f.
    Knockando 154f.
    Lagavulin 114ff.
    Linkwood 146f.
    Mannochmore 146f.
    Mortlach 164f.
    Oban 106f.
    Ord 140f.
    Rare Malts 100, 140
    Rosebank 100
    Royal Lochnagar 170f.
    Strathmill 166f.
    Talisker 126f.
    Teaninich 140f.
Dickel, George A. 236, 240
Dingwall 140
Distilled Spirits Council, USA 218
Distillerie des Menhirs 265
Distillers Company Ltd. (DCL) 121, 125, 127, 132, 134, 141, 151, 159, 162, 165
    Seagram 208
    stillgelegte Brennereien 100, 117, 142, 144, 154
    Vatted Malts 176
Doig, Charles 48f., 198, 249
Doig-Ventilator 48f.
Domaine Charbay 243
Drumguish 159
Dublin 184, 185, 192f.
Dubliner 272
Dufftown 28, 162f.
Dumbarton 66, 100
Dundee, Angus, siehe Angus Dundee
Dunedin, Neuseeland 267
Dungourney 189
Dunphy's 186

E

Eagle Rare 222
Eaglesome's, Campbeltown 113
Early Times 66, 234f.
Easter Ross 138
Eastern Highlands 170f.

Easy Drinking Whisky Company 176f., 195
Eaton, Alfred 239
Eddu 265
Edgefield 243ff.
Edinburg 178f.
Edradour 172f., 261
Edrington Group 121
    Glenglassaugh 168f.
    Glenrothes 148f.
    Glenturret 174f.
    Highland Park 128ff.
    Macallan 152f.
    Tamdhu 154f.
Eiche 14, 31, 33, 69ff., 76f., 85
    amerikanische 72ff.
    europäische 69ff.
    japanische 249, 253
    spanische 69f.
Einweichen 30, 32, 44, 46, 50
Eleuthera 176, 177
Elgin 49, 146f., 178
Elijah Craig 229
Elmer T. Lee 223
Enzyme 44, 47, 53
Erin Go Bragh 186
Essen, Whisky zum 274f.
Essential Spirits Alambic Distillery 242, 243, 245
Eunson, Magnus 128
Europa 50, 264f.
Evan Williams 229

F

Facemire, Rodney 245
Fässer 69ff., 79, 204
    Ankohlung 71, 75
    Bourbonfässer 33, 73ff., 80, 189
    Eiche 14, 31, 33, 69ff., 76, 77, 85
    Fassherstellung 69ff., 74f.
    Sherryfässer 69f., 72
Fairlie, James 175
Famous Grouse, The 18, 178, 180f.
Famous Grouse Experience 175
Farbe 80, 81, 85
Faulkner, William 20, 21
Ferguson, James 122
Ferintosh 140f.
Festivals 8f., 228, 275, 276
Fettercairn 97, 170f.
Fiddich River 17, 162f.
Fighting Cock 229
Findhorn, River 144f.
Findlater, Earl of 166
Findlater, James 164
Finish 15, 85
Five Star 208

Fleischmann, Robert 264
Fletcher, Robin 122
Forbes, Duncan 140
Forsyth's 148, 226
Fortune Brands 232
Forty Creek 211
Four Roses 66, 217, 224f., 260
Frankfort, Kentucky 218, 222f.
Franken 265
Franklin-Gerste 266
Frankreich 8, 265
Fraser, Capt. William 144
Fredericksburg, Virginia 218f.
Fuji Gotemba Pure Malt 260

G

Gärbehälter 56f., 78
Gärung 16, 30f., 56f., 85
Gaumen 85
Gentleman Jack 236, 240
Gestein 26ff.
George Dickel & Co 21, 236, 240
George T. Stagg 223
George Washington Distillery 217f.
Gerste 15, 24, 36f., 52f.
    Bere 37, 39, 130
    Chalice 39
    Franklin 266
    Golden Promise 38f., 50, 152
    irische 38, 198
    Keimung 44f., 47, 50f.
    Optic 38f.
    organische 39
    schottische 36ff., 44, 50, 90, 94
    Sorten 37ff.
    Torfen 32, 45
    ungemälzte 14, 184
Gerstenmalz 14, 37, 44ff., 50ff.
Geruch und Geschmack 14, 19, 22ff., 274f.
    Blending und Vatting 80ff.
    blumig 25, 32f.
    Fässer 15, 69ff.
    Gestein 26ff.
    Getreide 52f.
    kanadischer Whisky 205
    Klima 24f.
    Mälzen 44ff.
    Meeresaroma 34f., 49
    Reifen 76f.
    Rye Whiskey 220
    Torf 40ff.
    Vatted Malts 177
    Verkostung 84f.
    Wasser 30f.
Getreide 14, 52f., 94, 105
    siehe auch Gerste

Getz, Oscar 228
Giant's Causeway 28, 196
Gilbey, W. & A. 130, 155, 167, 192
Gimli 208, 212
Gin 17, 178
Girvan 53, 66, 102, 162
Glasgow 100, 104, 106, 179f.
Gläser 84, 96
Glasur (beim Kochen) 277
Glen Albyn 142
Glen Breton Rare 207
Glen Catrine Distillers 113
Glen Deveron 168f.
Glen Elgin 146f.
Glen Flagler 100
Glen Garioch 168f.
Glen Grant 33, 60ff., 148f., 176
Glen Isla 167
Glen Keith 167
Glen Mhor 142
Glen Moray 146f.
Glen Ord 141
Glen Scotia 110, 112f.
Glen Spey 148f.
Glen Tarras 102
Glenallachie 156
Glenburgie 144f.
Glencadam 170f.
Glencraig 145
Glendronach 58, 62, 168f.
Glendullan 164f.
Glenesk 170
Glenfarclas 58, 156f., 275
Glenfiddich 26, 58, 93, 162ff.
Glenglassaugh 168f.
Glengoyne 27, 106f., 152, 173
Glengyle 46, 39, 109, 113, 138
Glenkinchie 99ff.
Glenleven 176
Glenlivet, The 32, 33, 97, 160f., 260
    Vatting 176, 178
Glenlossie 146f.
Glenmorangie plc 138
    Ardbeg 114f., 117
    Glenmorangie 15, 26, 39, 73f., 136f.
    Glen Moray 146f.
Glenora 28, 205ff.
Glenord 50
Glenordie 141
Glenrothes 148f.
Glentauchers 150f.
Glenturret 54, 91, 174f.
Glenugie 170
Glenury-Royal 170
Gloag, Matthew 174
Gold Cock 265
Golden Horse 260f.

Golden Promise 38f., 54, 152
Golden Wedding 208f.
Gordon, Alexander 164
Gordon & MacPhail
    Benromach 144f.
    Blends 178
    Elgin 146, 151, 167, 178
    Vatted Malts 176f.
Gotemba 251, 260
Graber, Jess 244
Grain Whisky 14, 16, 85
    amerikanischer 52f.
    irischer 188f., 199
    Herstellung 55, 57, 63ff.
    Scotch 66, 100, 102
Granit 26ff., 85
Grant, Elisabeth 275
Grant, J. & G. 156
Grant, James and John 148
Grant, William 162
    siehe auch William Grant & Sons
Grantully 174
Griechenland 36
Green Spot 185f., 193
Greenore 195
Grouse Vintage Malt 176
Gruel 264
Grüner Hund 264
Guillon 265
Guinness 190, 192, 208
Gunn, Neil M. 133, 140, 142

H

Hafer 94, 265
Haggis 274, 276
Haider, Johann 265
Haig 130, 176
Haig, Familie 100, 192
Hakushu 8, 28, 31, 49, 248, 253ff.
Hall, John K. 205, 211
Hancock's Reserve Bourbon 223
Hansen, Emil Christian 56
Hay, George 156
Hayden, Basil 233
Hazelburn 113, 251
Heaven Hill Distilleries 189, 220
    Bernheim 220, 234f.
    Heaven Hill 228f.
Heavenhill, William 229
Hebriden 128
Hefe 16, 31, 33, 56
Heide 32f., 85, 130
Hemingway, Ernest 21
Henderson, Iain 173
Henderson, James 132
Hennessy 195
Henry McKenna 229

Heron, M. W. 273
Herzog, Siggi 265
Hewitt's 186, 189
Hibiki 8, 179f., 253, 255
Hidden Malts (Diageo) 141
Highland Distillers,
    siehe Edrington Group
Highland Park 32, 42, 46, 128ff., 155
Highlands 27, 32f., 40, 94ff., 275
    Eastern 170f.
    Northern 132ff.
    Western 106f.
Highwood 212
Hippokrates 36
Hiram Walker & Sons 62, 210f.
Hobart Cask Strength 267
Hobart Single Malt 267
Hof Holle 265
Hogshead Whiskey 244f.
Holle 265
Holstein 243f.
Holzkohlefiltrierung/Holzkohle-
    filtration 236, 238ff.
Hostetter, Dwight 220
House of Commons 180
House of Lords 172
Hynes, David 195

I

Ian Macleod Distillers
    Glengoyne 106f.
Imperial 154f.
Inchgower 28, 150
Inchmurrin 106f.
Indien 266
Inishowen 195
Institute of Brewing 39
International Distillers and Vintners
    (IDV) 151, 212
Intra Trading 146f.
Inver House 266
    Balblair 136f.
    Balmenach 158f.
    Knockdhu 168f.
    Old Pulteney 132f.
    Speyburn 148f.
Invergordon 66, 138
Inverleven 100
Inverness 142
Iona 124
Irland/irischer Whiskey 7, 14, 18, 179, 184ff.
    Blends 82
    Cocktails 271
    Destillation 63f.
    Gerste 37f., 52
    Gestein 26, 28

kommerzielle Mälzereien 50
Pure Pot Still 14, 185f., 188f., 192f.
Torf 43
Irishcoffee 271
Irish Distillers 190, 194
    Jameson 192f.
    Midleton 186f.
    Old Bushmills 196ff.
    Powers 192f.
    Redbreast 192f.
Irish Mist 190
Isaiah Morgan 244f.
Islay 9, 26, 114ff., 128
    Blends und Vatted Malts 176, 181
    Geruch und Geschmack 19, 34, 40ff.
I. W. Harper Bourbon 235

J

J&B (Justerini & Brooks) 148
    Blends 151, 155, 167, 178, 180f.
Jack Daniel's 53, 74, 189, 236ff.
Jameson 9, 28, 186, 189f., 192f.
Japan 8, 28, 38, 43, 248ff., 275
    Blends 82, 179f., 253
Jardine, Bruce 207
Jim Beam Brands 220f., 232f., 276
    Alberta 212f.
    American Outpost 232
    Small Batch Bourbon Collection 232f.
John Dewar & Sons, *siehe* Dewar, John
Johnnie Walker 141
    Blends 134f., 155
    Black Label 178, 180f.
    Green Label 176f.
    Old Highland Whisky 102
    Red Label 178, 180f.
Johnson, Samuel 94
Jones, Richard 11
Joyce, James 20, 21
Joynson, Richard 176
Jura 63, 122f.
Justerini & Brooks, *siehe* J&B

K

Kaffee 19, 271
Kalifornien 242ff.
Kalkstein 26, 28f., 85
Kalzium 28, 30f.
Kanada 18, 25, 28, 204ff.
    Blends 15, 82
    Getreide 52, 53
    kommerzielle Mälzereien 50
Karakasevic, Familie 243
Karuizawa 8, 251, 260f.
Keimung 44f., 47, 50f.
Keith, Speyside 166f.

Kemp, Roderick 127, 152
Kentucky 15, 17, 74, 217, 220, 222ff.
    Gestein 28f.
    Getreide 52f.
    Reifen 76f.
    Wasser 30f.
Kentucky Bourbon Festival 228, 276
Kentucky Gentleman 229
Kentucky Straight Bourbon Whiskey 19
Kentucky Tavern 229
Khun Charoen, Familie 266
Kilbeggan 190f.
Kildalton 115
Kilkerran 113
Killyloch 100
Kinclaith 100
King Barley 265
Kings Ransom Blend 172
Kininvie 162f.
Kintyre 110
Kirin Brewery Co. 250
    Four Roses 224f., 260
    Gotemba 251, 260
Kirkwall, Orkney 130
Kittling Ridge 9, 205, 210f.
Klima 24f.
Knappogue Castle 200
Knob Creek Bourbon 222, 233
Knockando 28, 49, 154f.
Knockdhu 168f.
Kochen mit Whisky 276f.
Körper 85
Krottentaler 264
Kühler 30, 61f., 79
Kühlersysteme 61f.

L

Label 5 178, 180
Labrot & Graham 226
Ladyburn 102
Läden 7, 97, 179f.
    Eaglesome's, Campbeltown 113
    Gordon & MacPhail 146, 151, 167, 178
Lagavulin 34, 40, 49, 62, 114ff., 120, 172
Lagerhaus 24, 34, 76f.
    Dunnage Warehouse 76, 249
    Racked Warehouse 76f.
Lagg 108
Lammerlaw 267
Lang Bros 106
Langholm 102
Lantenhammer 264
Laphroaig 26, 49, 114, 116f., 120
    Geruch und Geschmack 34, 43
    Mälzen 46f., 49

Lark Distillery 266f.
La Salle, Montreal 208
Läuterbottiche 54f.
Lawrenceburg, Kentucky 224f.
Ledaig 125
Lee, Elmer T. 222
Leith-Hay, Col. 169
Lethbridge, Alberta 208, 212
Lewis 42
Linkwood 140, 146f., 165
Literatur 20f.
Littlemill 100
Livet, River 92, 160
Living Cask, The 177
Loch Dhu 146
Loch Fyne 176
Loch Indaal 118f.
Loch Lomond Distillery Co.
    Glen Scotia 110, 112f.
    Littlemill 100
    Loch Lomond 66, 100, 106f.
Lochranza 108f.
Lochside 170
Locke, John 191
Locke's 185, 190f., 194
Lockhart, Sir Robert Bruce 158
Lomond Still 62f., 131
Londonderry 184
Longmorn 146f., 173
Longrow 112f.
Lord Calvert 212
Loretto, Kentucky 230f.
Lossie, River 146f.
Lost in Translation 248
Louisville, Kentucky 74, 220, 234f., 240, 270
Lowlands 40, 94, 96, 98ff., 275
Lowrie, William P. 151
Lumsden, Dr Bill 72, 74
Lynchburg, Tennessee 236ff.

M

Macallan 7f., 39, 93, 127, 152f.
    Fässer 69f., 72ff
    Macallan Fine Oak 72f.
MacAskill, Hugh and Archie 127
MacCallum, Duncan 113
McCarthy, Steve 243
McCarthy, Thomas 224
McCarthy's Oregon Single Malt 245
Macdonald, Aeneas 176
MacDonald, »Long John« 107
Macdonald & Muir 136
Macdonalds of Glencoe Vatted Malt 176
Macduff 168
McHardy, Frank 113, 138

Macintosh, Donald 164
Mackay and Doig 49
Mackenzie, Familie 138
Mackie, Sir Peter 115, 117
Mackinlay, Charles 176
MacLean, Lauchie 207
McMenamin, Mike and Brian 244
MacVey (Beaton), Familie 92, 110
Maker's Mark 18, 222, 230f.
Malt Advocate 9
Malt Whisky 14, 96
Mälzen 37, 44ff., 54
    Brennerei 46ff.
    Mälzboden 44ff., 50
    Mälzereien, kommerzielle 47, 50f.
    Malting Drum 51
    Saladin Boxes 50f.
Manhattan 270, 273
Mannochmore 146f.
Maple Leaf 212f.
Marinaden 276f.
Mark Twain Cocktail 273
Martin, Martin 125
Maryland 15, 220f.
Mais 24, 52f., 55, 205
Maischbottiche 14, 54f., 78
Maischen 30, 32, 37, 44, 53ff.
Maytag, Fritz 9, 221, 243
Medoff, Lee 244
Meer 34f., 49, 85
Meeresaroma 34f., 49, 85
Mekhong 266
Mercian 251
    Karuizawa 260f.
Michter's 220f.
Minibrennereien 8, 9, 242ff.
Midleton 28, 76, 185ff., 190, 192, 199
Milford 267
Millar's 194
Millburn 142
Miltonduff 146f.
Minami Shinsu 251
Mint Julep 272
Mitchell, J. & A.
    Springbank 110, 112f.
Mitchell, John 112f.
Mitchell, William 112f.
Mitchell and Son 193
Moffat 100
Mönks, Rainer 264
Monongahela Valley 220
Morrison Bowmore
    Auchentoshan 104f.
    Bowmore 118f.
    Glen Garioch 168f.
Mortlach 164f., 173
Morton's Patent Refrigerator 172

Mosstowie 146
Motlow, Lem 238f.
Moulin 172
Mount Vernon, Virginia 217f.
Mountain Moonshine 244
Muir of Ord 141
Mull 124f.
Munro, Capt. Hugh 140
Murphy's 19, 186, 189
Murray, Donald 141
Murray, Jim 193
Murree 266
Museum 144, 228

N

Nantucket, Massachusetts 244
Nase 81, 84f.
New Orleans 270, 272f.
New York 270
Neuseeland 266f.
New Zealand Malt Whisky Co. 267
Nikka 249
   Ben Nevis 106f.
   Sendai 249, 258f.
   Yoichi 249, 251, 256f.
Noble, Sir Iain 127
Nock-Land 265
Noe, Booker 15, 232
North British 66
North Port 170
Northern Highlands 132ff.
Notch Whiskey 244
Nouet, Martine 11, 276
Nova Scotia 206f.

O

Oban 106f.
Obstsalat 276
Octomore 43, 118
Österreich 265
OFC 208f.
Old Bushmills 196ff.
Old Charter 223
Old Comber 194
Old Crow 233
Old Family 265
Old Fashioned 270, 272
Old Fettercairn 171
Old Forester 234f.
Old Grand-Dad 233
Old Hobart Cask Strength 267
Old Overholt 220
Old Potrero 221, 243, 245
Old Pulteney 63, 132f.
Old Rip Van Winkle 223
Old Rosdhu 106
Old Taylor 233

Old Tyrconnell 194
Old Vatted Ben Vorlich 176
Old Vatted Glenlivet 176, 178
Oldmeldrum 169
Ontario 210f.
Ord 141
Oregon 243f.
Oregon Single Malt 243f.
Orkney 32, 40, 42, 61, 128ff.
Ortner, Wolfram 265
Oscar-Getz-Museum der Whiskeygeschichte 228
Osteuropa 265
Outterson, Donald 244
Overholt, Abraham 220
OVG, siehe Old Vatted Glenlivet
Oxidation 25, 33
Ozarks 72, 74

P

Paddy 28, 186, 189
Pagodendächer 48f.
Pakistan 266
Parkmore 165
Paterson, Richard 15, 81, 179
Pendennis Club, Louisville 270
Pennsylvania 15, 220f.
Pepper, Elijah 226
Pepper, Col. James E. 270
Percy, Walker 20
Peregrine Rock California Pure Single Malt 243, 245
Pernod Ricard 156, 162, 172
   Wild Turkey 224f.
Perthshire 174f.
Peychaud, Antoine Amedée 270ff.
Peychaud's Bitters 270, 272
Philadelphia 220
Pikesville Supreme Rye 220, 229
Piratenwhisky 264
Pitillie 174
Pittyvaich 165
Poit Dubh 127, 176
Polen 265
Port Charlotte 118, 120
Port Dundas 66
Port Ellen 42f., 50f., 117, 173
Port Whisky Punch 273
Portland, Oregon 243f.
Pot Still 14, 48, 58ff., 79, 188, 205
   Bourbons 220
   Hälse 63
   Holstein 243f.
   Lomond 62f.
Poteen 16
Potter Distillers 213
Powers 28, 186, 190, 192f.

Praban na Linne 127
Prichards, Phillip 236
Pride of Islay 176f.
Pulteney 132

Q R

Quebec 208f.
Quinn, Brian 191
Racke Rauchzart 264
Ramsay, John 117
Ramsay, Stuart 10f.
Rannie, William 204
Rechlerich 156
Redbreast 185, 186, 192f.
Reifen 25, 31, 33, 76f., 85, 94, 205
Reid, Alexander 152
Reisetbauer 265
Riley Smith, Frank 122
Rittenhouse 220, 229
Robertson, David 70
Robertson, John 128
Rock Hill Farm 223
Roggen 24, 52f., 55
Rosebank 100
Rothes 28, 148ff.
Royal Brackla 144
Royal Lochnagar 63, 170f.
Rückfluss 33, 62
Rum 17
Rupf, Jörg 242
Russell, Bob 72, 74
Russell, Jimmy 224f.
Russell's Reserve 225
Rutledge, Jim 225
Rye Whiskey 15, 53, 64, 205, 208, 212, 216, 218, 220f.
   Blends 204f.
   Cocktails 270f.
   Geschmack 220

S

St. George Spirits 242f., 245
St. Magdalene 100
St. Moritzer 265
Säulenbrennverfahren 64ff., 185, 188f.
Saint James Spirits 243, 245
Saintsbury, George 134, 176
Saladin Boxes 50f.
Sammler 19
Samuels, Bill 230f.
Samuels, Robert 230
San Francisco 9, 242f.
Sandeman & Roy 174
Sandstein 26ff.
Sanraku Ocean 261
Sauermaische 15, 57
Sazerac 270, 272f.

Sazerac Company 218
Sazerac Straight Rye 221, 223
Scapa 61, 128, 130f.
Schaefferstown, Pennsylvania 220
Schenley 208f., 240
Schrotmühle 54f., 78
Schulen 103, 144, 276
Schwab, Victor 240
Scot, Michael 98, 110
Scotch Malt Whisky Society 18, 250
Scotch 14, 89ff.
   Blends 14, 15, 52, 80f., 83, 96
   Destillation 64, 92ff.
   Gerste 36ff., 44, 50, 52
   Geruch und Geschmack 32, 34f., 40ff.
   Grain Whisky 52, 100
   Reifen 76
   Vatted Malts 176f.
Schottland 89ff.
   Gestein 26f., 90
   Klima 24, 46, 50
   kommerzielle Mälzereien 50
   Trinkgewohnheiten 274f.
   siehe auch einzelne Gebiete
   Wasser 30
Schweiz 265
Scott, Sir Walter 20, 21, 98f.
Seagram 167, 204, 225, 260, 267
   Chivas Regal 167, 180
   Heritage Selection 167
   kanadischer Whisky 208f., 212
Seeluft 34
Seetang 34
Sendai 249, 258f.
Servieren von Whisky 275
Shapira, Familie 228
Sherryfässer 69f., 72
Signatory Vintage 172f.
Simpson, Willie 11
Sinclair, John 125
Singh, Sukhinder 19
Single Malts 14, 18, 96
   Fässer 69, 73f.
   irische 185
   japanische 249
Singleton, The 151
Skye, (Isle of) 26f., 126f.
Slyrs 264
Small Isles 122
Smith, John 157
Smith Bowman, A. 218f.
Smith's Angaston 267
Sonnenschein 264
Southern Comfort 273
Spey, River 150f., 156
Speyburn 148f.

Speyside 9, 26, 28, 32, 92f., 144ff., 179
Speyside Distillery 158f.
Speyside Whisky Festival 275
Spinnaker 264
Spirit Still
Springbank Distillery 46, 110ff., 164
    Campbeltown Loch 113
    Hazelburn 46, 113
    Longrow 46, 112f.
    Springbank 46, 110, 112f.
Stagg, George T. 222
Stein, Robert 64
Stein, Familie 100, 192
Stevenson 106, 125
Stillwater 244
Stranahan's Colorado Whiskey Distillery 244
Strathclyde 66
Strathconon 176
Strathisla 48, 55, 166f., 173
Strathmill 166f.
Stromness 131
Stronachie 174
Stück, Jacob 264
Stupfler 242f.
Sullivan's Cove Premium Whisky 267
Sumeria 14, 16
Sunnyvale 212
Suntory 58, 118, 248ff., 256
    Hakushu 254f.
    Hibiki 8, 179f., 255
    Yamazaki 252f.
Sushi 275
Sutherland 26, 41
Sutherland, Duke of 134f.
Sutherland, James 142
Swissky 265
Symington, Andrew 173

T
Tain 26, 136
Takara Co. 145
Taketsuru, Masataka 251, 256ff.
Talisker 27, 116, 126f., 141, 176
Tallant 115
Tamdhu 93, 130, 154f.
Tamnavulin 160f.
Tangle Ridge 212f.
Tasmanien 266f.
Tasmania Distillery 267
Taylor, Col. E. H., Jr 222, 233
Teacher, Adam 169
Teacher, William 179
Teacher's 18, 178, 180f.
Teaninich 140f.
Te Bheag 127
Teeling, John 191, 194
Temperatur 24f., 77, 80
Tennessee 15, 236ff.
Thailand 266
Thomas, Dylan 21
Tiree 126f.
Toa Shuzo 251, 260f.
Tobermory 124f.
Tom Moore 229
Tomatin 144f.
Tomintoul 160f.
Torf 30, 32, 34, 40ff., 85, 90, 253, 266
Torfen 45, 47, 50f.
Tormore 156f.
Torri, Shinjiro 252
Tovey, Charles 176
Triple Eight 244
Tschechische Republik 265
Tullahoma, Tennessee 239f.
Tullamore 186, 190f., 200
Tullibardine 174f.
Tweed, River 98
Tyrconnell 19, 185, 195

U
USA 8f., 15, 216ff.
    Blends 82, 180
    Cocktails 270f.
    Gestein 26, 28
    Getreide 37f., 52f.
    Herstellungsverfahren 57, 66
    kommerzielle Mälzereien 50
    Minibrennereien 242ff.
Usher, Andrew 176, 178
Uster, Kurt 265

V
Verdünnung 30, 84, 275
Vereinigte Staaten, *siehe* USA
Valleyfield, Quebec 208
Valvona & Crolla, Edinburg 178
Van Winkle's Family Reserve 221, 223
Vatted Malt 80f., 125, 176f.
VEB Edelbrände 264
Verdunstung 25
Verkostung 8, 81, 84f., 249f.
Versailles, Kentucky 226f.
Very Special Old Fitzgerald 229
Victoria, Queen 170
Vidal, Gore 21
Virginia 218f.
Virginia Gentleman 218f.

W
Waldvierteler 265
Waldvierteler Roggenhof 265
Wales 7f.
Walker, Alexander 102
Walker, Billy 147
Walker, Hiram, *siehe* Hiram Walker & Sons
Walker, John 102, 179
    siehe auch Johnnie Walker
Walsh, Rhiannon 9
Warenghem 265
Warmbrechies 265
Warren, Arthur 62
Wash Still 61
Washington, George 217, 218
Wasser 24f., 30ff., 85, 253, 266
    Mineralien 26ff.
    Whisky mit 30, 84, 275
Watercourse 186, 189
Waterloo, Ontario 208
Wetter 24f.
Weidenauer 265
Weinbrand 17
West Virginia 244f.
West Virginia Distilling Co. 244
Western Highlands 106f.
Weizen 52f., 94
Whiskey Daisy 270
Whiskey Peach Smash 273
Whiskey Sour 272
Whisky, Ursprung des Wortes 7, 14, 94, 184
Whisky Breton 265
Whisky Live 8
Whisky Magazine 10, 249
Whisky Tasmania 267
Whitely, William 172
Whyte and Mackay 175
    Blends 15, 81, 181
    Dalmore 138
    Fettercairn 170f.
    Isle of Jura 122f.
    Tamnavulin 160f.
Wick 90, 132
Wild Turkey 9, 189, 217, 221, 224f.
William Grant & Sons 102, 155, 165
    Balvenie 162f.
    Blends 163, 178, 180f.
    Girvan 102, 162
    Glenfiddich 162f.
    Kininvie 162f.
    Ladyburn 102
William Lawson 168
Williams, Daniel E. 190
Williams, Evan 234
Wilson 267
Windsor Deluxe 212
Winters, Lance 242
Wiser's 210f.
Wisniewski, Ian 11
W. L. Weller 223
Wodka 17
Wood Finish 15
    siehe auch Fässer, Eiche
Woodford Reserve 57, 61, 63, 77, 82, 222, 226f.
Woodstone Creek 244
Worm Tubs 25, 61f., 79, 173
wort 16, 56, 58, 61

Y Z
Yamazaki 28, 55f., 248f., 251ff.
Yoichi 8, 249ff., 256f.
Zaiser, Schwäbischer Whisky 265
Zielona Góra 265